致力于中国人的教育改革与文化重建

立 品 图 书·自觉·觉他
www.tobebooks.net
出 品

尧舜之道

中国文明的诞生

中国文联出版社
http://www.clapnet.cn

姚中秋

著

图书在版编目（CIP）数据

尧舜之道 / 姚中秋著 . — 北京：中国文联出版社，2016.11
ISBN 978-7-5190-1899-3

Ⅰ . ①尧… Ⅱ . ①姚… Ⅲ . ①中国历史—商周时代②《尚书》—研究 Ⅳ . ① K221.04

中国版本图书馆 CIP 数据核字（2016）第 194898 号

尧舜之道

作　　者：姚中秋

出 版 人：朱　庆
终 审 人：奚耀华　　　　　　　　复 审 人：胡　笋
责任编辑：蒋爱民　　　　　　　　责任校对：傅泉泽
封面设计：肖晋兴　　　　　　　　责任印制：陈　晨

出版发行：中国文联出版社
地　　址：北京市朝阳区农展馆南里 10 号，100125
电　　话：010-85923066（咨询）　85923000（编务）　85923020（邮购）
传　　真：010-85923000（总编室），010-85923020（发行部）
网　　址：http://www.clapnet.cn　　　http://www.claplus.cn
E - m a i l：clap@clapnet.cn　　jiangam@clapnet.cn

印　　刷：三河市华晨印务有限公司
装　　订：三河市华晨印务有限公司
法律顾问：北京天驰君泰律师事务所徐波律师
本书如有破损、缺页、装订错误，请与本社联系调换

开　　本：787×1092　　　　　　　1/16
字　　数：482 千字　　　　　　　印张：36.25
版　　次：2016 年 11 月第 1 版　　印次：2016 年 11 月第 1 次印刷
书　　号：ISBN 978-7-5190-1899-3
定　　价：68.00 元

目　录

上部:《尚书·尧典》大义浅说

　　　　《尧典》为《尚书》首篇,以"曰若稽古"四字开篇,彰显、也确定了中国人敬天而法古之心智。

　　　　孔子列《尧典》于《尚书》首篇,盖在孔子看来,尧肇造华夏。

　　　　《尧典》起首简练概括尧之七德,尧之形象巍然矗立,"为政以德"中国治理之道由此定调。

　　　　"克明俊德"意谓帝尧能让自己本有的俊美之德更为显明,然而,人何以有"明德"?"德"何以曰"明"?何以"克"明之?如何"明"之?

　　　　帝尧克明俊德,向外发用,影响于人,以亲九族,辨章百姓,协和万邦,由小到大,由近及远,最终构造超大规模之文明共同体:华夏—天下。

帝尧敬天，华夏人民对生命源头有全新理解，舜有孝道之生发，并确立
其为道德自觉与伦理践行之根基。

体之一统，舜乃巡守四方。

如此则天、神、人各得其所。

下部：《尚书·皋陶谟》大义浅说

撰述说明

一、《中庸》曰"仲尼祖述尧舜，宪章文武"，《孟子·滕文公》曰"孟子道性善，言必称尧舜"。尧舜缔造华夏，孔孟绍述尧舜；华夏—中国之道，尧舜之道也。本书疏解《尚书》尧舜篇之大义，阐明尧舜之道；于中国诞生过程中，窥华夏-中国之道。

二、本书疏解之篇章，据尚书今文说，为《尧典》《皋陶谟》两篇；据古文说，为《尧典》《舜典》《皋陶谟》《益稷》四篇，凡三千字。

三、本书之作，缘于开设《尚书》研读课程于北京航空航天大学知行文科实验班，已有四轮，每年研读，略有所得。教学相长，良可乐也。

四、本书浅见，得益于过去数年与任锋、任文利诸兄及闫恒、苏鹏辉、张舒等已毕业或在读博士生之朋友讲习。于今日浮躁迷乱之世，有朋共读书，不亦乐乎？

五、为便于诵读，恭录经文于书首。为免歧义，以繁体印制，难读字标音。

六、本书以疏解大义、探求圣人之道为宗旨，定各章体例如下：

首先，恭录经文。

其次，疑难字词释义。不作烦琐考辨，径下定论，参酌古传、今注者，亦不一一注明。

再次，试作翻译。

最后，疏解大义。

七、本书解释字义，主要参阅金景芳、吕绍刚合著之《〈尚书·虞夏书〉新解》（辽宁古迹出版社，1996年），同时参阅古今注疏如《尚书正义》（十三经注疏本）、林之奇《尚书全解》、蔡沈《书经集传》、孙星衍《尚书今古文注疏》、皮锡瑞《今文尚书考证》、三家注《史记》之《五帝本纪》《夏本纪》等。

疏通义理，参阅其他经籍，随文注出。

八、本书参考近世以来考古材料，以为文献佐证。

蒲城姚中秋定稿于乙未季冬

经 文

《尚書·堯典》

曰若稽古，帝堯曰放勳，欽、明、文、思、安安，允恭、克讓。光被四表，格于上下。

克明俊德，以親九族；九族既睦，平章百姓；百姓昭明，協和萬邦。黎民於變時雍。

乃命羲和，欽若昊天。

歷象日月星辰，敬授人時。分命羲仲，宅嵎（音鱼）夷，曰暘（音阳）谷。寅賓出日，平秩東作。日中，星鳥，以殷仲春。厥民析；鳥獸孳尾。

申命羲叔，宅南交。平秩南訛，敬致。日永，星火，以正仲夏。厥民因；鳥獸希革。

分命和仲，宅西，曰昧谷。寅餞納日，平秩西成。宵中，星虛，以殷仲秋。厥民夷；鳥獸毛毨（音显）。

申命和叔，宅朔方，曰幽都。平在朔易。日短，星昴，以正仲冬。厥民隩（音玉）；鳥獸氄（音冗）毛。

帝曰："咨！汝羲暨和，朞（音基）三百有六旬有六日，以閏月定四時，成歲。允釐百工，庶績咸熙。"

帝曰："疇咨若時登庸？"

放齊曰："胤子朱啟明。"

帝曰："吁！嚚（音银）訟，可乎？"

帝曰："疇咨若予采？"

驩（音欢）兜曰："都！共工方鳩僝（音屏）功。"

帝曰："吁！静言庸違，象恭滔天。"

帝曰："咨，四岳！湯（音商）湯洪水方（读如旁）割（读如害），蕩蕩懷山襄陵，浩浩滔天。下民其咨，有能俾乂（音义）？"

僉曰："於（音乌），鯀哉！"

帝曰："吁，咈（音弗）哉！方命圮（音匹）族。"

岳曰："异哉！試可，乃已。"

帝曰："往，欽哉！"

九載，績用弗成。

帝曰："咨，四岳！朕在位七十載，汝能庸命，巽（音逊）朕位。"

岳曰："否德忝帝位。"

曰："明明，揚側、陋。"

師錫帝曰："有鰥在下，曰虞舜。"

帝曰："俞，予聞，如何？"

岳曰："瞽（音古）子，父頑，母嚚，象傲。克諧，以孝烝烝，乂不格姦。"

帝曰："我其試哉！"女于時，觀厥刑于二女。

釐降二女于嬀（音归）汭（音瑞），嬪于虞。帝曰："欽哉！"

慎徽五典，五典克從；納于百揆，百揆時敍；賓于四門，四門穆穆；納于大麓，烈風雷雨弗迷。

帝曰："格，汝舜！詢事考言，乃言厎（音指）可績。三載，汝陟帝位。"舜讓于德弗嗣。

正月上日，受終于文祖。

在璿（音旋）璣（音机）玉衡，以齊七政。

肆類于上帝，禋（音因）于六宗，望于山川，遍于群神。

輯五瑞。既月乃日，覲四岳、群牧，班瑞于群后。

歲二月，東巡守。至于岱宗，柴；望秩于山川。肆覲東后，協時月，正日；同律、度、量、衡。脩五禮。五玉、三帛、二生、一死：贄。如五器。

卒乃復。

五月，南巡守。至于南岳，如岱禮。

八月，西巡守。至于西岳，如初。

十有一月，朔巡守。至于北岳，如西禮。

歸，格于藝祖，用特。

五載一巡守，群后四朝，敷奏以言，明試以功，車服以庸。

肇十有二州，封十有二山。

濬川。

象以典刑，流宥五刑，鞭作官刑，扑作教刑，金作赎刑。眚（音省）災肆赦，怙終賊刑。"欽哉！欽哉！惟刑之恤哉！"

流共工于幽洲，放驩兜于崇山，竄三苗于三危，殛（音极）鯀于羽山：四罪而天下咸服。

二十有八載，帝乃殂（音徂）落。百姓如喪考妣，三載，四海遏密八音。

月正元日，舜格于文祖。詢于四岳，闢四門，明四目，達四聰。

咨十有二牧，曰："食哉！惟時柔遠能邇。惇德允元，而難任人，蠻夷率服。"

舜曰："咨，四岳！有能奮庸，熙帝之載，使宅百揆，亮采惠疇？"

僉曰："伯禹作司空。"

帝曰："俞。咨，禹！汝平水土，惟時懋哉！"

禹拜稽（音起）首，讓于稷、契暨皋陶。帝曰："俞，汝往哉！"

帝曰："棄！黎民阻飢。汝后稷，播時百穀。"

帝曰："契！百姓不親，五品不遜。汝作司徒，敬敷五教，在寬。"

帝曰："皋陶！蠻夷猾夏，寇賊姦宄（音轨）。汝作士，五刑有服，五服三就；五流有宅，五宅三居。惟明克允。"

帝曰："畴若予工？"

佥曰："垂哉。"

帝曰："俞。咨，垂！汝共工。"

垂拜稽首，让于殳（音殊）斨（音枪）暨伯与。**帝曰**："俞，往哉！汝谐。"

帝曰："畴若予上下草木鸟兽？"

佥曰："益哉！"

帝曰："俞。咨，益！汝作朕虞。"

益拜稽首，让于朱、虎、熊、罴。**帝曰**："俞，往哉！汝谐。"

帝曰："咨，四岳！有能典朕三礼？"

佥曰："伯夷。"**帝曰**："俞。咨，伯！汝作秩宗。夙夜惟寅，直哉惟清。"

伯拜稽首，让于夔、龙。**帝曰**："俞，往，钦哉！"

帝曰："夔！命汝典乐。教胄子：直而温，宽而栗；刚而无虐，简而无傲。诗言志，歌永言，声依永，律和声。八音克谐，无相夺伦，神人以和。"

夔曰："於！予击石拊（音抚）石，百兽率舞。"

帝曰："龙！朕堲（音既）谗说殄行，震惊朕师。命汝作纳言，夙夜出纳朕命，惟允。"

帝曰："咨，汝二十有二人，钦哉！惟时亮天功。"

三载考绩。三考，黜陟幽明。庶绩咸熙。

分北三苗。

舜生三十徵庸，三十在位，五十載，陟方乃死。

帝釐下土，方設居方，別生分類，作《汩作》《九共》九篇、《槀（读如槁）飫（音欲）》。

《尚書·皋陶謨》

曰若稽古，皋陶曰："允迪厥德，謨明弼諧。"

禹曰："俞，如何？"

皋陶曰："都！慎厥身修，思永。惇敘九族，庶明勵翼。邇可，遠在茲。"

禹拜昌言曰："俞！"

皋陶曰："都！在知人，在安民。"

禹曰："吁！咸若時，惟帝其難之。知人則哲，能官人；安民則惠，黎民懷之。能哲而惠，何憂乎驩兜？何遷乎有苗？何畏乎巧言令色孔壬？"

皋陶曰："都！亦行有九德。亦言其人有德，乃言曰載采采。"

禹曰："何？"

皋陶曰："寬而栗，柔而立，愿而恭；亂而敬，擾而毅，直而溫；簡而廉，剛而塞，彊而義。彰厥有常，吉哉。日宣三德，夙夜浚明，有家。日嚴祗（音脂）敬六德，亮采，有邦。翕受敷施，九德咸事。俊乂在官，百僚師師，百工惟時。

撫于五辰，庶績其凝。無教逸欲有邦，兢兢業業，一日二日萬幾。無曠庶官，天工，人其代之。天敘有典，勅我五典五惇哉。天秩有禮，自我五禮有庸哉。同寅、協恭、和衷哉！天命有德，五服五章哉。天討有罪，五刑五用哉。政事懋哉、懋哉！天聰明，自我民聰明；天明畏，自我民明威。達于上下，敬哉有土！"

皇陶曰："朕言惠，可厎行。"

禹曰："俞，乃言厎可績。"

皇陶曰："予未有知，思曰贊贊襄哉！"

帝曰："來，禹！汝亦昌言。"

禹拜曰："都，帝，予何言？予思日孜孜。"

皇陶曰："吁！如何？"

禹曰："洪水滔天，浩浩懷山襄陵，下民昏（同昏）墊。予乘四載，隨山刊木。暨益奏庶鮮食。予決九川，距四海；濬畎（音犬）澮（音快），距川。暨稷播奏庶艱食、鮮食，懋遷有無，化居。烝民乃粒，萬邦作乂。"

皇陶曰："俞，師汝昌言。"

禹曰："都，帝！慎乃在位。"

帝曰："俞。"

禹曰："安汝止，惟幾惟康。其弼直，惟動丕應。徯（音西）志，以昭受上帝，天其申命用休。"

帝曰："吁！臣哉鄰哉！鄰哉臣哉！"

禹曰："俞。"

帝曰："臣作朕股肱耳目：予欲左右有民，汝翼。予欲宣力四方，汝為。予欲觀古人之象，日、月、星辰，山、龍、華蟲，作會；宗彝、藻、火，粉米、黼（音甫）、黻（音扶），絺（音吃）繡；以五采彰施于五色，作服，汝明。予欲聞六律、五聲、八音，在治忽，以出納五言，汝聽。予違，汝弼。汝無面從，退有後言。

欽四鄰，庶頑讒說，若不在時。侯以明之，撻以記之。書用識哉，欲並生哉。工以納言，時而颺（音揚）之；格，則承之庸之，否，則威之。"

禹曰："俞哉，帝！光天之下，至于海隅蒼生，萬邦黎獻，共惟帝臣。惟帝時舉，敷納以言，明庶以功，車服以庸。誰敢不讓，敢不敬應？帝不時敷，同，日奏，罔功。"

帝曰："無若丹朱傲，惟慢游是好，傲虐是作。罔晝夜頟（同额）頟，罔水行舟，朋淫于家，用殄厥世。予創若時。"

禹曰："娶于塗山，辛壬、癸甲。啟呱呱而泣，予弗子，惟荒度土功。弼成五服，至于五千。州十有二師，外薄四海。咸建五長，各迪有功。苗頑，弗即工。帝其念哉。"

帝曰："迪朕德，時乃功惟敘。"

皋陶方祗厥敘，方施象刑，惟明。

夔曰戛擊鳴球、搏拊、琴瑟，以詠，祖考來格。虞賓在位，群后德讓。下管鞀（音桃）鼓，合止柷（音祝）敔（音语），笙鏞以間，鳥獸蹌蹌。簫韶九成，鳳皇來儀。

夔曰："於！予擊石拊石，百獸率舞，庶尹允諧。"

　　帝庸作歌曰："勅（同敕）天之命，惟時惟幾。"

　　乃歌曰："股肱喜哉，元首起哉，百工熙哉。"

　　皋陶拜手稽首，**颺言曰**："念哉！率作興事，慎乃憲，欽哉！屢省乃成，欽哉！"乃賡載歌曰："元首明哉，股肱良哉，庶事康哉！"又歌曰："元首叢脞（音错三声）哉，股肱惰哉，萬事墮哉！"

　　帝拜曰："俞，往，欽哉！"

上部

《尚书·尧典》大义浅说

一、敬天法古

尧典
曰若稽古。

曰若，语助词。稽，考也。

尧典
呜呼，稽考古代。

《尧典》为《尚书》首篇，记尧之德与法。经文以"曰若稽古"四字开篇，冠于《尚书》之首，彰显也确定了中国人敬天而法古之心智。

曰若稽古

"曰若"者，有的写本作"粤若"，篇首发语之词也，无实义。"稽古"者，稽考古代之事也。"曰若稽古"意为，考察上古之事。

本书将疏解之两篇前，均有"曰若稽古"四字。整部《尚书》只有这两篇有此文字，可见其有特殊意义。

一种说法是，"曰若稽古"四字开篇表明，以下所记乃圣王之事。但商汤、文王、武王也是圣王，未见此文字，可见此说未必准确。

这句话另有丰富内涵，首先，它清楚表明《尧典》《皋陶谟》之性质。

二十世纪上半期，学界疑古成风，臆断《五经》有作伪之处，尤其是对《尚书》，学界似普遍以为，文本不甚可靠，尧舜禹也是后人编造之所谓神话或传说人物，今仍有人持此论，在历史叙事中，尧舜禹乃至夏代乃被称为"传说时代"，甚至"神话时代"。此论之立论根据之一，即这些文字不可能记录于尧舜禹时代，当时不可能有如此发达的文字体系，语言也不可能如此平顺。

然而，《尧典》开篇四字即清楚说明，本篇本非尧舜时人所作，而是后人，很可能是周代史官，稽考瞽师口耳相传者写定。经下文记，舜命夔"典乐，教胄子"，乐师（瞽）记诵上古圣王之事，口耳相传数百以至上千年，历代君子受其教育，并以之修身治事。口耳相传，一定不止一人，所传各本也定有些微差异。史官于书面写定之时，不能不广泛收集各种版本，比对考察，此即"稽"。最后形成定本，冠以"曰若稽古"四字。

《盘庚》以前各篇差不多都属于这种性质，故其文本接近于诗，句式整齐，有些还有韵律，朗朗上口，易于诵读；此后各篇文字风格大变，诘屈聱牙，文意晦涩，难以诵读。唯一合理的解释是：盘庚以前各篇多系瞽师记诵相传，而后整理成文，韵文形式保留了传唱之遗迹；盘庚时代以后各篇，则差不多是王者言说之实录，未经瞽师加工。

但这种成文过程绝不意味着，《盘庚》以前各篇不可靠：瞽师有崇高地位，邦国文明有赖于其传承，传诵圣王之事必十分虔敬。史官写定，同样有虔敬之心，故这些文本均为古史之可靠记录。事实上，二十世纪以来的考古发现也一次又一次证明，古代典籍记载平实可信。

典

怀疑《尧典》真实性者谓：《尧典》所记相当简略，当时也不可能那么美好。然而，名之以"典"即清楚表明，史官之作《尧典》，本非为全面记载尧舜时代之事，而是为后世树立典常。

甲骨文中，"典"字像双手捧册，册上所记内容受到尊崇，并作为判断是非曲直之标准。《说文解字》："典，五帝之书也。从册，在丌上，尊阁之也。庄都说，典，大册也。"典即最受尊崇之册，孔颖达解释《尧典》之"典"字义说：

称"典"者，以道可百代常行。若尧、舜禅让圣贤，禹、汤传授子孙，即是尧、舜之道不可常行，但惟德是与，非贤不授，授贤之事，道可常行，但后王德劣，不能及古耳。然"经"之与"典"俱训为常，名典不名经者，以经是总名，包殷、周以上，皆可为后代常法，故以经为名；典者，经中之别，特指尧、舜之德，于常行之内道最为优，故名典不名经也。

《尧典》记尧舜之言、事、制可为万世之典者。在尧舜之言、行及其所创制之法度中，有万世可行者，当时发挥作用，并传之后代，为后人所奉行。"常行"之意曰，即便到今天也依然有效，足以构成今日为人、做事、治国、平天下之法度。

然后又"曰若稽古"：史官稽考古人古事而予以记录，旨在传承尧舜所立之典常。在礼崩乐坏之际，孔子删定《尚书》，列本篇为第一，同样是为传承尧舜所立之典常。

经由孔子之删定，尧舜之典常固定于《尧典》《皋陶谟》文字中。因为尧舜缔造中国，故在此典常中有华夏—中国之道。此后人们把《尧典》以及《尚书》其他各篇视为最为崇高之典，其关于修身、齐家、治国、平天下所展示之基本原则始终为人所遵循。

接下来的问题是：上古圣王之事，何以可为典常？

圣人

人间不能没有典常、法度。然而，法度从何而来？何以具有权威？

经下文记尧"乃命羲和，钦若昊天"，树立敬天，这是"绝地天通"之结果，是中国文明演进史上至关重要的事件。

在此之前，为巫术治理时代。巫师有通神能力，可以巫术降神，转达神对人间具体事务之命令。当此时代，典常是不必要的，因为巫师可随时诉诸神灵。

有些文明继续演进，而有一次心智的突破。一种突破路径是，走向一神教。其所信仰之唯一真神全知全能，且以言语向先知颁布律法，由先知转达于人，约束人间，即位律法。这是人之典常，但出自神，是神颁给人的。人信神，律法就有约束力。

中国文明之突破，不是沿着神教的逻辑，由多神教走向一神教，而是根本超越神教，跃迁至于敬天。天别于神之处，在"不言"。关于这一点，圣贤多有论述，后面将会列举。那么，人间如何治理？既不能由巫师随时降神，又无唯一真神颁布律法，则人间治理只能靠人所立之典常。但当然，这典常不是常人所立，而是圣人所立。

周人在这方面有明确认识，《诗经·大雅·文王》曰：

上天之载，无声无臭。
仪刑文王，万邦作孚。

载者，行也。上天之运行不出声，也无味道，也即，天是无人格的，故人无从经由天之言辞清晰、准确地得知上天之意。那人间如何治理？当以文王之行为典范，此可为万邦所信服。《诗经·周颂·维天之命》表达了同样意思：

维天之命，於穆不已。
於乎不显，文王之德之纯。
假以溢我，我其收之。
骏惠我文王，曾孙笃之。

据《诗序》，此为周公致太平、制礼作乐之诗。大意曰：天之道运行不已，多么地显明啊，文王之德亦精进不已。文王之德如此伟大，流溢于我，我收聚文王之法度而制礼作乐。此事大顺我文王之道，后世子孙一定要笃实践行之。

周人精神之基底是敬天，周公尤其敬天。由此诗可清楚看到圣贤之思考方式：天不言；然而，文王作为圣人，法天而行，而有其德；故在文王有德之言、行、制度中，有为人、做事、治国、平天下之法度。法天，落实为取法圣人。如《春秋繁露·楚庄王》说：

《春秋》之道，奉天而法古。是故虽有巧手，弗循规矩，不能正方员。虽有察耳，不吹六律，不能定五音。虽有知心，不览先王，不能平天下，亦天下之规矩六律已。故圣者法天，贤者法圣，此其大数也。得大数而治，失大数而乱，此治乱之分也。所闻天下无二道，故圣人异治同理也。

奉天落实于人间，则是法古，汉末有人说："君不稽古，无以承天；臣不述旧，无以奉君。"[1] 圣人之法度合乎天，敬天，则敬先圣之法度。当然，这些法度也在漫长历史过程中经过测试是合情合理的。

法古

正是敬天，塑造了中国人法古之心智，并贯穿于中国历史。

《尚书·五子之歌》第一首开篇说"皇祖有训"；第二首开篇说"训有之"；第三首是："惟彼陶唐，有此冀方。今失厥道，乱其纪纲，乃厎灭亡。"陶唐是尧之国号，尧有法度，今人不遵，导致祸乱；第四首又说："明明我祖，万邦之君。有典有则，贻厥子孙。关石和钧，王府则有。荒坠厥绪，覆宗绝祀！"先王留有典、则，后人必当遵循。

《尚书·说命》记傅说对殷高宗说：

王，人求多闻。时惟建事，学于古训，乃有获。事不师古，以克永世，匪说攸闻。惟学，逊志务时敏，厥修乃来。允怀于兹，道积于厥躬。惟敩学半，念终始典于学，厥德修罔觉。监于先王成宪，其永无愆。惟说式克钦承，旁招俊乂，列于庶位。

傅说告诫殷高宗"学于古训"，"监于先王成宪"，在治国过程中遵循圣王、先王之典则。

周人同样如此。《尚书·多士》中，周公对殷遗民说"惟殷先人有册有典"，而相关篇章表明，周公对殷商诸王为政之得失，知之甚多。《召诰》中，周公提

[1] 《后汉书·李杜列传》。

出治国之基本原则:"我不可不监于有夏,亦不可不监于有殷。"《康诰》中,周公更具体指示即将担负治国重任之康叔:

> 呜呼封,汝念哉,今民将在。祇遹乃文考,绍闻衣德言。往敷求于殷先哲王用保乂民,汝丕远惟商耇成人宅心知训,别求闻由古先哲王用康保民。弘于天,若德裕乃身,不废在王命!

周公封康叔于殷墟为君,首先要康叔身心保持在敬的状态,治理国家当如临深渊,如履薄冰。将者,伤也;在者,哉也;衣者,依也。周公要康叔时刻惦念着民众的伤苦,以解救万民之苦;为此,康叔应诚祇地遵循文王之法,继述、并依循先人有德之言。到其封国后,应广泛探求殷商先哲王用以保养、治理万民之道,深入、广泛地思考殷商老成之人所知晓、保存之惯例,同时探求、了解更早以前古先哲王用于安宁、保养民众之法度。如此可奉天、修身,而不废王命,安享富贵。

周公具体指明法古之道:不仅取法于自家祖先,文王之道,也取法于殷商先哲王之道,尽管周人革了殷商之命,但这绝不否定殷商先哲王之道的价值,还应取法于比这更早的先哲王之道。周公分别用"祇遹"、"绍闻"、"敷求"、"丕远惟"、"别求闻由"等动词形容,非常精当。总之,周公告诫康叔,当从历史中寻找一切可循之法度。

孔子继承这一心智。多有现代学者援用西方学说谓,自孔子到战国时代之诸子百家,为中国所谓"轴心突破"时代。在其他文明之某个时代,确有较明显的思想、观念、价值之断裂,但在孔子那里,却没有,恰恰相反,孔子竭力延续中国文明。可见,以西方范式裁剪中国历史,甚无谓也。

孔子生活于礼崩乐坏时代,由尧舜以至于文武周公的礼乐法度正在沦丧,孔子做了什么?《论语·述而》记夫子自道如下:

> 子曰:"述而不作,信而好古,窃比于我老彭。"
> 子曰:"我非生而知之者,好古,敏以求之者也。"

孔子之孙子思在《中庸》中说"仲尼祖述尧舜，宪章文武"，这与上引《五子之歌》《说命》《康诰》的精神一脉相承。

孔子所做之最重要工作是删述六经，而六经是三代先王之政典。在礼乐崩坏、社会大转型之际，孔子回到尧舜禹汤、文武周公，收集、整理圣王之典，而为后世中国造就不朽之常典，全部六经所记者均为万世之常典。没有孔子，后人无从了解尧舜禹汤、文武周公，也无从诵读高贵而优美的《诗经》，不知神妙迷人之《周易》等。

孟子继承孔子精神，曾说过这样一段话：

> 离娄之明，公输子之巧，不以规矩，不能成方圆；师旷之聪，不以六律，不能正五音；尧舜之道，不以仁政，不能平治天下。今有仁心仁闻而民不被其泽，不可法于后世者，不行先王之道也。故曰：徒善不足以为政，徒法不能以自行。《诗》云"不愆不忘，率由旧章"，遵先王之法而过者，未之有也。[1]

在天下大乱、人人迷失方向之时，孟子呼吁"率由旧章"，回到先王之道。

孔孟之所以要人遵先王之道，皆因其愿人在道上，而道就在先王之道中。没什么神灵可告诉人走什么道，用什么法。在天之下，人不能不自己走自己的路，故今人只能从前人所走来的那条路上继续前行。前人可能困顿过，可能犯过错误，但他们走过来了，其身后之路值得后人认真对待，依循其中健全的、美好的、善的想法、做法，此即道。

但当然，路，终究还是要自己走。故回头看，并不等于放弃自主，放弃思考，不思创新。恰恰相反，惟有天之下的道让人可以创新。神的律法是一次性给定的、完备的，没什么可补充、可增添的，人唯一要做的是严格遵循，不可越雷池一步。故在一神教中，无所谓保守，而有"原教旨主义"冲动。天之下的道则不是律法，所谓先王之法不是规范人们具体行为的律法，而是道，先王之言、行、制中有"大义"，也即生命成长和社会治理之大方向与基本原则。用《周易·系辞》的话来说，后人探求先王之言、行、制，乃是"取象"。而取象自有赖于后人之问题意

---

[1] 《孟子·离娄》。

识、知识视野，后人不能不依据自己所探求之大义安顿自己的人生，设计自己时代的制度。

道给人以自主、创新之充分空间，故子曰："殷因于夏礼，所损益，可知也；周因于殷礼，所损益，可知也；其或继周者，虽百世可知也。"三代之制有因，也有损、益，孔子之后的中国也有因，也有损、益。损、益，也即变是必然的，不能不变，完全可以变。如《周易·系辞》所说："易穷则变，变则通，通则久。"只有中国有"易"的义理体系，天、道、易，紧密相关。当然，变之中又保持连续，因。此即为中道，所以是常道，典也。

二、肇启华夏

帝尧曰放勋。

帝尧名为放勋。

史官稽考古代之王者之后认为，尧值得记录，故有《尧典》，而孔子列之为《尚书》首篇，盖在孔子看来，正是尧，肇造华夏。

帝

古典时代之最高统治者，在世时为"王"，驾崩后尊称为"帝"，《尚书大传》叙舜之经历曰："维十有三祀，帝乃称王，而入唐郊。"

"帝"之本义为最高神灵，也即"上帝"：经下文将提及舜"肆类于上帝"；《尚书·吕刑》记，蚩尤作乱，"上帝监民，罔有馨香，德刑发闻，惟腥。"先王驾崩后升天，如甲骨文中说"宾于帝"。《诗经·大雅·文王》曰："文王在上，於昭于天。周虽旧邦，其命维新。有周不显，帝命不时。文王陟降，在帝左右。"周文王升天，在上帝之左右，此即"宾于帝"，意谓，为上帝之宾客。

死后在天之王，最初宾于帝，后逐渐被称为帝，《礼记·曲礼下》曰："措之庙，立之主，曰帝。"故王者只有在驾崩之后才称为帝，《史记》所记夏代、商之帝号，帝启、帝孔甲，或者帝太甲、帝武乙之类，当为王之庙号。

《白虎通义·号》总结说："帝者，天号；王者，五行之称也……帝者，谛也，像可承也；王者，往也，天下所归往。"王为天下人所自愿归服，而享有统治之权威。帝则有德行、功业可供后代谛观、传承，故为宾天以后之庙号。《春秋繁露·三代改制质文》有更详尽论说：

> 王者之法必正号，绌"王"谓之"帝"，封其后以小国，使奉祀之。下存二王之后以大国，使服其服，行其礼乐，称客而朝。故同时称帝者五，称王者三，所以昭五端、通三统也。是故，周人之王，尚推神农为九皇，而改号轩辕谓之黄帝。因存帝颛顼、帝喾、尧之帝号，绌虞而号舜曰舜，录五帝以小国。下存禹之后于杞，存汤之后于宋，以方百里，爵号公。使服其服，行其礼乐，称先王客而朝。

据此可知，尧为其驾崩后之尊称，在世领导华夏时，其正式称号为"王"。

很有可能，正是从尧舜时代起，有"王"之称号，同时有"帝"之称号。盖至此时代，方有超乎相互独立的邦国之上、相对稳定的华夏政治共同体，故而有"王"，而有"王"才会有"帝"。

徐中舒主编《甲骨文字典》认为，"王象刃部向下之斧形，以主刑杀之斧钺象征王者之权威"。《太平御览》卷三四一引《字林》曰："钺，王斧也。"在山西襄汾陶寺遗址出土玉器之中，玉钺最为突出，且有规格之不同，最大者当即属于王 [1]。而相当多学者认为，此地当为尧都 [2]。

帝号之出现实有待于天之受到王的崇拜，而恰恰是尧"绝地天通"，而确立敬天之礼。在此之前，各邦国崇拜本邦神灵，此神灵只保护本邦人。如经下文所说，尧"钦若昊天"，确立敬天。天超越各邦神灵之上，遍覆无外。天的人格化存在是经下文所说之"上帝"。而依礼制，只有王可祭祀上帝。后世，"帝"始终是最高神，《诗经》中反复出现"上帝"一词。帝还会分身，比如秦人祭祀白、青、黄、赤四帝。

由此而有可能在上帝与王之间建立确定关系：王祭祀上帝，先王"宾于帝"，故王者可有帝号。夏商两代沿用予先王以帝号，如夏之帝启、帝履癸（也即桀），

---

[1] 参考高炜《陶寺文化玉器及相关问题》，收入《襄汾陶寺遗址研究》，解希恭主编，科学出版社，2007年，第467~469页。

[2] 可参看《襄汾陶寺遗址研究》中所收相关论文，此书出版后仍有若干论文对此进行讨论。

或者殷商之帝太甲、帝武乙。周人更为敬天，较少崇拜人格化倾向较多之上帝，故王驾崩之后，后人虽相信其同样宾于帝，却不再给先王以"帝"之号。

三代，"帝"始终有上述两个并行且相关联的含义：或为天之人格化的上帝，或为王者之庙号。

孔子信而好古，系统收集整理文献，对上古圣王有全面了解，《大戴礼记》有《帝系》《五帝德》两篇，以此清理上古历史演变过程。孔子所凸显之帝，已非后王对先王之尊称，而有强烈道德意味，"皆有功烈于民者也"[1]。

随着六经教育传播，此说影响扩大，而由帝在道德上高于王者，引申出其在政治上高于王者。此为帝之含义的大变，这种概念当形成于孔子之后战国时代。当时，周王称"王"，列国统治者也已称"王"，且逐鹿天下，那么，凌驾于各国之上的天下最高统治者，当如何称谓？

秦昭襄王十九年，齐闵王三十六年，秦、齐两国相约，秦王为"西帝"，齐王为"东帝"，当时两国实力最为强大。唯此举遭其他国家强烈反对，仅两月又都放弃，重新称王。这已显示时人之观念：帝高于王，而在孔子，实并无此意。故《史记·秦始皇本纪》记，秦王嬴政扫灭六国，执意用"帝"之号：

秦王初并天下，令丞相、御史曰："……寡人以眇眇之身，兴兵诛暴乱，赖宗庙之灵，六王咸伏其辜，天下大定。今名号不更，无以称成功，传后世。其议帝号。"

丞相绾、御史大夫劫、廷尉斯等皆曰："昔者五帝地方千里，其外侯服夷服诸侯或朝或否，天子不能制。今陛下兴义兵，诛残贼，平定天下，海内为郡县，法令由一统，自上古以来未尝有，五帝所不及。臣等谨与博士议曰：'古有天皇，有地皇，有泰皇，泰皇最贵。'臣等昧死上尊号，王为'泰皇'。命为'制'，令为'诏'，天子自称曰'朕'。"

王曰："去'泰'，著'皇'，采上古'帝'位号，号曰'皇帝'。他如议。"

制曰："可。"

---

[1]《礼记·祭法》。

大臣与博士初拟用"泰皇"之号，已高于天皇、地皇。嬴政并不满意，更愿让人把自己与上帝、五帝相提并论，故自定"帝"号，冠以"皇"字，表示自己功业远超上古五帝，甚至可比肩于皇天上帝。

由此至清亡，最高统治者号为"皇帝"，在此，帝的双重含意还是清晰可见：惟有皇帝可祭祀天、上帝。

至现代，有"帝制"之说；有人甚至描述历代王朝为"帝国"，与西方之"帝国（empire）"相提并论，徒生歧义。

尧

史官稽考古事，乃决定记录尧之事。"尧"当为其谥号，名为放勋，其国号陶唐，即《诗经》所说之唐。古典文献多数记载尧都平阳，在今日之晋南。当代学者多以为，考古发掘之山西省襄汾县陶寺遗址为尧之都，此遗址为当时整个黄河流域规模最大之城邑。

孔子编定《尚书》，以《尧典》开篇。孔子当然知道，尧之前还有圣人，《周易·系辞》即记载伏羲、神农之事。《五帝德》首叙黄帝。《尚书》何以断自尧舜？《史记·五帝本纪》太史公曰：

> 学者多称五帝，尚矣。然《尚书》独载尧以来；而百家言黄帝，其文不雅驯，荐绅先生难言之。孔子所传《宰予问》《五帝德》及《帝系姓》，儒者或不传。余尝西至空桐，北过涿鹿，东渐于海，南浮江淮矣，至长老皆各往往称黄帝、尧、舜之处，风教固殊焉，总之不离古文者近是。予观《春秋》《国语》，其发明《五帝德》《帝系姓》章矣，顾弟弗深考，其所表见皆不虚。书缺有间矣，其轶乃时时见于他说。非好学深思，心知其意，固难为浅见寡闻道也。余并论次，择其言尤雅者，故著为《本纪》书首。

孔子不否认尧舜之前的帝王，太史公所说文献，见于《大戴礼记》，其中论及尧之前黄帝、颛顼、帝喾之德、功，而《五帝本纪》等相关文献所记尧舜以前之帝王事迹，多取材于孔子论述。而这些事业，与目前考古所见材料之间，可见相当肯定之对应关系，故其并非二十世纪学者所断定之传说或神话。

但孔子是高度审慎而负责的，也许，《尧典》关于尧舜的文献记载，与他当时所得其他材料对勘，较为清晰、可信，故列于《尚书》首篇。也许，更为重要的原因是，在孔子看来，惟到尧时代，华夏才初步成形，并奠定中国之道。故列之为华夏第一王者。

在此之前，在中国这块土地上，广泛地分布着相当发达的文明，如公元前四千年到公元前三千年，从北到南计有：燕辽地区之红山文化，山东之大汶口文化，黄河中游、渭河流域之仰韶文化，太湖流域之良渚文化，长江中游之屈家岭文化。后来，红山文化、良渚文化相对衰落，但仰韶文化之后有中原龙山文化，大汶口文化之后有山东龙山文化，屈家岭文化之后有石家河文化，也都精彩纷呈。用苏秉琦先生的话说，考古学上的新石器时代中后期之中国疆域内，其文化体之分布，可谓"满天星斗"[1]。这些看起来相距遥远的文化体之间，有超乎现代人想象的密切交往，张光直先生称之为"中国相互作用圈"，尤其是到龙山文化时代，出现了各处的文化体之间明显趋同的"龙山化"现象："我们在相互作用范围内的每个地区内部，看见了一个相似的文化与社会变化过程，到了公元前3000年代末，其正向着一个充分复杂及等级化的社会发展并使之成为文明的标志"[2]，华夏—中国文化共同体正在诞生过程中。

接下来，自然有政治上突破隔绝之努力。频繁的交流，尤其是经济增长、人口膨胀、族群迁徙等等因素，促使各文化体逐渐突破一般贸易和文化交流，而有政治统一之尝试。黄帝大约是第一个做此努力并取得明显成就者，如《史记·五帝本纪》所记：

轩辕之时，神农氏世衰。诸侯相侵伐，暴虐百姓，而神农氏弗能征。于是轩辕乃习用干戈，以征不享，诸侯咸来宾从。

而蚩尤最为暴，莫能伐。炎帝欲侵陵诸侯，诸侯咸归轩辕。轩辕乃修德振兵，

---

[1] 参考苏秉琦著，《中国文明起源新探》，人民出版社，2013年，《"条块"说》《漫天星斗》两章。

[2] 参考张光直著，《古代中国考古学》，三联书店，2013年，第278页。

治五气，艺五种，抚万民，度四方，教熊罴貔貅貙虎，以与炎帝战于阪泉之野。三战，然后得其志。

蚩尤作乱，不用帝命。于是，黄帝乃徵师诸侯，与蚩尤战于涿鹿之野，遂禽杀蚩尤。而诸侯咸尊轩辕为天子，代神农氏，是为黄帝。

天下有不顺者，黄帝从而征之，平者去之，披山通道，未尝宁居。东至于海，登丸山，及岱宗。西至于空桐，登鸡头。南至于江，登熊、湘。北逐荤粥，合符釜山，而邑于涿鹿之阿。迁徙往来无常处，以师兵为营卫。

有不少学者认为，考古学上的红山文化大约对应于黄帝族群[1]。确实，典籍所记黄帝之活动地，多在燕山南麓，"教熊罴貔貅貙虎""迁徙往来无常处"似为渔猎民族之习性。而《礼记·乐记》曰"武王克殷反商，未及下车，而封黄帝之后于蓟"，在今北京境内。

或可推测，红山文化后期，气候变冷，处在农牧业分界线上的红山文化所在地，已不适宜生存[2]，该族群被迫南迁，黄帝之族群因而进入燕山以南，乃与其他族群发生冲突。炎帝起源于关中，也许与渭河流域的仰韶文化有对应关系，而蚩尤或许与山东大汶口文化相对应。

由太史公的记载可见，黄帝一生都在战斗，他似乎首先以武力统一本文化圈，然后沿今日山西南下，与来自渭河流域的炎帝作战；其后，沿黄河一线向东，与蚩尤作战，由此而在中原确立霸主地位。

太史公描述的黄帝一生生动呈现了前华夏时代族群严重冲突之局面，而黄帝之所以持续投入战争，恐怕是因为，通过武力征服所树立之治理权威，无法为其他族群心悦诚服。也即，黄帝第一个试图在一直以来互不统属的诸侯之上

---

[1] 关于这一点，论证最力者，当属苏秉琦先生之弟子郭大顺，参看郭大顺著《追寻五帝：揭幕中国历史纪元的开篇》，辽宁人民出版社，2010 年。

[2] 古气候学研究表明，在华北地区中全新世环境演化过程中，距今 5400~4800 年间出现了持续的暖湿环境，这个阶段正对应于红山文化晚期走向繁荣时期。距今 4800~4200 年间，环境向干冷的方向发展，其中距今 4600~4200 年间强降温事件达到了中全新世冷干气候的顶峰。这一时期正对应于燕山南北长城地带古文化发展剧烈变迁并走向衰落的时期。（靳桂云《燕山南北长城地带中全新世气候环境的演化及影响》，考古学报，2004 年第 4 期）

建立王权，但其努力未能完全成功。

黄帝未能树立起稳定的王权。黄帝之后是颛顼、喾，《五帝本纪》曰：

帝颛顼高阳者，黄帝之孙而昌意之子也。静渊以有谋，疏通而知事。养材以任地，载时以象天。依鬼神以制义，治气以教化，洁诚以祭祀。北至于幽陵，南至于交阯，西至于流沙，东至于蟠木。动静之物，大小之神，日月所照，莫不砥属。

［帝喾］高辛生而神灵，自言其名。普施利物，不于其身。聪以知远，明以察微。顺天之义，知民之急。仁而威，惠而信，修身而天下服。取地之财而节用之，抚教万民而利诲之。历日月而迎送之，明鬼神而敬事之。其色郁郁，其德嶷嶷。其动也时，其服也士。帝喾溉执中而遍天下，日月所照，风雨所至，莫不从服。

颛顼和喾在华夏共同体之政治构造上似未有进展，其贡献基本上在神教生活方面，据《国语·楚语》记载，颛顼第一次"绝地天通"，虽遭九黎之扰乱，但尧终于完成此神教变革。

接下来发生的气候巨变及由此导致的生存环境恶化，为华夏之缔造提供了契机：文化曾高度发达的黄淮下游适宜人类生存之地，因洪水泛滥，不少族群被迫向内陆迁徙，聚集于不受洪水肆虐之黄土高原边缘，即今日豫西、晋南地区。众多族群聚合，如何共存？继续战争，还是抟聚成一共同体？

天降尧舜，推动这些被迫走到一起的族群，深化相互联系，提高组织化程度，从而缔造华夏；尧舜也成为真正的王者，其权威为天下各邦所承认。在考古学上，尧舜当在龙山时代晚期[1]。此为中国这块土地上政治和文明演进之大跃迁，由此而有连续不断之文明的和政治的中国。

至关重要的是，尧舜之权威不是通过暴力获得和巩固的，而是以德为人归往，大不同于黄帝。同时，尧舜确定了中国文明之所有重要法度，并持续传承。故孔子以为，华夏—中国之道起步于尧舜，《尚书》乃断自尧舜，而非更早。

---

[1] 张光直先生说，"若夏朝始于公元前2000年左右，则传说中的那些英雄和圣人所处的时代可被推断为龙山文化时代"（张光直著，《古代中国考古学》，印群译，三联书店，2013年，第359页）。

三、为政以德

钦、明、文、思、安安，允恭、克讓。
光被四表，格於上下。

钦，敬也。允，信也。克，能也。
光，广也。表，外也。格，至也。

他有钦、明、文、思、安安之德。
他确实恭，能够让。
他的德广泛地覆盖华夏，至于上天、下地。

《尧典》为《尚书》首篇，起首以极为简练的词汇，干脆利落地概括尧作为
王者之德。尧之形象巍然矗立，中国之道由此定调。

钦

钦者，敬也，朱子曾这样评论：

尧是初头出治第一个圣人。《尚书·尧典》是第一篇典籍，说尧之德，都未
下别字，"钦"是第一个字。如今看圣贤千言万语，大事小事，莫不本于敬。收
拾得自家精神在此，方看得道理尽。看道理不尽，只是不曾专一。或云："主一
之谓敬。敬莫只是主一？"曰："主一又是敬字注解。要之，事无小无大，常令

自家精神思虑尽在此。遇事时如此，无事时也如此。"[1]

敬之前提是充分的身心自觉，关键在充分的自我控制；敬之发用是对外部世界的高度敏感。

敬本身是德，更是诸德之本。不敬，则无德可言。在敬的状态中，人方能反身而自知，自我提升，自我约束，并对自己之外的一切人、事、物保持同情的敏感。总之，惟有在敬的状态下，人方能让自己以最佳状态，进入与外界人、事、物之最佳关系中，而有具体场景中之德。

故经文列举尧之德，以"钦"为先。没有敬，其下之明、文、思、安安诸德，均无从谈起，尧也就无以缔造华夏。而尧之"钦"，也就为中国人确立了精神之大法度：敬为精神之基底，圣人之教就是要人身心全副进入敬的状态。《尧典》文本、孔子定《尚书》篇次，意在彰显这一点。

经后文将反复出现"钦""敬"等词，《皋陶谟》也以"钦"结篇。

明

德形成于、呈现于人与外物交接过程中，其前提是人对外物有所认知，据此形成最优交接策略。认知外物之最重要器官是眼观看、查看人、事、物，包括自己。明，就是视觉之德。子曰："君子有九思：视思明。"[2] 视求其明，此为我之明；因我之明，环绕于我的人、事、物之形、理，最大限度地显明于我，为我所明知，则我就可对其有全面、准确、深入之认知。

明的前提是敬，《中庸》曰"自诚明，谓之性；自明诚，谓之教"。尧就是"自诚明者"，敬则诚，诚则明。"唯天下至诚，为能尽其性。能尽其性，则能尽人之性。能尽人之性，则能尽物之性。能尽物之性，则可以赞天地之化育。可以赞天地之化育，则可以与天地参矣。"敬，摒除情绪之扰乱，成见之干扰，以澄明的开放心态察看人、事、物，对其形、对其内在之理可有全面、准确的把握，

[1]《朱子语类·学六》。
[2]《论语·季氏》。

是为明。明可细分为三：

第一，心明。即孔子所说"四十而不惑"之"不惑"（《论语·为政》）。何谓"惑"？孔子列举过两种情形："爱之欲其生，恶之欲其死。既欲其生，又欲其死，是惑也"；"一朝之忿，忘其身，以及其亲，非惑与？"[1] 欲望、强烈的情绪干扰人的认知、判断，就是惑。惑则不明，不明，必定认知不准确，反应不恰当。孔子又说："浸润之谮，肤受之诉，不行焉，可谓明也已矣"[2]，明者摒除情绪和私欲的干扰。

第二，察知之明。心明，一旦交接于人、事、物，则可准确察知，不受迷惑，不会遗漏，没有扭曲。经下文舜命皋陶为士，要求其"惟明"，也即明察案件之是非曲直，如此方可恢复正义。皋陶诫禹"在知人，在安民"，知人者，明之德也。东汉徐干《中论·智行》曰：

或问曰："士或明哲穷理，或志行纯笃，二者不可兼，圣人将何取？"对曰："其明哲乎。夫明哲之为用也，乃能殷民阜利，使万物无不尽其极者也。圣人之可及，非徒空行也，智也。伏羲作八卦，文王增其辞，斯皆穷神知化，岂徒特行善而已乎！《易·离象》称'大人以继明照于四方'，且大人，圣人也，其馀象皆称君子，盖君子通于贤者也，聪明，惟圣人能尽之，大才通人有而不能尽也。《书》美唐尧，'钦'、'明'为先，驩兜之举共工，四岳之荐鲧，尧知其行，众尚未知信也。若非尧则裔土多凶族，兆民长愁苦矣。明哲之功也如是，子将何从？"

第三，外显之明。心明者，内在之明也；察知之明者，外照之明也。外显之明，明物者也。明者，光辉而明亮也，此为人所见者也。《周易》多有"文明"字样，其意曰，文让人放射光辉，外人所见者，高贵而优美。王者化成天下，必有待于此文明。

尧之明，综合此三者，由内而外，由我观内心之明，而有观照人、物、事

---

[1] 《论语·颜渊》。

[2] 《论语·颜渊》。

之明，而有我为人所观之明，由此而示范于人。尧明天下之大势，故能抓住机会，缔造华夏。尧有知人之明，这一点可见于下文，他拒绝丹朱、共工为继嗣者，而选择舜。尧明天道，故能知天，而"钦若昊天"。由这些明，尧制作礼乐，让自身充满光辉，让华夏充满光辉，是为文之明。故尧得以肇造华夏。

"明"不同于"光"。琐罗亚斯德教或祆教相信，全知全能的宇宙创造者创造了物质世界，也创造了火，即"无限的光明"；柏拉图有洞穴比喻，以光为根本；犹太教和基督教之《创世纪》记：起初，神创造天地，但一片黝黑，神乃造光，而后造万物，此为神之光；现代哲学则阐发理性之光，所谓"启蒙（enlighten）"，正是让光照射。可见，在中国以西诸文明之观念中，光是贯穿始终而具有根本象征意义的隐喻。光来自人之外，发光者是超绝于人之绝对者。世界在黝黑中，人本身也是黑暗的，惟有借助绝对者之光照，人才可认知自己和世界；但也因为人可借绝对者之光，故人完全有可能掌握"真理"，故人又是骄傲的。

与之相反，"明"是完全属人的：没有造物主，也没有世界之外、之上的造光者、发光者，因而，人和世界既非黝黑一片，也非光亮刺眼。人人自然地可以看，但惟有那些让自己处在敬的状态的人，比如尧，可发掘自己视觉之潜力，而有"明"之德。据此，尧作礼，比如敬天，其身体散发出柔和的光辉，这也是明。这让其从众人中凸显出来，但不是自上而下的，也不刺眼光亮。此明是从自身发出来的，而非借助于神之光，经下文谓尧"克明俊德"，也即义也。故尧只是示范于人，而无以强制人。

文

《说文解字》："文，错画也，象交文。""文"即"纹"，纹路，线条有规则地排列、交错而形成之令人愉悦的状态。

孔子赞美尧"焕乎其有文章"（《论语·泰伯》）。"文"者，礼文也；"章"者，明也。礼是规则，规范人的一切行为，让人各得其所、彼此低成本合作的状态，此即"文"的状态。健全的个体生命和共同体内良好秩序，均有赖于文。

孔子讨论君子之成人："质胜文则野，文胜质则史。文质彬彬，然后君子。"

31

（《雍也篇》）一个人的完整构造，大体可分为质、文两部分。质者，内在具有之品质；文者，显现于外之形式。质是强健而饱满的生命力，也是仁义忠信之美质。文是钟鼓管磬、宫室服章之器，也是屈伸俯仰、升降上下之仪。质、文交相为用，如《礼记·礼器》所说："先王之立礼也，有本有文。忠信，礼之本也；义理，礼之文也。无本不正，无文不行。"两者均匀分布于一个人身上，保持平衡，是所谓"文质彬彬"，人是健全的。人而无文，则行之不远。

尧自身有文，《五帝本纪》记尧"黄收纯衣，彤车乘白马"，一幅优美的图画。尧既有大德，又以各种礼文装饰自己，则与人交接，人格高贵而举止优美，此即文。

文则明，文让人放射出柔和的光亮，从人群中显明出来，为人所见，并效仿。尧以此文化成天下，从而塑造出华夏之文。此文将天下人，首先是君子，联络为一体。没有文之纽带，难有华夏共同体。

尧之文乃本乎"天文"，下文将详论之。

思

"明"者，尧以澄明之心面对人、事、物，而对其有全面、准确把握。郑玄注曰"虑深通敏谓之思"，思者，思虑、思考也。尧对得自外部之各种信息予以深思，探知人、事、物之理，形成与之交接的恰当方式，德方得以呈现。

君子不能不思，《孟子·告子》讨论说：

公都子问曰："钧是人也，或为大人，或为小人，何也？"
孟子曰："从其大体为大人，从其小体为小人。"
曰："钧是人也，或从其大体，或从其小体，何也？"
曰："耳目之官不思，而蔽于物，物交物，则引之而已矣。心之官则思，思则得之，不思则不得也。此天之所与我者，先立乎其大者，则其小者弗能夺也。此为大人而已矣。"

人皆有恻隐之心，但不思，则不能扩充、发育为德。君子能反身而思，思其内在固有的恻隐之心，从而成就自身。《论语·子罕》："唐棣之华，偏其反而。岂不尔思？室是远而。"子曰："未之思也，夫何远之有？"君子的生命是全副自觉的，无时不反身而自思，如孔子曰："君子有九思：视思明，听思聪，色思温；貌思恭，言思忠，事思敬；疑思问，忿思难，见得思义。"（《论语·季氏》）

思的前提是敬，敬则明于外部之人、事、物，据此思考自身的视、听、言、动，使之无一不在最恰切之状态。君子思，故其言行举止始终是合宜的。不敬则放逸，放逸则无以思。不思，必不当。

君子基于思之所得而动，《大戴礼记·曾子立事》曰："君子虑胜气，思而后动，论而后行，行必思言之，言之必思复之，思复之必思无悔言，亦可谓慎矣。"君子绝不盲目而动，而是慎思、熟虑。

思而后动，故尧抓住缔造华夏之最佳时机，又找到最为恰切之制度，达成自己之志。

安安

"安安"，今文作"晏晏"。郑玄注《考灵耀》曰："宽容覆载谓之晏"。汉人有"崇晏晏之政，敷在宽之教"[1] "思唐虞之晏晏兮，揖稷契与为朋"[2] "诚不欲圣朝行诽谤之诛，以伤晏晏之化"[3] "陛下即位，躬天然之德，体晏晏之姿，以宽弘临下"[4] 之语，均可为作"晏晏"之佐证。

晏晏者，宽宏、含容、宽简之意也。这一点，对于承担治理之责的君子来说，至关重要。尧在天下之最高位，有刑赏之柄。天下人形形色色，参差不齐，当如何对待之？尧以宽宏之心待之。

尤其是，尧有至明之德，若无晏晏之德，很有可能因为苛责于人，而这可

---

[1]《后汉书·皇后纪》。

[2]《后汉书·冯衍传》。

[3]《后汉书·申屠刚鲍永郅恽列传》。

[4]《后汉书·第五钟离宋寒列传》。

能招致祸乱。子曰："好勇疾贫，乱也。人而不仁，疾之已甚，乱也。"[1] 不仁，固然是乱；对不仁者疾之已甚，同样是乱。尧治天下，却是含容的，能以宽宏临下。子曰："躬自厚而薄责于人，则远怨矣。"[2] 君子严于律己，而宽以待人，如此则可得众。

允恭、克让

以上记尧之德：以敬为本，明以识知，文以礼乐，思而后行，宽以待人。尧以身作则，而确立帝王之德。君子之德不外乎此。尧凭借此德，而有王者之位。以下记尧对自己之位之德。

允者，信也，实也；恭者，郑玄注曰"不懈于位曰恭"，即尽心履行自己的职守。《荀子·大略》曰："天之生民，非为君也；天之立君，以为民也。"普天之下，王者最尊。然而，天之立君，旨在增进万民之福利。故《白虎通义》开篇谓："天子者，爵称也。"天子是上天为人间形成秩序、增进万民福利而设立的职能性角色。有其位，则有其"义"：王者享有尊贵的权威，同时也承担着不可推卸的责任。

尧自知这一点，并尽心履行自己的职守，此即"忠"。忠不只是臣之德，也是君之德。君当忠于自己职守，忠于万民。尽心地履行自己对万民、对天下之职守，此即"恭"。王者不恭，不足以为王者。《论语·卫灵公》：子曰："无为而治者，其舜也与？夫何为哉，恭己正南面而已矣。""恭己"者，尽心履行自己职守之义也。

克者，能也；让，谦让也。"克让"谓尧能让。所让者何？名位，权力。当自己为王时，不独占权力，而是乐于引进贤能，与自己共同治理天下，是为让。自身权威虽减少，天下因此而更有可能得到良治。一旦自己年老体衰，无以承担治理天下之责任，则退让于贤能，而毫不贪恋，此即后面记述之禅让。

---

[1] 《论语·泰伯》。

[2] 《论语·先进》。

尧之克让，背后是天下为公之大义。"大道之行也，天下为公"[1]，天下是天下人之天下，天授命王者以治天下，唯一目的是维护公共秩序，增进万民福利。循此，不论行使权威，或交接权威，王者都应出于公心，也即，尽最大努力，让天下人之福利最大化，而非保护和增进自己的私利。

权威能带来荣誉，权力能带来利益，凡贪恋权威、权力者，必定出于私心。尧之"允恭、克让"，可见尧之公心，而"克让"比"允恭"更难。也正因为此，孔子曾赞美"泰伯，其可谓至德也已矣！三以天下让，民无得而称焉"[2]。在一个必定存在权威、权力的人间世，不受私利之诱惑而让出权力者，乃是大德。这样的大德，可保证位、权始终"为公"。

经下文将记舜策命官职时圣贤之让。

光被四表，格于上下

《说文解字》："表，上衣也。"段玉裁注："衣之在外者也。"据此，"四表"就是华夏共同体之外缘，紧邻华夏之四边。"光被四表"说明，尧之德泽不仅覆盖华夏共同体内，更远及于与华夏发生关系的各族群。上者，在上之天也。下者，在下之地也。上天监察人间，地上有各种神灵，尧之德为天神、地祇所知。

这两句紧接尧之七德，故形容尧之德之广远："光被四表"说尧之德遍及于天下人，"格于上下"说尧之德为神灵遍知。正是凭借着这些德，尧肇造华夏。

为政以德

本章为《尧典》之开篇，也是《尚书》之开端，而详尽列举尧之德。尧正是凭借着这些德，缔造华夏。这一点与以前诸帝形成显著对比。

首先，黄帝长于战争，以武力打造华夏，但终究未能成功。这证明武力之局限；接下来，帝颛顼、帝喾多用力于民众神教生活之改良，同样未能完成缔

---

[1] 《礼记·礼运》。

[2] 《论语·泰伯》。

造华夏之事业。这证明神教之局限。

尧却成功地肇造华夏，这证明了德之力量。

孔子删定《尚书》，断自尧舜，《尧典》首记尧之德，孔子恐怕正是借由这一文本结构，呈现圣王治理之大道：德为根本。尧舜以后圣王反复强调德，"德"字贯穿五经。《诗经·大雅·大明》指出，周之诸王，就是凭借着德，而得天下的："乃及王季，维德之行。大任有身，生此文王。维此文王，小心翼翼。昭事上帝，聿怀多福。厥德不回，以受方国。"

孔子及孔门传承这一大道。《论语·为政》记孔子为政思想，开篇为：子曰："为政以德，譬如北辰，居其所而众星共之。"[1] 由此确立了儒家为政之基本义理。

在孔子看来，天下有秩序，万民才能低成本地合作，从而得以各遂其生；为此，需要治理；治理展开之前提是有君，也即领导者，其拥有权威，可组织民众，生产和分配公共品；领导者权威之最可靠来源，不是武力，也不是财富，而是其自身之德，这里的德不只是狭义的道德，而包括其身心处在最佳状态时之各种品质。领导者之德可保证其权威有效地服务于万民，无德，其权威必定无以恰当运用，或被滥用，则难有秩序，万民也就难以各遂其生。

---

[1] 《论语·为政》。

四、克明俊德

克明俊德。

克，能也。俊，美也。

能够彰明自己固有之美德。

以上记尧之德，这句话说明，尧能有此七德，以"克明俊德"也。

对这句话有两种解释，一种出于孔传，"能明俊德之士，任用之"；另一种出自《大学》，开篇谓"大学之道，在明明德，在亲民，在止于至善"。其下杂引经典解释"明明德"曰：

《康诰》曰："克明德。"《太甲》曰："顾諟天之明命。"《帝典》曰："克明峻德。"皆自明也。

《周易》"晋"卦《象传》曰："明出地上，晋；君子以自昭明德"，其义类似。"克明俊德"，也就是"明明德""自昭明德"。

克者，能也；明者，动词，显明；"明德"与"俊德"意思相近。"明明德"意谓，让自己本有之明德更为显明；"克明俊德"意谓，能让自己本有的俊美之德更为显明。朱子《大学章句》解释说：

大学者，大人之学也。明，明之也。明德者，人之所得乎天，而虚灵不昧，以具众理而应万事者也。但为气禀所拘，人欲所蔽，则有时而昏；然其本体之明，则有未尝息者。故学者当因其所发而遂明之，以复其初也。

然而，人何以有"明德"？"德"何以曰"明"？何以"克"明之？如何"明"之？

克

人生而在何种状态？人类对此之基本判断，可分两大类。

第一类可见于袄教、柏拉图哲学中，其大意谓：绝对而圆满之善，在理念世界中，上帝是其人格化存在。此一绝对而圆满的善制造出其对应者——绝对的恶，故人有所谓"原罪"。实际上，原罪是绝对善决定的：有绝对善，则人必为绝对恶。故此，人不可能自我进于善的状态，人必待外在的绝对者之光之照，才有可能认知绝对者，获得真理，或由唯一真神拯救。

第二类见于中国圣贤。人之上，没有什么外在于人的绝对者如唯一真神。因此，世界本来就是明亮的。人的本源在天，天生人；但天不在人之外，因而，天不垄断全部的善，故人非绝对的恶。相反，《中庸》曰"天命之谓性"，性中有"俊德"。如孟子第一次阐述其人性论：

孟子曰：人皆有不忍人之心。先王有不忍人之心，斯有不忍人之政矣。以不忍人之心行不忍人之政，治天下可运之掌上。

所以谓人皆有不忍人之心者，今人乍见孺子将入于井，皆有怵惕恻隐之心。非所以内交于孺子之父母也，非所以要誉于乡党朋友也，非恶其声而然也。[1]

孟子首先确定，"人皆有不忍人之心"，此为天赋。"乍见"者，人在毫无准备的情况下，陡然置身于特殊情景中，去除其全部后天属性，而直接呈现自身。任何人都可设想自己在此情形中必有如此反应，这可证明，"不忍人之心"是上天命于人之本能，即为人之性。

---

[1] 《孟子·公孙丑》。

由是观之，无恻隐之心，非人也；无羞恶之心，非人也；无辞让之心；非人也；无是非之心，非人也。恻隐之心，仁之端也；羞恶之心，义之端也；辞让之心，礼之端也；是非之心，智之端也。

人之有是四端也，犹其有四体也。有是四端而自谓不能者，自贼者也；谓其君不能者，贼其君者也。凡有四端于我者，知皆扩而充之矣，若火之始然，泉之始达。苟能充之，足以保四海；苟不充之，不足以事父母。[1]

由不忍人之心分化出恻隐、羞恶、辞让、是非四心。此非德行之善，不是可发用于人之善行，只是善之"端"。善端内植于人心中，为人所固有。此即"俊德"，或曰"明德"。如朱子说："天之赋于人物者谓之命，人与物受之者谓之性，主于一身者谓之心，有得于天而光明正大者谓之明德。"[2]

人有此"俊德"，故必可"知"扩充之。此即"克"。因为人有俊德，故可以自明其俊德。人，至少是部分人，自主地知道扩充之，而不假任何外在力量。所谓克，意谓，人不靠神的命令，而有向善之心。尧不是因为上帝的命令，而修其德的。相反，尧自我发动。在天之下，人是自主的，因而善不是外在的命令，人自主地有向善之自觉。

尧能够，人人都能够。人是自主的，从来没有什么救世主。人人都可自我发动，自主地进至于善的状态。此即《大学》所说"皆自明也"，向善的主体是人自己，也只是人自己，善与神无关。

明

人禀有不忍人之心，天命人以"俊德"。人必须"明"此俊德，才能有德。

关于人性，孔子说过这样一句话："性相近也，习相远也。"（《论语·阳货》）人人相近之性，就是"俊德"或"明德"，但是，并不是所有人都有同样的德。"习"会让人有区别。"明"就是一种"习"，但并不是人人都有此"习"。

---

[1] 《孟子·公孙丑》。

[2] 《朱子语类·大学》。

那么，如何"明"俊德，进于善？首先当知性，对自己有"俊德"的事实有自觉，并希望进一步扩充，此即孔子所说之"欲"：

子曰："仁远乎哉？我欲仁，斯仁至矣。"[1]

孔子反问人们，仁离我们远吗？当然不远。天命人以仁，仁为人人所固有。但只有当我自觉到仁，仁才会至。若不自觉，仁则不至，别人不可能把它给我。另一方面，只要我自觉到仁，仁就马上至，不需假任何外力。

当然，对俊德之自觉并非一次性事件，而应当是持续不断的努力。当我是自觉的，我就会一次又一次地面对选择，我必须决定如何对待随时出现的各种人、事、物，故孔子说：

子曰："里仁为美，择不处仁，焉得知？"（《孔子·里仁》）

自觉的生命是持续不断地自我选择的过程，透过一次又一次本乎人性的自我选择，内在固有之"俊德"得以扩充，进于仁之状态，发用为各种各样的善行，进于美的状态。此时的人就是光辉的，"明"的。这不靠神的外在提升，而由人透过一系列自主选择而达致。

"择"需要"思"。孟子已说到，由"四端"到四德的关键环节是"知皆扩而充之"。孟子第二次阐述人性论，对此有更详尽的论述：

恻隐之心，人皆有之；羞恶之心，人皆有之；恭敬之心，人皆有之；是非之心，人皆有之。恻隐之心，仁也；羞恶之心，义也；恭敬之心，礼也；是非之心，智也。

仁、义、礼、智，非由外铄我也，我固有之也，弗思耳矣，故曰"求则得之，舍则失之"。或相倍蓰而无算者，不能尽其才者也。《诗》曰："天生蒸民，有物有则。民之秉彝，好是懿德。"孔子曰："为此诗者，其知道乎！故有物必则；

---

[1] 《论语·述而》。

民之秉彝也，好是懿德。"[1]

人所固有之"俊德"，也即四端，通过人之"思"才成就为可见的、可为他人感受到之善行。故尧有大德曰"思"，不思，不足以"明"己之俊德。

欲、思、择，都内发于人自身，而不是外部强加的，其根据在人之"俊德"。天命之"俊德"赋予人一自明的动能，也是人赖以成就善行之基础。如此展开之过程，就是作为行为的"明"，显明自己内在固有之俊德，让其扩充，从而更为彰明昭著，为人所见，也即明于人。如朱子所说："若人之明德，则未尝不明。虽其昏蔽之极，而其善端之发，终不可绝。但当于其所发之端，而接续光明之，令其不昧，则其全体大用可以尽明。"[2]

德性和德行

人皆有上天赋予之"俊德"，如孟子所说，此"俊德"为"端"，"若火之始然，泉之始达"。经过人之自明，而为仁义礼智之德行。作为端之"俊德"，可谓德之性，所谓"明"，就是将此德性见之于自己之行，可为人所见，是为德行。

故"俊德"是德行之本，德行为俊德之发用。俊德在心，德行在身。"俊德"不明，无以为德行。无德行，无以为有德者。有德者之德，必须是明的，也即，为他人可见，为他人可感受，作用于他人，从而有合群之效。

君子、小人之别

显明、扩充自己内在固有之俊德，则可成就德行。人皆有俊德，但并非人人有德行，因而，不是人人都能自明其俊德。

此乃上天之自然。天生人，人人都有恻隐之心，禀有仁之性，就此而言，人人在天之下平等。但天生人，予每人以不同禀赋，故人与人天然地不同，所

---

[1] 《孟子·告子》。
[2] 《朱子语类·大学一》。

谓人人有别：男女有别，高矮、肥瘦、黑白有别，慧愚有别，寿夭有别，等等。故每人都有自己的"天命"，上天让人间丰富而多样。凡此种种不同，让有些人对人之性有所自觉，有些人则不能，如孟子所论：

> 公都子问曰："钧是人也，或为大人，或为小人，何也？"
>
> 孟子曰："从其大体为大人，从其小体为小人。"
>
> 曰："钧是人也，或从其大体，或从其小体，何也？"
>
> 曰："耳目之官不思，而蔽于物。物交物，则引之而已矣。心之官则思，思则得之，不思则不得也。此天之所与我者。先立乎其大者，则其小者不能夺也。此为大人而已矣。"[1]

"四端"是人所固有之禀赋，在此，人与人没有差异。"思"亦为人所固有之禀赋，但在此，人与人之间的差异较大。思的意愿和能力在人中间造成善行之参差不齐：有些人的"四端"也即"俊德"较为充分地扩充，而有卓越之德行，这类人，就是"大人"或"君子"；其他人的"四端"未得有效扩充，缺乏明显的德行，则为"小人"。

> 孔子曰："生而知之者，上也；学而知之者，次也；困而学之，又其次也；困而不学，民斯为下矣。"[2]

天生人，人各不同。此所谓"之"，就是人固有之"俊德"。有些人生而知己有此俊德，此所谓"先知先觉者"。有些人有学的自觉，通过学，自觉于己之俊德而扩充之。有些人没有学的自觉，因生命遭遇困惑而学，而有俊德之自觉。还有很多人，即便生命有困惑，也仍然不学，因此也就不知扩充自己的俊德，此即"小人"。小人相对于大人而言，大人者，充分地成就了天命之俊德的人也；小人者，未能自觉、扩充内在固有之俊德者也。

---

[1] 《孟子·告子》。

[2] 《论语·季氏》。

故圣人未说人人都是尧舜，而说"人皆可以为尧舜"[1]，人人有此潜力，人的道德责任就是尽最大努力，让自己内在固有之俊德扩充为德行。但历史地看，只有尧舜是尧舜。尧舜所以是尧舜，因其"生而知之"，"克明俊德"，自主地明己之俊德。

经文于此强调尧"克明俊德"，系因为，正是尧，走出神之支配，而树立敬天。人之性出于天，天命人以俊德，尧率先知之而明之。此后，尧以及舜为典范，则可学而知之，循尧舜之道，自明其俊德，也可成为贤人、君子。

此后，有德者，大至圣人，小至君子，均是自发涌现的。对俊德之自觉最为重要，成德在于自明。这是华夏文明之根本所在。在中国以西诸文明中，通常神居于主动地位，他拣选巫师或先知，以及拯救的对象。从根本上说，在全知全能全善的神面前，人之德不值一提，人修不修德，根本不重要，重要的是人对神之虔诚信服。在天之下，人是自主的，人之成长、提升，只是通过自明其德。故在天之下，圣人、君子是自然涌现的。

君子与合群

圣人、君子的自然涌现解决了人们和平地共同生活，并分工合作以增进效率的合群难题。故经文于"克明俊德"之后，紧接着叙述尧合群之功。

人的现实生存状态由其组织形态决定，组织的核心是领导者，君子就是群之领导者。《汉书·刑法志》序曰：

夫人宵天地之貌，怀五常之性，聪明精粹，有生之最灵者也。爪牙不足以供耆欲，趋走不足以避利害，无毛羽以御寒暑，必将役物以为养，任智而不恃力，此其所以为贵也。故不仁爱，则不能群；不能群，则不胜物；不胜物，则养不足。群而不足，争心将作。上圣卓然先行敬让、博爱之德者，众心说而从之。从之成群，是为君矣；归而往之，是为王矣。

---

[1]《孟子·告子》。

班固在此提出儒家的政府起源理论，关键是君子之自然涌现。卢梭"契约论"认为，全体成员在某个时刻共同订立契约，并设立某人或某群人为君，而建立政府。如休谟所说，这种理论没有任何历史依据，在逻辑上也不通。因为，契约论欲解释人何以合群，但所谓共同订立契约就已预设了人在群中。契约论必预设了一个隐秘的神，神约论坦率表达了这一点。

中国人敬天，天让人自由。人之合群，归根到底由人启动并完成。天生人而不同，有些人对其"俊德"，主要是仁，有所自觉，而有合群之意，并有合群之德、能，所谓"敬让、博爱"是也；至关重要的是，人人皆有俊德，即便其自身无有此德、此能，而一旦先知先觉之人发起合群之邀约，他也乐意加入，因为这合乎人性。[1] 于是，不借契约之神迹，仅仅经由人的自觉和努力，人可合群。

具有卓越合群德能的人就是君子，《荀子·王制》曰："君者，善群也。"《君道》曰："君者，何也？曰：能群也。能群也者，何也？曰：善生养人者也，善班治人者也，善显设人者也，善藩饰人者也。"君子之德、能，均指向合群。

君子自然涌现，则人天然地有能力合群，故可以说，人天然就在群中，没有霍布斯所假设之"自然状态"。只不过，群是历史地演进的，由小到大，由近及远。合群之后，为共同生活并生产公共品，需要治理，君子又承担治理责任。至关重要的是，君子、小人是同质的。小人同样禀有俊德，这样，在某种特定的环境中，完全可以得到某种启发、教化，而自觉、向上提升，而在秩序维护中发挥积极作用。这样，不假神意之优良治理完全是可能的。

尧"克明俊德"，故有合群之技艺，从而肇造华夏。

---

[1] 《周易》屯卦讨论的也正是君子自然涌现而合群之道，可参考拙著《建国之道：周易政治哲学》之分析。

五、合群之道

克明俊德，以亲九族；
九族既睦，平章百姓；
百姓昭明，协和万邦。

平，辨也，治也。
章，彰明。姓，姓氏之姓。

能够彰明自己固有之美德，让九族相互亲睦；
九族既已达到亲睦状态，乃区别、彰明诸姓；
诸姓之别既已彰明，乃协调万邦至和的状态。

尧能扩充自己之俊德，彰明为王者之德行，向外发用，影响于人，使人合群，亲近九族，辨章百姓，协和万邦，由小到大，由近及远，最终形成超大规模之文明共同体，华夏—天下。

亲亲

尧发明合群之机制有三种，第一种是亲亲。

经学家对"九族"有不同解释：古文经学家以为，上至高祖，下及玄孙，是为同姓九族；今文经学家以为，父族四、母族三、妻族二，是为异姓九族。这两种说法都有道理。

不论"九族"具体指哪些族，"族"当涵括一切基于自然情感而紧密联系之

熟人群体,《白虎通义·宗族》这样解释"族":

> 族者,何也?族者,凑也,聚也,谓恩爱相流凑也。生相亲爱,死相哀痛,有会聚之道,故谓之族。《尚书》曰:"以亲九族。"族所以九何?九之为言究也,亲疏恩爱究竟也,谓父族四,母族三,妻族二。

这里列举"族"之基本要素,均极为重要:

第一,凑也、聚也。在空间上,一群人长期、共同生活在一起。此为成族之前提,由此,人们才会成为生活共同体,并在长期共同生活中产生亲密情感。

第二,恩爱相流凑也。恩者,互惠也;爱者,相亲爱也。相者,相互也。流者,自然流露也,人们相互之情感是天然的;凑者,人相互亲近也。互惠的、相亲之情,相互自然流露,并推动人们亲近,愿意长期共同生活在一起,结成关系紧密之组织。

第三,有会聚之道。也即,有某些稳定的制度,让这一群人可以经常会聚于一起。比如,共同举行某些带有强烈仪式感的活动,在共同的礼乐中,相互恩爱的共同体感得以强化。

简单地说,"族"是基于自然的相亲情感、生活在同一地域、并保持长期稳定共同体生活的社会组织,具体而言,就是基于血缘、亲缘而结合之共同体,最为重要的是"家族"。这样的族自然就有,因为,子女为父母所生,至少在子女年幼时,必定组成家,家内成员之间,不论是夫妇,还是父母与子女之间,自然有恩爱之情,由此情而紧密结合在一起。

人们自然地就在"族"内,但其规模过小,除了进行简单的人口和物质再生产外,几乎没有生产公共品的能力。尧立足于如此自然之族,而做"亲九族"之努力。尧合群之对象是族,而非个体之人,旨在形成大于族之更大社会组织。

"九族"之间自然就有情感关系,或为血缘,或为婚姻。然而,这种情感当不如族内成员之间相恩爱,仅靠其自然情感,不足以形成和维持紧密而稳定的更大团体。"亲"是自觉的合群努力,旨在增强各族之间的情感,这包括,建立某些制度,让人们经常会聚。在尧"亲九族"之后,人们超越本族,进入更大规模的"九族"组织,这才是可有效治理之社会组织单元。相对于"族","九族"

是更大、更高级的社会组织。以此组织，人们可有效地共同生产大多数公共品。

在三代封建时，"九族"构成封建治理之主要单元：家，其首领为卿大夫。经后文将会提到政治意义上的家。此家不是战国以后出现的核心小家庭，而是合九族而成之社会有效治理单元。战国以来，则有宗族，也是大于家、族之社会治理组织。

不管怎样，"九族"之间，本有相亲之情。尧"明"此人情，故其合群事业，起步于"亲亲"。也即，让人们对于此情有所自觉，且建立各种制度提撕、维护人们的相亲之情。

对本有自然情感的人来说，自觉的亲也是必要的。经后文将提到五典，即父义、母慈、兄友、弟恭、子孝。可见，即便在家内，父子、兄弟之间血脉相连，也未必总能保持良好关系，故需强调孝、悌之德。此即亲亲之德，由此，维护和加深父子、兄弟之情。

"九族"之间更需自觉的"亲"。"亲亲"不可能依靠自上而下的说教，而依靠制度，如宗庙祭祀制度。九族之人依礼乐共同祭祀祖先，追远思祖，即可有效地提醒九族之成员注意自己与旁边的人之间的亲情关系，而塑造恩爱之情。无此制度，本有的自然之情也会迅速流失，而形同路人。

今日中国城乡社会所面临之最大挑战正在于，因缺乏相应制度，基于亲情的种种社会组织正在普遍瓦解之中，社会治理因此而丧失其最为基础的组织单位。若无亲亲之德与制度安排，哪怕是家内、族内之人也会相互疏离。

平章百姓

尧合群之第二种机制是尊尊。

"平章百姓"之"百姓"，非今日所谓庶民，而指拥有治理权之诸"姓"。古代之姓、氏有别，而姓、氏是在文明演进过程中构建出来的。春秋时晋司空季子对流亡中的公子重耳说过这样一段话：

同姓为兄弟。黄帝之子二十五人，其同姓者二人而已。唯青阳与夷鼓皆为己姓。青阳，方雷氏之甥也。夷鼓，彤鱼氏之甥也。其同生而异姓者，四母之子别为十二姓。凡黄帝之子二十五宗，其得姓者十四人，为十二姓：姬、酉、祁、己、滕、箴、任、荀、僖、姞、儇、依是也。唯青阳与苍林氏同于黄帝，故皆为姬姓。同德之难也如是。[1]

黄帝之子并不完全跟从黄帝之"姓"，仅两人从其姓，十二人得到自己的姓，另十一人无姓。由此可见，彼时的"姓"绝非纯粹血缘意义上的姓。那么，黄帝之子是否跟从黄帝之姓，及其有姓、无姓，依据何在？司空季子指出，在于是否"同德"。"德"者，何谓也？德者，得也。仔细检视典籍记载可见，关于姓之记载，均关乎"得姓"问题，也即一个人是否得到某姓。《左传·隐公八年》记鲁智者众仲之语：

> 天子建德（杜预注：立有德以为诸侯），因生以赐姓（杜预注：因其所由生以赐姓，谓若舜由妫汭，故陈为妫姓），胙之土而命之氏（杜预注：报之以土而命氏曰陈）。诸侯，以字（杜预注：诸侯位卑，不得赐姓，故其臣因氏其王父字），为谥，因以为族（杜预注：或便即先人之谥称以为族）。官有世功，则有官族。邑亦如之（杜预注：谓取其旧官旧邑之称以为族，皆禀之时君）。

此处同样提到"有德"。某人有德，具有卓越领导能力，取得伟大功业，王者乃赐以治理权，因其所生活之地而得到自己的姓。

可见，通常，姓本来就有，一个姓就是一个较大的族群之标记。某人得姓，意谓确立该人为该族群之君。该人或本在此族群中，但地位低下；甚至可能不在本族群，因德能出众，而为该族群之君，乃冠以该族之姓。

由此可理解黄帝之子的有姓与否——诸子中，唯青阳与苍林氏"同德"于黄帝。即此二人继嗣黄帝治理权，继续统治黄帝原来统治之族群，故沿用黄帝之姓。另外十二子分别治理一个族群，因自己所治理之族群而得姓。其余十一子无此功业，未得独立治理权，故无姓。

故"姓"代指享有独立而完整之治理权之邦国诸侯。"百"形容数量较多，

---

[1]《国语·晋语》。

但又不是太多。这些邦国，透过此前漫长文明演进，当已形成；诸侯也享有不受约束的权威，互不统属；相互间难免争执、冲突，包括相互征战。"平章"者，辨别也。平章机制主要是制礼："夫礼者，所以定亲疏，决嫌疑，别同异，明是非也。"[1] 礼就是定名分，别尊卑，所谓"乐者为同，礼者为异。同则相亲，异则相敬"。[2] "平章百姓"意为，通过特定政治程序，辨别、彰明众多诸侯邦国，从而缔造华夏作为一个有效的治理共同体。具体而言，至少包括以下工作：

第一，明晰诸侯与王的尊卑之别，树立王之权威，而诸侯通过特定程序予以承认。这是基础，没有诸侯对王之权威的广泛承认，就没有华夏治理共同体，也就不可能有和平的社会治理秩序。

第二，确定诸侯对王之职分，当然，王也承诺为诸侯提供保护，比如使之免于其他邦国或蛮夷戎狄之侵害。王治下的和平是王所提供之最大公共品，有此公共品，在广阔地理范围中就可形成各邦和个体之间低成本合作秩序。

第三，确认每个诸侯之权威，划定彼此治理范围，并确保相互承认。这是华夏和平之基础。王也可提供各种机会，让诸侯们"相流凑"，相互见面、熟悉，逐渐形成伙伴意识，形成君子共同体，这有助于抑制其相互伤害的冲动。

凡此种种，就是"平章"，就是"别"。但平章、分别本身不是目的，"礼之用，和为贵"[3]，通过"别"，王与诸侯之间、诸侯相互之间各明其分，各得其所，而达到"和"的状态。

此为缔造华夏之关键。"亲九族"所形成的组织，虽大于族，但仍然较小，不足以在大范围内生产公共品，比如免于外患。对华夏之诞生而言，平章百姓最为关键，由此，尧缔造了超出邦国之上的治理实体。原本相互联系比较密切但相对独立的邦国，也许在一百多个，通过明晰各自名分之礼制，进入同一个文明与治理的共同体中。由此，各邦国相互之间的合作成本大幅度降低，而尧也因此成为华夏—中国第一位真正的王。

---

[1] 《礼记·曲礼》。

[2] 《礼记·乐记》。

[3] 《论语·学而》。

协和万邦

尧运用之第三种合群机制是"协和万邦"。

华夏在天下。在进入华夏共同体的各邦国之外，天下还有更多数量的邦国，也即"万邦"。他们与华夏各邦比邻而居，华夏与之互有往来，但不甚紧密，甚至不时发生冲突。为实现新生的华夏之安全，造福于更多人，尧在平章百姓、安定华夏的同时，"协和万邦"。

"协和"的对象是与华夏有联系的天下万邦，其信仰、习俗、生产模式、治理模式各不相同，而与华夏之间有这样那样的联系。那么，华夏如何避免与其冲突，进而从与其关系中得益？可有两种方式：

第一种，武力征服，将其置于华夏治下，华夏统治其人民，掠夺其资源。中国之外大多数超大型政治体，均以武力征服方式建立、以殖民统治方式维护，此即西人所谓"帝国"是也。

第二种，协和万邦。此系华夏的处世之道，尧第一个树立了典范，因为尧有德，故未采取武力征服方式。内部凝聚力更强的华夏本身就不是尧通过征服其他各邦建立的，而是众邦聚合、尧以礼制凝聚而成的。很自然地，对华夏外围的各邦，尧也不以武力方式征服。

"协"者，协调也。尧与万邦协调，协调之前提是尊重他人，承认其与己的不同，不把华夏的信仰、习俗、生产模式、治理模式强加于人，而寻求建立双方都愿参与之合作机制，对方可从中得到收益，由于这种收益，而愿与华夏保持合作。此即"和"，意为华夏与自己之外的各邦国能协调彼此的行为，从中获得合作剩余。此时，华夏固然是华夏，万邦固然是万邦，仍然互不统属，但双方关系更为正式、积极，双方得到更多收益，这又会推动华夏与他邦关系的深化。

尧借助于自己之德推动各邦国之间的合作，构建了以华夏为中心、和而不同的天下秩序。在此秩序中，华夏得到安全，华夏之外的邦国可有交易通道，获得其所需之资源。由此，华夏和其外各邦都得到合作之福利。

这样的制度安排让华夏的"文德"在此后漫长的历史过程中，得以向外扩散，在华夏文德吸引下，有些邦国加入华夏。其与华夏发生冲突，也常常成为其深度接触华夏文德之机会，同样促成其最终融入华夏。华夏不迷信武力，反而凝定成为人类迄今为止最大的文明与政治共同体。尧让华夏具有融合各种多样性、从而持续不断地成长的能力。

华夏—中国历史正是如此演进的。自尧以来，华夏的范围不是固定的，华夏—中国始终不是一个有着严格、清晰的种族、信仰、语言、习俗界限的共同体。因为华夏本身就非由一个中心征服四周而建立，其内部从一开始是多样的，并内置了通往天下之机制。华夏本是天下，华夏又在更大范围的天下之中，此天下是华夏作为推动力而持续展开之历史过程。

亲亲为本的合群机制

人类合群可有之三种主要机制，尧已逐一展现。

亲睦九族，即亲亲，强化人本有之恩爱情感，其可能产生于血缘，父子、兄弟之间自然有情感；夫妻之间也有情感。人们长期地共同生活，或共同从事某些事业，也会产生情感。亲亲，即强化团体内部成员之情感，强化小团体之间的情感，比如，有血缘、姻亲关系的核心家庭之间的情感纽带。由此即可构建社会治理之基本单元，如家族、村民共同体、社团、俱乐部等，其联系纽带主要是自然而有之相亲相爱之情。

人不可能局限于相亲相爱的团体，会向外扩展，与陌生人、与陌生团体相遇。相互无相亲相爱之情感，如何形成稳态合作关系？需通过"平章"，即以客观规则界定各人、各族群、各团体之名分和职分。以必要的执行机制，每一方履行自己之职分，得到对方给予之利益，由此即可形成稳态合作关系，甚至结成比较紧密的大团体。

"平章"就是个体、群体"以义而合"，双方各有其义，应得者和应为者。公共事务领域中的君、臣关系是最为典型者：君、臣双方本相互陌生，并无自然情感，但透过礼制，君、臣双方可形成稳定关系。一个君和众多诸侯建立相对稳定的君臣关系，即可构建具有较高凝聚力的治理共同体。在此，君臣间有尊卑之别，但双方权益和职分是相互的，均可从较紧密的常态关系中得到好处。

　　凭借"亲亲"结成之共同体较小，"平章"相互陌生的人、团体，可结成规模大得多的共同体。不过，即便在此共同体甚至超大规模的共同体之外，也还有一些族群，不在本共同体内，但又不能不与之发生关系，这里适用"协和"之道。协调的前提是各自独立，保持距离；通过相互协调，可避免冲突；通过积极沟通，可密切合作，双方从中各得其利。

　　若以"和""同"之别来分析：在亲九族、辨章百姓中，有一定的"同"，比如，九族之间血缘同，各邦之间利益同；那么，与遥远的陌生邦国之间，则不求其"同"，只求"和"。

　　上述三种合群之道由近及远、由亲及疏，形成三个人际关系圈，其所结成之团体，也就由小到大。《舜典》记载，舜继位，众人命舜以"柔远能迩"之责。叶公问政，子曰："近者说，远者来。"[1] 远近是中国人看待自己所处世界之基本模式，秩序是由近及远的，由近及远地形成良好秩序的机制是由近及疏：天下之人，自然地有亲、有疏，于亲者用亲亲之道，于疏者用辨章而和之道。

　　至关重要的，辨章疏者、协和远者而在较大范围内形成良好的人际秩序，绝不取消小范围的亲亲之道。相反，亲亲之道始终构成人的共同体生活之根基，此为中国秩序之根本特征。

　　人类有一些共同体，在其从小到大的提升过程中，走另外一条路，采取替代策略：为让人们与亲亲范围之外的人也即陌生人结成较为紧密的团体，取消亲亲，如西方一神教主张之"博爱"。唯一真神遍覆所有人，要求所有人服从，这就让人对陌生人敞开，但前提是，取消家内亲人之爱，如耶教《新约·马太福音》说："因为我来，是叫人与父亲生疏，女儿与母亲生疏，媳妇与婆婆生疏。人的仇敌，就是自己家里的人。爱父母过于爱我的，不配作我的门徒，爱儿女过于爱我的，不配作我的门徒。"墨子之兼爱，也伴随着"尚同"，所有人上同于天子。通过树立绝对的"一"，打破亲亲之情，人的人伦属性被抽离，由此，人们愿意接近并同情地对待陌生人。

　　中国圣贤不走此路，共同生活的范围就是由自然的相亲相爱者，也即，家，向相对疏远者扩展，由近向外推展，而有由小达大之团体。中国治道同时运用

────────

[1]《论语·子路》。

三种合群之道，三者并不相互排斥，而是构成一个复合的合群体系，不同机制同时发挥作用。

至关重要的是，大团体的合群之道，不以取消亲亲为前提，相反，亲亲始终是根本。尧并不认为，亲亲之道与陌生人之间的辨章之道是相互冲突的，只能二选一，两者是并存的。事实上，在最底层，对人们生活最重要者，始终是亲亲之道。此为中国治道的重大特征：陌生人之间通过平章而形成秩序固然重要，更大范围内的天下各邦之协和也很重要，但是，族内、九族之间的亲亲始终是根基，家、宗族始终是社会治理之基本单位。

此道由尧显明，而为后世圣贤继述——"亲亲而仁民，仁民而爱物"[1]，"亲亲、尊尊、长长，男女之有别，人道之大者也"[2]。《大学》："仁者人也，亲亲为大。"

华夏之所以循此亲亲为本的复合合群之道，原因在于，华夏自始就是人自我组织而成的，不以神为中心和动力。华夏之合群不是因为唯一真神降临，而是因为尧"克明俊德"。《大学》谓："古之欲明明德于天下者，先治其国；欲治其国者，先齐其家；欲齐其家者，先修其身。"尧之明明德，必定是由亲及疏、由近及远的，先明于自己之家，后明于自己邦国，而后明于天下。

实际上，尧舜禹等圣贤发展出来的合群之道，以每一个体为原点，由亲及疏，由近及远，由小到大——人人都可以是形成良好社会秩序之主体，只要修身，修身是社会最为基础之自治，自治己身。而人生而在家中，人人修身而齐家。家是最小的族，是一切社会组织的基础；由此向外，"九族亲睦"，形成一定规模的熟人社会团体，如宗族；再向外，人进入陌生人社会，辨章各自的名分、职分，而得以各尽其职，各得其所，形成低成本合作、交易关系；最后，普天之下的人协调而和平相处。故《大学》谓："心正而后身修、身修而后家齐，家齐而后国治，国治而后天下平。"

---

[1]《孟子·尽心》。

[2]《礼记·丧服小记》。

超大规模的共同体

经由尧之合群的努力，华夏共同体成行，并有极为显著的特征——超大规模。

在尧之前，燕山地区、黄河、渭河、长江流域已有众多相当发达、相互独立之文化体，典籍对此多有记载，虽然因为相距久远，多有含混之处，但晚近以来的考古发现对此类记载提供了越来越多佐证。

在距今五千到四千年间，由于自然环境巨变，东北、东部、长江流域等地高度发达的各文化体普遍面临生存危机，被迫向内迁徙，陆续集中于黄河中游两岸、黄土高原边缘相对高爽之地，也即晋南、豫西地区，中国境内文化体之布局乃从"满天星斗"一变而为"一枝独秀"。这一点，从陶寺遗址考古发现可得佐证，苏秉琦先生有如下观察：

把它作为中国文明起源的一种形式，是多种文化融合产生的文明火花。如从国家形成的模式看，它是以外部因素影响为主形成的次生型"古国"的典型实例。陶寺遗址发现的斝、鬲、彩绘龙纹陶盘，彩绘、朱绘黑皮陶器，包含了北方因素，根与北方有关。红山文化已出现彩陶龙纹，红山文化末段已出现朱绘黑皮陶器，陶寺圆底腹斝到三袋足捏合而成的鬲的序列的原型可以追溯到河套东北角与河北西北部出土的尖圆底腹斝，陶寺还出土一种扁壶序列，它们的近亲只能到远方的山东大汶口文化中寻找，墓葬随葬品中类似"厨刀"（∠字形）的石制切割器，更要到远方的浙北杭嘉湖去攀亲。与它们共出的"磬和鼓"的组合不是一般民乐器类，它们是摆在厅堂或更隆重场所，作为礼仪性质的设施。还有成套的朱绘漆木器。所以晋南陶寺文化是又一次更高层次，更大规模的聚变火花。[1]

华夏形成于众多族群之聚合。这一聚合带来严峻治理挑战：各族群有不同信仰、语言、习俗、生产模式、治理模式，如何让每个族群各得其所？由于人

---

[1]　苏秉琦《中国文明起源新探》，辽宁人民出版社，第118页。

口聚集于相对狭小地域，人均资源占有量陡然下降，如何合理分配资源，确保每族群之生存？各族群间难免发生纠纷，如何控制和解决纠纷？

尧舜禹所以为圣王，就因为其运用自己的德行及充满智慧的合群之道，回应了这次严峻挑战，在多样族群间塑造了和平的合作秩序。黄帝的合群之道是简单的，基本依靠暴力。本章记尧发明的合群之道，则复杂、细致而有多层次，按不同原则，由亲而疏，由近而远，从而让人之合群范围，由小到大。由此可见尧之"明"。

尧敏锐地注意到，人首先生活于亲情之中，其事业虽然是构造普遍的天下秩序，却没有破坏这种亲情小团体，而是肯定之，唤醒人们的亲情意识，以之作为构造基础性社会治理单元的主要纽带。

尧没有陷溺于此，实际上，此前已有之各族群，大体上就停留于这种联结纽带。尧认为，邦国内部秩序稳定，对华夏国家秩序至关重要。但作为王，他也要推动邦国之间的合群，而这需要相反的合群之道——不靠亲情，而靠利益之约定，明晰各自的名分、职分，各得其所。

再进一步，尧提出华夏与周边各邦国相处之道，而有协和万邦。

综合运用这三种合群之道，华夏作为一个治理共同体初步形成。舜、禹沿着大体类似的方向继续努力。各族群避免冲突，更进一步形成共同生活之强烈愿望。华夏就此定型。

此一诞生过程决定了，华夏—中国自始是超大规模的，因为，华夏由具有不同信仰、语言、习俗、生产模式和治理模式的众多族群聚合而成。超大规模构成中国之根本特征，这是理解中国所应关注之最基本事实。

与超大规模相伴的另一个特征。华夏—中国虽是一共同体，其内部始终是异质的、多样的。在聚合过程中，多样性未被消灭，不管是亲亲，还是辨章，抑或是协和，都是"和而不同"，而非由一个中心将其信仰、语言、习俗强加于其他族群。多样性得以保留，但逐渐生成的共同的礼制又让不同族群、邦国相互协调，形成共同生活之意愿和制度。

这两大特征决定了，华夏—中国还会继续成长。尧、舜、禹缔造的华夏，从一开始就内置了自我成长、扩展之机制。此后的华夏—中国历史，就是在复杂环境中持续成长之过程。

六、和而不同

黎民於變時雍。

时，是也。雍，和也。

普通民众都发生变化，达到和的状态。

上章记尧以其卓越德行发明、运用三种合群之道，从而肇造华夏，初建天下秩序。这是宏观层面上的制度变化，本章指出这一变化在微观层面之效果：即便是底层黎民也因此而发生变化，进于普遍之和的状态。

黎民

黎民是处于社会下层之庶民。《说文解字》释"黔"曰："黎也，从黑，今声。秦谓民为黔首，谓黑色也。周谓之黎民。"

文明有赖于资源之生产。生产效率达到一定程度，形成剩余，才有文明可言。但剩余一定是不均等分布的，因为上天生人，各不相同。有人能力出众，不管是何种能力，德行、智力或体力，则其剩余较多，有所积累，由少而积多；另外的人则无此幸运。由此逐渐形成较为明显的社会分层。但只要不是主要依靠暴力制造、维持这一分化过程，即便沦入下层之人也会尊重德行、智力或体力出众者，承认其权威。

由此形成纵向社会分工，用孟子的话说，出现"劳心者""劳力者"之别。战国时代农家有无政府主义倾向，主张所有人通过耕作以自求生存。孟子用生产领域的劳动分工予以反驳，进而论证社会纵向分工之大义：

> 然则治天下独可耕且为与？有大人之事，有小人之事。且一人之身，而百工之所为备。如必自为而后用之，是率天下而路也。故曰：或劳心，或劳力；劳心者治人，劳力者治于人；治于人者食人，治人者食于人。天下之通义也。

"劳心者"范围相当广：君，群体内大大小小的领导者；神教相关的各类专业人士，如巫觋、宗、祝，负责教育和礼仪——文明赖其传承；武士，负责保护和平。此为"大人"，在古典时代统称"君子"，其不再从事农工等体力劳动，专司社会治理。

至于社会大多数成员，与"大人"相对，为"小人"。三代文献以至《论语》中，"小人"都是在社会分层意义上使用的，而无道德上的贬义。大人者，在社会结构中居于上层，更为显赫，拥有权威，发号施令，故可谓之"大"。小人者，居于下层的普通民众，地位卑下，没有权威，故曰"小"。

与"君子"相对之词则是"庶民"，"庶"者，众多也。孔子离开鲁国周游列国，首先到卫国，孔子感叹曰："庶矣哉！"[1] 孔子感叹卫国人口繁庶，此为社会治理有方之直接表现。"庶民"一词指明，在任何社会，君子总是极少数，普通民众占人口绝大多数。

下层普通民众还有一称呼——"黎民"。"黎"者，色之名也，黑中略带黄。庶民多从事体力劳动，其中数量最多者在田野中劳作，风吹日晒，皮肤粗糙黝黑，此色为"黎"，故称"黎民"。当古人用此词时，总有一丝同情在其中。秦始皇改称"黎民"为"黔首"，意思相同，均突出普通民众之肤色特征。相对而言，劳心者的皮肤比较白净，国人审美有尚白之风，正有尚富贵之意在其中。

黎民既然占人口多数，则新生的华夏，唯有造福于黎民，得到黎民之认可，方有持久生命力。经文指出，黎民确实得到福泽——由于华夏之缔造，他们之

---

[1]《论语·子路》。

间进于和雍之状态。

变

中国以西之各种教义普遍相信，人是被预定了的，或被神创造而预定，或为自然所预定，由此而形成种种僵硬之人性预定论——据此，民无变可言，不会变好。

假定人性是善的，则根本不需治理；治理只能让人变坏。因此，人不能变。如果要变，那只有一个方向——已进入文明状态的人退回去，取消政府、取消文明，回到所谓"自然状态"，人将最为幸福。但显然，人没有机会做这个试验。

另有一神教断言，人有"原罪"。那么很显然，不管人自身如何努力，原罪都不可能减少一丁点。人是无法自我改变的，唯一的希望是死死抓住神灵，把自己交给神灵，让神灵随机决定自己的命运。由此，人丧失自主，把自己变成了神的奴隶，但据说，人可以由此得救。

西方另有现代理论，假定人性是恶的，每人为自己的生存和利益最大化毫不犹豫地伤害其他人，那么摆脱所有人暴死之困境的办法只有一条——一个拥有压倒性暴力的第三者君临于所有人之上，垄断一切暴力，防止人们相互伤害。但即便这一安排起效，最多也只是人们不再相互伤害而已，人们维持表面的和平，但人性未变，仍是恶的。则只要此垄断性权力略有松动，人就会再度相互伤害。在此，秩序或许可以坚持，但永远都是脆弱的。其实，人没有变。

然而，尧之治理，却让黎民变好了。此何以故？不能不探究圣贤之人论，《诗经·大雅·烝民》曰：

> 天生烝民，有物有则。
> 民之秉彝，好是懿德。

天生众民，有其人，则有其则，民众自然地倾向于懿德。孔子在此基础上明确地提出人性论断：

子曰："性相近也，习相远也。"[1]

孔子未说人生而完全相同，而是说"相近"。人性是相近的，即具有共同的趋向和潜能，唯后天之习，让不同的人呈现出不同的状态。这里的性，就是"俊德"，或者孔子所论之仁。有些人对此性自觉，有些人不能。前者为圣人、贤人、君子将自然涌现，但大多数人则"困而不学，民斯为下矣"[2]。

故《说文解字》曰："民，众萌也。"段玉裁注曰："萌，犹懵懵无知见也。"贾谊也说："夫民之为言也，瞑也；萌之为言也，盲也。故惟上之所扶而以之，民无不化也，故曰民萌民萌哉，直言其意而为之名也。"[3]《春秋繁露·深察名号》同样说"民之号，取之瞑也"。循此，董子阐述人性论如下：

性有似目，目卧幽而瞑，待觉而后见。当其未觉，可谓有见质，而不可谓见。今万民之性，有其质而未能觉，譬如瞑者待觉，教之然后善。当其未觉，可谓有善质，而不可说服力善，与目之瞑而觉，一概之比也。静心徐察之，其言可见矣。性而瞑之未觉，天所为也。效天所为，为之起号，故谓之民。民之为言，固犹瞑也，随其名号以入其理，则得之矣。

民有善之质，此即孔子所说之"性相近也"，孟子所说之"人皆有不忍人之心"。但上天赋予每个人以"仁"，以"俊德"，不等于每人都对其自觉，都有欲，能思，能扩充。有些人能，是为大人，有些人不能，是为小人。大人可以自觉，小人之善质扩充呈现为善，则需教化之唤醒、栽培，需要政治之引导、约束：

名性，不以上，不以下，以其中名之。性如茧如卵。卵待覆而成雏，茧待缫而为丝，性待教而为善。此之谓真天。天生民，性有善质，而未能善，于是为之立王以善之，此天意也。民受未能善之性于天，而退受成性之教于王。王

---

[1] 《论语·阳货》。
[2] 《论语·季氏》。
[3] 《新书·大政》。

承天意，以成民之性为任者也。

最高之大人是王者，王者兴起政教，教化、规范万民。至关重要的是，民虽然尚未能善，但已受善质于天，故与大人是同质的，只是程度有所低下而已。故对王者之政教，他们有能力理解、接受，由此而变。故《大学》曰：

一家仁，一国兴仁；一家让，一国兴让；一人贪戾，一国作乱。其机如此。此谓一言偾事，一人定国。尧、舜率天下以仁，而民从之；桀、纣率天下以暴，而民从之。

尧舜与万民都受善质于天，尧舜自觉，万民未能自觉。但两者是同质的，故尧舜示范，万民则可从而变，让自己的善质扩充、呈现、发用。归根到底，这是万民之自变，王者政教之作用是唤醒、引领，并创造条件。故《中庸》曰："其次致曲。曲能有诚，诚则形，形则著，著则明，明则动，动则变，变则化。唯天下至诚为能化。"王者之职责，一言以蔽之，化民。

万民能变，天下之民可化，此为尧舜所立之治道的预设。一方面，人不是全恶的，也无所谓原罪。另一方面，人也不是个个纯善的，满街都是尧舜。圣贤之论平实中正——人皆有善质，故万民可以向善，可以变。既然如此，王者之首要责任就是兴起政教，启发、教化万民，尽最大可能让每人自觉而自我成就，"成民之性"。此为社会治理之基础，在此基础上，运用法律等手段统治。

就此而言，对万民各遂其生和文明秩序而言，王者政教是必不可少的。没有王者，万民的善质无以启发、成长，人际也就无从形成良好关系。但王者或者说政府的责任，不是以万能的神灵拯救万民，根本用不着如此；也不是以恐怖的政令法律威吓万民，仅此是不够的；正确的治理之道是，以教化为本，以政刑为末。

和而不同

黎民之变，是进于"和"的状态。至此，我们看到两个层面上的和：首先，尧首先"协和万邦",邦国间关系之最佳状态是和。其次,黎民相和,民众形成良好秩序,其特征也是和。可见,圣人以为,在团体和个体两个层面,和都是人际关系之最佳状态。

和者,协调也。依圣贤之论,人际形成大范围的低成本合作秩序,可由两种方式——和,或者同。周代两位贤人阐述过二者之别:《国语·郑语》记载周史伯对郑桓公评论周王之政,批评周王"去和而取同",进而讨论和、同之别:

> 夫和实生物,同则不继。以他平他谓之和,故能丰长而物归之;若以同裨同,尽乃弃矣。故先王以土与金、木、水、火杂,以成百物。是以,和五味以调口,更四支以卫体,和六律以聪耳,正七体以役心,平八索以成人,建九纪以立纯德,合十数以训百体。出千品,具万方,计亿事,材兆物,收经入,行姟极。故王者居九畡之田,收经入以食兆民,周训而能用之,和乐如一。夫如是,和之至也。于是乎先王聘后于异姓,求财于有方,择臣取谏工而讲以多物,务和同也。
>
> 声一,无听;物一,无文;味一,无果;物一,不讲。

同、和之别,旨在回应一个对于人及其秩序而言至关重要的问题:不同的人和群体,如何和平相处、低成本合作,而形成可普遍之秩序?此处涉及两层问题:

首先,是否认识到人之不同?天生人,必不同,此为人世之基本事实。不过,并非所有神教、思想能认识到这一基本事实。比如,一神教和诸多流行的思想不承认人之不同,而预设人是同质的,性善论者如此,性恶论者同样如此,神创论者也是如此。中国圣贤则肯定,人各不同,群体也不同。

其次,面对人之不同,怎么办?同样,有两种思路:

第一种——同,也即用某个单一的规范要求所有要素,让其放弃不同,而合于此单一规范。通常,若预设人之同质,则必定求同。一神教即是如此,它预设神造人,人当然是同质的。但现实中,不同族群各有其信仰,一神教乃要求其信众放弃原有不同神灵,同于一神,消灭所有其他神灵。由此而有世俗的普遍同质世界秩序之想象。在通往此目的过程中,难免使用暴力。

第二种——和。和即协调,其前提是肯定人本来不同,同所有人是不可能的，也是不可取的，并且是不必要的。应当协调不同的人，也完全可以协调之。通过协调，寻求不同要素之应和。《说文解字》："和，相应也。"

通过和，不同的要素各得其所，发挥各自优势，形成合作、互补关系。由此，各方均可得到合作收益。如亚当·斯密所说，在经济活动中，人们恰恰因为禀赋之不同，而形成劳动分工，分工的人相和，所有人效率得以提高。这种收益会推动人们加深彼此信任、合作。如此，保持不同，也即内部要素之多样，反而是优势所在，生机所在。当然，若没有和的努力，每个要素处在孤立状态，此优势是无从发挥的，各方不可能得到合作剩余。另一方面，采取同的方式，取消要素之不同，则各方本来可以获得的合作收益，也就被取消。如《左传·昭公二十年》记晏子辨"和同之异"所说："若以水济水，谁能食之？若琴瑟之专一，谁能听之？同之不可也如是。"

"和而不同"是处理人和族群之不同的中道——既不是同，也不是放任人、族群处在各自关系松散的孤立状态。和者，尊重不同，协调不同，最终让不同相互协调，共享合作收益。由此所达成的人际关系，可用《礼记·礼运》中的一句话形容——"连而不相及也，动而不相害也"。

和之后，不同仍在，但因为各方从协调、合作中得到收益，故合作会日趋加深。人际之和、族群之和是没有完备状态的，和必定呈现为持续成长的过程。这个过程甚至可能出现反复，因为，人毕竟不同，因而完全有可能因为某些原因而相互疏远。故同是反历史的，和是有历史的。同是幻想的奇迹，和则是现实的，需要人付出努力。从根本上说，天生人而各不同，故同是不可持续的，一切同质秩序最终都会崩解；但不同而疏离，同样是危险的，文明将丧失生机。唯和为中道。

以和为贵

和既是行为，也是状态。经文记，经由尧之合群，黎民进于和的状态，也就确定，万邦之和、黎民之和，当为治理之目标。

事实上，对任何共同体——包括邦国、华夏而言，和是良好秩序之根本属性。君子的责任就是让每个人、各个团体之间进入和的状态。《左传·桓公六年》

记载：

> 夫民，神之主也。是以圣王先成民，而后致力于神。故奉牲以告曰"博硕肥腯"，谓民力之普存也，谓其畜之硕大蕃滋也，谓其不疾瘯蠡也，谓其备腯咸有也。奉盛以告曰"洁粢丰盛"，谓其三时不害，而民和、年丰也。奉酒醴以告曰"嘉栗旨酒"，谓其上下皆有嘉德而无违心也。所谓馨香，无谗慝也。故务其三时，修其五教，亲其九族，以致其禋祀。于是乎，民和而神降之福，故动则有成。今民各有心，而鬼神乏主，君虽独丰，其何福之有！

"民和"是人世间最美好的状态，人间之民和，神才为君降福。与和相反的状态是"民各有心"。和者，人虽各不同，而能同心协力，也即分立的个体或小型共同体具有从事共同事业之意愿。[1]

民同心而和，共同体就有力量，《左传·桓公十一年》楚大夫斗廉谓："师克在和，不在众。"

《左传·僖公十五年》记，秦俘晋侯，对晋有更大野心，晋大夫与之结盟，秦伯急于刺探晋国内部之状况，而劈头就问："晋国和乎？"秦伯得知晋人"和"，放弃了进一步控制晋国的野心，善待晋侯。

《左传·定公九年》记，阳虎奔齐，请师以伐鲁，齐侯将许之，鲍文子谏曰："臣尝为隶于施氏矣，鲁未可取也。上下犹和，众庶犹睦，能事大国，而无天灾，若之何取之？""和"是邦国具有力量之根本保证。

故孔子论齐家治国之道曰："丘也闻：有国、有家者，不患贫而患不均，不患寡而患不安。盖均无贫，和无寡，安无倾。"[2]在孔子论述脉络中，"和"是关键。

那么，何以和？前述尧合群之道，已经揭示：亲亲有助于和，平章同样有助于和，协和更不用说。

---

[1] 《左传·僖公五年》："臣闻之：鬼神非人实亲，惟德是依。故《周书》曰：'皇天无亲，惟德是辅。'又曰：'黍稷非馨，明德惟馨。'又曰：'民不易物，惟德緊物。'如是，则非德，民不和，神不享矣。"

[2] 《论语·季氏》。

七、敬顺昊天

乃命羲和，钦若昊天。

羲、和，羲氏、和氏。
钦，敬也。若，顺也。

于是，尧策命羲氏、和氏，敬顺昊天。

尧明明德，众多族群、邦国联合起来，但这只是缔造华夏之第一步。新生的华夏何以保持凝聚力？若不能保持凝聚力，将前功尽弃。这就有了尧缔造华夏之下一步工作，故此处用"乃"字，下一转语。为巩固上述成果，尧命羲和二氏敬顺昊天，由此确立敬天。

此一创制，影响极大。中国人之根本观念、中国文明之诸多根本特征，源在敬天。正是敬天，而非崇拜唯一真神，让中国文明成为人类文明的一大基本样态。

绝地天通

敬天之确立，实经过复杂漫长之演变，关键环节为"绝地天通"。对此一关乎中国文明演进大方向的事件，古典文献是有记载的。《国语·楚语下》记楚国传史之智者观射父描述中国早期历史，论民、神关系之变化如下：

古者民、神不杂。民之精爽不携贰者，而又能齐肃衷正，其智能上下比义，其圣能光远宣朗，其明能光照之，其聪能听彻之。如是，则明神降之。在男曰觋，在女曰巫。

是使制神之处位次主，而为之牲器时服，而后使先圣之后之有光烈，而能知山川之号、高祖之主、宗庙之事、昭穆之世、齐敬之勤、礼节之宜、威仪之则、容貌之崇、忠信之质、禋洁之服而敬恭明神者，以为之祝。

使名姓之后，能知四时之生、牺牲之物、玉帛之类、采服之仪、彝器之量、次主之度、屏摄之位、坛场之所、上下之神、氏姓之出，而心率旧典者为之宗。

于是乎有天、地、神、民、类物之官，是谓五官，各司其序，不相乱也。

民是以能有忠信，神是以能有明德。民、神异业，敬而不渎。故神降之嘉生，民以物享。祸灾不至，求用不匮。

观射父之叙述广大而深邃，其大义颇难领会。大略言之，观射父以为，古者民、神不杂，而有专业的巫、觋，有特殊德行，故而"明神降之"。观射父描述巫觋品质，最后归结为"其聪能听彻之"，神的降临呈现为借巫觋之口对人的言说。按观射父之描述，此处巫觋颇不同于西方人类学所说之巫师，不是通过舞蹈等手段进入迷狂状态，以接近神灵，而是保持精神之专一诚悫，故得以聆听神灵之言语。

与巫觋降神相配合，有宗祝之官，其职责是确定诸神之尊卑次序、祭祀所处之位，并准备牺牲、彝器、时节、衣冠，也即负责安排祭祀神灵之礼仪。宗祝是服务于巫觋的。"五官"恐怕也是按巫觋所降之神意而工作的，且以神灵为中心，"类物"当指祭祀之牺牲。

观射父所描述的这一初始时代是多神的，且民、神不杂。神灵对人间事务之安排有其意志，以巫觋为中介。巫觋专司与神沟通，传达神灵之意。推想起来，巫觋可以降神，传达神意，从而支配人间重大事务，必定享有崇高权威。至于其他人，不能与神沟通，此即"民、神异业"。神灵，在民众眼里是崇高而神秘莫测的，故民众对神灵虔敬而充满畏惧之情，不敢有怠慢、亵渎之意，此即"敬而不渎"。

很自然地，在此时代，普通民众服从巫觋之权威，治理社会之全部权威源出于神灵，由巫觋分配。社会治理结构以巫觋为中心构建，代表神灵的巫觋之指令具有最高约束力，另有一些人，由巫觋分配其权威，辅助巫觋治理社会。

由考古发现可见，东方沿海各族群普遍有浓厚的巫觋之风。红山文化、良渚文化遗址均发现大规模祭坛；大型墓葬中出土大量精美玉器，其上刻有与神灵相关的神秘图案，显然用于神教礼仪。可见，在这两个社会，巫觋享有崇高权威。这大约可对应于观射父所描述的时代。

这种局面结束后，进入第二个阶段：

> 及少昊之衰也，九黎乱德。民、神杂糅，不可方物。夫人作享，家为巫史，无有要质。民匮于祀，而不知其福，蒸享无度。民、神同位，民渎齐盟，无有严威。神狎民则，不蠲其为。嘉生不降，无物以享，祸灾荐臻，莫尽其气。

据此可推测，观射父所说"古者"，当为少昊盛世及更早。《左传·定公四年》记，周初封伯禽于鲁，"命以伯禽，而封于少皞之虚"，则少昊当年就在此地。据此，有学者认为，少昊文化对应于大汶口文化。[1]此文化遗存中发现的玉器多用于事神，另外还有龟甲器，恐怕同样用于事神。

少昊衰败之世，则有九黎之兴起，民、神关系发生巨大变化，从民、神不杂，到民、神杂糅。此为文献记载第一次乱世。在此时代，"夫人作享，家为巫史"，巫觋权威丧失，人人得以直接祭祀神灵，每家都可与神灵直接沟通。神灵为人召唤而随时降临，为人所用，这样，"民、神同位"，神灵不成其为神灵，民众妄称神意，为私人功利而浪费大量资源用于侍奉神灵。由此，民众不再敬畏神灵，因而不能自我约束，甚至依凭个人所探知之神意放纵欲望和激情。人群内部相互冲突，反而不能尽其天年。

在此，观射父揭示了个人随意与神灵直接沟通、从而支配神灵以达成自己愿望之后果：人不敬，神不尊，神、民同时遭受严重损害。相反，在前一阶段，神之所以造福于人，其前提是，神人相隔，人不能利用神，而人以诚敬祭祀神。

这种神、人杂糅局面注定了不能长久，颛顼予以改变：

---

[1] 参看大汶口文化，第143~145页。

颛顼受之，乃命南正重司天以属神，命火正黎司地以属民。使复旧常，无相侵渎，是谓"绝地天通"。

颛顼乃"绝地天通"，《史记·五帝本纪》记载：

帝颛顼高阳者，黄帝之孙而昌意之子也。静渊以有谋，疏通而知事；养材以任地，载时以象天。依鬼神以制义，治气以教化，洁诚以祭祀。北至于幽陵，南至于交址，西至于流沙，东至于蟠木。动静之物，大小之神，日月所照，莫不砥属。

颛顼虽在黄帝之后，但与黄帝形成鲜明对比。黄帝以征伐为主，显示天下已进入大转型时代。观射父所描写的"古者"巫觋主政时代，各文化体相互独立，虽有往来，但尚无激烈冲突。故此时代当在黄帝之前。此后，人口增长，各族群间距离拉近，资源争夺烈度上升，这种族群冲突，严重冲击巫觋权威。但人们仍相信神灵，乃有"夫人作享，家为巫史"之事。

但这种做法无助于维护秩序，颛顼乃起而重建神教秩序，"绝地天通"。据太史公《左传·昭公十七年》谓"卫，颛顼之虚也"，地在今豫东北濮阳之西南。春秋中期以前，黄河在今孟津出峡谷后在孟县和温县一带折向北，经沁阳、修武、获嘉、新乡、汲县、淇县（古朝歌）、汤阴及安阳、邯郸、邢台等地东侧，穿过大陆泽，散流入渤海，颛顼之墟当在河以东。在考古学上，此地当处中原龙山文化与山东龙山文化交接之地，与黄河以北的陶寺、黄河以南的夏都呈鼎足之势，深受山东龙山文化影响，具体而言是城子崖类型之影响[1]，较为发达的东方文化大约由此向西传播。而此地考古发掘的占卜所用兽骨，反而一度少见[2]，或即对应于颛顼之"绝地天通"。

何谓"绝地天通"？首当注意者，观射父描述"古者"和"九黎乱德"时，只言"神"，未言"天"。此时，生活在分散的族群中的人们，崇拜各自的保护神、

[1] 参看栾丰实，《论城子崖类型与后冈类型的关系》《考古》，1994 年第 5 期。

[2] 参看何浩，《颛顼传说中的神话与史实》《历史研究》，1992 年第 3 期。

山川之灵与人鬼。无形无臭而普遍广袤之天，尚未进入人们心灵。故颛顼之作为，不是简单地恢复旧常。确实，颛顼之后，神人不相侵渎。但不止于此，此时，在诸神之上，上天已确立，南正"司天以属神"，可见，现在诸神统于天，天高踞诸神之上，统领诸神。

合理地推测可见，颛顼的工作必在黄帝之后。正是黄帝展开了在各邦国之后建立统一政治体的事业。在此基础上，颛顼突破本邦神灵之限制，确立对普遍之天的敬仰。天为人所敬，自然带来"绝地天通"——从根本上说，天不是神灵，人不可能通过言辞、舞蹈等动作与天沟通。巫觋可以降神，却无从降天。对于天，人们唯有单向的敬而已。

"司天"者何以为"南正"？南者，阳也，天为阳。后世郊天之礼均在城之南。"地"当指地上诸神，尤其是祖先神灵，故可以"属民"。何以"火正"司地？火者，大火星也，史上曾行"火历"，"火正"即掌火历之官，民众据大火星之出、入安排一年的农事活动，故火正"司地以属民"[1]。

然而，这一新信仰的确立不是一帆风顺的，"绝地天通"局面遭到破坏：

其后，三苗复九黎之德。
尧复育重、黎之后不忘旧者，使复典之，以至于夏、商。

三苗放弃敬天之礼，重归于神人杂糅状态。此即经文所说之"钦若昊天"，敬天。

尧敬天

尧结束了三苗的扰乱，恢复敬天，此即《尚书·吕刑》之记载：

若古有训：蚩尤惟始作乱，延及于平民，罔不寇贼、鸱义、奸宄、夺攘、矫虔。苗民弗用灵，制以刑，惟作五虐之刑曰法。杀戮无辜，爰始淫为劓、刵、

---

[1] 关于火历与火正之含义，可参考庞朴，《"火礼"初探》《社会科学战线》，1978年第4期。

栥、黥。越兹丽刑并制，罔差有辞。民兴胥渐，泯泯棼棼，罔中于信，以覆诅盟。虐威庶戮，方告无辜于上。

上帝监民罔有馨香，德刑发闻惟腥。皇帝哀矜庶戮之不辜，报虐以威，遏绝苗民，无世在下。乃命重、黎绝地天通，罔有降格。

蚩尤就是三苗首领。神人杂糅之结果是，民众胡作非为。为应付混乱局面，苗民引入严刑峻法。严刑峻法让民众更加无耻，社会秩序解体。神人杂糅，必然导致人人假借神意自我放纵、相互伤害。

此处之"皇帝"当为尧。尧再度"绝地天通"。由颛顼与九黎之关系、尧与蚩尤之关系可见，华夏与九黎、三苗之根本分歧在神教。九黎、三苗迷信巫术，且比起少昊更为低级，人人都可降神。这看起来较为平等，实际上妨碍社会演进，让文明停滞。黄帝开始构建邦国之上的政治体，颛顼从神教维度上展开这一事业。帝喾继续在这个维度上努力。最终，在经历三苗反弹后，尧同时完成黄帝、颛顼之事业——既确立王权，又确立敬天。

故孔子赞美尧，首先说："大哉，尧之为君也！巍巍乎！唯天为大，唯尧则之。"[1]在孔子看来，尧之最大贡献正是两点：立华夏之大君，敬天并法天而治。当然，这两者交相为用，相互支持，缺一不可。

至此，在中国人心目中，"唯天为大"，天最为崇高，天在一切神灵之上。人的诚敬首先指向天。理解中国人一切观念与制度，当溯源于敬天。圣人治理社会之各种法度，均以天为其法源。

天与华夏文明

人类历史上比较发达的文明，在其成长过程中必经历一至关重要的突破，即突破相互分立甚至敌对的邦国神灵之限制，形成普遍敬仰。由此，人的心智超出小族群，对他人敞开，得以进入更广泛的秩序中。

在中国文明演进史上，颛顼、尧前赴后继完成这一工作。"绝地天通"不同

---

[1]《论语·泰伯》。

于"民神异业"——在"民神异业"时代，人们崇拜本族群之神灵，"绝地天通"则确定遍覆之天的至高地位。

尧所敬者乃"昊天"。对天，古人加以多个修饰词，如《毛诗》传云："尊而君之则称皇天，元气广大则称昊天，仁覆闵下则称旻天，自上降鉴则称上天，据远视之苍苍然则称苍天。"尧所敬者，就是元气广大之天，无所不包。

天高于所有神灵。在此之前，各族群都有自己信奉之神灵，该神灵只保护本族群人；而人的整个生命由此神灵包裹，族群公共生活由神灵支配。这让每个人、每个邦国处在封闭状态。因为，神灵之间无统属，甚至相互为敌，故本族人可用巫术驱使本族神灵伤害异族人。多样而分立的神灵信仰让诸族群处在分隔甚至对立状态。

天不同于此前所有神灵：天不属于某个族群，天不特别保护任何单个人或族群。天元气广大，包覆万物，对所有族群、所有人是开放的，不排斥任何族群、任何人。同时，神灵可以特定巫术降下，天则不可能为任何人操纵，故不可能服务于任何族群或任何人之个别利益诉求。

故绝地天通之后，只有王可以祭天。这并不奇怪，敬天之礼本非任何族群之礼，而由王创制。王以自己超出狭隘族群之视野发现了遍覆之天。天一直都在，但在过往漫长历史中，人们对天视而不见，而是崇拜各种神灵，这些神灵对人来说更容易理解，相比较而言，天是最为抽象的，很难理解。

王祭天，实际上作出了文化上的牺牲——王不再祭祀本族之神灵，因其身份已超出地方性诸侯，而为天下之共主。尧、舜、禹都不再祭祀本族地方性神灵，而以祭天为最重要的吉礼。王当然也祭祀其他神灵，但敬天才是王区别于其他君主之处。正是祭天，把王与此前的统治者区别开来，尤其是拥有统治权的巫师，以及不能不借助巫术的军事强人。

王敬天，才是王。天是遍覆无外的，天让王者对所有人敞开。通过祭天，王表达其权威遍覆天下所有族群、公平对待天下所有人之决心。故王敬天祭天，让新生的华夏获得了最深层的联结纽带。没有敬天之礼的确立，华夏就只能停留在松散的邦国联盟状态。有敬天之礼，王的权威得以树立，而这个权威自树立起，就在天之引导下，对天下所有人开放，所谓"普天之下，莫非王土；率

70

土之滨，莫非王臣"[1]，此即敬天之王的心态。

由此，华夏日趋凝聚。只要天在，人敬天，华夏—中国就坚如磐石。此后四千年，中国尽管遭受过若干重大的撕裂，最终仍然是凝聚的力量占据上风。

更为重要的是，由此，华夏具有成长、扩展的生机。敬天、法天之华夏最初很小——在尧的时代，局限于晋南，但天是无所不包的，故华夏注定生长。此后四千年的中国历史就是华夏由小到大成长之过程，支撑、驱动这个过程之精神力量正是敬天。一旦不再敬天，则天下必定崩塌。

天不言

在"绝地天通"之前，关于人的存在以及社会治理的核心问题在神、人之间，"绝地天通"之后的关键则在天、人之际。那么，天与神有什么区别？

神有其体。神存在于人之外，有其生命、意志，故有其人格化之体，并可通过特殊机制干预人间。即便是闪族之唯一真神，也继承了早期神灵之根本特点，甚至更为充分地位格化，有类似于人之完备情感、意志，并扮演全能造物主角色。

神为人而存在，故可降临人间。不管是在民神不杂、还是在民神杂糅时代，神灵都可降临。只不过，在后一种状态，每人都有能力降神；在前一种状态，只有掌握专业技能的巫、觋，通过特定仪式，才可降神。

所谓降神者，何谓也？降神，就是神通过巫觋对人说话。巫觋代神说话之前提，是神有意志，神以语言或某种巫觋可掌握的特殊符号，转达其意志给巫觋，由巫觋以人可理解之语言或符号表达。简单地说，神可以说话。

唯一真神同样可以说话。根据犹太教和耶教之《创世记》，神是通过自言自语造物的："起初神创造天地。地是空虚混沌，渊面黑暗。神的灵运行在水面上。神说（said）'要有光'，就有了光。神看光是好的，就把光、暗分开了。神称（called）光为昼，称暗为夜。有晚上，有早晨，这是头一日。"[2]神在万物之先，神有其体，神言说，神有要这个、要那个之意志，神看，神判断好坏。总之，

[1] 《诗经·小雅·北山》。

[2] 《圣经》和合本，《创世记》1：1-5，中国基督教协会，2000年。

71

神是人格化的、有确定之体的超级存在者。耶教《新约》之《约翰福音》更明白地说："太初有言，言与神同在，言就是神。"[1] 神以其言创造世界，而神不是别的，就是其言。因为神言，故有先知，其功能是听神之言，传达于人，此即神的律法。对信徒而言，信神就是信神的律法。

天与神的存在全然不同。

天无体，不是存在于人之外的神秘实体。那么，天何在？天无所不在，虽然日月星辰所系之天空是天的呈现方式之一，并引人深思，但天不只是天空。日月星辰、草木虫鱼、鸟兽与人类都在天之中，所有这些又都在变化运行之中。故可谓：天是生生不已的万物之大全，其存在之特征就是《周易·系辞》所说之"神无方而易无体"。就神无方而言，神灵、尤其是唯一真神类似于天，但变易而无定体，则为天之属性。

天无所谓降临，因为，人自身就在天之中，天不在人外，何需降临？又因为，天本来就没有针对具体事务之情感和意志；而最为重要的是，天不言。总之，天没有神那样的类人的位格，因而根本无从降临，人间也就没有任何巫术可传达天之言。

天不言这一事实，为中国圣贤反复提及、确认，如《诗经·大雅·文王》："上天之载，无声无臭。"孔子关于天之刻画，可见《论语·阳货》：

子曰："予欲无言。"
子贡曰："子如不言，则小子何述焉？"
子曰："天何言哉？四时行焉，百物生焉，天何言哉？"

天生万物，天行有道，但天不言。在孔子看来，天创生圆满而有秩序的世界，天是不必言的。

《孟子·万章》中孟子与万章讨论禅让制，孟子指出，不是"尧以天下与舜"，而是"天与之"，而"天不言，以行与事示之而已矣"。

---

[1] 《圣经》中文和合本译为"太初有道、道与神同在、道就是神"。"道"即希腊—西方哲学所谓之"罗各斯"（Logos），可译为"道"，也可译为"言""圣言"。

《荀子·不苟》曰："天不言而人推高焉，地不言而人推厚焉，四时不言而百姓期焉。"

道家同样肯定天不言，《庄子·知北游》曰："天地有大美而不言，四时有明法而不议，万物有成理而不说。"

因为天不言，天无从降临，故颛顼只是"命南正重司天以属神，命火正黎司地以属民"，不管其含义是什么，总之与前述巫觋之职能完全不同。尧也只是命羲和"钦若昊天"，而不是聆听天意。

故"绝地天通"之根本意思是，地上的人不能像以前那样与神灵沟通，当时沟通之媒介是言，而天不言，故无从沟通；天人之际，天永远保持沉默，人只是敬而已，祭祀而已。人无从就具体事务聆听神意，也不能指望神对人颁布律法。人如何生、人际如何形成良好关系，无从指望神灵，人只能自己走，以自己的行与天沟通。

天文

不言之天如何呈现？人如何法天而生，法天而治？

上引孔子之语已说明天之存在和显现方式："四时行焉，百物生焉，天何言哉？"天之存在就是生万物并行而不已。

圣贤言天之生物，多并言"天、地"，如《周易·序卦》"有天地，然后万物生焉"，《尚书·泰誓》"惟天地，万物父母"。天地共同发挥作用而生万物，为万物之父、母。故《周易·系辞》曰："天地之大德曰生。"

天生万物，本身就是行。万物生生不已，故天之呈现，就是万物行而不已。《周易》第一卦《乾卦·大象传》曰"天行，健"，孔颖达疏曰："天行健者，谓天体之行，昼夜不息，周而复始，无时亏退，故云天行健。"天之根本属性就是行，且行而不已，《诗经·周颂·维天之命》曰："维天之命，於穆不已。"郑玄笺云："命犹道也，天之道于乎美哉！动而不止，行而不已。大化流行，天行而不已。"

天行，则有文。文者，纹路也。人之法天，就不能不"观乎天文"[1]。天为生

---

[1]《周易·贲卦彖辞》。

生不已的万物之大全，万物皆行而不已，行则有文。于此文，人可观之，如《周易·系辞上》说伏羲作八卦之道：

　　古者包牺氏之王天下也，仰则观象于天，俯则观法于地，观鸟兽之文，与地之宜，近取诸身，远取诸物，于是始作八卦，以通神明之德，以类万物之情。

　　万物皆有其文，皆可为人取象，而制作人文。人文提升人、塑造人、塑造人际良好关系，故经前文列尧之德有"文"在其中。

八、王历法天

曆象日月星辰，敬授人時。

分命羲仲，宅嵎夷，曰暘谷。寅賓出日，平秩東作。日中，星鳥，以殷仲春。厥民析；鳥獸孳尾。

申命羲叔，宅南交。平秩南訛，敬致。日永，星火，以正仲夏。厥民因；鳥獸希革。

分命和仲，宅西，曰昧谷。寅餞納日，平秩西成。宵中，星虛，以殷仲秋。厥民夷；鳥獸毛毨。

申命和叔，宅朔方，曰幽都。平在朔易。日短，星昴，以正仲冬。厥民隩；鳥獸氄毛。

帝曰："諮！汝羲暨和，朞三百有六旬有六日，以閏月定四時，成歲。"

历，历度，计算。象，观象，观天之象。

宅，居也。嵎夷，东夷之一族。暘谷，东方之地点。寅，敬也。宾，迎也。平，辨也。秩，序也。作，起也。日，太阳。中，中分。鸟，南方朱雀（鸟）七宿中有鸟宿。殷，正也。析，散也。尾，交尾，鸟兽交配。

南交，南方交趾也。訛，化也，变也。永，长也。火，东方七宿中有火宿。因，就也。革，变也。

餞，送也。纳，入也。宵，夜也。虚，北方七宿中有虚宿。夷，平也。毨，毛更生也。

在，察也。昴，西方七宿中有昴宿。隩，内也，入也。氄，鸟兽毛细密。

朞，周，周年，太阳回归年。四时，春分、秋风、夏至、冬至。岁，岁实，也即太阳回归年。

推算、观测日月星辰的运转，以敬意授予君子以从事各种活动的日期。

委任羲仲居于极东之嵎夷，其地名为旸谷。诚敬地迎接从东方冒出之太阳，连续辨析、排列日出之时间。昼夜平分，初昏时刻正南天空出现南方朱雀之星宿，据此定仲春之月。民众分散，鸟兽交配繁衍。

又命羲叔居于极南之交趾，辨析、排列太阳由极北折而南行之时刻，敬其至极北之时。白昼最长，初昏时刻正南天空出现东方苍龙七宿之大火星，据此定仲夏之月。民众找阴凉处，鸟兽毛羽稀疏。

委任和仲居于极西，名叫昧谷之地，敬送太阳西入，辨析、排列其西落之次序。昼夜中分，初昏时刻正南天空出现北方玄武七宿之虚宿，据此定仲秋之月。民众迁回平地，鸟兽羽毛重生。

又命和叔居于极北，名叫幽都之地，辨析、观察太阳由极南折而北行之时刻。白昼最短，初昏时刻正南天空出现西方白虎七宿之昴星，据此可确定仲冬之月。民众藏身家中不出，鸟兽羽毛丰厚。

舜曰："羲和二氏！春分和秋分、冬至和夏至循环一周有三百六十六日，需设置闰月，让月份与四时相协调，以成一岁之周期。"

尧确立敬天之礼，而天不言，不可能如神灵般降临。人要法天而生，法天而治，不能不"观乎天文"，以文为治。万物皆有其文，而最为醒目者，在人眼里最为神秘者，为"天文"，天空的日月星辰之文。故尧确立敬天之礼后，立刻要求羲和历象日月星辰。

王历

生命在时间中展开，人的一切事务都需时间刻度。个体的人若无时间刻度，生命必一片混沌，既无法保持清晰记忆，也无法精确筹划未来。一群人，若无共同的时间刻度，将无法集体行动。当数量较多的人在较大地理范围内活动，尤其是安排较为长远事务时，共同而相对准确的时间刻度就异乎寻常地重要，文明的提升以时间测定之日趋精确为前提。

圣贤为找到准确历法，做出很多努力，《左传·昭公十七年》对此有较为详尽的描述：

秋，郯子来朝，公与之宴，昭子问焉，曰："少皞氏鸟名官，何故也？"

郯子曰："吾祖也，我知之。昔者，黄帝氏以云纪，故为云师而云名。炎帝氏以火纪，故为火师而火名。共工氏以水纪，故为水师而水名。大皞氏以龙纪，故为龙师而龙名。我高祖少皞，挚之立也，凤鸟适至，故纪于鸟，为鸟师而鸟名：凤鸟氏，历正也；玄鸟氏，司分者也；伯赵氏，司至者也；青鸟氏，司启者也；丹鸟氏，司闭者也；祝鸠氏，司徒也；鴡鸠氏，司马也；鸤鸠氏，司空也；爽鸠氏，司寇也；鹘鸠氏，司事也。五鸠，鸠民者也。五雉为五工正，利器用，正度量，夷民者也。九扈为九农正，扈民无淫者也。自颛顼以来，不能纪远，乃纪于近，为民师而命以民事，则不能故也。"

仲尼闻之，见于郯子而学之，既而告人曰："吾闻之，天子失官，学在四夷，犹信。"

在当时鲁人看来，郯子属于东夷，但在尧舜之前，东方沿海地区的文化实比黄河中游地区发达。郯子自道为少昊之后，详尽描述尧舜之前历法演变过程，纪者，纪时也。

"黄帝以云纪"，龙山文化可对应于黄帝时代，而玉勾云形器正是龙山文化牛河梁遗址中出土的比较复杂而重要的玉器，器中心图像是云纹；其他玉器，也多有云纹之象、形[1]。或可推测，黄帝观云之变化而纪时。由此之故，其官职也以云命名。

"炎帝以火纪"，火者，大火星也。原始农业以火焚田野为第一步，古人通过观察逐渐发现，大火星，也即二十八宿东宫七宿之心宿二，于初昏时现于东方，系焚田之最好时机，而该星恰好是一颗红色的一等亮星，如同大火，名之为大火星。逐渐地，人们观测此星之出入以授时，此即"火历"。[2] 火历

---

[1] 杨伯达《黄帝受命有云瑞，夷巫事神琢瑞云》，《故宫博物院院刊》，2008年第1期。

[2] 庞朴《"火历"初探》，《社会科学战线》，1978年第4期。

似乎行之久远，即便在尧阴阳合历出现后，仍有使用，文献对此有大量记载，如《诗经·豳风·七月》之句"七月流火"，意谓大火星西下，乃暑退将寒之候也。

"共工氏以水纪"，各种文献均指明，共工氏长于治水，经下文说"共工方鸠僝功"。或可推测，共工氏通过观察水之涨落以纪时。

"大皞氏以龙纪"，此处之龙，指东方七宿角、亢、氐、房、心、尾、箕，其形似龙：角为龙角，亢是颈项，氐是本，颈根也，房是膀、胁也，心是心脏，尾是尾，箕是尾末。"火纪"是观测大火星，由此拓展到观测其周围诸星宿，而有龙纪。《国语·周语上》记周王室单襄公之言："夫辰角见而雨毕，天根见而水涸，本见而草木节解，驷见而陨霜，火见而清风戒寒。"辰，晨也。天根，亢也。本，氐也。驷，房也。此即观测苍龙各星而断时。

"少皞纪于鸟"，意谓候鸟而纪时，也即观察各种鸟类之来去，或其羽毛之丰稀，或其鸣声之变化，以确定岁、时。本章经文所记历象法，既包括候鸟观时法，以为历象日月星辰之补充。

可见，在尧之前，历法大约有两类：第一类，观察物候，观云、水、鸟，都属于此类；第二类，观星，观大火星、苍龙七宿，都属于此类。这两种历都较为原始而简单，只需以肉眼直接观察物候或天象即可，如火历是以肉眼直接观察昏时（日落后三刻或二刻半）大火星的出、中、流、伏、内等不同位置，据以确定岁首与春种秋收之时间。换言之此时未观测日、月，故无岁、也即回归年概念，也无四时也即二分二至，没有月份、节气等概念，因为所有这些都系于日月之运行。

历象日月星辰

尧带来一次历法革命，虽然也沿用了此前的一些纪时，但主要通过"历象日月星辰"作历。

尧的这一事业，实有历史演进迹象可寻。《史记·五帝本纪》记，尧之前的帝喾做了一件重要工作——"历日月而迎送之"。"历"和"日月"两个词都值得注意，太史公记黄帝、颛顼之事，未用这两个词。或可推测，观察、记录日月之升落，是从帝喾时代开始。

而之所以从此时代开始，大约就是因为，颛顼已"绝地天通"，人的视野开始转向天之最显著呈现——日月。尧再度"绝地天通"，乃命羲和"钦若昊天"，稳固确立敬天，人们的视野乃全面转向日月，而观测、记录、计算技术又趋于完备，终于制定出比较成熟的历，阴阳合历。

"历""象"是两个动词，象是观测日月星辰运转之象，历是计算。历在前、象在后说明，先计算而后观测。这与火历完全不同，由日月运行之特点所决定：大火星之运行可以肉眼观测，现在观察的对象是日月星辰：日是太阳，月是月亮，星辰其实为一物，孔颖达正义曰：

> "星，四方中星"者，二十八宿布在四方，随天转运，更互在南方，每月各有中者。《月令》每月昏旦，惟举一星之中，若使每日视之，即诸宿每日昏旦莫不常中，中则人皆见之，故以中星表宿，"四方中星"总谓二十八宿也。
>
> 日行迟，月行疾，每月之朔，月行及日，而与之会，其必在宿。分二十八宿，是日月所会之处。辰，时也，集会有时，故谓之辰。"日月所会"与"四方中星"俱是二十八宿。举其人目所见，以星言之。论其日月所会，以辰言之，其实一物，故星、辰共文。

星是二十八宿，辰是日月与之相会之时，以星作为确定日月位置之坐标。这样，确定星辰，旨在更为准确地观测日月。"历象日月星辰"，其实就是集中于计算、观测日、月之运行，观测星辰服务于此。而这样的观测需以计算为基础，因为，日月出、落时间每天都在变化，故经文说"平秩"，即辨别、排列日出、日落之时间，其间包括计算，通过计算，才能大体确定每天观测的时段，从而持续地观测。由此观测可精确地确定岁、四时、月、日。

"以授人时"者，在古典语境中，"人"指君子，即大大小小的共同体之治理者。尧之制定历法，不完全为了农业生产，事实上，简单的火历已基本上可以满足农业生产之基本需要。尧之作历法，主要为缔造华夏共同体。此前的历法，不论观星、候物，均受限于地域，自然与邦国或族群之权威相关联，其适用范围也较为有限。尧缔造华夏，须超越各邦国，制定"王历"。它不受地方物候、观测点的限制，且更为精密。王历如此，方可为各邦乐意接受，遍覆天下，为华夏天下设置稳定的时间刻度。从经文结构可见，尧在合群、敬天之后，立刻发展出与敬天相应的作历之新法，据此制作新历。从经文可见，此历是新生的王权权威之所寄。

考古学已证明，尧确实建有观象台。2004 年以来在陶寺城址发掘出的大型建筑基址，经考古学家与天文学家的研究与论证，初步认定是尧时代的天文观象台，集观象授时与祭祀于一身[1]。

该建筑依托陶寺中期大城的南城墙，向东南方向接出大半圆形建筑，其结构由三层夯土台基组成。第一层台基位于台基正东，呈月牙牙形。生土半月台基芯被第一层台基的夯土板块所包护。第二层台基呈半环状，东、西两端接在城墙上。第三层台基呈半圆形，由夯土挡土墙、夯土观测柱缝及台基芯构成。该台基有一道弧形夯土基础墙体，其上挖出相当规则的十道缝隙。另外，在东北方向第 2 层台基上，也发现两个夯土板块，形成第十一条和第十二条缝的标志。

专家推测，这些柱缝供天文观测使用。从台基中央一点可经由所有柱缝向外观测。东面距该建筑约七公里处是崇峰山体，从北到南起伏，具有东方地平特征，与台基共同构成观测日出等发生在地平之天象的观测系统。而在柱缝的天文指向线汇聚点上，发现了用夯土筑成的同心圆标志，与周围生土台基明显不同，推测为观测者站立的观测点。观测点、观测缝、崇山上的日出点构成完整的观测系统。模拟观测初步证明，这是一个观象台[2]。

该观象台就是尧缔造华夏之最重要的技术力量。

---

[1]　参看江晓原、陈晓中等《山西襄汾陶寺城址天文观测遗迹功能讨论》，《考古》，2006 年第 11 期。

[2]　中国社会科学院考古研究所山西队进行了两年持续实地模拟观测，结果是："从观测点可观测到冬至—夏至—冬至一个太阳回归年的 20 个时节的缝中线日半出或日切。这 12 道缝中 1 号缝没有观测日出功能，7 号缝居中，为春分、秋分观测缝。7 号缝向南间隔 5 道缝至冬至日半出，向北间隔五道缝至夏至日半出。"中国社会科学院考古研究所山西队《陶寺中期小城大型建筑基址 IIFJT1 实地模拟观测报告》，收入《襄汾陶寺遗址研究》，见第 201 页。

四方

尧依托新建之华夏，得以制定精确的王历；此王历又有效巩固新生的王权。王权与王历相互支持。

经文不厌其烦地记载，尧命羲和二氏四人到四方极远之地观测，并列出地名。尽管今人难以确指其所在，但如此记载显示，新生的王权有较强覆盖和辐射力，故能派遣专业人员在四方极远之处历象日月星辰。这些观测点未必在华夏王权直接控制范围内，但仍接受之。本章经文在尧平章百姓、协和万邦之后，良有以也。

而在较大范围内观察，也可保证王历之准确。事实上，准确的东、南、西北四方，惟有通过观测才能确定。而经文所说"寅宾出日"、"寅饯纳日"等活动，即可确定四方：晷影在日出与日入那一刻正好相接成一条直线，即可确定正东、正西方向；确定了这两个方向，则可确定正南、正北方向。

然而，这需要连续观测才能确定，故经文有"平秩东作"、"平秩西成"之语。平者，"平章百姓"之平也，意为仔细地分辨。秩者，排列次序也。此前，人们并不知道春分、秋分的精确时间，故需在此前后连续多日观测、记录，然后分辨、排列，方可找到日出、日入成一直线的那一天，此即春分日。"平秩南讹"、"平在朔易"的做法类似，据此可确定太阳由极北而南行、或者由极南而北行之准确时间。

由此可确定"四时"，也即春分、秋分、冬至、夏至。为什么要到四方极远之处设立观测点？后世有所谓"里差"概念，地表本身不是平面，故日之出入，不可以一地所见为准，而应折中多地。旸谷、昧谷、交趾、幽都是四方极远之地，这四处观测点有所分工，而与王城观测点所得数据对勘，可得较为精确的数值。而由此提高观测准确度，所定之王历为人信服，又可提升王之权威。

确定四时，也就"成岁"，也即，可确定太阳回归之准确周期。太阳先后两次到达冬至（或夏至）日出方位的时间间隔，就是一个回归年。当时已得到相当准确的数值，即经文后面所说"期三百有六旬有六日"，此即"阳历"。

但月亮却与太阳之运转无关，而依据月亮之朔望确定，时长在二十九或三十天，一年十二个月，约三百五十四日。这少于太阳回归年，此即古人所说的"日行迟，月行疾"。两者每年相差十天以上，此即"岁差"。若不加协调，不到三年就会差一月，导致严重混乱，比如，春分不在仲春之月、冬至不在仲冬之月。

协调阴、阳二历，不能不设闰月。经文下面所说，与此有关。"以殷仲春"者，正仲春也，即确保春分在仲春之月，以下"以正仲夏"、"以殷仲秋"、"以正仲冬"，与此类似，都是确保夏至所在之月为仲夏之月，秋分所在之月为仲秋之月，冬至所在之月为仲冬之月。由此，阴、阳二历相互协调。

为此，须做两件工作：首先，观测昼夜时长变化，求得昼夜平分日，此即春分或秋分日；昼最长日，为夏至日；昼最短日，为冬至日。其次观"星辰"，观测初昏时刻出现在正南天空的是南、东、北、西四宫中哪一宿，此即"考中星"。依据这两个观测结果，可厘定仲春、仲夏、仲秋、仲冬四月，一年十二月也就确定，且与回归年协调。

接下来，经文记载人畜之生理周期，此为物候，古人早已用之。这些物候的周期性变化，同样可供造历者参考，用以作为确定春分和秋分、冬至和夏至的依据。

综合运用观测太阳出日时刻、日影角度、考中星、观物候等方法，尧时代的羲和二氏制作出"阴阳历"——依据太阳回归周期，得到一岁为三百六十六日。与阴历十二月相协调，又设闰月，这就保证据太阳运转确定之四时，与月份协调而不乱。这样一来，在阴阳合历中，回归年虽为三百六十六日，但这只是理论基数，不可能出现在王历上，在王历上人们看到的是，平年十二个月，三百五十四天；闰年十三个月，三百八十四天。[1]

如此较为精确的阴阳合历，只有借助王权方可订立。阴阳合历要求王室设立专业天文官员，持续、长期地观测、计算，并于每年颁历。天官如果懈怠，时、月、日错乱，必导致严重社会、政治混乱。天下民众须查阅王历，才知道时日。

此历把王权嵌在每人身上，王权以历塑造新生的华夏之共同生命节奏，由

---

[1] 二里头文化第三期出土青铜钺和镶嵌圆形铜器上的图案，其十字符号的数字，似乎正合乎岁实366日、平年12月、闰年13月这些数字。可参看冯时《中国天文考古学》，第221~223页。

此，华夏可有共同的生活，进而有共同生活之情感。王历大大提高华夏共同体之凝聚力。此后，王者之基础职能始终包括制作王历或者皇历。没有法定之历，共同体之时间尺度混乱，必定陷入混乱乃至解体。历史上，每次政治变动，尤其是文化大变动中，常有历之调整。

王历在中国尤其重要。在一神教文明体中，神可以其言和律法作用于人，由此也必定衍生出专业神职人员，人可由之引领。颛顼、尧带领中国走出神教，确立敬天之教，天呈现于人者就是文，历者，历象天文而得之人文也。人之法天而生、法天而治，首先依乎此文。法天而生、法天而治之大义，就在于以时而动。没有精确的时间，就无从安排政教、祭祀，时间错乱，政教、祭祀就没有意义。故在敬天的中国，时间是天人勾连之最重要纽带。人正是借由历，内嵌于天中的。历之不当，人脱出于天，生命意义与人际秩序也就无从谈起。

九、天人不二

允釐百工，庶績咸熙。

允，信也。釐，治也。工，官也。
绩，功也。熙，广也。

所有官事都确有条理，天下各事业得以增广。

尧建立天象观测体系，制作日月合历，这是第一套借助王权，通行于天下之王历。由此历，华夏得以有效治理，天下万民各遂其生。

天与时

尧之作历，在敬天之后。

神是超乎时间的。但是，神造万物，有万物则有时间，时间始于神造万物之时。故神造并支配之宇宙，时间有起点，亦当有终点。时间是神设定给万物、包括人寄存其体之框架，时间本身是空架子。人与时间相互外在，人虽不能不在时间中，但生命的完美状态却是超时间的：进入来世，人将获得永恒。在此，时间对人不再有约束力。故在神教中，时间是负担，是生命的枷锁。神之拯救，也就是让人超越出时间，此一超越之开端是死亡。死亡让人摆脱时间的枷锁，带来超时间之不朽。可见，政体上，神教让人厌恶时间，极力地自外于时间。

天不在万物之外，天是生生不已的万物之大全，故《周易·系辞》开篇曰：

天尊地卑，乾坤定矣。卑高以陈，贵贱位矣。动静有常，刚柔断矣。方以类聚，物以群分，吉凶生矣。在天成象，在地成形，变化见矣。是故，刚柔相摩，八卦相荡。鼓之以雷霆，润之以风雨。日月运行，一寒一暑。乾道成男，坤道成女。乾知大始，坤作成物。

天不外乎时间，天就在时间中，天之行即是时间的展开。这个时间不是唯一真神从外部设定给万物的，不是空架子，万物之生生不已就是时间本身。天就是充实饱满的时间过程。没有离开时间的天，当然也没有离开天的时间。

故曰：天时不二。尧敬天，立刻作历，由于作历，天得以具体呈现。天、人、时亦不二。人的生命就是生的过程，生命不是神预定的，而是人自我生成的，生成于万物之中。没有超越时间之来世，生命就是身体在时间中之伸展，对个体如此，对群体同样如此。脱离时间，则没有生命。生命之完美实现于时间中，有节奏而饱满。有节奏，则给人稳定感；饱满则给人充实感。世代生生不已，人即可不朽于时间中。故人永在时间中，生命之意义就在时间之连绵不绝中。

故对中国人来说，历法至关重要。"历者，天地之大纪。"[1] 历者，节天之运行，确定天行之节奏，而人就在其中。历源于人对生命节奏之自觉，以求更为准确地循天而生。日月运行，一寒一暑；万物荣枯，人情变化，如经上文所记"厥民析，鸟兽孳尾""厥民因，鸟兽希革"之类。人在天中，随时而动，也就是循天而动。历者，通天人也，王者作历，"顺其时气，以应天道"[2]。若历足够准确，人与天地万物保持同一节奏，此即天人合一。这一生命也就超出孤立的个体，而在更广阔的空间中展开。人不是特出于众人、万物之外，而在人之际，在人、物之际。但人与人、人与物最为内在的联系，在于生命节奏。

律、历都是为了让人融入宇宙之大化流行之中。如此，则天地之间人与万物，"各正性命，保合太和。"[3] 如《史记·历书》说，尧立羲和之官，"明时正度，则阴阳调，风雨节，茂气至，民无夭疫"。因而，历贯通天人。没有历，人无以

---

[1] 《汉书·律历志》。

[2] 《汉书·律历志》。

[3] 《周易·乾卦·彖辞》。

上合天道。而人不合天道，天也就不充分。因为，人就是天之重要组成部分，且"惟人，万物之灵"[1]。历之用大矣哉！

王历

历对生命如此重要，故人须以诚敬之心作历。而历之制定高度复杂，只能由王者组织观测、计算，并颁行天下，是为王历，后世称为"皇历"。

对初造华夏之尧来说，王历之功用甚大。为构造超乎邦国之上的华夏，尧确立敬天。此一革命性信念须让天下周知，尤其是各邦诸侯。如此，他们才会相信，华夏不会侵犯他们的神灵。由此，他们才会敞开自己的心智。

如何让诸侯知天？天太抽象了，天不言，天不命令人。天的最直观呈现就是日月运行，一寒一暑，四时更替。王历准确地界定这些时点，天由此而具体化为可预知的准确的时间。人们据此安排自己的生命，也就让个体生命与天道合一。

经文说"敬授人时"。人者，君子也。尧初造华夏，王权仅及于诸侯，故尧将王历颁给华夏各邦国承担治理作用的君子；通过王历，各邦诸侯得以知天，在崇拜自己神灵的同时敬天；依照王历之安排生活，就是法天而生。

王历为新生的华夏天下提供了准确而统一的时间尺度，天下之君子据此可以精确而共同地标记华夏层面的祭祀、政务、生产等公共生活之节点，每一活动得正其时，华夏共同体即可有条不紊，形成统一的政治秩序。故经文说，作历之后，"允厘百工，庶绩咸熙"。所有君子的事务都有了条理，也即上了同一时间轨道。此前，各邦国之历不同，在不同时间轨道上运转。统一时间节奏，给各项事业之协调创造了最为基础的条件，故效率有大幅度提高。

诸侯们一旦感受到王历合于天道，就会以之安顿本邦国内部的公共事务。王历由此向下渗透。整个华夏各层人民的生活节奏逐渐协调、合拍，超大规模的华夏共同体逐渐形成共同的生活方式。比如，人们在共同的日子祭祀同一神灵。由此，华夏从政治共同体深化而为生活共同体、精神共同体，人们逐渐具

---

[1] 《尚书·泰誓》。

有共同的宇宙观念、生命观念、天人观念等，文化中国就此生成。

循着这一方向，后世有"月令"、"朔政"之制。蔡邕《明堂月令论》曰：

《月令篇名》曰："因天时，制人事，天子发号施令，祀神受职，每月异礼，故谓之月令。"所以顺阴阳、奉四时、效气物、行王政也。成法具备，各从时、月，藏之明堂。

古者诸侯朝正于天子，受《月令》以归，而藏诸庙中。天子藏之于明堂。每月告朔朝庙，出而行之。

《大戴礼记》所收之《夏小正》，当为最早之月令，肇始于尧舜，形成于夏，以其"正月"为例：

启蛰。雁北乡。雉震呴。鱼陟负冰。
农纬厥耒。初岁祭耒，始用畅。囿有见韭。
时有俊风。寒日涤冻涂。田鼠出。
农率均田。
獭献鱼。鹰则为鸠。
农及雪泽。初服于公田。采芸。
鞠则见。初昏参中。斗柄县在下。
柳稊。梅、杏、杝桃则华。缇缟。
鸡桴粥。

此处记载正月之各种物候，其中夹杂者人事之所为。天象、地气、植物、动物、人置身于同一个系统。

后世《月令》带有王政性质，把人事各种事务分配在四时、十二月之时间序列上。王者每年冬季以明年朔政分赐诸侯，诸侯于月初祭庙受朔政，是为"告朔"，循此而为政。

在此传统下，中国几乎所有民俗节日都与节令有关，节令就是人合于天之节点。循此生活，个体的分立的、短暂的生命就在遍覆而无垠的天行之中。透过历之指引，最为普通的民众的日常生活，也在天道中。由此，生命不是混沌的，而有其内在秩序。生命的秩序感是尧为华夏天下提供的普遍公共品。

故在敬天的中国，天人合一之枢纽就是王历。借助王历，人们知天，法天而生。没有王历，天就是虚空而没有意义的，比如，在尧作历之前，天虽然在，而不为人敬。唯有当尧历象日月星辰作历，天就呈现，人才在天中，并可上合于天。

天下

王者作历，颁行于广土众人，"天下"观念乃得以成立。

有天，才能有天下。天当然始终在，但在颛顼、尧之前，人们不知天，也不敬天。在民、神杂糅时代，哪怕在民、神不杂时代，人们不可能有"天下"观念。因为此时，在人们的心灵中根本没有天，只有个别的神灵，分别为不同族群、邦国的人们所崇拜。

尧"绝地天通"，天突出于众神之上。但这并不等于"天下"自然出现。只有当人们知天，才会知道自己在天之下。只有当人们普遍地知天，"天下"才能成立。然而，天不同于神，过于抽象。况且，除了王，诸侯不可祭天、更不要说普通人。人知天之唯一渠道，就是王历。

王者历象日月星辰，参酌天地万物之变而作历，颁行天下，人们依历生活，即循天道而生。人们看到，这个历确实让自己的生命与天地万物之节奏同步。这时，天就是活生生的，天就是生命之本源所在。天与人发生直接关系，故为人所知，且为人所敬。尤其是人们看到，所有人都法天而生，都在天之下，则"天下"就是实在的。

天下不是地理上的概念。地理上只有大地，甚至可能是相互隔绝的，尤其是在洪水时代。天下是主观概念，天下形成于人们在天之下的生活经验。当人们普遍地循着王历生活，也就生活在天的照临之下，由此方有天下意识。人们共同具有天下意识，就有了天下。

因此，王历对于天下之生成，具有决定性意义。而天下秩序成为人类发现的普遍秩序之一大样态。唯一神教的普遍秩序由神自上而下维护，天下秩序则靠知天之人共同维护。王历唤醒分散的个体的天的自觉，让人们共同地知天，而相互接近，并有共同生活之意愿，这就有了天下。

那么反过来说，王历错乱，则天下难免解体。故夏代初期历史中的重要征伐，都与天、与历有关。《尚书·甘誓》中，启指控有扈氏"威侮五行"。五行者，行天之气也。而后，羲和湎淫，废时乱日，胤往征之，而有《胤征》。由此可见，时日乱，则天下秩序动摇。

后世亦然，西周覆亡，"天下无道，礼乐征伐自诸侯出"[1]，则告朔之礼废[2]。由此，天下解体，而仅有地理上的大地矣，自然地就有列国之分立、争战。

故作王历是王政之本。王历不是空洞的时间架子，而是天人合拍之生命指引。通过王历，天人贯通；经由王历之范轨，天下和同，人民安宁，万物各得其序。放弃王历，王者也就放弃其权威之终极依据和根本宗旨，也就无以有天下。如《大戴礼记·虞戴德》所言："天子告朔于诸侯，率天道而敬行之，以示威于天下也。"

中华民国建政，引入西方历法，且称之为"公历"，官方使用。民间仍顽强地使用中国固有历法，却被称之为"阴历"或"农历"。尧之历法本为阴阳合历，尧作历也绝非为了农事。当今历法不正，故天人相分，天下虚悬，华夏不在。

从文本结构看，经文至此，告一段落。此段经文，首先述尧之德，其次述尧明明德于天下，合众邦为一大群；其次确立敬天，而作王历。至此，尧初步完成了华夏肇造之大业，既有政治之联结，又有精神之凝聚，而治理之大道，也以凝定。此下经文主要记述尧遴选合适继位人，对初生之华夏之成长而言，此事至关重要。

---

[1] 《论语·季氏》。

[2] 故《论语·八佾》曰：子贡欲去告朔之饩羊。子曰："赐也！尔爱其羊，我爱其礼。"

十、选贤与能

帝曰："畴咨若時登庸？"

放齊曰："胤子朱啟明。"

帝曰："吁！囂訟，可乎？"

帝曰："畴咨若予采？"

驩兜曰："都！共工方鳩僝功。"

帝曰："吁！靜言庸違，象恭滔天。"

畴，谁也。咨，唤起之语气词。若，顺也。时，是也。庸，用也。

胤，嗣也。朱，尧子之名。启，开也。

吁，表示不同意之语气词。囂，多言。

采，事也。

都，语气词。共工，官名，主管公共工程。方，旁也，广也。鳩，聚也。僝，具也。

靜，本作靖，靜言，巧言也。庸，用也。違，回也，邪僻也。滔，慢也。

尧说："各位，谁能继续保持庶绩咸熙，可提拔任用？"

放齐说："您的儿子朱是开明的。"

尧说："不然，此人多言、好讼，可以吗？"

尧说："各位，谁可承我之事？"

驩兜说："啊！共工广泛纠集民众，创下诸多功业。"

尧说："不然，此人善于言辞，而为人邪僻，表面恭顺，而怠慢于天。"

尧有公天下之心，在完成合和华夏、确立敬天并作历这两项奠基性工作后，开始寻找继位者。有人推荐二人，均为其否定。由其否定意见可见，有些看起来卓越的能力，在尧看来，实无助于甚至有碍于其承担重大领导责任，从中可见圣人心目中的王者之德。

知识之限度

放齐首先推荐尧之子朱，理由是"启明"。启明者，开明也，也即天生聪敏，见多识广，知识丰富。总之，理智水平较高。尧却认为，自己的儿子"嚚讼"——首先是多言，其次是好讼，好与人争论。尧据此否决了朱。

治国需要丰富的知识，知识就是权威。没有足够知识，当然无法处理纷繁复杂的公共事务。然而，仅有知识，不足以承担治国重任。如经文脉络所显示，首先需要德行。尧依凭"钦明文思安安允恭可让"之德合群、缔造华夏。尧之知识必定十分丰富，尧也有"明"之德，他必定了解各地风土人情，必定对于治理事务有广泛观察、深入思考。这些知识有助于他妥善处理缔造华夏所面临的各种棘手事务。但作为王，尧发挥领导作用，缔造华夏，主要依靠其卓越之德行。完整地说，尧以德行支配获得和运用知识的过程。

至于朱，缺乏德行，不能以德行控制自己，其丰富的知识反而让他堕入陷阱——多言、好讼。这两个行为缺陷恰好均源于知识之自负——知识丰富，故以为无所不知，好为人师，急于发表自己看法。并相信自己的意见就是真理，别人必须接受自己的意见。一旦别人不接受，就与人争论，直至将其强加于人。显然，如此开明之人即便确有知识，也不可能赢得别人尊重，无从担当领导重任。

事实上，尧之否定，有更深层内涵：面对复杂公共事务，任何人的知识都是微不足道的。《周易·蒙卦》九五爻辞曰"童蒙，吉。"处在君位上的人，面对广土众民，面对繁杂的公共事务，始终在"蒙"之状态。无人可以掌握关于社会治理之真理，更不要说全部真理——事实上，根本不存在这样的真理。因而，任何治国者都无资格宣称自己是开明的、有知识的。

那么，治国者该持何种心态？该爻《象传》已指出："童蒙之吉，顺以巽也。"

巽者，微入也。治国者当保持谦逊心态，虚己之心，向他人请教，接受众人意见。尧舜就是典范，其美德是《尚书·大禹谟》所说"稽于众，舍己从人"。在《周易》中，六五爻常好于九五爻，其意曰：君主自居于阴，姿态柔顺，比之自居阳刚，更为吉善。

重要的是，"稽于众"恰可让治国者有知识，尤其是关于社会和社会治理的知识。这类知识必以碎片化方式寄存于身在社会不同位置上的众人。"稽于众"，则可把这些分散的知识集中起来予以粗略把握。若无这一程序，治国者恐怕永远不可能得到这些知识。"稽于众"让治国者迅速获得治国所需之知识，其总量远超个体所能得到者。虚心、稽于众者，反而最有知识。

尧否决朱，表明圣贤对知识与社会治理之关系的理解——社会治理之本是德行，而非知识。对君子来说，最重要的德行是谦逊，虚己以受众。这德行是获得治理知识之最有效机制。

敬天为本

"共工"是官名，其职责可从典籍相关记载中推知：

《左传·昭公十七年》谓："共工氏以水纪，故为水师而水名。"显示其与水打交道较多。

《左传·昭公二十九年》谓："共工氏有子曰句龙，为后土。"因其能平水土，故为后土为人祭祀。

《国语·周语》记周太子晋一段话，证明其职责是平水土："晋闻古之长民者，不堕山，不崇薮，不防川，不窦泽……昔共工弃此道也，虞于湛乐，淫失其身，欲壅防百川，堕高堙庳，以害天下。皇天弗福，庶民弗助，祸乱并兴，共工用灭。"

《国语·鲁语》谓："共工氏之伯九有也，其子曰后土，能平九土，故祀以为社。"九有者，九州也。共工氏甚至曾雄霸九州，不过也只是霸，而非王。

以上典籍所记"共工"，时间跨度颇大，当为其所在之国长于治水，故其君长期在当时天下发挥平治水土之作用。且其族中有人治土有功，因而以"后土"之名列入祀典，在"社"中为后人祭祀不断。

　　驩兜提名共工之理由，是共工纠集众多民众，成就重大功业，即动用民力，兴建重大公共工程。由此可见，共工有卓越的工程技术能力。尤其是建设重大工程，必然动用大量民力，并有效调配民力。可以想见，共工有高超的人力组织技巧。后一点，对治理社会还是很有用的。

　　尧却指出：共工巧言。即后来孔子所说"巧言令色，鲜矣仁"[1]之"巧言"。共工表面巧言，巧言则不仁，不仁则行为邪僻。

　　但在尧看来，共工最大问题是"滔天"——怠慢于天。共工之工作经验可能让其生慢天之心——水土之变乱乃是天变，他见多了水土之变乱，可能对天失去敬意。而他领域平治水土，频频取得成功，让天之变乱恢复正常。这些经验可能让他以为，自己的能力不下于天。天之所造，自己可予以改变，人定胜天，则何必敬畏于天？

　　据此，尧否决共工。尧"绝地天通"，唯天为大，人当敬天。敬天，则必谦卑，必定悉心探究天理，也即悉心探究万物之理，对共工所从事之事业而言，这种心态至关重要。然而，共工不敬天，则其最多只是依据经验治水，并不能循理治水。故共工虽以治水著名，实际上并不能解决当时面临的空前之水患，最终由禹治水。

　　更重要的是，不敬天，则不足以治民。经后文皋陶提出如下命题："天聪明，自我民聪明；天明威，自我民明威。达于上下，敬哉有土。"这是尧确立敬天之后必定发展起来的根本社会治理观念。敬天，则敬民，则知保民，而求所以养民、教民。敬天、保民，是王者政治伦理之大本所在。共工不敬天，何以保民？何以为王者？

德与才

　　尧否决朱和共工，为王者确定基本法度：最为重要的不是能力，而是德行。在此之前，能力为世人所重视，尧则确立尚德之法度。经文首先述尧之德，尧明明德于天下，而肇造华夏。朱有知识而无德，尧否决之；共工有功业而无德，

---

[1]　《论语·学而》。

尧否决之。经后文皋陶提出"德位相应论",有德者应有其位。这就是中国之道的大本所在。

此后,整个三代都大体延续这一传统。而德以敬为本,尤其是以敬天为根本。不敬,则不可能有德。无德,则无从治国。

三代均重德。到春秋后期礼崩乐坏,才有德、才之分离,结果是《史记·平准书》所说"天下争于战国,贵诈力而贱仁义,先富有而后推让"。

西汉立国之后,儒家致力于回归圣王之道,以德统才,以孝廉取士,塑造社会尚德风气。东汉继续尊崇节义,敦厉名实,故顾炎武以为"三代以下风俗之美,无尚于东京者"[1]。

到汉末,再度陷入德、才分离状态,曹操求才三令刻意将德、才对立起来,"有行之士未必能进取,进取之士未必能有行也"[2],故"唯才是举"意谓,只论才不看德。

后世,这两种观念仍不断反复。凡盛世则重德,凡乱世则重才。共工恐怕就是尧舜之后乱世之有才者。

警惕理智的自负

尧否决朱和共工,其精神取向十分明显:对理智自负之警惕。

朱有知识,共工精通工程技术,这些都是人的理智成长发育的成就,对人改进其处境有重要作用。但对于社会组织来说,这两者的作用是有限的。糟糕的是,经常有人混淆这两类不同性质的事务。放齐和驩兜即犯此错误,他们以为,知识可让人成为好的治理者,工程技术可让人成为好的治理者。所谓"哲人王"观念,大约可归入此中。

尧则认识到,知识和技术不能保证人成为好的治理者。获取知识和治理社会是两个完全不同的问题,工程建设和社会治理也是两个完全不同的问题。知识和工程之对象是客观事实,是物,即便是关于社会的知识,社会也被视为物。

---

[1] 《日知录》,卷十三,"两汉风俗"条。

[2] 《三国志·武帝纪》裴松之注。

物是均质的，因而可加总处理。社会治理所处理的则是主观事实，也就是人的观念和行为，而人是自主、多样的，各有不同禀赋、气质、目标。且人还是动态的，故人无从加总处理。也因此，处理两者需要完全不同的心智。以处理知识、工程问题的心智来治理社会，把人当成物品来处理，这样必然导致灾难。[1]

事实上，这两者会带来理智之自负：朱因为有知识，倾向于把自己的意见强加于人；共工因为精通工程技术，而缺乏敬畏之心。两者的结果，都是对人不尊重。这首先体现为不尊重普通民众，将其视为可以随意处理的物，则普遍的强制几乎是必然的；这也会体现为不尊重共同治理者。事实上，理智自负必然走向政制专断。治理之真理果真可如知识和工程那样可得，而掌握真理者为王，他必然充满信心地要求所有人实施自己确定之真理。其他人的意见都是谬误，如同朱所表现的，根本拒绝他人的意见。

尧之否决朱和共工展示这样一条治理之道：单有理智上的卓越表现，不足以成为王。哲人没有资格成为王，因为治理社会不是发现知识和建设工程。治理社会面对着人，而人是自主、多样、有尊严的，故治理就是协调。协调需要协调者之德行，需要良好制度，故君子、王者之首要条件是卓越的德行以及建立优良制度的能力。

---

[1] 关于这一问题的详尽分析，可参看［英］弗里德里希·哈耶克《科学的反革命：理性滥用之研究》，冯克利译，译林出版社，2003 年。

十一、自主自立

帝曰："諮，四岳！湯湯洪水方割，蕩蕩懷山襄陵，浩浩滔天。下民其諮，有能俾乂？"

四岳，来自四方、辅佐王政之诸侯。

汤汤，水盛貌。方，读如旁，广也。

怀，包也。襄，驾也。

咨，嗟叹之声。俾，使也。乂，治也。

尧说："四岳！漫漫洪水到处为害，茫茫然包围高山，漫过丘陵，浩浩然漫到天空。治下的民众在忧愁哭喊，有人能让水归于正常吗？"

本章经文描述洪水泛滥之景象，经下文禹还会描述此景象。尧乃与众人商议，起而治理洪水。由此可见华夏真精神：世上没有救世主，人自主地追求自己的幸福。

作为神话的洪水

世界各民族多有洪水传说，可看两个例子。其一为犹太教和耶教之《旧约圣经·创世记》：神耶和华造人，见人在地上罪恶很大，终日所思想的尽都是恶。耶和华就后悔造人在地上，心中忧伤。耶和华说："我要将所造的人，和走兽，并昆虫，以及空中的飞鸟，都从地上除灭，因为我造他们后悔了。"

不过有一个例外：挪亚在耶和华眼前蒙恩。于是，耶和华让挪亚造了方舟。

当洪水泛滥地上时，挪亚就同他的妻子和儿子、儿媳，还有各种飞禽走兽都进入方舟，以躲避洪水。

差不多一年后，洪水退去，神对挪亚说："你和你的妻子、儿子、儿媳都可以出方舟。在你那里凡有血肉的活物，就是飞鸟、牲畜，和一切爬在地上的昆虫，都要带出来，叫它在地上多多滋生，大大兴旺。"于是挪亚和他的家人及飞禽走兽都出了方舟。

为感谢神恩，挪亚为耶和华筑了一座祭坛，拿各类洁净的牲畜、飞鸟献在坛上为燔祭。耶和华闻那馨香之气，就心里说："我不再因人的缘故咒诅他（人从小时心里怀着恶念），也不再按着我才行的，灭各种的活物了。"地还存留的时候，稼穑、寒暑、冬夏、昼夜就永不停息了。

奥维德的《变形记》记载古希腊之洪水传说如下：

到了青铜期末代，人类世界变得非常残忍，人类也变得贪婪、粗鲁且不虔诚。公理与法律不再受到尊重。殷勤好客的风俗被遗忘。宙斯装扮成凡人的样子查看了阿卡迪亚和塞萨利两地。他不喜欢凡人极度的罪恶，决心将他们从地球上铲除。他毫不犹豫地释放了夹雨的南风，并召来冷酷无情的波塞冬协助他。很快整个人类世界被淹没在一片汪洋之中。

除了两名恭顺的塞萨利人幸免于难外，人类被史无前例的洪水吞噬。这对老夫妻没有孩子。他们善良、虔诚，对生活心满意足。丈夫是普罗米修斯的儿子，名叫丢卡利翁，妻子名为皮拉。丢卡利翁的父亲事先就警告他会暴发洪水，因此，他制造了一个巨大的箱子。当咆哮的洪水涌来时，夫妻俩就躲藏在箱中，这样漂泊了九天，最终漂到了帕那萨斯山。曾经生机勃勃的大地呈现出恐怖的景象，死亡与毁灭四处可见。

老夫妻深感孤独和危险。他们就向上帝祈祷，乞求帮助。一位圣人指示他们把母亲的遗骨掷向四周。这位聪明的泰坦神的后代，马上悟出了这个神秘指示所隐含的意义。他们开始将石头抛向身后。奇迹出现了——男人抛出的石头变成了男人，女人抛出的则变成了女人。从此人类再次在陆地上出现，英雄时代来临。

这两个洪水传说之故事情节呈现了各民族洪水传说之常见套路：

第一，最初，神造人。

第二，但是，人类行为不端，不遵从神。他们具体怎么恶，人们不知道。他们的罪责其实就只有一条：不敬神。

第三，神不满，决定用洪水毁掉自己所造之物。也即洪水是神有意为之。

第四，但是，神似乎总能在人中发现极少数善良者，予以眷顾，事先告知其灾难将临，让其采取预防措施。

第五，神发动洪水，洗劫大地，所有的罪人都死了。这是最大规模的集体惩罚。现代之种族清洗、阶级战争等人所犯之屠杀罪，相比于神的惩罚，根本不值一提。尤其重要的是，看到人被淹死，神是喜悦的，因为，在神看来，大地上的罪恶被洗涤了。

第六，但是，蒙神眷顾者获救。

第七，因为同胞都已死掉，获救者不得不重新开始繁衍人类，常有兄妹通婚之类的故事，他们成为人类的新祖先。

由最后一点可知，洪水神话似乎主要为解决神造人之神话与人生人之生活经验间的明显冲突：最初的人是神造的，但那些人都被大洪水消灭，之后的新人则是人自己生出来的。但第二期人仍然因为神的恩典而有生命，因而仍在神的绝对笼罩之下。

洪水神话的要旨，正在于神是绝对的。洪水本身是神的绝对意志之结果。面对神的绝对意志，人是渺小的，无可选择。人类集体遭到惩罚，大规模的死亡就那么发生了。只是借神的恩宠，若干人才幸免于神的惩罚。这恩宠来自对神的绝对信仰，故洪水的退去与人无关，而是神的力量所致。洪水故事在此证明：人必须绝对服从神。

这类洪水故事纯粹属于"神"话。因为，神确实居于中心位置，神也确实说话了，神经由说话安排一切，包括人的毁灭和新生。神以其话语，绝对地支配人，人无以自主。

作为历史的洪水

在中国，洪水不是神话，而是历史，内在于治水之历史叙事中，诸多典籍对此有所记载。《尚书·洪范》殷商遗民箕子对周武王说：

> 我闻在昔，鲧堙洪水，汩陈其五行。帝乃震怒，不畀《洪范》九畴。彝伦攸斁，鲧则殛死。禹乃嗣兴，天乃锡禹《洪范》九畴，彝伦攸叙。

禹的父亲鲧治理洪水，采用堵的方式，水不能畅行。水在五行中，因而整个五行陷入紊乱，故上帝不赐鲧以《洪范》，社会秩序陷入混乱。禹采取疏导办法治理洪水，天乃赐给禹《洪范》，天下走向良好的秩序。

《诗经》中多首诗提到禹，赞美禹平治水土之功：《小雅·信南山》"信彼南山，维禹甸之"；《大雅·文王有声》"丰水东注，维禹之绩"；《大雅·韩奕》"奕奕梁山，维禹甸之"；《鲁颂閟宫》"奄有下土，缵禹之绪"。周人相信，天下山川都经禹之平治，才得以形成现在的样子。《商颂·长发》说得更具体："洪水芒芒，禹敷下土方，外大国是疆，幅陨既长。"据郑玄注，此句意为，经禹之平治水土，华夏之幅员得以大幅度扩张。《商颂·殷武》曰："天命多辟，设都于禹之绩。"殷人相信，华夏各国都立于禹所平治之大地上。凡此种种，均为古老的历史记忆。

《孟子·滕文公》记孟子之语：

> 当尧之时，天下犹未平，洪水横流，泛滥于天下。草木畅茂，禽兽繁殖。五谷不登，禽兽逼人，兽蹄鸟迹之道交于中国。尧独忧之，举舜而敷治焉。舜使益掌火，益烈山泽而焚之，禽兽逃匿。禹疏九河，瀹济漯，而注诸海；决汝汉，排淮泗，而注之江，然后中国可得而食也。[1]

---

[1] 《孟子·滕文公》："当尧之时，水逆行，泛滥于中国。蛇龙居之，民无所定。下者为巢，上者为营窟。《书》曰：'洚水警余。'洚水者，洪水也。使禹治之，禹掘地而注之海，驱蛇龙而放之菹。水由地中行，江、淮、河、汉是也。险阻既远，鸟兽之害人者消，然后人得平土而居之。"

孟子说，当尧之时，洪水泛滥，人的生存空间逼仄，草木、禽兽倒是生活幸福！尧用禹治水，疏导洪水入海，然后，中国人才有饭吃。

《庄子·天下》记：

墨子称道曰：昔者禹之湮洪水，决江河而通四夷九州也，名川三百，支川三千，小者无数。

《国语·周语》记周灵王太子晋的一段描述：

晋闻：古之长民者，不堕山，不崇薮，不防川，不窦泽……昔共工弃此道也，虞于湛乐，淫失其身，欲壅防百川，堕高埋庳，以害天下。皇天弗福，庶民弗助，祸乱并兴，共工用灭。其在有虞，有崇伯鲧，播其淫心，称遂共工之过，尧用殛之于羽山。

其后，伯禹念前之非度，厘改制量，象物天地，比类百则，仪之于民，而度之于群生。共之从孙四岳佐之，高高下下，疏川导滞，钟水丰物，封崇九山，决汩九川，陂鄣九泽，丰殖九薮，汨越九原，宅居九隩，合通四海。故天无伏阴，地无散阳，水无沈气，火无灾燀。神无间行，民无淫心。时无逆数，物无害生。

帅象禹之功，度之于轨仪，莫非嘉绩，克厌帝心。皇天嘉之，祚以天下，赐姓曰"姒"、氏曰"有夏"，谓其能以嘉祉殷富生物也。祚四岳国，命以侯伯，赐姓曰"姜"、氏曰"有吕"，谓其能为禹股肱心膂，以养物丰民人也。

据太子晋所言，面对大洪水，首先是共工氏治水，然后是鲧治水，但此二位方法一样，都是壅防百川，也即筑堤，不让洪水侵害自己。结果，其他族群遭受更为严重的损害。他们因此遭到惩罚。禹汲取前两位之教训，顺应天地之道，疏导洪水。共工氏的后代四岳也辅佐禹，共同治理中国之水，使之各得其所。禹因此而得到姒之姓，夏之国号；四岳也得到姜之姓，吕之国号。

凡此种种典籍记载均肯定，禹之治水是人的历史事件，而无丝毫神话色彩。

当代考古学也初步证明，这场大洪水确实不是神话，而是历史事实[1]。这是又一次剧烈的气候变化引起的洪水，并且是全球范围的[2]。而纵观世界各大文明体，只有中国圣贤将此作为历史，清晰、准确地记载下来，其他文明只是将其编织进神话中，留下一些渺茫而含混的印象而已。

人的自主

中国典籍记载之禹治水情节，与前引古希腊、犹太之洪水神话，全然不同。

首先，在所有这些记载中，全无神灵愤怒而惩罚人之情节。因为，根本就不存在这样的大神，人也非神所造。华夏各邦国当然信奉神灵，但这些神灵根本没有资格、也没有能力造人又毁人。在这背后可见当时华夏关于人之观念：人是人生的，归根到底，人是天生的。天所生之人确实不完美，但也没有原罪，不至于堕落到要遭全部毁灭之地步。天地之间人最贵，任何东西都不可如此对人。神也没有资格对人施以集体惩罚。人有其尊严，神没有资格审判人。

那么，如此泛滥之洪水也就只是一场自然灾害而已。面对这洪水，人确实很脆弱；但这背后，没有什么神的绝对意志。洪水既然非神刻意制造，人当然

---

[1]　关于这次大洪水的考古学讨论，可见王巍《公元前 2000 年前后我国大范围文化变化原因探讨》，《考古》2004 年第 1 期；王晖《尧舜大洪水与中国早期国家的起源——兼论从"满天星斗"到黄河中游文明中心的转变》，陕西师范大学学报（哲学社会科学版），第 34 卷第 3 期，2005 年 5 月。

[2]　吴文祥、葛全胜的文章《夏朝前夕洪水发生的可能性及大禹治水真相》（《第四纪研究》，第 25 卷第 6 期［2005，11］）利用高分辨率的气候记录（小于 50 年）重建史前洪水发生时期的气候变迁史，并得出如下结论：至少在北半球，气候系统在 4200~4000aB.P. 发生了突变，气候变化会导致季风雨带的北移，致使降水量的增加或降水时间的延长；另外，冷期降水变率的增大提高了异常洪水发生概率；同时，由气候变化导致的植被覆盖率降低可以引起土壤抗侵蚀力减弱，增加水沙含量，从而增加黄河泛滥的可能性。这几种因素共同作用，可能导致史前异常洪水的发生。这个时代正是尧、舜、禹时代。而且，这次气候变化不局限于中国。4000aB.P. 前后世界许多地区的古代文明发展进程也发生了巨变。其中最为显著的标志是尼罗河流域古埃及文明、两河流域苏美尔文明、印度河流域哈拉巴文明发生衰落，欧亚草原地带发生民族大迁徙，以及整个旧大陆地区发生社会大动乱。这一时期曾被著名的考古学家 Bell 称为世界古代文明发展史上的"第一黑暗时期"（First Dark Age）。

也不必指靠神来拯救自己。面对自然灾害，人唯有依靠自己，起而自救，以人力治水。本段经文即描述王者决心治水这一历史事实。

洪水滔天，人民遭受苦难。在闪族、古希腊的神话中，将要被洪水淹没的人是懵懂的，他们完全未曾预料及此。他们也没得到一丝怜悯，因为他们已被判定整体上是堕落的、罪恶的。集体屠杀之，是世界至于善的前提，神执行了自己的判断。

而在《尧典》中，人民是活的。洪水到来，他们发出了悲苦的哀号。尧不是神，他是人、是王。于是，他真切地听到人民的哀号。他有恻隐之心，有王者之德，关心下民之苦难，决心救助下民，为此而决定发起治水工程。大家推举鲧来领导治水，鲧也毫不犹豫地承担下来，并投入工作。

在中国，即便最有神话色彩的洪水记载，其神话意味也相当淡薄，反而深刻体现了人自主的精神，《山海经·海内经》记载：

> 洪水滔天，鲧窃帝之息壤以埋洪水，不待帝命。帝令祝融杀鲧于羽郊。鲧复生禹，帝乃命禹卒布土以定九州。

在此记载中，确有上帝，但洪水之发生跟神、上帝无关，仍然只是自然现象。洪水也不是上帝安排退去的，仍是作为人的鲧来治水。只不过，鲧想走捷径，窃取上帝之息壤，以堵塞洪水。但显然，华夏的上帝不喜欢投机取巧之人，而杀了鲧。由此可见，上帝终究要人为自己负责，自己治理洪水。上帝也不直接惩罚人，而是令祝融杀鲧。最终，上帝选定了禹，而禹之治水完全靠人力。这个故事进一步说明：人若靠神，连神都不喜欢。华夏的上帝让人自主，给人尊严，教人靠自己得幸福。

此即华夏精神：世上没有救世主，唯一可以依赖的就是人自己。人必须自己面对生命中可能出现之全部风险、灾难，自己的生存状态完全取决于自己的努力。在充满着不可预料之风险的世界上，人须始终保持在敬的状态，最为敏锐地注意周围的一切，最充分地发挥人的潜力，为此必须充分运用人际合作的优势：既然不能靠神，那么，在努力开掘自己心、身之同时，尽可能地依靠自己的同胞，尽可能地运用天地之间各种可用的资源。

　　本章经文所记载者，正是新生的华夏政治体在治水。这是华夏治水历史又一完全不同于所有洪水神话之处，那些神话之主体是两个：唯一神，与他所造之人。而人处在离散状态，没有国家组织，没有王。人或许有家，但没有形成大规模且有凝聚力的组织。恐怕也正因为此，上帝可以随心所欲地惩罚人，而人只能等候死亡，面对神所制造之灾难，没有任何作为。这或许昭示了一条人类生存的基本道理：无组织，人无以生存；无国家，则无文明。

　　华夏之治水却在华夏治理体诞生之后。尧已肇造华夏，甚至已寻找过继嗣人，也即，华夏治理体已初步成型，此时才着手治水。确实，洪水可能早就有，但只有至此时代，人才有勇气起而治水。因为有了王，人组织起来了，分散的各邦力量凝聚起来，人对自身的力量有所自觉、自信。

　　同时，尧"绝地天通"，也让人们相信，洪水不是神灵制造的，因为在天之下，神不再为所欲为，事实上，神只能在人未能有效组织的时代为所欲为。既然如此，洪水就是自然灾害，是天道运行之扭曲，人当然可以自己的力量应对之，依循天道，即可让水土恢复正常。当然，因为天不会直接帮助人，人也必须起而自行治水。

　　尧作为王者，深知自己的权威来自万民的认可，故对万民的哀号，他必须做出回应。唯有治水，华夏才能证明自己于万民之价值。

　　也就是说，华夏面对洪水的反应，之所以不同于其他民族的洪水神话，皆因为两个因素：敬天，王政。这两者紧密相关：因为敬天，华夏走出神权窠臼，走向人之自我治理，从而确立王在社会政治组织中之中心位置，建立王政。因为王政，共同体内的资源得以有效组织，故得以产生应对自然灾害之自信、意愿和能力。

十二、舍己从人

帝曰："吁，咈哉！方命圮族。"
岳曰："異哉！試可，乃已。"
帝曰："往，欽哉！"
九載，績用弗成。

咈，违也。方，负也。圮，毁也。
异，惊愕。

尧说："不行，鲧悖于天命，毁坏同类。"
四岳说："怎么可能呢，试试吧，不可，则斥退之。"
尧［对鲧］说："去吧，要敬啊。"
九年，没有完成功业。

上章，尧听到人民哀号，决心治水。众人推荐鲧，鲧似与共工族之间有密切关系，以治水闻名。尧有知人之明：他首先否决共工，指其"静言庸违，象恭滔天"，不适合为王位继嗣人。对鲧，尧也有所了解，拒绝之，但众人坚持，尧乃遵从多数意见。尧由此确立公共事务决策之一般原则：舍己从人。

舍己从人

本段经文所记之事，尧明知鲧的德能不足，却仍任用之，让后人产生疑惑，如孔颖达《尚书正义》曰：

禹称"帝德广运，乃圣乃神"，夫以圣神之资，聪明之鉴，既知鲧性很戾，何故使之治水者？

接下来引用汉人之说法：

马融云："尧以大圣，知时运当然，人力所不能治，下民其咨，亦当忧劳。屈己之是，从人之非，遂用于鲧。"

李颙云："尧虽独明于上，众多不达于下，故不得不副倒悬之望，以供一切之求耳。"

在马融、李颙看来，在此恰恰可见尧之圣明，后世士大夫多持此看法：

东汉初年郑兴对光武帝说："尧知鲧不可用而用之者，是屈己之明，因人之心也。"[1]

申屠刚曾说："愚闻：专己者孤，拒谏者塞。孤塞之政，亡国之风也。虽有明圣之姿，犹屈己从众。故虑无遗策，举无过事。夫圣人不以独见为明，而以万物为心。顺人者昌，逆人者亡，此古今之所共也。"[2]

王者为政，必就公共事务进行决策。如何决策？一人独断，还是众人共同决策？显然，尧与众人共同协商。

即便采用公众决策机制，王者享有崇高地位，王者意见与众人多数意见，哪个更为重要？

在此次公共事务决策过程中，尧知鲧之品性有严重缺陷，但当四岳坚持、而人数占优时，尧服从多数人意见。由此，尧树立了公共事务之决策机制，可用《大禹谟》中舜的一句话来概括："稽于众，舍己从人"，具体而言，有两点：

第一，众人参与决策。公共事务非一人之事务，而是天下之事务。理论上，天下所有人均可参与公共事务之决策，《诗经·大雅·板》云："先民有言，询于刍荛。"刍者，刈草也；荛，曹薪也。刍荛者，割草砍柴之人也，他们是社会

---

[1] 《后汉书·郑范陈贾张列传》。

[2] 《后汉书·申屠刚鲍永郅恽列传》。

中最为卑微之庶民。圣人以为，即便其意见，也不可忽略。

当然，公共事务是分层次的，并非所有人都有能力参与所有公共事务之决策。尤其是日常政治，不必所有人参与；有些事务，需参与者有相应德能，方可有切当之意见；同时，社会有分工，庶民需谋生，未必乐于参与公共事务。在凡此种种因素作用下，通常由少数人作为公众代表，参与公共决策即可。经文所记发表意见者是"四岳"，即代表四方诸侯在王室参与决策。

第二，正常情况下，采用多数表决程序。在众人共同决策过程中，尧与四岳的决策权是平等的，尽管尧的地位更高，但尧在此更类似于主持人。他可以提出讨论议题，而一旦启动审议和决策过程，尧也只有一票，并无特权。尧的意见与众人不同，他屈己从人，按照多数人的意见宣布决策结果。

多数表决之制后被圣贤反复申明，如《洪范》曰："三人占，则从二人之言。"这种多数表决机制在三代常有实践，汉以来历代也都有。

在基层社会治理中，君子共同决策，并采取多数表决方式做出决策，也是常见的决策机制。当然，此处指多数表决，未必采用投票计票方式，而很可能是协商而形成多数意见。

不过，很显然，由这一决策机制得出的结果未必理想。多数人以为，鲧有能力，事实上却没有，故未能完成既定目标。本章经文实已提出重要的政治理论难题：一人独断，固然可能出现重大失误；采用多数决方式，同样可能出现严重偏差。恐怕没有一种决策方式是最理想的。也许，最合理的安排，是综合运用多种决策方式，在有些领域，信任专业人士，甚至是其独断，在有些领域，则由众人共同决策。

中庸

由孔子发明，"中庸"为儒家思想之根本概念。"中庸"有多层含义，其中涉及决策机制。《中庸》记孔子评论舜：

> 子曰："舜其大知也与：舜好问而好察迩言，隐恶而扬善，执其两端，用其中于民，其斯以为舜乎。"

孔子感叹，舜是真有大智慧者，此大智慧就是中庸，作为决策机制的中庸。朱子《中庸章句》解释本章：

舜之所以为大知者，以其不自用而取诸人也。迩言者，浅近之言，犹必察焉，其无遗善可知。然于其言之未善者则隐而不宣，其善者则播而不匿，其广大光明又如此，则人孰不乐告以善哉。两端，谓众论不同之极致。盖凡物皆有两端，如小大厚薄之类，于善之中又执其两端，而量度以取中，然后用之，则其择之审而行之至矣。然非在我之权度精切不差，何以与此。此知之所以无过不及，而道之所以行也。

在处理公共事务过程中，舜广泛询问相关各方意见。对所有意见，舜隐匿其中的恶言，张扬人家的善言，而从各种意见中，寻找"中"，以为最后决策。何为中？《中庸》开始说，"天命之谓性，率性之谓道"，循人性而为，就是"中"。下面引子曰："射有似乎君子，失诸正鹄，反求诸其身。"箭中靶心，就是"中"。中者，顺乎事理也。物理意义的物体自有其理，人找到其理，循理而行，即为"中"。不循理而行，则不能"中"。

然而，在公共事务中，如何得"中"？公共事务之主体是人，人是活的，有其情感、愿望，也有其信念、观念；公共事务涉及权益在众人之间的分配和重新分配。此时的"中"，只能在人之中。舜致力于寻找众人之中的共识，此即公共之事之"中"。

得此"中"之前提是，众人共同参与，并各自表达意见。若一人独断，无所谓"中"，因为他人究竟如何想，根本没有呈现。众人各表达其意见，必有意见之不同。怎么办？舜首先"隐恶而扬善"。虽然在理论上很难界定意见之善、恶，但在具体决策事项中不难辨析。

经过筛选之后的善言，也有"两端"：人们繁杂的意见总可归结为两个不同立场，向左或向右，对已提出的方案赞成或反对。舜执其两端，也即认真权衡两种意见，而并不倚轻依重，最后寻找"中"。此"中"不是两端之平均数，不是双方意见之简单折衷，而是两端之共识。这个共识，未必出于双方，当一经提出，即被双方所认可。通常，这是合于事理的。此即"中"。

由上述过程可见，作为公共事务决策机制的中庸，不是简单的多数表决，相反，舜始终在发挥重要作用。甚至于最后的方案，实际上由舜提出，但获得双方认可。也即最终决策是众人意见与舜之理性反复互动的结果。但这也就完全不同于独断，人们参与了，并表达了意见，且认可最后的方案，即便与自己的诉求有一定差距。

此中庸是公共事务决策之中道。完全依据众人意见而决策是轻率的，甚至是危险的，因为众人的意见多出自其欲望和激情，或许有悖于事理。但因此把众人意见排除在外，一人或极少数德能出众者独断，同样是轻率而危险的。中道在两者保持动态的平衡：意见充分表达，德能发挥作用。良好的政治秩序，既有制度让所有人表达意见，又让德能出众者在决策过程中充分发挥引导作用，由其提出方案，依据众人意见不断完善方案。如此程序，方有可能找到合乎事理之决策。

经下文所记舜任命官员的过程，大不同于尧之任命官员。尧断然否定了朱和共工，又在自己认为不妥的情况下，顺从四岳意见，委任了鲧，结果又不合适。看得出来，这里有较为明显的意见不同，也即有决策权的人们之间有严重的意见分歧。舜任命官员，则无如此严重的意见分歧。舜让大家推举官员，大家共同推举禹，舜任命了禹。禹退让，但舜坚持。禹接受，舜任命禹所推荐的人。

由此可见，到舜时代，君子群体内部已有较高共识，而尧时代尚无。毕竟，尧时代，华夏初造，原来相互分离的君子刚刚聚合在一起，尚未形成基本共识。

尧帝时代决策之难易提示，共同体内尤其是君子群体内具有基本共识，是明智决策之前提条件。若君子群体内部对立严重，是不大可能找到"中"于事理之公共事务解决方案，事实上，在这种情况下，看起来再好的决策机制，也难以正常运转。通常，这种情况会引发一人独断。

敬

鲧何以失败？《尚书·洪范》记箕子曰："我闻在昔，鲧堙洪水，汩陈其五行。帝乃震怒，不畀洪范九畴，彝伦攸斁，鲧则殛死。"汩者，乱也，鲧扰乱五行，不循五行，故上帝震怒。此即尧所说之"方命"，悖逆天命。对此，东周灵王太子晋有更详尽说明：

[周]灵王二十二年，谷、洛斗，将毁王宫，王欲壅之，太子晋谏曰："不可。晋闻：古之长民者，不堕山，不崇薮，不防川，不窦泽。夫山，土之聚也；薮，物之归也；川，气之导也；泽，水之锺也。夫天地成而聚于高，归物于下，疏为川谷，以导其气；陂塘污庳，以锺其美。是故聚不阤崩，而物有所归；气不沈滞，而亦不散越。是以民生有财用，而死有所葬。然则无夭、昏、札、瘥之忧，而无饥、寒、乏、匮之患，故上下能相固，以待不虞。古之圣王，唯此之慎。

"昔共工弃此道也，虞于湛乐，淫失其身，欲壅防百川，堕高埋庳，以害天下。皇天弗福，庶民弗助，祸乱并兴，共工用灭。其在有虞，有崇伯鲧，播其淫心，称遂共工之过，尧用殛之于羽山。"[1]

天地之间，万物各有其性，水之性是往低处流。人当顺物之性，故不可堵塞水道；水顺畅流走，也就不会为害。西汉哀帝时，待诏贾让曾上奏予以说明：

古者立国居民，疆理土地，必遗川泽之分，度水势所不及。大川无防，小水得入，陂障卑下，以为污泽，使秋水多，得有所休息，左右游波，宽缓而不迫。夫土之有川，犹人之有口也。治土而防其川，犹止儿啼而塞其口，岂不遽止，然其死可立而待也。故曰："善为川者，决之使道；善为民者，宣之使言。"盖堤防之作，近起战国，雍防百川，各以自利。[2]

古代江河不设堤防[3]，在有些地方留出泄洪区，洪水发生，任其泄入，下游即可免遭冲击。当然，上古地广人稀，可用此法。后世人烟稠密，泄洪区遭侵占，不能不修筑堤防。这可防范一般洪水，但大洪水来临，堤防溃决，反易酿成大灾。

面对尧舜时代的大洪水，问题更为复杂。洪水四处泛滥，无处可泄。共工

---

[1]《国语·周语》。

[2]《汉书·沟洫志》。

[3] 关于这一点，可参看钱穆《国史大纲》（修订本）下册，商务印书馆，1996年，第745~746页。另参看王晖《大禹治水方法新探——兼议共工、鲧治水之域与战国之前不修堤防论》，《陕西师范大学学报（哲学社会科学版）》，第37卷第2期（2008年3月）。

和鲧乃采取壅防之策，此即不顺水性，而水为五行之一，水乱，则五行皆乱。五行者，天之行气也；鲧悖逆水性，也即悖逆天命。

而鲧之悖逆天命，因其自私：鲧壅防水道，为保护本族群利益。然而，在自己一方壅防，致水向其他方向更为猛烈地冲荡，此即太子晋所说的"以害天下"，即尧所说的"圮族"，毁伤同类。故鲧或许保护了本国，却伤害天下。大家推举鲧，是要他治天下之水患，他没能完成。鲧之罪实际在此，因而遭到惩罚。

尧了解鲧之为人，故戒之以敬，极有深意：天最高，人首先应当敬天；敬天，则循理而遍爱人。但鲧的心智仍停留在从前华夏各邦自成体系的时代，视野不能超出自己邦国，认识不到本邦保护神灵之上的普遍的天，故不敬天命，故无天下情怀，无仁民之心，不敬天下之人，不能立足天下，以天下情怀寻找解决天下范围内之问题的大道。鲧的治水办法在万邦分立时有用，当时，以邻为壑，未尝不可。但现在，华夏已成立，尧要他解决天下之水患，鲧的心智未能及时转换，故未能完成尧交给他的任务。

鲧之失败

由于不敬天命，鲧遭失败。

这一事实与其他文明之洪水神话，同样形成鲜明对比：在洪水神话中，神随心所欲地制造洪水，也随心所欲地让洪水退去，赏给若干下民一条活路。神成功了，并且永远成功。但在中国，洪水是自然灾害，故由人出面治理。鲧是人，自有其局限，必定犯错，故难免失败。

由鲧之失败，引领我们注意到，迄今为止，经文已记载多次过错：首先，在寻找王位继嗣人过程中，放齐举荐胤子朱，驩兜举荐共工，尧均予以否决；后来，众人举荐鲧，而鲧失败。由此可见人之容易犯错与人间治理之难。在巫觋治理的时代，巫觋传达神灵之意，不可能有错；在一神教文明中，神在人间的代理人同样不可能有错。但中国人敬天，天不言，人可明其俊德，但无人可免于过错。人间治理只能由人逐渐探索，在此过程中，难免失败。

失败应当承担责任。经文记载，舜惩罚这些有过错之人，"流共工于幽洲，放驩兜于崇山，窜三苗于三危，殛鲧于羽山"。此处的惩罚，与洪水神话中之惩罚，同样形成鲜明对比：在神话中，神对人实施集体惩罚，因为据说人集体有罪，但在中国，犯错的是个体，王者之惩罚只及于有过错之个体。在天之下，无人有权实施集体惩罚。在中国，从无集体惩罚观念。鲧虽遭惩罚，其子禹仍继承其事业。

历史就是由人的努力包括失败构成的。失败并不是徒劳的，在鲧失败之处，禹起步，有鉴于其教训，寻找新路，最终取得成功。神是全知全能全善的，信神的人总以为，自己可得到真理，从而一步达到完备治理状态，故信神者总有"历史终结"之幻觉。人的治理则呈现为持续学习、智慧积累之过程，故人永远在历史过程中，人会犯错误，但人也会成长，积累知识和智慧。

十三、天下为公

帝曰："諮，四岳！朕在位七十載，汝能庸命，巽朕位？"
岳曰："否德忝帝位。"
曰："明明，揚側、陋。"
師錫帝曰："有鰥在下，曰虞舜。"
帝曰："俞，予聞，如何？"

庸，用也。巽，顺也。
否，不也。忝，辱也。
明明，前为动词，后为名词。側，旁也。陋，隐也。

尧说："四岳啊！朕在位已七十载，你们能否用命，继承朕之位？"
四岳说："我们无德，有辱帝之位。"
尧说："那就提出显明之人，举荐疏远者、卑下者。"
大家向尧提议："有个年已长而独身的人，身在下层，名叫虞舜。"
尧说："然也，我也听说过，这人如何呢？"

尧合群，确立敬天之礼，并作王历，初步缔造华夏。接下来又做两件事，都不顺利：第一，寻找继嗣者，大家提出两位人选，他觉得不合适，予以否决。第二，洪水肆虐，他根据大家提议，任命鲧治水，结果不成功。随着岁月流逝，尧年事增高，遴选继嗣者的问题变得更加迫切，他又启动这一工作。由此昭示"选贤与能"之大义，其依据则是"天下为公"。

天之下的平等

《礼记·礼运》记孔子之语曰：

大道之行也，天下为公，选贤与能。

郑玄注："大道，谓五帝时也。公犹共也，禅位授圣，不家之。"五帝时，或者更准确地说尧舜时，大道行于天下，此大道就是天下为公，其意为：王位采取禅让之制，而非世袭制度。此正为本章经文所述者，尧没有把王位传给儿子，而是与四岳在普天之下广泛遴选继嗣人。

尧何以采取禅让制？因为敬天。

尧确立敬天。与"绝地天通"之前的各邦神灵不同，天遍覆无外。天生万物以及人，人皆为天所生，人人都是天之子。故在天之下人人平等，人人同等尊贵，人人都有尊严。此为尧、舜、禹以来华夏治道之根基所在。

天之下人人平等的一项制度表现是：在中国，从无奴隶制。

纵观全球，两河流域文明起步很早，埃及文明也曾十分辉煌，但两者都以奴隶制为国本。百年来中国人言必称希腊，但古希腊文明的基础也是奴隶制，罗马亦然。崇拜神灵，则必有奴隶制度。神、人关系，在结构上类似于主、仆关系：人是神的奴仆，奴隶是主人的奴仆。

在伟大的早期文明中，只有华夏无系统的奴隶制度。也许在"绝地天通"之前，有零星的奴隶，考古也发现有人殉迹象。神以其意志具体支配人间事务，人倾向于讨好神，以人为牺牲奉献给神，效果应当最佳。这种观念完全可能支持奴隶制度：非我族类，我族神灵不予庇护，自可成为我族之奴隶。

尧"绝地天通"，确立敬天，从根本上取消了奴隶制之为基本而普遍之经济社会制度的可能。天不支配人间具体事务，故人不必取媚于天；天遍覆无外，所有人在天之下平等，任何人不可能假天之权威奴役其他人，故任何人都没有理由奴役其他人。在天之下，人人都是自由人，相互平等，一部分人奴役另一部分人的奴隶制，是绝对不正当的。

当然，随着政治秩序的建立，人有尊卑之别，即君子小人之别。在经文中，就有人、民之别。君子内部，也有尊卑之等差。但庶人、黎民也是自由民，他们同样是自主的，是社会政治之主体，故反复出现于经文中。

尧联合各邦为华夏共同体，"黎民于变时雍"。在田间辛勤耕作的普通农民也参与了缔造华夏共同体的政治过程。这说明，他们也是社会政治主体。

洪水漫漶，尧对君子们说"下民其咨"，民众发出哀号，"有能俾乂"，君子必须治水。民众的呼声就是王政的指引，引起尧如此同情的民众，不可能是奴隶。

舜任命弃为后稷时说："弃，黎民阻饥，汝后稷，播时百谷。"政府必须承担起解决民众饥饿问题的责任。

皋陶告诫禹以治国之要务曰："都！在知人，在安民。"为政之基本目标是让万民安宁，他们是国家的主体，"知人"服务于这一目标。

禹描述自己治水之工作"下民昏垫"，因而积极治水，经过努力，"烝民乃粒，万邦作乂"，万民挺立，国家秩序才能上正规。

舜对禹论君臣一体曰："予欲左右有民，汝翼。"舜君臣之首要责任就是扶助民众，让其成长，追求自己的幸福。

禹对舜说："万邦黎献，共惟帝臣，惟帝时举。"黎民中之优秀者应当得到王的表彰。

最为重要的是，皋陶对禹提出："天聪明，自我民聪明；天明威，自我民明威。达于上下，敬哉有土。"民是天之民，万民是政治上的重要主体。君子担当治理之责，但民之所欲，天必从之，万民对政治的好坏拥有判断权，并可对君子予以奖惩，拥有治理权的君子不能不敬民。这样的民，不可能是奴隶，而是华夏之社会政治主体。

尧在此要求四岳"扬侧、陋"，陋者，地位较为低下者也。后来大家提出舜，舜的身份接近于平民。

在天之下，人人自由而平等，此为中国治道之大本所在：在天之下，所有人都是自由人；人在政治上有尊卑之别，但没有自由民与奴隶之别，只不过在社会政治秩序上所处地位不同，所发挥的作用有大有小，或者较为积极，或者较为沉默而已。然而，即便是不参与日常治理的庶民，最终也可以革命登场，表达自己的意见，此刻，天站在他们一边。华夏之治，自始即为相互平等的自由人的治理，只是在某些蛮族入侵时，有所偏离，但又总是顽强地复归此治理之大道。

这种治理，就其本质言，乃为每个人的自我治理，由此而有"天下为公，选贤与能"。

天下为公

在天之下，人人平等，则人与人的总体关系，也即人间秩序，必为《周易·乾卦·象辞》所说的"各正性命，保合太和"。

《中庸》："天命之谓性。"天生人，命人以类之性，具体而言就是仁。人当遂其性而生，即对仁有所自觉，尽己之性，而得人性之正。同时，天生个体之人，也给予其个别的命，人当知其天命，由此顺命而乐天。每个人正己之性、命，也就可以彼此达到最高程度的协调，此即"太和"。

如何达到这种状态呢？虽然仁内在于每个人，但不是每个人都能有仁之自觉，这就需要治理，包括政治。何为治理？何为政？子曰："政者，正也。"[1] 政，治理，就是天下之人"各正性命"。重要的是"各"这个字，意为各个人，每个人，故《大学》曰：

> 古之欲明明德于天下者，先治其国；欲治其国者，先齐其家；欲齐其家者，先修其身；欲修其身者，先正其心；欲正其心者，先诚其意；欲诚其意者，先致其知，致知在格物。物格而后知至，知至而后意诚，意诚而后心正，心正而后身修，身修而后家齐，家齐而后国治，国治而后天下平。
>
> 自天子以至于庶人，壹是皆以修身为本。

天下太平之本，在人人自修其身，即人人自我治理。自我治理首先是个体自我的治理，故《大学》挺立每一个体为社会治理之主体，此即"大人"。这大

---

[1] 《论语·颜渊》。

人是挺立于天地之间之人，是自主而自我治理之人。

这种治理精神，大不同于神教。神教总教诲人们，神或者唯一真神决定一切，人只是等待救世主之降临。敬天，则人是自主的，人不能靠天，好秩序只能由人自己生成和维护。而且，在天之下，人人平等，则人人都是政治的主体，人人都有资格参与到在良好秩序形成过程中，发挥作用。

此即"天下为公"之基础含义：天下属于所有人，人人都有资格参与天下之治理。治理必然设立权位，但这权位对天下所有人开放，并且服务于天下人，以增进天下人之公共福利为唯一宗旨。

正是基于这一天下为公原则，年老的尧准备退出王位。在他看来，王位不属于自己，也不属于自家，而属于天下，在合适的时机，或者自己年老体衰，或者在完成了自己的纲领而无力承担下一步工作时，主动退让，把王位还给天下，与公众共同寻找合适的继嗣者。

那么，如何寻找继嗣者？选贤与能。

选贤与能

在天之下，人人都有资格参与天下治理，并不等于人人进入政府，更不等于人人为王。一方面，天生人，虽然平等，禀赋却必不同，故人中间，必有君子、小人之别。另一方面，治理事务有简单、复杂之别，简单者，人人都可参与，复杂者，却需一定德能。社会治理必定有分工，权威有层级之别，也即尊卑之别。此分工可增进所有人福利：德能不足者担当重要职责，必损害所有人福利，反而违背天下为公之义。

故人人都是治理主体的意思，是每个人可在适合自己的地方发挥作用。《礼运篇》说"天下为公，选贤与能"，两义互足。王位属天下人共有，而不属一家一姓，故王位当公之于天下，应在普天之下范围内遴选继嗣人，人人均有为王者之道德资格。但为确保天下为公之原则，王必须德能出众，故须从众人中"选"。

华夏从诞生起，就是超大规模的共同体，不仅人口众多，且每人都可以是公民，但他们都有自己的生计问题，需要自力解决，故不可能实行古希腊式的城邦民主制。在此，大多数人是奴隶，少数自由人当然可以全身心参与公共事务。这种公民普遍参与的大众民主制正常运转之前提是人与人绝对不平等的奴隶制。

天下为公在华夏的制度体现，是尧正在组织的"选贤与能"。不可能也没有必要人人参与，重要的问题就是从规模庞大的群众选举出贤与能者。选举成为此后中国政治之核心问题，可分解为以下三方面问题：谁选，怎么选，选什么。

在经前文所记遴选过程中，放齐曰："胤子朱启明。"驩兜曰："都！共工方鸠僝功。"在此处，尧请四岳提出人选。放齐、驩兜是有影响力的诸侯，四岳应当也是诸侯，服务于王室，类似于后世的公卿。可见，在禅让程序中，具有影响力的君子可参与提名。

引人注目的是，尧本人没有提名某人，但他否决了放齐、驩兜的提名，后来，他同意四岳提名之舜，舜进入选拔程序。可见，在禅让程序中，尧没有提名权，但对他人的提名享有否决权，而他的主张至关重要。

由此可见，禅让的核心程序是君子选举，且由享有较高地位的君子拥有选举权。但候任者的范围却比较大，经前文已有人提出尧之子朱和功劳不小的共工，尧否决了。尧也问四岳是否能担当，他们自己拒绝了。尧要求"明明，扬侧、陋"，前者是举荐地位显赫中之优秀者，后者是举荐等级虽高但名声不显赫者，以及地位卑微者。舜的地位是比较卑微的，近于庶民，而最终胜出。

舜何以胜出？因为贤能。不是人们随心所欲地选举，"选"有其客观标准。贤与能，郑玄注《周礼·地官司徒·乡大夫》曰："贤者，有德行者；能者，有道艺者。"贤者不仅道德高尚，还能见之于行；能者不仅有技艺，而且合乎道。当然，在舜，这两者兼有。

纵观这一遴选过程，可见在圣贤看来，重要的问题是选出贤与能，从而把治理权交到天下最为贤能的人手中。选举制度的设计应围绕这一点展开。据此可以确定若干准则：

首先，对所有人开放，以提高选出贤能之几率。天生人，人各不同。世界不是预定的，老天常给人惊喜。大德大能，所谓生而知之者，或者学而治之者，常出于偶然。保持开放，有助于发现真正的贤能。

其次，把选举权授予具有判断力的人。绝大多数人缺乏鉴别能力，对于候选人也难有了解，其意见必定多出于利益和激情，常不能选出贤与能。让具有判断力的人选举，更有可能选出贤能。

再次，确定贤与能之客观标准。选举的目的是遴选出贤与能，这一点至关重要，否则，选举没有意义。为此，须确定贤与能的标准，但这又很难清晰确定。若选举人是具有判断力者，这一点较易做到，他们人数较少，可达成关于贤、能之共识。

最后，选举过程中应充分协商。若选举的目的是选出贤与能，那么，重要的就不是投票、数人头本身，这只是技术性程度而言。重要的是审议，如此处经文所记载者，在审议过程中，选举人可以逐渐对贤、能标准形成共识，有可能抑制激情，节制利益考量，激发公心，以公心参与决策。

十四、敬天而孝

岳曰："瞽子。父頑，母嚚，象傲，克諧。以孝烝烝，乂不格奸。"
帝曰："我其試哉！"

师，众也。锡，赐也。

鳏，长而无妻。

瞽，目盲。顽，钝也。嚚，多言也。

烝，美也。乂，治也。格，至也。

四岳说："瞽师之子。其父蠢顽，其母多嘴，其兄弟象傲慢，舜却能让他们和谐。舜以自己深沉诚挚之孝，自我克制，而使家人不至于大恶。"

尧说："我就来试一下他。"

四岳之所以推荐禹，因舜在家内展示了卓越德能：舜生活在一个高度复杂的家中，父亲愚顽，母亲多事，兄弟象骄横，然而舜却让家人和谐。靠什么？靠自己的孝。靠着自己深沉诚挚之孝，自我克制，让无德的家人不至于大奸大恶，让自家始终保持一定秩序而未脱轨。

孝何以有如此功用？四岳如此重视孝，因孝而举荐舜，原因何在？德行之目甚广，忠信孝悌、礼义廉耻等等，但只有孝，后世有专经论之，即《孝经》。此经从汉代起，备受重视，最终列入十三经之中。后世教化，始终以孝为本，如《孝经》所记孔子曰："夫孝，德之本也，教之所由生也。"由文明横向对比可见，唯在华夏—中国，孝被视为具有基础作用之德。如此何以故？

敬天与孝

《说文解字》："孝，善事父母者。从老省，从子。子承老也。"孝是对父母、并由父母上溯及于祖先之情意，此情意基于生命先后之内在联结，而表现为最为深微之敬与爱，贯穿于生命的全过程、全面向，《孝经》所总结的，是"居则致其敬，养则致其乐，病则致其忧，丧则致其哀，祭则致其严"。

人并非生而知孝，在大多数文明中，子女与父母之间或有紧密情感，但多数并不知孝。孝源于特殊的生命意识。本篇文本结构显示，在尧确立敬天之后，华夏人民对自身生命源头有全新理解，舜作为先知先觉者，乃有孝之情的生发，并确立其为中国人道德自觉与伦理践行之根基。

神教以神话解说生命之开端，如犹太教、耶教之《创世记》记："神说，我们要照着我们的形像，按着我们的样式造（make）人。"神是"造物主"，其中包括"造"人。故美国《独立宣言》说："我们主张，这些真理是自明的：一切人被造（created）而平等。"在此，人得生命，与其父母无关，故对父母，未必有特殊的情感，我与父母之间并无深刻的生命关联。当然，与父母之外的其他人更是如此。故在人世间，我的身体只属自己，我是孤绝的。在神教文明中，人难有孝之情感。

可以推想，在颛顼、尧之前，人们普遍信奉神灵，生活于中国这块土地上的人也未必有孝之情[1]。一旦敬天确立，则必发生孝之情。此时，人们不再相信神造人的神话，而得以知道，天生人，具体而言就是，人生人，生命诞生于生命。《孝经》的全部立论，即在于认识并肯定这一事实：

　　身体发肤，受之父母，不敢毁伤，孝之始也。

---

[1]　事实上，在不同时代，孝的地位也有所区别。比如，按孔子说法，"殷人尊神，率民以事神，先鬼而后礼"（《礼记·表记》），故殷人之孝主要表现为祭祀祖先神祇，而不同于敬天之周人。周人之孝，就是孔子所说之孝，也即今人所熟悉之孝（可参考陈致《原孝》，收入《诗书礼乐中的传统——陈致自选集》，上海人民出版社，2012年）。而唐虞夏三代敬天，故近于周人。

我有一占据特定空间的"身体"，有此身体，才有我，才有我的生存。至于"发肤"，则是把我与他人区分开始的鲜明符号，由此，我就是我，父母知道我是我，他人知道我是我。神照着自己的形象造人，故所有人的身体必定是相同的；唯有人生人，才各有其不同的发肤，构成相互不同的人。故"发肤"突出我为父母所生之事实。

"身体发肤受之父母"，此为最为基本的生物学事实。对于这一生物学实施的自觉，构成"孝之始"。由此，我即可肯定，我的生命之开端在父母，此为关于人之生存、生命之最重要的道德事实。一旦我对此事实有所自觉，则必定有最为自然而根本的情感之发动，那就是孝。

神教之极端狂热，是刻意遮蔽这一事实，妨碍其信徒的孝心之发动。但"身体发肤受之父母"的生物学事实是不可否认的，神造人不过是神话，难免破灭，故对人类而言，孝的发动不过是迟早的事情。事实上，各种神教在其狂热期之后，通常会部分地肯定孝。

舜之大孝

关于舜之大孝，《史记·五帝本纪》记曰：

> 舜父瞽叟盲，而舜母死，瞽叟更娶妻而生象，象傲。瞽叟爱后妻子，常欲杀舜，舜避逃；及有小过，则受罪。顺事父及后母与弟，日以笃谨，匪有解。

此处所记舜家内情形本乎本章经文，略微具体，可见其家之非常态。舜之大孝正凸显于此非常态之家中。

一旦确立敬天，父母也会认识到，子女是自己所生，且将延续自己的生命，因而生发深刻的慈爱之情与教养责任感。另一方面，一旦子女体认自己生命的源头，则有孝敬之情。此即经后文所述"五典"中的"父义、母慈、子孝"。在此，双方的情感是相互的。孝之根本义在此并不明显。

舜生活在非常态家内，父亲另娶，爱后妻，因而爱后妻之子，乃苛酷对待舜，甚至欲杀之。如果孝只是基于子女对父母慈爱之回报，那么面对舜之父母，子女自无回报之义务。当此情景，舜却依然有孝之情，由此凸显孝之更深层依据。

如太史公所记，当父母责打，舜固然接受，此可见舜之顺从父母，太史公更明确地说，舜"顺事父及后母与弟"，此为孝之大义所在。孝首先意味着顺从父母，即便父母对自己的行为不当。此源于孝子对自己生命本源之深刻体认而有之情感，也即身体发肤，受之父母。自己的生命是父母给予的，自己只是承受者，这一事实笼罩了子女生命之全过程，永久地塑造父母与子女的关系：两者不是对等的，而有先后、主次、源流、尊卑之别。面对父母，子女之义就是顺从。舜已表明，顺从父母是单方面的义务，不以父母在生活具体场景中是否慈爱为前提。在一神教中，因为神造人，故人对神的服从是绝对单方面的。人敬天，天生人，父母生子女，子女对父母也有单方面顺从之义，或许没有神教中那么绝对。对舜之大孝，孟子做过如下辨析：

> 万章问曰："舜往于田，号泣于旻天，何为其号泣也？"
>
> 孟子曰："怨慕也。"
>
> 万章曰："父母爱之，喜而不忘；父母恶之，劳而不怨。然则舜怨乎？"
>
> 曰："长息问于公明高曰：'舜往于田，则吾既得闻命矣；号泣于旻天，于父母，则吾不知也。'公明高曰：'是非尔所知也。'夫公明高以孝子之心，为不若是恝，我竭力耕田，共为子职而已矣，父母之不我爱，于我何哉？帝使其子九男二女，百官牛羊仓廪备，以事舜于畎亩之中。天下之士多就之者，帝将胥天下而迁之焉。为不顺于父母，如穷人无所归。天下之士悦之，人之所欲也，而不足以解忧；好色，人之所欲，妻帝之二女，而不足以解忧；富，人之所欲，富有天下，而不足以解忧；贵，人之所欲，贵为天子，而不足以解忧。人悦之、好色、富贵，无足以解忧者，惟顺于父母，可以解忧。人少，则慕父母；知好色，则慕少艾；有妻子，则慕妻子；仕则慕君，不得于君则热中。大孝，终身慕父母；五十而慕者，予于大舜见之矣。"[1]

舜之大孝正在于，父母虽乏慈爱，舜仍报之以顺，因为舜乃"生而知之"者，

---

[1] 《孟子·万章》。

于生命之本源有深刻体认，故其仁、其爱，油然而生，沛然而不可御。故孔子总结孝，以敬为本，《论语·为政》载：

> 子游问孝，子曰："今之孝者，是谓能养。至于犬马，皆能有养；不敬，何以别乎？"
>
> 子夏问孝，子曰："色难。有事，弟子服其劳，有酒食，先生馔，曾是以为孝乎？"

子女顺从父母，当发自内心，而此心正出于对自己生命源头之体认。至于父母当下是否慈爱并不重要，真正的生命考验恰恰在于，当父母不慈爱时，是否仍爱之。

太史公又记载，父亲欲杀之，舜则避逃。这明显是不顺从，然而这同样凸显了孝的深义。舜之所以避逃，不仅因为舜不希望因自己之死而置父母于不义，也因为舜体认到孝之最深义：身体发肤，受之父母，不敢毁伤，或者如曾子所说"身也者，父母之遗体也"[1]。

我的身体受之于父母，毋宁是父母身体之延续，父母之"继体"。父母必死，父母的生命寄托在我的身体；通常情况下，父母先我而死。临死的他们看到我的身体仍在，即可确信自己的生命仍在。若我毁伤、丧失自己的身体，父母的生命就随着其身体之死亡而彻底消散。故保存自己的身体，不仅因为自己爱生之本能，更因为尽力让父母生命不朽的责任感。这是最深刻的爱敬，源于对生命的代际传递之自觉，这一自觉本乎上天生生不已之大德。这里涉及孝的了死生之大义。

故孝不是基于代际互惠的情感计算，而是基于对生命源流之深刻体认，由此而有单方面的敬、爱，子女给自己确立一绝对的道德义务，此即"父为子纲"之要义所在[2]。

---

[1] 《礼记·祭义》。

[2] 这涉及三纲之大义，可参看贺麟先生《五伦观念之新检讨》之解读，收入《文化与人生》（商务印书馆，1947 年）。

孝治

经文又指出，舜以孝让自己的家和谐，且让其无德之家人不至于大恶。自舜以来，孝是重要的治理机制。其机理何在？

首先，孝促生人之自治，也即修身。在神教中，统治是自上而下的，人服从神，自有善治。而一旦确立敬天，治理是平铺的，"政者，正也。子帅以正，孰敢不正？"[1]治理始于自治。那么，无神之命令、指引，什么样的力量驱动人自我治理？正是孝，如《礼记·祭义》曰：

> 曾子曰："身也者，父母之遗体也。行父母之遗体，敢不敬乎？居处不庄，非孝也；事君不忠，非孝也；莅官不敬，非孝也；朋友不信，非孝也；战陈无勇，非孝也；五者不遂，灾及于亲，敢不敬乎？"

修身自治的基础是敬，身心保持在敬的状态，直接呈现为自我约束，进而敬于他人。人何以有敬、持敬？在神教中，人在敬神中习得敬意。在华夏，人从敬父母中习得敬意。我的身体发肤受之父母，是父母之遗体，我行父母之遗体，不能不敬，不能不自我约束，方可确保父母之遗体不致遭到毁伤。有此源头上的敬意，则我面对不同的人自有敬之发用，而呈现为相应的德，此即《孝经》所说"夫孝，始于事亲，中于事君，终于立身"。

修身自治，而后可以齐家。四岳之所以共同提议舜，就是因为，舜虽在家人不正之家中，却能"克谐，以孝烝烝，又不格奸"。

人生而在家中，己身与家人同在，故修身绝不是自己隐居山林自修，而是在与家人同在、互动的场景中修饬自己。故修身不仅是自我约束，也是示范他人：自我约束对在场的家人而言，就是示范。而在家中，因为长期、亲密的同在、互动，这种示范效果是长期而潜移默化的，故《大学》说"身修然后家齐"。

不过，身修并不必然家齐，家内成员完全可能偏离正道。此时，身为父母、

---

[1] 《论语·颜渊》。

兄弟、儿女，不能不予以矫正。这是家人相互承担之责任。父母与子女之身相连，兄弟也是血气相连，夫妻二人共承宗庙，共同抚养后代，延续父母之身。若家中某一成员背道违法，而遭受惩罚，必让全家蒙受耻辱，也损害家传承生命之能力。故家内成员有相互教导之责任。

这是真正的孝，舜之大孝正是如此。舜积极地教育家人，不是以说教，而是以身教。因有深沉诚挚之孝，故面对无德甚至伤害自己的家人，舜也能自我克制。也因此，舜一次又一次地化解家人恶意，使之没有发展。可以想象，若无舜之大孝，家人很可能以怨报怨，乃至相互伤害，而走向大奸大恶。

孝者，教也，家人相互教义正道也。而家人必有教之意愿，也会有较大效果。因为，家人相亲有爱。相爱之情感，让家人相互关心成长，积极引导、教导；而情感渗透在教的全过程中，教者会持续地教，采取各种方法教。家教是最重要的教化机制。

家教不只是父母教子女，事实上，如舜所展示的，子女也有责任教父母。孝让子女爱父母，敬父母，为此在必要时教父母，《孝经》对此有专章论述：

曾子曰："若夫慈爱、恭敬、安亲、扬名，则闻命矣。敢问子从父之令，可谓孝乎？"

子曰："是何言与，是何言与！昔者，天子有争臣七人，虽无道，不失其天下；诸侯有争臣五人，虽无道，不失其国；大夫有争臣三人，虽无道，不失其家；士有争友，则身不离于令名；父有争子，则身不陷于不义。故当不义，则子不可以不争于父，臣不可以不争于君；故当不义，则争之。从父之令，又焉得为孝乎！"

曾子说"从父之令"，就是盲目地服从父母。孔子断然指出，这不是孝。若父母有不义，子女必须谏净，此为子女义之所在。谏净才是孝，不谏净反为不孝。《礼记·祭义》曰："君子之所为孝者：先意承志，谕父母于道。"大孝者，乃是引领父母归于道。

然而，子女谏净父母有其道，《论语·里仁》载：

子曰："事父母，几谏。见志不从，又敬不违，劳而不怨。"

谏净父母，当见机而作。因为，父母为尊，子女为卑。即便谏净父母，子女也应当敬。因而，谏净父母也应顺承父母，寻找合适时机，并以柔和的语言谏净。如果父母不听，则继续保持敬，且忧而无怨。

故子女之谏净父母不同于臣之谏净君，如《礼记·曲礼》所说："为人臣之礼：不显谏。三谏而不听，则逃之。子之事亲也：三谏而不听，则号泣而随之。"父子关系不同于君臣关系：君臣以义而合，君不义，臣谏之而不从，大可离去。父子血脉相连，不可能解除关系，因而父母不听，应当继续寻找机会劝谏。

这是家教不同于家以外之教之处：家内成员稳定而长期地共同生活，且有深切的相亲相爱之情，相互教养最为自然，也最有效率。故家是最基础的教化机构，也因此而成为最基础的社会治理单位，《论语·先进》载：

子曰："孝哉闵子骞！人不间于其父母昆弟之言。"

闵子骞之孝类似于舜之孝，舜让家人"烝烝义，不格奸"，闵子让其父母兄弟之言不招来他人之非议，这是大孝。所谓大孝，就是以自己的努力，让家人修身立道。

孝之了死生义

孝者，彻上彻下，不仅且可促人修身齐家，且可了自己与父母之死生。

死生者，人之大事也。世界各神教之主要功能是了死生，常见解决方案是设定来世，耶教有天堂或曰天国，或曰上帝的国（Kindom of God）。《马太福音》中耶稣说："凡称呼主啊、主啊的人，不能都进天国；惟独遵行我天父旨意的人才能进去。"信上帝者进天堂，故天堂中没有外教徒，也没有世俗事务。《约翰福音》中，当耶稣快离世时，安慰其门徒："你们心里不要忧愁。你们信上帝，也当信我。在我父家里，有许多住处……我去原是为你们预备地方。我若去为你们预备了地方，就必再来接你们到我那里去。我在那里，叫你们也在那里。"

那么，这里是什么样子的呢？《启示录》说："上帝要擦去他们一切的眼泪，不再有死亡，也不再有悲哀、疼痛，因为以前的事都过去了。"在此，人得到永生，永远在天堂享乐、安息。

佛教有涅槃与净土。人因有无明，故有生老病死之苦，也有轮回之苦。原始佛教求"解脱"，到涅槃境界，无生无死，一切烦恼永尽。《杂阿含经第十八》曰："涅槃者，乃贪欲永尽，瞋恚永尽，愚痴永尽，一切诸烦恼永尽，是谓涅槃。"或如《阿毗婆沙论》卷第廿八曰："答烦恼灭故为涅槃……超度一切生死苦难故曰涅槃。"佛教净土宗则渴望"往生净土"，自己死后能去西方极乐世界，在那里成佛（开悟），享受净土中的诸般快乐。《阿弥陀经》谓："其国众生无有众苦，但受诸乐，故名极乐。"

这些神教均设定两世：此世和来世。神人两绝，故人没有前世。在世间，人必定死。但因为神，死不意味着人的消亡，而是人或其灵魂进入来世。来世可能上天堂，也可能入地狱。但不管怎样，来世的根本特点是，不再有死亡。有来世，死亡不再令人绝望和焦虑，反可让人进入不死，前提当然是笃信神灵。就此而言，世上多数神教倡导死的人生观。

颛顼、尧屈神而敬天，天是生生不已的万物之大全，故无所谓"天上"。天行不已，没有超脱于世间的天上的空间，如天堂之类。天不是在人之外、全知全能全善的神，故不能接引人，也没有神的国。人就在大地上，生与死都在天之下，在世上。那么，人如何死？死后如何？何以不朽？圣人曰，在于孝，其机理如《孝经》所说：

立身行道，扬名于后世，以显父母，孝之终也。

我的身体发肤受之父母，不仅不可让其遭受毁伤，更有责任让其得以永存。当然，肉体必定死亡、腐朽，这是人所周知的。那么，生命何以永存？以名。人之生存无非两种形态：肉体与名。肉体是可见之物，名是他人之评价。肉体必灭，而名可常在。名在，则人在，即便其肉体已灭。名可大可小，扬名不一定成就多么伟大的功业，在家内、社区内都可扬名。至关重要的是"后世"。名可扬于后世，名可超越有限的身体，长存于后人之中。

扬名于后世，则可"显父母"。显者，显于人之中也。父母也许无名，肉体死，即不存。我始于父母，则我之名可追溯于父母。我扬名，人会因我之德行记住我的父母，父母之身虽已死亡、朽腐，但会被世人所提及、铭记和赞美。则其仍在世，以名的形态。

父母是我之前世，因为我之立身行道，父母之身得以延及后世。父母的生命超出肉体之有限，而进至于永存。可见，孝之终乃在于父母通过我之立身行道而得以永存。而我之所以能扬名，也因我有身可立，此身得之于父母。孝者，了死生之道也。我因父母而得生，父母因我得永生。不是永存于虚幻的非人空间，而就在人之中。

故了死生之道就在于身体之生生不已，正合于生生不已之天德。

十五、夫妇之道

女於時，觀厥刑於二女。
厘降二女於嬀汭，嬪於虞。帝曰："欽哉！"

女，嫁女为人妻。时，是也。
厘，理也，治也。嫔，妇也，作动词。

嫁女儿给舜，观察他对待两个女儿之法度。
舜调治尧的二女下嫁到妫水之汭，为虞国之妇。
尧对两个女儿说："敬啊。"

这是典籍首次记载婚姻，由此确立华夏婚姻之礼，初成夫妇之道。

德与婚姻

第一婚姻关系中的男女是严重不对称的：舜是一介庶民，四岳特别强调，舜"在下"，出身、生活于社会下层。而尧是王，其女儿自然是天下身份最为高贵的女子。

典籍所记第一婚姻如此结构显示，在中国，婚姻的男女双方不必是社会等级上相当的。此可见华夏之平等观念。在天之下，人人平等，判断一个人之优劣，重要的是德。尤其对男性来说，具备德，就有可能改变自己的命运，而与地位高贵的女子相配。

《周易·泰卦》即描述此类婚姻结构："九二：包荒，用冯河，不遐遗，朋亡，得尚于中行。"九二虽然地位不高,但有卓越德行。"六五:帝乙归妹,以祉元吉。"六五正应于九二,象帝妹下嫁于有德之君子,而得大吉。

后来子夏论君子之德,首先是"贤贤易色"[1]:男子娶妻,当重德而轻色,如此方为君子。其实,女子嫁夫,同样当重德而轻视身份。故孔子把女儿嫁给身在缧绁之中的公冶长,又把兄长女儿嫁给南容,两人地位都比孔家低下[2]。后世也常有皇帝把女儿嫁给平民出身的大臣之事。

不过对舜来说,这一婚姻构成严峻挑战:自己地位低下,能否与两位身份高贵的王女建立合乎礼仪之夫妇关系?能否让王女在自家尽妇道,把自己当作丈夫对待,并尽到对父母、兄弟之义?舜固然以己之大孝维持了家,但现在,他将在一个更大、更复杂的家,如何治理?

从尧的角度,则另有考虑。他看到,舜大孝而能齐家。尽管舜之家已够复杂,但国、天下显然比这个家更为复杂,舜是否有治国、平天下之德能?故他下嫁两个女儿,以考验舜。婚姻是结两姓之好,舜能否处理好自己家族与尧家族之间的复杂关系?

舜果然展示了出色的齐家能力,首先"厘降二女于妫汭"。可以推测,在舜以前,婚姻很可能是男从女,尤其是在地位不对等情况下,地位低下的男子进入女子家中。故经文说,舜"厘降二女于妫汭"。"厘"字很重要,它说明舜打破了旧习俗,刻意地做出一番努力,才让尧的两个女儿脱离其家,随同自己来到自己的邦国虞。

从经文用词可见,舜确立了新的成家之道。此为尧确立敬天之重大后果之一。舜正是沿着尧敬天之道,而有一次精神的飞跃,毅然决然地带领二女出尧之家。

如《周易·系辞》所说:"天尊地卑,乾坤定矣。""日月运行,一寒一暑,乾道成男,坤道成女。乾知大始,坤作成物。"或者如《序卦》所说:"有天地然后有万物,有万物然后有男女,有男女然后有夫妇。"一旦人们知天、敬天,则必定法天之阴阳二气,而定夫妇关系,《礼记·昏义》曰:

---

[1] 《论语·学而》。

[2] 《论语·公冶长》。

故天子与后，犹日之与月、阴之与阳，相须而后成者也。天子修男教，父道也；后修女顺，母道也。

舜厘正男女关系，让男女各得其所，各正性命，又能保和太和，从而让人间生机盎然。

舜娶二女创造了一个先例，确定婚姻之礼的根本，家庭成立之基本程序：女子出自己之家，归于男子之家，大约自此以后，女子出嫁称为"归"，意为归于夫之家。这是不同于此前的成家之道。由此礼制，有文王确立的"亲迎"之礼，《诗经·大雅·大明》载：

> 天监在下，有命既集。
> 文王初载，天作之合。
> 在洽之阳，在渭之涘。
> 文王嘉止，大邦有子。
> 大邦有子，伣天之妹。
> 文定厥祥，亲迎于渭。
> 造舟为梁，不显其光。

女子出嫁，故男子专门到女子家亲迎，至自己的邦国成立新家。这一程序对于建立稳定的夫妇关系、进而确立稳定的家制，至关重要。

夫妇

舜让尧二女随自己到妫汭，为虞国之妇，由此确立妇道，进而确立以夫妇为中心之家制。

经前文谓"九族"，可见，在舜之前有族，大约以母系维系，故有"知母不知父"之事[1]。这似乎可以解释，舜之父、后母、兄弟何以对舜那么无情。看得

---

[1] 人类历史上确实有过"母系社会"，但恐怕从无"母权社会"。这是两个完全不同的概念，可参看吴飞《母权神话："知母不知父"的西方谱系（上）》，《社会》，2014 年第 2 期。

出来，在此族群中，后母似乎是主宰者，而其父亲对舜缺乏父子之情。如此族群制之基本形成机制，是男从女，这样的族群缺乏独立经济地位，不是独立社会单位。夫妇、父子之名虽有，但其人散布于规模较大的族群中，其间缺乏深刻的、排他性情感联系。此一混沌的社会结构让人在精神上无以成熟，深度依附于氏族，缺乏自主、自立的意识。

舜带尧之二女出其族群，改行女从男之礼，建立家之新制。此家以夫妇为中心，从族群中突出而自立。由此，社会之基本单元不再是族群，而是夫妇凝聚而成之核心小家庭。《周易》上经以乾、坤为首，男、女即为乾、坤之象；下经以咸、恒为首，咸者，男女互感也；恒者，夫妻之道不可不久也。《诗经》首篇为《关雎》，其所述者正是两情相悦之男女成为夫妇，而组成自己独立的家。《中庸》曰：

> 君子之道费而隐，夫妇之愚，可以与知焉，及其至也，虽圣人亦有所不知焉；夫妇之不肖，可以能行焉，及其至也，虽圣人亦有所不能焉。天地之大也，人犹有所憾，故君子语大，天下莫能载焉；语小，天下莫能破焉。《诗》云："鸢飞戾天，鱼跃于渊。"言其上下察也。君子之道，造端乎夫妇，及其至也，察乎天地。

人有男女，男女必以阴阳之道结为夫妇，方为人道，由此人道可通天道。因此，男女结合为稳定的夫妇，心智趋向成熟。从根本上说，男女结合为夫妇的前提是，双方均被肯定为独立的个体，而这是其心智走向成熟的前提。

以舜来说，在原来的族群中，如舜之父，可见其完全顺从于后母，而丧失了阳刚之气。现在，舜则成为大丈夫。若仍是族群制，舜作为"侧陋"者，其孝不可能为人所知，甚至也不可能有那样的大孝，这种大孝本身就是舜之个体心智成熟后所有，享有独立之身的舜体认到了仁之性。由此，舜也得以迈过族群中既有权贵，而得以继嗣为天下之王。

这样的新家庭制，也让女子的心智成熟。对尧之二女来说，离开自己熟悉、可以随时慈爱和保护自己的父母兄弟和族群，去往陌生的人事环境中，难免有所恐惧。舜克服了其恐惧。她们离开了自己熟悉的环境，在此环境中，自己并非主体；她们独立地来到陌生的环境，在此环境中，自己作为主体而活动。她们离开属于自己的族，依附于其他的族，与舜共同建立了自己的独立家庭。

由此，舜解放了两位女子。在父母兄弟之族群中，两女虽受保护，但也因此不是主体，其精神难以成熟，故孔子说"唯女子与小人为难养也，近之则不孙，远之则怨"[1]。此处的"女子"就是未走出父母兄弟之族群的女子，其心智类似于小人，也即精神不能自主，身份上不能自立。

跟随舜到自己的新家，二女获得新的身份：不再是尧的女儿，而是舜的夫人，由此摆脱了精神上的依赖，而走向自主。《白虎通义》解释说："嫁者，家也，妇人外成，以出适人为家。""外成"一词十分精当：走出自己成长之族群，到外面成立自己的新家庭，身心才得以成熟，成就自己作为成人之名分与人格。这个名分就是"妇"。从"女子"成为"妇"，对女性的精神独立与成熟而言，至关重要。

《周易·家人卦·卦辞》曰："利女贞。"家人之正有赖于妇之正，其《彖辞》曰："家人，女正位乎内，男正位乎外。男女正，天地之大义也。家人有严君焉，父母之谓也。"女子成家为主妇，与夫共为家之领导者，只不过有所分工，所谓"夫妇有别"，意为，夫妇形成稳定的分工关系，妇是这一双中心组织的一个中心。故家内秩序怎样，在很大程度上取决于主妇。"嫔于虞"，也即尽妇道于虞国。"妇道"含义广泛：首先，她们作为夫人，与舜共承宗庙，共同管理家，舜主外，她们主内，他们是家庭的共同主人。其次，通过归入舜之家，她们也进入舜所在之家、国，而与其家中之人、国中之人，形成新的人伦关系。

也就是说，舜所立之新家庭制，以敬天为本，以夫妇为中心，夫妇均得以摆脱族群之束缚，以夫妇相互扶持的形态共同成为独立的社会主体。夫妇之道至此发育，由此，整个社会组织原则乃发生大变化，《周易·序卦》解释曰：

有天地然后有万物，有万物然后有男女，有男女然后有夫妇，有夫妇然后

---

[1]《论语·阳货》。

有父子，有父子然后有君臣，有君臣然后有上下，有上下然后礼义有所错。

自舜建立夫妇中心的家，血缘关系趋于清晰，父子、兄弟，乃至朋友、君臣等人伦，都得以清晰地确立。《礼记·郊特牲》曰："男女有别，然后父子亲，父子亲然后义生，义生然后礼作，礼作然后万物安。无别无义，禽兽之道也。""男女有别"者，男女形成稳定的分工关系。由此，两人安心地共同抚养自己出生的孩子。这样，自然"父子有亲"。稳定而清晰的夫妇关系和父子关系作为两大支柱，让家稳定下来。在此家中，生发出夫妇之义、兄弟之义、父子之义。义是责任感，以夫妇为主轴重构的家内成员之间，因为稳定的爱和敬，而有了相互的责任感。

由此家庭向外扩展，族群得以重新构造。但与此前不同，夫妇在此新出现的族群中是自主、自立的。此为中国社会结构之一次跃迁。这与尧舜所推动的社会治理领域的变化同步展开，如《礼记·昏义》所说："男女有别，而后夫妇有义；夫妇有义，而后父子有亲；父子有亲，而后君臣有正。故曰昏礼者，礼之本也。"健全的夫妇、父子之伦对人们构建健全的君臣之伦，具有重要启发意义，也能提供精神、社会乃至经济基础：夫妇、父子清晰稳定的家庭，可开展有效的家庭内部的教化，可积累、传承声望与财富，这是君臣关系之基础。

亲与敬

当女儿离开时，尧对其只有一条诫命："敬。"

亲和敬是人类形成可信赖关系之两大基本情感纽带。父子、兄弟之间血气相连，天然地有相亲之情。朋友、君臣之间，本为陌生人，乃为利益而结成关系，以义而合，以敬为主。

相比较而言，夫妇关系最为复杂：夫妻有肌肤之亲，故有相亲之情。然而，两人本来陌生，又不能不以敬扶持。尤其是妇人，进入陌生环境，处理人际关系，首先靠敬，故尧诫之以敬。进一步，一旦夫妇相亲，易失之于情爱之滥，又须节之以敬。最终就夫妇关系而言，爱是容易流失的，敬更为持久，男女结为夫妇以长久为贵，故不能不以敬为基底。

　　故《礼记·昏义》曰:"敬慎、重正,而后亲之,礼之大体,而所以成男女之别,而立夫妇之义也。"《礼记·郊特牲》解释亲迎之礼曰:"婿亲御授绥,亲之也。亲之也者,亲之也。敬而亲之,先王之所以得天下也。"《礼记·哀公问》长篇论述夫妇之相亲与相敬:

　　公曰:"寡人愿有言。然冕而亲迎,不已重乎?"孔子愀然作色而对曰:"合二姓之好,以继先圣之后,以为天地宗庙社稷之主,君何谓已重乎?"

　　公曰:"寡人固! 不固,焉得闻此言也。寡人欲问,不得其辞,请少进!"孔子曰:"天地不合,万物不生。大昏,万世之嗣也,君何谓已重焉!"

　　孔子遂言曰:"内以治宗庙之礼,足以配天地之神明;出以治直言之礼,足以立上下之敬。物耻足以振之,国耻足以兴之。为政先礼。礼,其政之本与!"

　　孔子遂言曰:"昔三代明王之政,必敬其妻、子也有道。妻也者,亲之主也,敢不敬与? 子也者,亲之后也,敢不敬与? 君子无不敬也,敬身为大。身也者,亲之枝也,敢不敬与? 不能敬其身,是伤其亲;伤其亲,是伤其本;伤其本,枝从而亡。三者,百姓之象也。身以及身,子以及子,妃以及妃,君行此三者,则忾乎天下矣,大王之道也。如此,国家顺矣。"

　　孔子在此指出,夫妇关系是基本的人伦,故建立夫妇关系之婚礼至为重要,而维护夫妇关系同样非常重要,亲、敬交用,夫妇关系方得以长久维持。

　　顺便讨论一个问题:虞何在? 妫汭何在? 这取决于舜究竟是何处人,对此,典籍有不同记载。孟子说:"舜生于诸冯,迁于负夏,卒于鸣条,东夷之人也";《史记·五帝本纪》说:"舜,冀州之人也。舜耕历山,渔雷泽,陶河滨,作什器于寿丘,就时于负夏。"两说大相径庭,历代学者争论不已。

　　事情也许是这样的:舜之族群本为东夷之人,在考古学上的山东大汶口文化范围中。因洪水泛滥,此地不适宜生存而西迁。考古学研究表明,大汶口文化曾经深度地影响于颍水、伊洛地区,这是大汶口文化西进之重要凭证[1]。另一

---

　　[1]　可参看《追寻五帝:揭幕中国历史纪元的开篇》,40~51 页。

方面，山东龙山文化有过相当清晰的断层[1]，大约是因为族群西迁造成的。舜之族群迁至今日晋南河滨一代，成为冀州之人。舜的这一经历，正是华夏形成过程中族群大迁徙之缩影。

---

[1] 靳松安、赵新平曾指出："鲁北地区龙山文化的发展具有较高水平，在山东地区可能居于比较领先的地位。而鲁北地区恰恰是黄河下游河道的必经之地，因而此次洪水泛滥、黄河下游河道南移对山东龙山文化影响最大，破坏最严重的当首推鲁北地区。这就是为什么山东龙山文化突变为岳石文化，族群人口大为减少，使本来已发展到高峰的文化一下子跌入低潮的真正原因。"（《试论山东龙山文化的历史地位及其衰落原因》,《郑州大学学报（哲学社会科学版）》, 1994 年第 4 期，第 6 页）

十六、齐家之道

師錫帝曰："有鰥在下，曰虞舜。"

帝曰："俞，予聞，如何？"

岳曰："瞽子。父頑，母嚚，象傲，克諧。以孝烝烝，义不格奸。"

帝曰："我其試哉。"女於時，觀厥刑於二女。

厘降二女於媯汭，嬪於虞。帝曰："欽哉！"

前文已解析之两段记家之扩展过程：舜本有父、后母、同父异母兄弟组成之家庭，舜以孝齐此家，让家人不至于奸；尧为考验舜之治理能力，嫁二女于舜，舜与之成立新家庭，此家庭内嵌于原有家庭中，舜所在之家庭的规模扩大，家庭成员内部关系更为复杂。在尧看来，正是这个意义的家庭可为考验舜之考场。舜也确实因齐此大家庭之能力，得以成为王位继嗣人。

此事揭示中国治道之要义，即家、国治理有连续性，《大学》说"家齐而后国治"。此为中国所独有，其理据与机理何在？

人始终在家中

人出生、生活于家庭之中，家庭是人的生命赖以生存之最重要依托。若与一神教文明对比，此义更为显豁。

天生人，自有男女之别，有男女然后有夫妇，有夫妇然后有生育，有生育然后有人之繁衍。一切人皆由其父母所生，故生而在与父母的关系中，因为父母也生而在与兄弟姐妹之关系中，简言之，人生而在家中。又因为，有别于其他动物，人的幼儿期最长，生出之后相当长时间不能独立存活，即孔子所说"子生三年，然后免于父母之怀"[1]。故脱离父母，在家庭之外，人无以生存。

故人出生、生活于家中，此为人之生存的基本事实。

在此事实中可见最为自然之社会联结纽带：父子、兄弟自有相亲相爱之情感，这在家以外的任何其他社会组织中都看不到。而家庭内部成员的紧密联系，让家庭有一定排他倾向，可能局限于其成员之心智，让其难有普遍情怀，而以家庭之外的人为敌。人若如此，共同体局限于较小规模，不能扩展，更不能有普遍的人类秩序。如何扩展共同体规模，以通往普遍秩序？

人类发明两种方案，其中关键正在于如何对待家。

一神教提供的方案，是普遍绝对的唯一真神诱人或迫人出家，或者破家，抛弃家人自然的相亲之情，成为孤绝的个体，绝对顺从神灵的律法，或者信服神灵对来生的承诺，乃以神灵为中心，另组信仰的团契。在此团契中，人爱自己的邻居如同爱自己，甚至爱自己的仇敌，但视家人反倒如同外人。

由此，人确实不再是自我封闭的人（尽管对不信己神者是封闭的），而是普遍人，进入神灵支配的普遍秩序。此普遍秩序与家庭是相对立的，尽管此类神教在大规模传播过程中，通常会柔化自己这一主张，部分地对家庭妥协，但终究出家、破家是几乎所有神教之核心教义。由此义，才有所谓无差别的"博爱"。

颛顼、尧树立敬天，开辟人类走向普遍秩序的另一道路。与唯一真神相同者，天是遍覆无外的；不同处在于，天不造人，天生人，具体而言，人生人，父母生子女。故人敬天，仍在家中。天未对人颁布律法，教给人以在家庭之外的另一种整体的生存方式，故天未取消家庭。但人虽在家庭中，因为敬天，其心智已超出家庭。《中庸》曰"天命之谓性"，此性就是仁，仁者"爱人"[2]。这里的人不限于家人，而是自己所见、所知之一切人。故天让人的相亲相爱之情超出家庭的范围而及于所有人，也即"四海之内皆兄弟也"[3]。由此，人从家庭进入天下。

但是，人进入天下，并非以出家、破家为前提，并非以爱邻人如同爱自己

---

[1] 《论语·阳货》。

[2] 《论语·颜渊》：樊迟问仁，子曰："爱人。"

[3] 《论语·颜渊》。

的父母为前提。天下没有替代家庭，家庭只是对天下敞开。人既在家庭中，又在天下。在家庭中的人进入普天之下，此即敬天的中国人之生存格局。家庭是天下之本，从家庭通往天下。

此为生存之中道。在圣贤看来，家庭非通往大范围良好秩序之障碍，相反，家庭内部成员之间的情感完全可成为陌生人之间有情意的关系之本，此即有子所说："君子务本，本立而道生。孝、弟也者，其为仁之本与！"[1] 在对父母之孝、对兄弟之悌中，人体认仁之情，扩充为对人之常道，以之对待家庭之外的一切陌生人。人在家庭中的生存经验有助于训练其在更大范围内生活的能力，也即，家庭内的生活是训练天下之民的最便利场所；而家庭治理完全可以养成社会治理之技艺。

故尧构造大范围的良好社会秩序，首先致力于"亲九族"，而没有抑制血缘、婚姻等纽带带给人们的自然的亲爱之情，反而促人对此自觉守护，予以强化。到舜，家庭更为独立而完整，可能比"族"更小，表面上看起来，与大范围共同体的距离更远。但也正是在此家庭中，仁之本更为扎实了，此即舜所全面呈现之孝。此孝为仁之本，本乎孝之仁让人对所有人敞开，塑造在家庭中之人同时为天下之民。

家庭之复杂

经文对舜的家人之情态的描述有助于我们理解，治家何以相通于治国。这段经文是经籍所描述之第一个完整的家庭，然而，此家庭却高度复杂，甚至是变态的——"父顽，母嚚，象傲"。在舜获得举荐，为尧考验，娶尧之二女以后，舜父母、兄弟的行为更变态，如《史记五帝本纪》所记：

瞽叟尚复欲杀之，使舜上涂廪，瞽叟从下纵火焚廪。舜乃以两笠自捍而下，去，得不死。后瞽叟又使舜穿井，舜穿井为匿空旁出。舜既入深，瞽叟与象共下土实井，舜从匿空出，去。瞽叟、象喜，以舜为已死。象曰："本谋者象。"

---

[1]《论语·学而》。

象与其父母分，于是曰："舜妻尧二女，与琴，象取之。牛羊仓廪予父母。"象乃止舜宫居，鼓其琴。舜往见之，象鄂不怿，曰："我思舜正郁陶！"舜曰："然，尔其庶矣！"舜复事瞽叟，爱弟弥谨。

正常情况下，家人血脉相连，自然有相亲相爱之情感。此为常态。然而，家中之人同样是人，而有人之多样与复杂，因而其情感常有非常态者。

天独立地生人，家庭成员都是独立的个体，气质、性情各不相同。这显示了生命之多样，源头在生之随机。神造人，人必普遍同质，神教确作如许预设，人与人是完全一样的，西方的人性论几乎都作如此想。

天生人，具体地呈现为人生人，生是一个非程式化事件，其间充满变异、偶然和意外。故父子不同，兄弟亦不同。舜、象同为瞽叟之子，而其天生品质完全不同。尧、舜为圣王，而其子均不肖。圣贤平实地注意到人在本源上的这种不同，如孟子所说，"夫物之不齐，物之情也；或相倍蓰，或相什伯，或相千万。子比而同之，是乱天下也"[1]。

不同，则可能相互疏离，甚至发生冲突。父子之间，更不要说兄弟之间，因性情不合而发生冲突颇为常见。若涉及利益，冲突的可能更大。舜在家中，就遭到父母、兄弟之害。

夫妻一伦让家庭更为复杂。夫妻之伦不同于父子、兄弟两伦，后两者基于血缘，前者是本来陌生的异性，结成亲密关系。成婚后，夫妻共为家庭之主，男主外、女主内，共同支配家庭资源，维护家庭内部秩序。两人本是独立个体，成长于不同环境，性情差异可能很大，作为家庭之主，甚至可能出现权威争夺。

在舜的例子中即可看到，舜的后母完全支配舜父，舜父甚至甘愿配合前者杀害舜，夫妇之情完全压倒了父子之情。这显示，家庭中不同类型的情感，夫妇之情、父子之情、兄弟之情，完全可能出现紧张乃至冲突。

笼统地说，家人之间有相亲相爱之情，仔细分析，其关系相当复杂，多种情感可能存在紧张、冲突。故家庭内部成员是需要教化的。舜命契敬敷五教，即教以"父义、母慈、兄友、弟恭、子孝"，此为家道之教化。

---

[1]《孟子·滕文公》。

以上所论者为核心小家庭，但在天之下，人生生不已，让家庭在纵、横两个方向上扩展。

首先，纵向扩展。人之身体发肤，受之父母，对父母有孝之情。长大成人，男女结成夫妇，成家而生育，给予子女以身体发肤，又得以具体地体认自己生命得自父母之事实，从而强化孝情，并为子女树立典范。这样，孝就跨越世代，把人紧密连接起来，向上追溯到祖先，所谓"慎终追远"，向下则延续到子孙。由此深远的孝慈之情连接构成跨世代之大家，其间个体生命成为生生不已的生命之流中的关键环节，有限的个体生命因此获得超越现世之意义，承上启下的意义。

其次，横向扩展。一方面，因为个体生命置于承上启下的生命之流中，则每一代的兄弟姐妹也就因此线索而形成紧密关系，此为血缘社会关系；另一方面，夫妇成家之前均在父母之家庭中，这两个家庭又内嵌于更大家族中。两人结合，不是两个孤立的男女结合，而是其身所在之两个家庭之结合，由这两人，男女双方所在的两组、若干家庭之间结成复杂的网络。此为亲缘性社会关系。这两方面社会关系叠加，共同构成经前文所说之"九族"。

家庭在纵、横两个方向上的扩展，变得高度复杂。人在家庭中，实已在高度复杂的社会网络中。故敬天的中国人之家，大大地不同于西人之家，规模更为庞大，结构更为复杂，关系更为丰富。

这样的家庭其实就是社会，如同华夏就是天下。人之复杂多样，人际关系之复杂多变，社会治理之复杂困难，充分地存在于家庭中。于是，家庭的治理几乎具备社会治理的一切要素，故经谓"家齐然后国治"，尧考察舜之齐家能力，以之为授予其治国机会之重要依据。

齐家与治国

当然，尧嫁女儿观察舜德齐家之道，只是一个初步的考验。舜最终继嗣王位，还将接受更多方面的考验，包括对其治国能力的考验。由此可见，圣人当然知道，家不等于国和天下，齐家之道不等于治国平天下之道，一人有齐家之德能不等于其有治国平天下之德能。毕竟，邦国、天下的规模要比家庭大很多，因而也就更为复杂，治国平天下之难度远远超过齐家。

不过，在中国，家庭是最自然、最基础之社会组织单元，人人都在家庭中，人人主要在家庭中。一神教在家庭以外构造社会组织单元，家庭确实未必是社会组织之基本单元，尽管事实上也是，只是不那么明显而已。中国圣贤平实地指明家在人的组织化过程中所具有之根本意义。既然如此，社会治理秩序之好坏必定取决于家庭内部治理之好坏。家齐，则邦国、天下之治就有稳定基础；家不齐，国不可能治。

在中国，家庭内部也可建立各种治理机制，教化、经济、法律等社会层面上各种机理，都在家庭内部展开。

家庭可以充当有效的经济活动单元，差不多独立地解决其成员的生计问题。由于家庭的规模较大，且世代连续，也确有此能力。相反，规模过小的核心小家庭职能成为消费单元，而很难成为有效的经济活动单元。

家庭是教化场所。在神教，不管是多神教，还是一神教，教化多在家庭外进行，有专门的教化机制，如神职人员、庙宇教堂。而当尧屈神而敬天后，教化就主要在家庭内，经下文所说的"五典"，就是家庭内部人伦之教化；同样在屈神而敬天后，祭祀主要是祖先祭祀，在家庙中进行，这样，家、庙合一，家庭同样有庙之功能，家庭本身就成为神教性组织，人可在家中了死生，人的全幅生命尽在家中。这就进一步强化了家作为社会基本组织单位的地位。

家庭内部治理也会运用邦国、天下治理之机制，礼。在一神教，依神的律法而治，这律法与家庭无关，面向无家或超家之普遍人。而在尧屈神而敬天后，人只能自我治理，其机制是礼文之治，此礼不是神自上而下颁布的，而是在生活中自发形成的，自然地，首先形成于家庭中。《礼记·祭统》曰："凡治人之道，莫急于礼。礼有五经，莫重于祭。"《礼运》："夫礼，必本于天，动而之地，列而之事，变而从时，协于分艺，其居人也曰养，其行之以货力、辞让：饮食、冠昏、丧祭、射御、朝聘。"可见，礼多用于齐家。家庭内部礼治自可通于邦国、天下之礼治。

总之，当尧屈神而敬天后，华夏人民之家庭足够大而高度复杂，是社会组织之基本单元。这样的家庭中自有诸多最为基础的公共事务，家庭秩序的维护也需要公共意识，故家庭不是纯粹过私人生活的封闭型组织，而是一个公共组织。家庭在亲亲所构建的私人生活与相互陌生的人们组织的公共生活之际，在家庭内部生活中，人不纯粹是私人，至少部分地是"公民"。人仅作为私人，不足以在家庭中正常生活，在家庭中，人也有"公民"的维度。这样，在家庭内，人也可以成长为"公民"。故在中国，公、私之别不是绝对的。

这样的家庭具有一定公共属性，当然与国相通。那么很自然地，齐家就是更大范围的良好社会秩序之基础，舜所展示之卓越的齐家能力也可成为其担任天下治理者之主要理由。

政治平等

齐家与治国之间这种连续关系，让社会治理之位向底层开放。

家庭高度复杂，足以构成基本社会治理单元。在此家庭中生活，尤其是作为一家之主担当齐家之责，仅靠亲亲之情是不够的，须综合运用各种治理手段，建立各种各样的法度，比如礼，甚至刑。因此，齐家，可习得治理之技艺。

舜的机会正来于此。王者需特定的治理德能，而《大学》记孔子之语："未有学养子而后嫁者也！"一个人是否有王者之德能，只能进行近似的考察，其人若为君子比如诸侯，自易找到近似考察渠道：治理邦国，表现出卓越的德能，可推定其有为天下之王的资格。

庶民却无此机会，那么，考察庶民之何种德能，可推定其有王者之资质？庶民唯一可治理的组织就是自己的家庭，夫妇组建之家庭，及此小家所关联之"九族"。他完全可在此相当复杂的组织中训练自己的治理德能。同样是《大学》所说"心诚求之，虽不中不远矣"，齐家之德能可通往治国平天下之德能。一介庶民，若不能齐家，断然不可能有治国平天下之德能。若能齐家，未必也有治国平天下之德能，但起码已有此可能，毕竟，家也是相当复杂的社会组织。

故齐家为所有人承担更大责任，也即治国平天下，提供了最初的训练机会；而家、国治理之相通向所有人敞开了在政治中上升的通道。中国政治始终对下层社会保持足够开放，正立基于家、国之相通。若家、国隔绝，底层民众就完全没有机会在政治中上升的通道，政治会是封闭的等级制。

舜凭借其齐家之德能从平民上升为王者之典范，家、国一体就是中国政治开放、因而机会平等之内在机理。汉代建立察举制，所察者正是吏、民之孝悌。以后历代也始终以孝悌、齐家为判断学者、士大夫之重要指标。

本章经文记载揭示，确立敬天之后中国社会形成新的结构，以夫妇中心的家为中心、为基础；孝者，教化之所由生也。由此决定相应的社会治理之道，家、国不是性质完全不同的组织，更不是相互对立的，治国必须摧毁家；相反，家、国是连续的治理单位，齐家通往治国平天下。

那么，为政就应尊重家庭，给人人齐家创造条件。政府还要承担起教化家庭内部伦理之责任，舜上任后命契教化以五伦之义，在制度上让家庭成为教化场所。

此为中国治理之道的根本所在。《大学》对此有所概括：修身，齐家，治国，平天下。个体是公共生活之元素，个体之修身就是公共生活的原点。由此原点，社会治理由亲及疏，自近及远，公共组织也由小到大，其间的转折性中介正是家庭，家庭把个人与更大范围的社会组织联结起来，个体正是通过家庭走入邦国和天下，离开家，就没有邦国、天下。

十七、教化为先

慎徽五典，五典克从；纳于百揆，百揆时叙；宾于四门，四门穆穆；纳于大麓，烈风、雷雨弗迷。

帝曰："格，汝舜！询事考言，乃言底可绩。三载，汝陟帝位。"

舜让于德弗嗣。

慎，诚也。徽，和也。

纳，入也。百揆，百官也。

穆穆，敬之貌。

麓，山麓。

格，至。询，谋也。考，成也。底，致也。绩，行也。陟，登也。

舜诚意地协调人以五常之教，故五常之教能为人顺从。

舜选人入于百官，百官各得其所。

舜于四门接待嘉宾，四门充溢互敬之情。

舜被置于广大之山麓，遭遇烈风雷雨，而不迷失。

尧说："舜，你过来。你善谋事，你能成就自己的言，你的命令可得以实施。三年后，你登上帝位。"

舜以德不足以嗣位而辞让。

舜身处下层，不可能有治国平天下之功业，但依靠齐家之德能，通过禅位之资格遴选。但能齐家，未必足以治国平天下，故尧进一步试之以为政之德能。经文由此揭示了"王极"，也即成为王者之资格，一个人具有何种德能，方可为王。

慎徽五典

尧首先让舜改善风俗,此即"慎徽五典"。

典者,常也;五典者,人之五种典常也。《左传·文公十八年》记,舜"举八元,使布五教于四方,父义,母慈,兄友,弟共,子孝,内平,外成"。故五典涉及父母与子女、兄弟两种最为基本的人伦。

面对子女,父母之角色不同,其所当行之伦理规范也有区别:父当义,母当慈。《说文解字》曰:"义,己之威仪也。"《释名》:"义,宜也。裁制事物,使合宜也。"父亲是一家之长,承担着教育子女之责任,故须自我约束,言行合宜,以其身示范其子,让儿子明白,身居其位,何者应为,何者不可为。这样,其子才能继承父业,确保家之连绵不绝。

母当慈,《说文解字》:"慈,爱也。"十月怀胎,一朝分娩,慈爱子女,是母亲之本能。不过,舜之母似乎并不慈爱舜,故为人母者,亦应教化以慈。由此,子女才能健康成长,而不至于心理扭曲。

兄弟间有长幼之别,故有兄弟之义,兄友而弟恭。兄弟血气相连,然亦当教化以相应之义。《尔雅》曰:"善兄弟为友。"兄长对幼弟负有教导、引领、保护之责;幼弟对兄长,则当恭敬。

最后,教化子女孝敬父母。

应当说,舜本人就是孝、友之典范,并且正是以此而为人所重,故舜之为政,首先施行教化,舜据此确立了华夏治道之大方向:治国平天下,以教化为先。

"五典"涉及父母与子女的关系,也涉及兄弟关系,两者均为血缘关系:父母生子女,兄弟同出。这两种关系是自然的,但人们未必有相应角色自觉;而舜深知,家内相亲相爱是良好社会秩序之基础。故舜确定五种典常,即五种最为基本社会角色之伦理规范,用以教化。

徽者,和也,慎徽五典,意谓协调天下各族群,普遍采取五典之教,教化民众,让世人各尽其义。显然,在此之前,不同地方社会结构不同,风俗不同,父子之间、兄弟之间未必有相亲相爱之关系。舜治天下,行五典于天下,塑造和美的家庭关系。

但五典与后世五伦说相比，这里没有夫妻、朋友、君臣三伦。这些尚有待于发展。

纳于百官

"纳于百揆"，不大可能是舜本人进入每个管理岗位，直接从事专业的事务工作。舜出身低微，缺乏相关知识和历练，也难以做到拿起一项专业事务，就处理得当。

经前文记，"胤子朱启明"，尧以其"嚚讼"而否决之，"共工方鸠僝功"，同样被尧否决了。故尧不必以事功考察舜，舜即将成为王，故尧考察他，一定是考察其组织政府、领导百官的能力。

据此，"纳于百官"之意，当为舜把合适的人置于相关岗位，天下有才能之人各得其所，初生华夏之政务由此得到妥善、高效的处理。《左传·文公十八年》记鲁大史克的一段话，具体地描述了舜的用人之明：

昔高阳氏有才子八人：苍舒、隤敳、梼戭、大临、尨降、庭坚、仲容、叔达，齐、圣、广、渊，明、允、笃、诚，天下之民，谓之"八恺"。

高辛氏有才子八人：伯奋、仲堪、叔献、季仲、伯虎、仲熊、叔豹、季狸，忠、肃、共、懿，宣、慈、惠、和，天下之民，谓之"八元"。

此十六族也，世济其美，不陨其名。以至于尧，尧不能举。舜臣尧，举八恺，使主后土，以揆百事。莫不时序，地平天成。举八元，使布五教于四方，父义、母慈、兄友、弟共、子孝，内平外成。

舜举八恺，承担百官之事；舜举八元，布五教于四方。这表明，舜知人善任，而此为王之最大德行。"百揆"不是一个特定官职，当泛指王室之诸官，其职责是以各种专门技能，协助王治理天下。

王为治理天下，又与诸侯相交接，故尧让舜"宾于四门"，在四郊迎接四方朝会之诸侯。"四门穆穆"者，舜以敬对待诸侯，诸侯还之以敬。由此，舜与诸侯之间建立起良好的关系。

不迷

上述种种说明，舜治理天下之德和能力均十分卓越。尧接下来考察其心理素质，乃纳之于大麓，遭遇烈风雷雨，而舜不迷，《论衡·正说》解说曰：

> 尧闻舜贤，四岳举之，心知其奇，而未必知其能，故言"我其试我"！试之于职，妻以二女，观其夫妇之法，职治修而不废，夫道正而不僻。复令人庶［当为"入鹿"二字之误］之野而观其圣，逢烈风疾雨，终不迷惑。尧乃知其圣，授以天下。

尧置舜于广大的山麓树林之中，恰逢疾风雷雨，舜在其中却未迷失方向，安然走出。这说明，舜不仅德行卓越，能力出众，且心理素质极好，用后来孟子所说的话，身处完全陌生的危境之中，舜"不动心"[1]，故能冷静处理和应对，此乃大勇大智。

对治国者而言，此为至关重要的品质。邦国难免进入某种完全陌生的危境，尤其是尚在缔造中的华夏，难免频繁遭遇史无前例的内部混乱和冲击。舜的一生就遭遇不少冲击，如洪水泛滥，若干族群作乱，三苗侵扰等。置身此境，王者能否保持镇定与清醒，始终不迷失，对华夏共同体面临的挑战能否恰当应对、走出困境，具有决定性的意义。王者的责任是引领华夏，为天下指出前行方向。若王者心神惶乱，华夏共同体必然应付不当，而一次严重的应付不当，就可能导致刚新生的华夏共同体解体。

王极

《洪范》第五畴是"皇极：皇建其有极"。皇者，王也。天生民，仅靠自我

---

[1] 《孟子·公孙丑》。

治理不足以各遂其生，故有王者以组织集体行动，集合资源，生产人人所需之公共品。王者对天下有其义，履行此义，需要特定的德能，此即"皇极"、王极，也即王者之标准，合此标准者才可为王。尧考察舜，也就确立了这一王极。由此可见王极之内涵：

首先，有齐家能力。对父母兄弟，舜可谐以孝，又让身份比自己高贵的尧女尽其妇道，从而创新夫妇中心的新家庭制度。这样的家庭是社会组织之基本单元，其家齐，说明舜通人情，有基本治理德能。

其次，重教化。舜由齐家而为政，首先"慎徽五典"。这表明，舜深明为政之道，教化为本，刑罚为末。不广施教化而用刑罚，不足以为王者。

第三，知人善用。舜本人并无实际治国经历，但他有知人之明，任用百官，各尽其能。

第四，对诸侯待之以敬，得诸侯之欢心。王者治天下之能力，端在于此。

第五，良好的心理素质，始终清醒，临危不惧，故能永不迷失。

这五者就是王者之标准，舜为后世遴选王者树立了标准。从根本上说，王者要有王者之德能，这不同于诸侯之德能，更不同于大夫之德能。王者是最高的协调者，是天下的引领者，故他需要卓越的德行，对自己的职责有准确把握，有极为出众的心理素质。

舜具备这些素质，尧乃宣告舜具有为王之资格，并总结舜之德：

第一，询事。善于谋划政事，在处理政事过程中，能贡献恰当的意见和建议，从而成就政事，可见舜明乎治国平天下之理。

第二，考言。考者，成也，言者，对他人做出之承诺也，"考言"意谓尽心履行自己对他人之承诺。所谓言而有信，由此必为人所信。

第三，"乃言底可绩"。此"言"不同于上一"言"，当指对他人提出的命令和要求。舜对他人发布命令，他人都能积极践行、实施。此何以故？《论语·为政》至少道出一个理由：子贡问君子，子曰："先行其言，而后从之。"舜要求于他人者，自己先做到，故人皆从之。可见，舜明于领导之道。

明于事理，为人信服，其言可行，对王者来说，这三者同样重要，最后一点尤其重要。尤其王者必定向人发布命令，然而，如何做到天下风从？《论语·阳货》曰：

子张问仁于孔子，孔子曰："能行五者于天下，为仁矣。"请问之，曰："恭、宽、信、敏、惠。恭则不侮，宽则得众，信则人任焉，敏则有功，惠则足以使人。"

舜行恭、宽、信、敏、惠于天下，此为王者之大仁。故尧决定以舜为继位人。舜以自己之德不足推让，最终才接受王位，担当起平天下之大任。

十八、君臣互敬

賓於四門，四門穆穆。

舜于四门接待嘉宾，四门充溢互敬之情。

华夏国家正在形成，天下各族群与王开始形成稳定的君臣关系。其中最为重要的，是新兴的王与各族群、邦国首领——诸侯之间的君臣关系。唯有两者建立稳定可信的君臣关系，新兴的华夏天下秩序方可巩固。

据《尚书大传》所记后世之礼："天子太子年十八曰孟侯，孟侯者，于四方诸侯来朝，迎于郊者，问其所不知也。"又曰："故尧推尊舜而尚之，属诸侯焉。"可见，此礼形成于尧舜交接之际，尧决定让舜继位，命舜接待四方来朝之诸侯。

四门者，王城四郊之门也。舜在王城四门迎接四方来朝之诸侯，诚敬有礼；作为回应，四方诸侯同样诚敬有礼。故于四门可见舜与四方诸侯礼仪合度之美景，舜由此获得诸侯之欢心，赢得诸侯之尊重，而初具统御天下之威望。

宾

值得注意的是，舜以"宾"对待诸侯。

尧舜之建立华夏，不是通过征服，而是借助联合，亲睦九族、平章百姓、协和万邦。由此，众多原本独立的族群、邦国联合成为新的治理共同体，而其治理模式是"封建"。夏商周三代皆行封建，封建是华夏社会治理之第一种基本模式，一直持续到春秋末期，方为终结。

各邦国领导者，谓之诸侯。各邦国本来是独立的，诸侯对本邦国有完整的治理权。但受尧舜禹之感召，也为分享合作收益，而承认尧舜之权威，尊之为王，自居于王臣之位。尽管如此，他们仍完整而稳固地保有本邦国之治理权，并可传位于自己的后代。

从王的角度看，他无力越过诸侯，将自己的权威深入到诸侯邦国内部。王不能不尊重诸侯对其邦国之治理权，且为诸侯提供一些本邦无法生产之公共品，比如治水、抵御外患。唯其如此，王才能保有自己对于诸侯的权威，维护华夏秩序。

可见，尧舜禹所确立之君臣关系，建立在王与诸侯双方之相互尊重的基础上，其职分、收益不是单向的，而是双向的，此由华夏国家诞生之方式所决定。

由此，王与诸侯的关系高度复杂：诸侯对王是臣，两者有名分上的尊卑之别。因为有了诸侯对王之臣服，才有作为社会治理实体之华夏。若无此尊卑之别，华夏秩序将解体。尽管如此，王又不能完全把诸侯视同自己的"家臣"，任意驱使。后世将此概括为一条基本政治原则——"王者不纯臣诸侯"，《白虎通义·王者不臣》这样解释其理由：

王者不纯臣诸侯何？尊重之。以其列土传子孙，世世称君，南面而治。凡不臣者，异于众臣也。朝则迎之于著，觐则待之于阼阶，升阶自西阶，为庭燎，设九宾，享礼而后归，是异于众臣也。

诸侯朝觐，王应出迎。著者，门、屏之间也，在阼阶之下。此处之所谓"臣"，指家臣，家臣带有奴仆性质，通常来自被征服族群，无完整的自由之身。诸侯绝非如此身份，诸侯是自愿加入华夏的，自愿为王之臣，故面对王，他们是自由人，有君子之尊严。双方只是在政治名分上有尊卑之别，但人格仍是平等的。据此，王待诸侯之最恰当方式就是"宾礼"，此为五礼之一。

正是舜创造了王接待诸侯之宾礼，此后，待诸侯以宾礼成三代礼制，《诗经》频繁地出现"宾"一词，皆为与王相见之诸侯，如《小雅·鹿鸣》曰：

呦呦鹿鸣，食野之苹。
我有嘉宾，鼓瑟吹笙。

吹笙鼓簧，承筐是将。

人之好我，示我周行。

呦呦鹿鸣，食野之蒿。

我有嘉宾，德音孔昭。

视民不恌，君子是则是效。

我有旨酒，嘉宾式燕以敖。

呦呦鹿鸣，食野之芩。

我有嘉宾，鼓瑟鼓琴。

鼓瑟鼓琴，和乐且湛。

我有旨酒，以嘉乐嘉宾之心。

周王以为，诸侯之来朝会乃是"好我"，并将向我提供治天下之大道，故将前来朝会之诸侯视为"嘉宾"，大设宴饮，以美酒乐舞取悦其心。

王与诸侯的关系是最为重要的君臣关系。邦国之内的君臣关系，当早已有之，此为邦国维护秩序所必需。但王与诸侯之君臣关系则是全新的，这一君臣关系的确立，标志着华夏治理体之诞生。此君臣关系诞生之过程框定其性质——"君臣以义而合"。双方是共同治理天下之伙伴，名分上有尊卑之别，但人格上相互平等，故相互尊重，以礼相待。

只是到战国、秦，君臣关系才严重恶化，如黄宗羲在《明夷待访录》所说：

今也以君为主，天下为客，凡天下之无地而得安宁者，为君也。是以其未得之也，屠毒天下之肝脑，离散天下之子女，以博我一人之产业，曾不惨然，曰"我固为子孙创业也"。其既得之也，敲剥天下之骨髓，离散天下之子女，以奉我一人之淫乐，视为当然，曰"此我产业之花息也"。然则，为天下之大害者，君而已矣。

统治者以武力打天下，视天下为私产，垄断全部权力，相应地，臣也就成为仆妾：

后世骄君自恣，不以天下万民为事。其所求乎草野者，不过欲得奔走服役之人。乃使草野之应于上者，亦不出夫奔走服役，一时免于寒饿，遂感在上之知遇，不复计其礼之备与不备，跻之仆妾之间而以为当然。

黄宗羲之语沉痛欲绝。但需要提示的，是历史上儒家一直主张恢复三代之相互尊重的君臣关系，比如，贾谊在《新书·阶级》中呼吁皇帝遇臣以礼，厉以廉耻。孔子关于君臣之礼的论述，正是为了坚守和恢复君臣互敬的三代传统。

双向之敬

《尔雅·释训》："穆穆，敬也。"四门穆穆者，舜迎接诸侯，双方互敬之貌也。何以"穆穆"？以有君臣之礼仪也。

各邦国之内自有君臣关系，华夏成立，诸侯与王之间形成君臣关系。这种关系的性质大大不同于邦国内原有君臣关系：邦国内之君子常见而相熟，心理上较为亲近。王与诸侯之关系显然不同：诸侯地位本来独立，现在却服从于一位遥远的王；两者本不相熟，没有情感，现在却成为君臣。那么，两者如何别尊卑而又相亲近？

这就需要全新的君臣之礼。尧初造华夏，与四岳谋事，也与若干邦国诸侯相见，想必已有君臣之礼，但尚在草创之中，恐怕要由舜予以完善。也只有舜，最适合完成这一工作：舜的地位本来卑下，而现在居于尊位，面对一向尊贵的诸侯，他必能体贴诸侯之处境。同时，经前文已指明，舜有孝、悌之德，有此德，必有仁心，体贴他人。

故舜在接待四方诸侯过程中，逐渐形成君臣之礼仪，同时体现君臣双方之敬，"四门穆穆"之意，正是双方皆有敬意，故相见之场面洋溢着互敬融洽的气氛。从政治的眼光来看，这样的场面是十分难得的。臣之敬君，乃理所当然，而舜所创君臣之礼，同时强调君之敬臣。君子之敬是双向的，由此形成全新的君臣之礼义。

此种君臣之礼的形成，当与敬天有关。在"绝地天通"之前，通神者掌握权力，他既为神之代言人，当然不必敬人。事实上，在神意的传达者与人之间包括那些承担神所指派的工作的臣工之间，必定存在绝对的尊卑之别，如此才能体现神之尊严，神意才能有效维护秩序。在这里，统治者与被统治者的关系类似于神、人关系，截然两分，统治者必定竭力维护自己的神秘和威严。故在此时，考古可见有人殉制度，中国以西之神教社会存在奴隶制度，也是明证。

敬天，则君不是神的代言人，君臣二者都是人，从人格上说是平等的，自然可有相亲之心。从经文所载舜之待臣之礼，确乎可见其深厚敬意，此乃舜的仁心之自然发用。而此仁心，正本乎天。天之心，无非仁而已，见之于其生万物之心。舜敬天，故人心充沛。故在舜那里，名分上的尊卑之别是社会治理所需要的，但绝非绝对的，故在臣敬君之时，君对臣也当表达敬意。

故敬天确立君臣之敬是双向的。事实上，君甚至首先敬臣，诉诸人心之"感动"机制，维护双方之敬：君若希望臣敬自己，认可自己的权威，那就首先敬臣，是为"感之"。君敬臣，臣感之而动，其对君之敬才是真挚的，是为"动"。双向的敬让君臣之礼既别尊卑，又不至于相互疏远，反而营造出一种庄严但不乏亲近的气氛。此一气氛维护秩序，也营造君子团结之情。

君臣互敬，此即圣人所立君臣关系之基本原则，而为后世王者所遵行，比如《诗经·大雅·韩侯》记韩侯朝觐周王所受之礼遇：

> 四牡奕奕，孔修且张。
> 韩侯入觐，以其介圭，入觐于王。
> 王锡韩侯，淑旂绥章，簟茀错衡。
> 玄衮赤舄，钩膺镂锡，鞹鞃浅幭，鞗革金厄。
> 韩侯出祖，出宿于屠。
> 显父饯之，清酒百壶。
> 其肴维何，炰鳖鲜鱼。
> 其蔌维何，维笋及蒲。
> 其赠维何，乘马路车。
> 笾豆有且，侯氏燕胥。

诸侯前来朝觐周王，此即其敬君之最直接表现，周王热情接待，临行赐以丰厚礼物，表达其对诸侯之敬意。周王、诸侯之间如此互敬，自然四门穆穆。由此，纯粹的政治关系也渗入浓厚情感。人是有情感的，良好的社会治理秩序之基础必为人相亲之情感。无此情感滋润，冷漠的政治关系必定让人相互疏离、猜疑，而无以长期维系秩序。

孔子把君臣互敬作为为政之基本原则，关于君臣之礼，《论语·八佾》有这样一句：

> 子曰："事君尽礼，人以为谄也。"

孔子作为臣，始终以礼敬君，即便别人以为谄，也不措意。但同时，孔子绝不以为只有臣敬君，他也要求君敬臣：

> 定公问："君使臣，臣事君，如之何？"
> 孔子对曰："君使臣以礼，臣事君以忠。"

臣当敬君，忠心履行自己对君之职事；同时，君也应敬臣，绝不非礼待臣。君臣都应守礼，都应敬人，双方应互敬。互敬，每人才有对对方的诚挚之敬，双方才能由相敬而相亲。

但孔子之后，战国、秦代，君臣悬绝。入汉以后，儒家要求重建君臣互敬，如汉成帝即位，匡衡上疏教诲之：

> 臣又闻：圣王之自为动静周旋，奉天承亲，临朝享臣，物有节文，以章人伦。盖钦翼祗栗，事天之容也；温恭敬逊，承亲之礼也；正躬严恪，临众之仪也；嘉惠和说，飨下之颜也。举错动作，物遵其仪，故形为仁义，动为法则。孔子曰："德义可尊，容止可观，进退可度，以临其民，是以其民畏而爱之，则而象之。"大雅云："敬慎威仪，惟民之则。"诸侯正月朝觐天子，天子惟道德，昭穆穆以视之，又观以礼乐，飨醴乃归。故万国莫不获赐祉福，蒙化而成俗。[1]

---

[1] 《汉书·匡张孔马传》。

匡衡所教诲于成帝者正是君敬臣之意，如此才能君臣互敬而政治安宁。

从根本上说，儒家以为人际关系都应相敬而相亲，或互爱而互敬，父子之间如此，兄弟之间如此，夫妻之间亦当如此，君臣、朋友之间也不例外。只不过在不同关系中，亲、敬之搭配比例不等，表达方式有所不同而已。两者并行，各人方能各得其所，各尽其分，有尊卑之别而相亲相爱，是即"穆穆"。

十九、文教中国

正月上日，受終於文祖。

上日，元日也，善日，吉日。
终，尧终帝位。

正月之吉日，舜在文祖接受尧之禅位。

至此，舜已通过考验，尧乃终结自己的权力，将王位禅让于舜，舜开始行使王权。转交仪式在"文祖"中举行。然而，何为文祖？

《说文解字》："祖，始庙也。"祖者，宗庙也。宗庙于统治权之确认和转移，至关重要。前王死，入宗庙，后王从前王继嗣王位，故宗庙为统治权之所系。然而，尧舜时代之宗庙何以谓之"文祖"？

探讨此事，首先需要注意一基本事实：尧舜之间无血缘关系。后世王位世袭传承，宗庙为一姓之宗庙，后王尊先祖，乃事出自然。尧舜之间无血缘关系，舜虽继嗣尧之王位，但不可能祭祀尧之血缘意义上的祖先于庙中。

于是此"祖"名曰"文"，舜祭祀华夏之象征——"文"。孔传解释："文祖者，尧文德之祖庙。"孔颖达正义引马融云："文祖，天也，天为文，万物之祖，故曰文祖。"二说有所启发，然而未得的解，试作分疏如下。

天文

经前文列举尧之德，钦、明之后即为"文"。文者，人文也。敬天，则重文，人文出自天文，华夏以文为本，正始于尧之敬天。

在一神教，唯一真神有其体、有其意志而能言；先知聆听神之言，传达于人；神即呈现为神之言。尧命羲和"钦若昊天"，敬天，而天不言，天之呈现，就是生万物而健行不已，由此而有文。天不以其言创造和范导人，天所呈现于人、为人所可知者，唯有天之文；人法天，必定取法于天之文。

故尧在"绝地天通"、屈神而敬天之后，立刻命羲和二氏"历象日月星辰"，其所计算、所观测者正是天之文。《周易·贲卦·彖辞》曰："观乎天文，以察时变。"《说文解字》："文，错画也，象交文。"文的本义是纹，纹路，也即线条有规则的排列、交错，而为人可见。天文，就是天纹，也就是天行而呈现、且为人可见之纹路。

天生万物，天是生生不已的万物之大全，故万物化生之文均为天之文，"观乎天文"者，观乎天、地、万物生、行而不已之文也，《周易·系辞》曰：

古者包牺氏之王天下也，仰则观象于天，俯则观法于地，观鸟兽之文与地之宜，近取诸身，远取诸物，于是始作八卦。

包牺氏者，伏羲也。伏羲遍观天象、地理、鸟兽之文，以及人、物之文，而画八卦。由此可见，无往而非文。《文心雕龙·原道》有更详尽解说：

文之为德也大矣，与天地并生者何哉？夫玄黄色杂，方圆体分，日月叠璧，以垂丽天之象；山川焕绮，以铺理地之形。此盖道之文也。

仰观吐曜，俯察含章，高卑定位，故两仪既生矣。惟人参之，性灵所钟，是谓三才。为五行之秀，实天地之心，心生而言立，言立而文明，自然之道也。

傍及万品，动植皆文：龙凤以藻绘呈瑞，虎豹以炳蔚凝姿；云霞雕色，有逾画工之妙；草木贲华，无待锦匠之奇。夫岂外饰，盖自然耳。至于林籁结响，调如竽瑟；泉石激韵，和若球锽：故形立则章成矣，声发则文生矣。

文之最为显著者莫过于呈现于天空之日月星辰运行之文："观乎天文"之"天"，不是总名之天，而是具体的天空，"天文"就是日月星辰在天空中布列或运转而成之文,"仰则观象于天"者,观浩渺天空日月星辰之文也。

有天就有地,山川河流有纹路。天不言,其对人所呈现者,乃是文。天地之间万物,各有其文,如刘勰所说。明人宋濂曰:"呜呼,文岂易言哉!日月照耀,风云流行,云霞卷舒,变化不常者,天之文也。山岳列峙,江河流布,草木发越,神妙莫测者,地之文也。"[1]

鸟兽之皮毛有文,且对于鸟兽而言,至关重要。《论语·颜渊》:

棘子成曰:"君子质而已矣,何以文为?"子贡曰:"惜乎夫子之说君子也,驷不及舌:文犹质也,质犹文也,虎豹之鞟犹犬羊之鞟。"

虎豹区别于犬羊之最显著标志正是其皮毛之文,若去除其毛纹,则虎豹、犬羊无以为别。故文对人、物之存在,与质同等重要。

人文

人之"观乎天文",旨在制作人文。天生人,故人不能无视天而生;人必定本于天而生,人间当法天而治。天既不言,未以言规定人、要求人、命令人、指示人,人就必须主动地面对天,自觉地知天,进而法天而生、法天而治。如董仲舒所说:

臣谨案《春秋》之文,求王道之端,得之于正。正次王,王次春。春者,天之所为也;正者,王之所为也。其意曰,上承天之所为,而下以正其所为,正王道之端云尔。然则王者欲有所为,宜求其端于天。[2]

重要的正是"求"。《周易·贲卦·彖辞》曰:

---

[1] 《宋濂集·华川书舍记》。

[2] 《汉书·董仲舒传》。

刚柔交错，天文也；文明以止，人文也。观乎天文，以察时变；观乎人文，以化成天下。

《周易程氏传》曰：

"天文"，谓日月星辰之错列，寒暑阴阳之代变。观其运行，以察四时之迁改也。"人文"，人理之伦序。观人文以教化天下，大下成其礼俗，乃圣人用《贲》之道也。

日月星辰运转而有文，是为天文。认真观察天文，可察四时之迁移。"文明"者，纹路优美而散发光辉也；止者，其功用在"止"。何谓止？文何以能止？八卦中，艮之性为止，《周易·艮卦·象辞》曰：

艮其止，止其所也。

《周易程氏传》曰：

"艮其止"，谓止之而止也。止之而能止者，由止得其所也。止而不得其所，则无可止之理。夫子曰"于止，知其所止"（见《大学》），谓当止之所也。夫有物必有则：父止于慈，子止于孝，君止于仁，臣止于敬。万物庶事，莫不各有其所，得其所则安，失其所则悖。圣人所以能使天下顺治，非能为物作则也。唯止之各于其所而已。

人各不同：天命不同，身份不同，角色不同。止者，各得其所也。由此而有《周易·乾卦·象辞》所说之状态——"各正性命，保合太和"。然而，何以止人于其所？以文。子曰："质胜文则野，文胜质则史。文质彬彬，然后君子。"[1]《礼记·礼器》曰："无本不正，无文不行"。文者，节制身体之规则也。《左传·

---

[1] 《论语·雍也》。

成公十三年》记周王室刘康公之言曰："民受天地之中以生，所谓命也。是以有动作礼义威仪之则，以定命也。能者养之以福，不能者败以取祸。"无文，无以成人。

文为人确立法度，让人知其所止。文之作用于人，曰节，《周易·节卦·彖辞》曰：

> 天地节而四时成，节以制度，不伤财，不害民。

《礼记·乐记》更为详尽地论述：

> 人生而静，天之性也；感于物而动，性之欲也。物至知知，然后好恶形焉。好恶无节于内，知诱于外，不能反躬，天理灭矣。夫物之感人无穷，而人之好恶无节，则是物至而人化物也。
>
> 人化物也者，灭天理而穷人欲者也。于是有悖逆诈伪之心，有淫泆作乱之事。是故强者胁弱，众者暴寡，知者诈愚，勇者苦怯，疾病不养，老幼孤独不得其所，此大乱之道也。
>
> 是故先王之制礼、乐，人为之节：衰麻哭泣，所以节丧纪也；钟鼓干戚，所以和安乐也；昏姻冠笄，所以别男女也；射乡食飨，所以正交接也。
>
> 礼节民心，乐和民声，政以行之，刑以防之。礼、乐、刑、政四达而不悖，则王道备矣。

礼、乐、政、刑，统为"人文"，其目的在于"节"人。分而言之，首先在于引导人，以促人向上提升；其次在于约束人，以防范相互侵害。由此，每人"各正性命"，在人际则"保合太和"。

圣人作文

圣人在天人之际，文出自圣人。唯圣人有观乎天文之自觉和能力，唯圣人有制作人文之能力。《周易·系辞》历数上古圣人作文之进程：

天地之大德曰生，圣人之大宝曰位。何以守位？曰仁。何以聚人？曰财。理财、正辞、禁民为非，曰义。

天生人，天要人生。为此而有圣人，圣人作文。

上古圣人作文，可分为三个阶段，第一个阶段是包牺氏和神农氏的时代。《周易·系辞下》：

古者包牺氏之王天下也，仰则观象于天，俯则观法于地，观鸟兽之文与地之宜，近取诸身，远取诸物，于是始作八卦，以通神明之德，以类万物之情。

作结绳而为网罟，以佃以渔，盖取诸《离》。

包牺氏没，神农氏作，斫木为耜，揉木为耒，耒耨之利，以教天下，盖取诸《益》。

日中为市，致天下之民，聚天下之货，交易而退，各得其所，盖取诸《噬嗑》。

在最原始时代，人主要依靠采集满足生存需求。包牺氏创造渔猎生产方式，为此不能不制作工具，工具是有规则之物品，正是文。尤其是狩猎，需人们集体行动，需规则之文。

神农氏发明农业和商业，这对应于考古学上的新石器时代[1]。农业让人过上定居生活，群体内部关系发育，人的心智快速发育，从长筹划，制造更多工具。定居的农耕生活可积累知识，包括天象知识。定居农业形成剩余，人们开始拥有象征性物品，如玉器，从而可过礼仪性生活，有系统的神教活动。剩余带来交换，商业出现，且交换范围不断扩大，与本族群之外的人发生联系。总之，农业和商业推动社会复杂程度迅速提高，规则继续发育。

由此进入第二个阶段，即五帝时代，黄、尧、舜连续地制作更为高级的人文，有了国家这一高级的人类组织形态。《周易·系辞下》曰：

---

[1] 考古学上发现，公元前6000年前后，黄河中下游地区普遍存在农业文化遗存，且达到较高水平。而公元前5000前后的，长江下游、中游已有较为发达的稻作文化遗存。参看苏秉琦主编《中国远古时代》，上海人民出版社，2010年，第39~41页，第56~58页。

神农氏没，黄帝、尧舜氏作，通其变，使民不倦，神而化之，使民宜之。《易》穷则变，变则通，通则久。是以"自天祐之，吉无不利"。

黄帝、尧、舜垂衣裳而天下治，盖取诸《乾》《坤》。

到五帝时代，社会更为复杂，黄帝、尧舜乃制作各种文：

首先是衣冠。衣裳之制，是最为典型的文。

《白虎通义·衣裳》曰：

圣人所以制衣服何？以为缔绤蔽形，表德劝善，别尊卑也。

衣裳之制，旨在别尊卑。尊卑定，而后有稳定的政治秩序可言，故董仲舒《春秋繁露·度制篇》曰：

凡衣裳之生也，为盖形暖身也。然而染五采，饰文章者，非以为益肌肤血气之情也，将以贵贵尊贤，而明别上下之伦，使教亟行，使化易成，为治为之也。若去其度制，使人人从其欲，快其意，以逐无穷，是大乱人伦，而靡斯财用也，失文采所遂生之意矣。上下之伦不别，其势不能相治，故苦乱也。嗜欲之物无限，其势不能相足，故苦贫也。今欲以乱为治，以贫为富，非反之制度不可。古者天子衣文，诸侯不以燕，大夫衣禄，士不以燕，庶人衣缦，此其大略也。

其次作舟车。

《周易·系辞下》：

刳木为舟，剡木为楫，舟楫之利，以济不通，致远以利天下，盖取诸《涣》。服牛乘马，引重致远，以利天下，盖取诸《随》。

何以先言舟后言车？从起源上看，舟的出现早于车。舟之原理易为人知，构造较简单；车的构造复杂，轮的原理比较抽象。从功用看，舟可用于大宗物品的远距离运输，如输送粮食、矿石、军队，于维护天下秩序至关重要，故《禹贡》详记每一州由河道通往王都之路。车则多用于近距离运输。

再次为防御和战争器具。

《周易·系辞下》:

> 重门击柝，以待暴客，盖取诸《豫》。
>
> 断木为杵，掘地为臼，杵臼之利，万民以济，盖取诸《小过》。
>
> 弦木为弧，剡木为矢，弧矢之利，以威天下，盖取诸《睽》。

重门击柝就是设立坚固的门户，安排警卫人员，以防御暴客。随着农业、商业发展，财富积累，社会分化已比较严重，因而有暴力犯罪活动。杵臼是夯土筑城之工具，说明族群之间频繁发生冲突，不能不构筑城墙，以为防御[1]。

最后是弓箭。仅靠防御还不够，不能不发明远距离攻击武器。这些武器足以维护天下秩序。

由这段经文可见，黄帝、尧舜时代，人口、财富增加，社会阶层分化，故有社会动荡。同时，族群之间来往较多，易引发冲突。面对这种情形，黄帝、尧舜不能不变，也即不能不建立各种新制度。由此开始构造华夏，到尧舜初步成型，华夏就是由各种文编织凝聚而成的，人文让社会逐渐安定下来。

第三个阶段，虽然未明指时代，但推测起来，也当在尧舜禹时代:

《周易·系辞下》:

> 上古穴居而野处。后世圣人易之以宫室，上栋下宇，以待风雨，盖取诸《大壮》。
>
> 古之葬者，厚衣之以薪，葬之中野，不封不树，丧期无数。后世圣人易之以棺椁，盖取诸《大过》。
>
> 上古结绳而治。后世圣人易之以书契，百官以治，万民以察，盖取诸《夬》。

后世圣人兴宫室，定丧礼，作文字。宫室不仅为遮风避雨，宫室必有其度，

---

[1] 考古学上发现的最早的城堡，正是属于龙山时代。参看《中国远古时代》，215~220页。

以别尊卑。棺椁、丧期之制，形成于家族观念成熟之后 [1]。至关重要的是书契。《说文解字》："契，刻也。"书契显然为二：既有以笔书写者，如简册；又有以刀刻写者，如甲骨文、金文、石刻文。

上述种种，皆为人文，人所作之文：或为人造之器物，或为人际合作之制度，或为人造符号。人文均出自圣人之制作，均呈现为有规则之形态，故为文。

纵观上述圣王之兴起与作为，可见圣王均为回应人类生存问题而起：人口增加，社会冲突加剧，圣人乃起而有所作为。自然本无，圣王作之，圣王是人文之制作者。包牺氏展示圣王制作之基本思路：圣王观乎天文，而作人文。人文不是天然的，也不是神启的，而是人为制作的。圣人就是善于制作人文者。圣王不是神所拣选的，他们因制作人文，造福于万民，而成为圣王。圣王之权威不是来自神之命令，而来自于天下人之认可。

圣圣相承，人文不断积累，"文明"持续提升。此为真正的"文明"——人文的文明，而不是神晓谕和恩赐的文明。正是多种形态的文提升了人们的合作、组织水平，造福于所有人。华夏不是别的，就是历代圣人所作之文的累积。国家也不是别的，就是各种人文编制之体系。尧之圣来自其所作之文，华夏之统治权就是制作人文以及实施人文之权威。

故尧舜时代之宗庙，自然就是"文祖"。实际上，陶寺遗址出土有朱书"文邑"字样的陶片 [2]。或可推测，此为王都所在，此地人文荟萃，文采昭著，故有此称。《论语·泰伯》，孔子赞美尧"焕乎，其有文章"，故于天下自称"文邑"，以文治天下。

文治

华夏自诞生起，即崇文治。文治有两个相对物：

其一为神治。在"绝地天通"之前，显然是神治，神通过巫觋号令人间。

---

[1]　山东临朐朱封的龙山文化大墓，已见重椁。参看《中国远古时代》，222 页。

[2]　可参看李健民《陶寺遗址出土的朱书"文"字扁壶》，收入《襄汾陶寺遗址研究》，620~623 页，冯时《"文邑"考》，《考古学报》，2008 年第 3 期。冯时认为，"文邑"当为夏都。

尧"绝地天通"，神的地位大幅度下降，不复有神治。王以敬天为根本，而天不言，故观乎天文而作人文，以人文治天下。

文治之第二个相对物是武治，以武力征服、统治天下。《大禹谟》记载，三苗作乱，禹出征：

三旬，苗民逆命。益赞于禹曰："惟德动天，无远弗届。满招损，谦受益，时乃天道。帝初于历山，往于田，日号泣于旻天，于父母，负罪引慝。祗载见瞽瞍，夔夔斋栗，瞽亦允若。至诚感神，矧兹有苗。"

禹拜昌言曰："俞！"班师振旅。

帝乃诞敷文德，舞干羽于两阶，七旬有苗格。

益劝禹不可迷信武力，而以华夏之文感动三苗。诞敷文德者，大布人文也，包括乐舞。

中国治道就是文治。孔子曾论列三代治道之别：

夏道尊命，事鬼敬神而远之，近人而忠焉，先禄而后威，先赏而后罚，亲而不尊；其民之敝：蠢而愚，乔而野，朴而不文。

殷人尊神，率民以事神，先鬼而后礼，先罚而后赏，尊而不亲；其民之敝：荡而不静，胜而无耻。

周人尊礼尚施，事鬼敬神而远之，近人而忠焉，其赏罚用爵列，亲而不尊；其民之敝：利而巧，文而不惭，贼而蔽 [1]。

命者，天命也。夏人尊天，故虽事鬼敬神，并不亲昵之，而保持距离，故以禄、赏治国，禄、赏正依赖于文。《大戴礼记·五帝德》孔子谓禹"高阳之孙，鲧之子也，曰文命"，"文命"很可能是谥号，其意为以文统御、治理天下。

三代中，殷人最为尊神，可谓部分回归神治，甲骨之卜，正是为了求知神意。

然而，周人继承了夏人传统且有以加之，周人最为尊天，周公反复言天，《诗

---

[1]《礼记·表记》。

经》言天之诗甚多。于是，周之受命之王乃为周"文"王，《诗经》多次歌颂文王之文，如《周颂·维清》：

> 维清缉熙，文王之典。
> 肇禋，迄用有成，维周之祯。

周公制礼作乐，谥为"文公"。礼乐就是文。由于文王、周公之努力，故子曰："周监于二代，郁郁乎文哉！吾从周。"[1] 周代最可贵者，正是其文。

礼崩乐坏之际，孔子"祖述尧舜、宪章文武"[2]，其志正在于延续圣王之文，《论语·子罕》：

> 子畏于匡，曰："文王既没，文不在兹乎？天之将丧斯文也，后死者不得与于斯文也；天之未丧斯文也，匡人其如予何？"

孔子以承续"斯文"为己任，"斯文"就是华夏之文，就是华夏—中国文明。《孔子家语·本姓解》记载齐太史子之言：

> 成汤以武德王天下，其配在文。殷宗已下，未始有也。孔子生于衰周，先王典籍，错乱无纪；而乃论百家之遗记，考正其义，祖述尧舜，宪章文武，删《诗》述《书》，定礼理乐，制作《春秋》，赞明易道，垂训后嗣，以为法式，其文德著矣。然凡所教诲，束修已上，三千馀人。或者天将欲与素王之乎？夫何其盛也。

孔子收集尧舜禹汤、文武周公所作礼乐之文，删述而成六经之文，这是文之形态的一次大变。

孔子乃以文教养弟子，《论语·学而》：

---

[1] 《论语·八佾》。

[2] 《中庸》。

子曰："弟子入则孝，出则弟，谨而信，泛爱众，而亲仁。行有馀力，则以学文。"

《论语·述而》：

子以四教：文，行，忠，信。

《论语·雍也》：

子曰："君子博学于文，约之以礼，亦可以弗畔矣夫！"

孔子之教就是"文教"，旨在养成"文质彬彬"之人，并以文化成天下，是为"文化"。

后世又封孔子为"文宣王"。又，后世帝王、士大夫之谥，以文最贵。[1]

简言之，自尧舜以来，华夏—中国文明是名副其实的"文"明。也许在世界各大文明中，唯有中国文明如此，其他文明，毋宁是神谕的文明。故理解中国文明，关键在明乎"文"之大义。

---

[1] 《逸周书·谥法解》："经纬天地曰文，道德博厚曰文，勤学好问曰文，慈惠爱民曰文，愍民惠礼曰文，锡民爵位曰文。"

二十、天统众神

在璇璣玉衡，以齊七政。
肆類於上帝，禋於六宗，望於山川，遍於群神。

在，察也。
肆，遂也，因也。类，因事而祭天。
禋，祭祀之礼。
望，祭祀山川之礼。
遍者，辩也，以尊卑次秩祭之。

观测璇玑、玉衡，据此整齐七政。

于是，类祭于上帝，禋祭于六宗，望祭于名山大川，以尊卑次序遍祭于各神灵。

尧已初造华夏，然诸多法度尚未建立。舜继嗣，立刻展开创制立法之大业。《礼记·祭统》："凡治人之道，莫急于礼。礼有五经，莫重于祭。"尧树立敬天之礼，舜让天具体化，并以天为中心，建立祀典。

循天道而治

对"在璇玑玉衡，以齐七政"，《尚书大传》有所解释：

在旋机玉衡，以齐七政。齐，中也。七政者，谓春、秋、冬、夏、天文、地理、人道，所以为政也。道正而万事顺成，故天道，政之大也。旋机者何也？传曰："旋者，还也；机者，几也，微也；其变几微，而所动者大，谓之旋机。"是故旋机谓之北极。

据此，璇玑就是北极。天行有常，故有其文。天何以行？围绕北极。不过，北极不是具体某颗星宿，而是北天正中之不动点，乃天之枢纽。天上星斗围绕其运转，自身却不动，故《论语·为政》曰："为政以德，譬如北辰，居其所而众星拱之。"北辰即北极。据《史记·天官书》和《周髀算经》，以北极为中心的圆形天区，即为"天盖"。

由于北极非星，难以观测，人们乃取最近于北极而旋转于其侧之星测之，此为北极星。北极星是北极之近似标志点，由于岁差关系，其所对应的星随时而异，在公元前二十世纪以前五百年中，先为天一星，后为太一星，曾在不同时代被人们视为真天极之所在。

玉衡是斗六星。旋绕于北极之外有二十余颗星，构成紫宫，或称紫微垣。垣之下有斗六星，昼夜循紫微垣环绕北极运行，此即玉衡，它不是北斗七星。

经前文说"历象日月星辰"，其中观测璇玑、玉衡是比较重要的，据此可确定北极，准确地观测星象。由此也可整齐七政，七政首先指春夏秋冬四时，其次是天文、地理、人道。"璇玑玉衡"本身就是天文，且为基准，而古人认为，天文、地理间有对应关系，《史记·天官书》曰：

二十八舍主十二州，斗秉兼之，所从来久矣：秦之疆也，候在太白，占于狼、弧。吴、楚之疆，候在荧惑，占于鸟衡。燕、齐之疆，候在辰星，占于虚、危。宋、郑之疆，候在岁星，占于房、心。晋之疆，亦候在辰星，占于参罚。

此即"分野说"。地上的十二州对应于不同的星宿，该地人事之异常，与星宿之异动相应、互动。人在天地之间，天、地、人相应互动，故观天象，既可正四时，制定出准确的王历，以为天下之共同节奏，也可让人事顺于天道而不悖。

这一努力对于巩固初生的华夏至为重要。华夏之成立和运转不依赖于神意，而有赖于天，准确的王历和顺天道而安排政事，可让天具体化、生活化，从而让天下君子之个体生命融入天道，而认同华夏。

上帝

舜于察璇玑玉衡以齐七政之后，"肆类于上帝"。值得注意的是"肆"字，意为"遂"、"于是"。此字表明，璇玑玉衡和上帝之间存在关系，那么这是什么关系？

天是生生不已的万物之大全，无体而不言。与神灵相比，天是高度抽象的。唯一真神已足够抽象，但神至少说话，先知可与神对话；而天更为抽象，人根本无法与之对话，似乎也无特殊显现除非具有特别抽象的心智，否则无法想象天。

信仰之内在倾向驱使人们崇拜天之可见象征，故天首先具象为天空，人们也会设想，天空最高处居住着最高神灵，此即"上帝"。上帝是天之略有人格之形态。天一星或太一星曾为北极星，此星名即显示，它们曾被视为天上地位最高之神灵的居所。《史记·天官书》开篇曰：

> 中宫天极星，其一明者，太一常居也；旁三星三公，或曰子属。后句四星，末大星正妃，馀三星后宫之属也。环之匡卫十二星，藩臣。皆曰紫宫。

在此，太史公把星辰形象化为人间政治人物，张守节正义曰："泰一，天帝之别名也。"又引刘伯庄云："泰一，天神之最尊贵者也。"确立了璇玑，才能确定祭祀上帝。舜受命摄政，乃祭告上帝。

此后，天和上帝二名共存，在不同时代，侧重点有所转移。程明道曾精辟指出：

> 《诗》《书》中凡有一个主宰的意思，皆言"帝"；有一个包含遍覆的意思，则言"天"；有一个公共无私的意思，则言"王"。上下千百岁中，若合符契。言天之自然者，谓之"天道"；言天之赋予万物者，谓之"天命"。[1]

---

[1] 《宋元学案·明道学案》。

不同时代所尊者，在天或上帝之间或有游移，据孔子所说，夏人尊天，殷人尊上帝，周人又尊天[1]。从《诗经》清晰可见，殷周之际确实出现过从上帝到天之大转换。不过，即便在殷人那里，上帝高居于天之最高处，仍不言说，不降临人间，不对人颁布律法，也不宣告自己的独一。也即中国人心目中的"上帝"，始终受到其"天性"之约束，仅有较低程度的位格化，而仍保有天之基本属性。故尧舜以至于后世中国人所敬之最崇高对象终究是天，而非人格化之上帝。此为中国人神教信仰之要旨所在。

群神

上帝有天之属性，故舜祭告上帝之后，又广泛祭祀各地名山大川和群神。

首先是"禋于六宗"。《通典·吉礼》引郑玄注《尧典》云："禋，烟也，取其气达升报于阳也。"孔颖达正义曰：

"郑玄以六宗言'禋'，与祭天同名，则六者皆是天之神祇，谓'星、辰、司中、司命、风师、雨师。星谓五纬星，辰谓日月所会十二次也。司中、司命，文昌第五、第四星也。风师，箕也。雨师，毕也'"。

据此，舜于此所祭祀者皆为天神，天在上，故加牺牲之体于薪柴而燃之，烟气上达于天，即可为天神所享。

其次，舜祭祀名山大川。

再次，舜按照尊卑次序遍祭群神。

总之，舜殷勤地奉事各种神灵，以求四时不忒，风调雨顺，人民安康。作为华夏之王，舜承担沟通神、民之责任，而树立治国平天下的权威，从而增进新兴的华夏之凝聚力。

舜奠定后世王、皇帝祭祀之典。《礼记·祭法》记载，王者有如下祭祀对象：第一类，祭祀天地、四时、寒暑、日月星辰、山川、百神等。

---

[1] 《礼记·表记》。

燔柴于泰坛，祭天也；瘗埋于泰折，祭地也；用骍犊。

埋少牢于泰昭，祭时也；相近于坎坛，祭寒暑也。

王宫，祭日也；夜明，祭月也；幽宗，祭星也；雩宗，祭水旱也；四坎坛，祭四时也。

山林、川谷、丘陵，能出云为风雨、见怪物，皆曰神，有天下者，祭百神。

神灵无处不在，能够影响万民者，王均祭祀之。

第二类，祭祀祖先。

大凡生于天地之间者，皆曰命。其万物死，皆曰折；人死，曰鬼；此五代之所不变也。七代之所以更立者：禘、郊、宗、祖；其馀不变也。

天下有王，分地建国，置都立邑，设庙、祧、坛、墠而祭之，乃为亲疏多少之数。

宗庙是国家至关重要的公共场所，宗庙祭祀祖先，治理权寄存于宗庙，只有拥有治理权者——王、诸侯、大夫，可有宗庙，士、庶人均无宗庙。

第三类，祭祀社稷。

王为群姓立社，曰大社。王自为立社，曰王社。

诸侯为百姓立社，曰国社。诸侯自立社，曰侯社。

大夫以下，成群立社曰置社。

人们在社里祭祀土地。宗庙是相对封闭的，社则面向共同体所有人。大大小小的共同体，皆有其社。

第四类，祭祀掌管人之日常生活的神灵。

王为群姓立七祀：曰司命，曰中溜，曰国门，曰国行，曰泰厉，曰户，曰灶。王自为立七祀。

第五类，祭祀圣贤。

夫圣王之制祭祀也：法施于民则祀之，以死勤事则祀之，以劳定国则祀之，能御大灾则祀之，能捍大患则祀之。

是故，厉山氏之有天下也，其子曰农，能殖百谷；夏之衰也，周弃继之，故祀以为稷。共工氏之霸九州也，其子曰后土，能平九州，故祀以为社。

帝喾能序星辰以著众；尧能赏均刑法以义终；舜勤众事而野死。鲧鄣洪水而殛死，禹能修鲧之功。黄帝正名百物以明民共财，颛顼能修之。契为司徒而民成；冥勤其官而水死。汤以宽治民而除其虐；文王以文治，武王以武功，去民之灾。此皆有功烈于民者也。

历史上凡曾造福于天下民众之圣贤，均得受献享祭祀。

舜所创这一祭祀制度之最显著特征，就是神灵众多，且天、神、鬼混杂，而同为人祭祀。

需要注意的是，舜之活动仅仅是祭祀，而不是通神。在"绝地天通"之前，神灵支配世界，巫术对秩序维护至关重要，或者巫师降神以统治，或者军事统治者借助巫师降神以统治。"绝地天通"之后，天最高，天从根本上改造了神，神、人两分，神灵不再降临于人间。巫术不再重要，祭祀的主体不必是巫师。舜是王，他是祭祀主体，他不必借助巫术降神，聆听神的旨意。自尧舜以来，在华夏—中国，国家祭祀的主体始终是王。

舜只是诚敬地祭祀而已，至于其功能，郑玄《周颂谱》曰：

又曰："故祭帝于郊，所以定天位；祀社于国，所以列地利；祖庙，所以本仁；山川，所以傧鬼神；五祀，所以本事。"

又曰："礼行于郊，而百神受职焉。礼行于社，而百货可极焉。礼行于祖庙，而孝慈服焉。礼行于五祀，而正法则焉。"

故自郊、社、祖庙、山川、五祀，义之修、礼之藏也。功大如此，可不美报乎？故人君必絜其牛羊，馨其黍稷，齐明而荐之，歌之舞之，所以显神明，昭至德也。

祭祀的目的，一是求，祈求神灵护佑，但这只是一般性的求福而已，并不祈求神灵就具体事务给予具体指示；一是报，人间诸事顺利之时，以祭祀回报神灵。当然，这两者本不可分。

天与众神

由舜所立之祀典，可见华夏神教生活之基本格局：诸神统于天，或曰一天多神。

在此之前，只有多神。人类早期文明都有此阶段，但人类终究有追寻普遍之蕲向，只是路径大不相同。

有些文明走一神教之路，多神变为唯一真神，完全拒斥此前之多神。据犹太教之《创世记》，在西奈山上，神对摩西颁布"十诫"，首先说："我是耶和华你的神，曾将你从埃及地为奴之家领出来。除了我以外，你不可有别的神。不可为自己雕刻偶像，也不可作甚么形像，仿佛上天、下地，和地底下、水中的百物。不可跪拜那些像，也不可侍奉他，因为我耶和华你的神是忌邪的神。恨我的，我必追讨他的罪，自父及子，直到三四代。"唯一真神以言辞宣告自己是唯一神，并命令人放弃其他神，否则将惩罚人。伊斯兰教义与此相当。唯一真神之降临，必定消灭一切其他神灵。

颛顼、尧另有其道，即"绝地天通"，由此，彻底超出了神灵，最为崇高者不是任何神灵，而是天。原来各族群之神灵仅保护本族群，天则遍覆万物，一切人皆在天之下。敬天，让长期生活在不同族群中的人们的心得以对陌生人敞开，从而塑造了华夏、天下意识。

天是普遍的，这一点与唯一真神相同。唯一真神让本来生活在狭小族群中的人们心智开放，天也如此。但两者的区别也是巨大的：天不是独断的，遍覆之天没有挤压、消灭人们此前信奉之各种神灵；现在，天巍然在众神之上，又含容众神。实际上，众神在天中，故祭天，并不妨碍王者及其他人祭祀各种神灵。人也在天中，祭天也不妨碍王者祭祀祖先，以及造福于民之圣贤。故舜祭天，祭祀天的部分人格化之形态——上帝，但他不只是祭天，他也祭祀天地之间各种神灵和祖先。此后历代王者均如此。

尧"协和万邦",尊奉和而不同之道;在信仰领域中,尧舜同样确立"和而不同"之道。或者可以说,信仰领域中的"和而不同",实为政治上协和万邦之基础。各族群当初处在分立状态,最为根本的区隔力量,就是其各信其神。此为"不同"。天是"和"的力量,天让不同神灵得以处在和的状态,由此才有政治上之万邦协和。天不像唯一真神那样,"同"各邦之神,而是"和"之。

尧舜时代确立诸神统于天的神教格局,由此形成"祀典"制度:它规范各个等级的人的祭祀。比如《礼记·曲礼》谓:

> 天子祭天地,祭四方,祭山川,祭五祀,岁遍。诸侯方祀,祭山川,祭五祀,岁遍。大夫祭五祀,岁遍。士祭其先。

由此可见,祭祀与政治之间有密切关系。

这是一个开放的信仰世界:每个人同时崇奉多个神灵,这些神灵形成一个系统。由此,人们祭祀的对象在持续地变化,有些神灵被人遗忘,又有新的神灵获得人们崇奉。华夏之外各种神教的神灵,也可进入这个开放的信仰世界。这是一个多样的、开放的、动态的神灵崇拜体系。

然而,不能简单地说,中国人信奉的是多神教,因为天始终享有崇高地位。这是一个以天为本、和而不同的神灵崇拜体系。

相比于多神教和一神教,这似乎相当独特,然而,这恰恰是神教生活之中道。天是普遍的,但不独断。众神和而不同,没有人可借一个神要求其他人。因此,尧舜以后,中国的信仰世界是自由的。

至孔子,删述六经,发展文教,汉武帝复古更化以后,广泛渗透社会各层面,并渗透到各种神灵崇拜体系中,而形成"一个文教、多种神教"的格局。这同样是和而不同:多种神教共存,文教协调多种神教,使之和平共处,且具有若干共同价值。

一天多神或者一个文教、多种神教,正是华夏—中国之为天下,始终具有包容力,从而在过往历史中持续成长的生命力所在。

二十一、比德于玉

輯五瑞。

辑，敛也，收集。五瑞，五种玉器。

收集诸侯所执之五种玉器。

本章经文提及玉之为瑞信，玉是诸侯之信物。经下文提到“五玉、三帛、二生、一死：贽”，玉为君子相见之贽。可见，玉器有丰富的文化、政治意涵，是维系社会秩序之重要器物。至于爱玉之风，似为中国所独有，构成丰厚的文化传统。

玉器时代

《越绝书·外传·记宝剑》记风胡子招人为楚人铸铁为剑，而于战争中取胜，乃对楚昭王解说器物演进之历史：

时各有使然：轩辕、神农、赫胥之时，以石为兵，断树木为宫室，死而龙臧，夫神圣主使然。至黄帝之时，以玉为兵，以伐树木为宫室，凿地。夫玉，亦神物也，又遇圣主使然，死而龙臧。禹穴之时，以铜为兵，以凿伊阙，通龙门，决江导河，东注于东海。天下通平，治为宫室，岂非圣主之力哉？当此之时，作铁兵，咸服三军，天下闻之，莫敢不服。[1]

风胡子相当准确地描述兵器之演进历史，也是人类使用物材之演进历史：最早，人类使用石器；其次，使用玉器；经过青铜器阶段，到战国时代，进入铁器时代。考古学上确已有石器时代、青铜器时代、铁器时代的分期，那么，至少在中国，是否也应当有一个玉器时代的名目？因为，在中国，玉器确实至关重要。

石器自然带来玉器。人们在使用石器过程中很自然地会发现，有些石头精美而珍贵，爱美乃是人的天性，人们必逐渐有意地寻找这类美丽的石器，并更为用心地加工，用于自己心目中较为重要的用途。这样，在价值、加工技术、用途等各个方面，玉器就与石器相分离。

从考古发现看，玉器之使用甚早，但其发展史可以公元前 3000 年为界，划分为两大阶段：此前，多见小件玉器，且用于一般装饰；此后，则有玉器之大繁荣，玉器多用为礼器。

公元前 3000 年前后，从北方到南方，差不多同时出现三个以玉器遗存为主要社会内涵的重要文化体：位于燕辽之红山文化，位于山东之大汶口文化中期，位于太湖地区之良渚文化。

这三个遗址有十分丰富而精美的玉器出土：在红山文化墓葬不多的随葬品中，玉器所占比例在 95% 以上；大汶口文化中期的墓葬玉器略少，但花厅墓地几乎都有出土，最多可达 50% 左右；良渚文化墓葬玉器发现数量最多，一般高等级墓葬中随葬的玉器至少在 90%。

---

[1] 张光直先生评论说："这段话有两点值得注意。其一是把古史分为石、玉、铜、铁四个阶段，大致相当于传统古史中的三皇（轩辕、神农、赫胥）、五帝（黄帝）、三代（禹）和东周四个阶段。第二点是将这四个阶段的进展变化与政治力量相结合。这两点都很正确地将中国古代文明演进的经过的本质变化撮要出来了。西方考古学讲石器时代、铜器时代、铁器时代，比起中国来中间缺一个玉器时代，这是因为玉器在西方没有在中国那样重要。玉器时代在中国正好代表从石器到铜器的转变，亦即从原始社会到国家城市社会中间的转变阶段，而这种转变在中国社会史上有它自己的特征。"（《谈"琮"及其在中国古史上的意义》，收入，《中国青铜时代》，三联书店，2013 年，314 页）张先生主张，中国文明演进历程中可有"玉琮时代"。

最为惊人的是，在安徽含山凌家滩遗址，出土上千件精美玉器，除璜、环、镯、玦、璧、斧、钺以及管珠等常见玉器外，还有龟、龟形器、长方形刻纹版、人、鹰、龙、梳背、双连璧、圆角方形璧、丫形器、三角形刻纹片饰等罕见玉器，此遗址距今 5500~5300 年。

这个时代大体上正对应于风胡子所说"以玉为兵"的时代，故有学者提议，中国文明这一阶段可称作"玉器时代"。从这一时期，玉器文化在中国蔚为大观，长盛不衰。

从地域分布看，这一时期，玉器文化最为发达的区域在东部。在同期中原之仰韶文化墓葬中，玉器较少。再往西深入关中一带，出土玉器的时代更晚。由此可推测，尚玉之风起于东方，逐渐向西传播。

最终，尚玉、爱玉、用玉，成为中国境内各族群的普遍习俗。即便在青铜器出现之后，玉器仍可与青铜器比美。玉器享有如此崇高的地位，似乎仅见于中国文明，在世界其他重要文明中几乎看不到。直到今天，中国人仍然爱玉。

大量使用制作精美之玉器，也即玉礼器，具有重要历史指标意义，它提示，当时社会结构趋于复杂，文明水平大幅度提升。

玉礼器的大量使用说明，已有最为基本的社会分工，"劳心者"与"劳力者"之分工。此分工带来玉礼器之需求：玉礼器是劳心者所用，或用于通神，或用于标识君子身份。这说明，当时社会的组织化程度大幅度提高，由此人们可以组织更为复杂的经济、社会和治理活动。

玉礼器的大量使用也说明，存在明确经济分工，也即手工业已专业化，且高度发达。石器、骨器，更不要说陶器的制作也是相当专业的，不过，玉器加工更为精细，需要工匠高度专业化。恐怕正是玉器的大规模使用催生了官营工业，也即统治机构设立专门部门，采集玉料、加工玉器。

玉礼器的大量使用还说明，当时已出现远距离贸易。石器、骨器、陶器也会带动贸易，但距离通常不会太远。玉器则不同，大多数邦国不出玉料，加工所需的玉料通常需通过远距离贸易解决。由于石料沉重，这种远距离贸易必借助江河船运展开。

同时，玉器加工技术也有远距离交流，从考古发掘可以发现，红山、大汶口、良渚、凌家滩出土的玉器中，多有加工技术、器形、图纹相近、相似者，这表明玉器文化区是有密切往来的。

凡此种种技术和社会组织变化，对华夏共同体之最终成型，均具有重要意义。玉礼器因社会复杂性提高而为人使用，其大量使用又推动社会组织化程度持续提高，君子群体拥有普通民众无法想象之珍贵器物，有助于强化其权威。玉礼器在各文化体之间远距离传播，不同地区的君子共同用玉，有助于其产生共同体意识。事实上，最为珍贵的玉礼器推动不同文化体的信仰、观念、表达符号之传播、交流、融合，构筑君子群体跨地区的共同心智。玉器正是华夏共同体开始构造之观念载体。

从事神到事人

到五帝时代，玉礼器的使用已遍布燕山、长江之间广阔的华夏地区。不过，玉礼器在从东部向中西部传播过程中，用途有重大变化：从东部的祭玉逐渐转向中原的瑞玉，也即玉礼器从主要用于事神，转向主要用于事人，从中可见华夏成型过程中君子精神之大变化。

山西陶寺遗址出土相当数量的玉器，在已发掘的一千三百余墓葬中，随葬玉石器者有二百多座，共发现各类玉石器八百多件，还有散落的绿松石镶嵌饰片九百多枚。相比于东方各文化，玉器数量减少，且加工较为粗糙，不甚精美。同时，器形、风格、用途等方面，也与红山、良渚文化大不相同。

首先，从器形、风格来看，陶寺玉器带有明显的文化融合性质。高炜分析说，陶寺出土玉钺，同黄河下游大汶口文化晚期及龙山文化，黄河中上游各龙山遗址出土的玉钺形制较多一致。陶寺出土玉璧的某些部分，或者近于良渚玉璧，或者近于黄河下游海岱系玉璧，或近于红山文化。琮和双孔玉刀，其渊源可追溯到长江下游和江淮地区。总之，"陶寺玉器群集红山、大汶口、良渚、薛家岗诸文化玉器的因素为一体，并在吸收融合的基础上创造出自身的独立特征。"由此可见，"陶寺文化中包含着来自四方（主要是东方和东南方）的文化因素，显现公元前 2500 年前后，已形成黄河、长江及周围地区各文化系统辐辏中原、集多源于一统的趋势。"[1] 由玉礼器即可见当时万邦聚合，尧舜加以组织，而有华夏的政治事实。

由陶寺出土的玉器还可见，尧舜虽吸纳各地玉器传统，但玉器用途大有调整。高炜指出，陶寺出土玉器，"除有的琮外周磨出横向细槽作装饰外，表面光素，大多没有纹饰，尤其不见神秘性图案纹样"，这与良渚出土玉器形成鲜明对比："通过对墓葬类型和共存随葬品的分析，可知陶寺大、中型墓中的玉器乃是器主等级身份和权利的标志物——即礼器。但与同样属礼器的良渚玉器所蕴含的社会意识有所不同。以璧、琮、倒梯形冠状饰为代表的良渚玉器群，广泛雕镂或繁或简的神徽，表现出交通天、地、祖、神的特质。与之相比，光素的陶寺玉器明显缺乏神秘性；再者，从陶寺璧琮的出土位置，尤其是套在手臂上的璧、复合璧和琮来看，它们是作为装饰品使用的。于是不难察觉陶寺玉器所蕴含的神教意义已相对淡薄，而更重在权利和财富等世俗观念的体现。"[2]

同属礼器，东部各文化体的玉器主要用于事神，位于中原的陶寺玉器则主要用于标识社会等级，也即用于事人。

由此变化可见华夏精神之端倪。如观射父所说，早期社会的秩序以神为中心，不论是在民、神不杂状态，还是在神、人杂糅状态。颛顼、尧"绝地天通"，不以神为社会组织之中心，而以敬天为本，以德合群。这样，东部各族群用来事神之玉器，同样受到重视，但转而用于维护人际之礼制秩序。玉器的使用量也大幅度减少，相比于东方，较为简朴。

由此可见，新兴的华夏继承了此前各文化体之传统，但予以重新组合，同时贯注以新的精神，此精神就是屈神而敬天，重德而亲民。

当然，玉器也继续用于事神，如祭河时沉玉于河，祭泰山时埋玉于山。但从华夏正文治共同体成立，玉主要用于事人。

---

[1]　高炜《襄汾陶寺遗址研究》，475 页。

[2]　高炜《陶寺文化玉器及相关问题》，收入《襄汾陶寺遗址研究》，475~476 页。

五瑞、五玉

玉器转用于事人，故有五瑞、五玉。五瑞是诸侯所执之信物。《白虎通义·文质》曰：

何谓五瑞，谓圭、璧、琮、璜、璋也。

《礼》曰："天子圭尺有二寸。"又曰："博三寸，剡上寸半，厚半寸。半圭为璋。方中圆外曰璧。半璧曰璜。圆中牙身玄外曰琮。"

《礼记·玉度》曰："玉者，有象君之德：燥不轻，湿不重，薄不挠，廉不伤，疵不掩，是以人君宝之。"

天子之纯玉，尺有二寸。公侯，九寸，四玉一石也。伯、子、男，俱三玉二石也。

此处所说几种玉器，陶寺墓葬均有出土——也许璋除外，尤其出土了目前发现最早的尖首圭。至关重要的是此圭在玉器更为发达的东部文化遗存中从未出现过。或可推测，圭是尧舜因应华夏国家之成立而发明的，由王颁发给诸侯，以为其臣服之标志。《白虎通义·瑞贽》谓"王者始立，诸侯皆见"，有合符信之程序"天子执瑁以朝诸侯，诸侯执圭以觐天子"，合符信的主要工具是以瑁合圭。

至于其他玉器，可能多用作"贽"，诸侯朝见王或诸侯相互聘问之礼物。《左传·庄公二十二年》曰："观国之光，利用宾于王，庭实旅百，奉之以玉帛，天地之美具焉。"玉帛是最为珍贵的贽。《左传·文公十二年》：

秦伯使西乞术来聘，且言将伐晋，襄仲辞玉曰："君不忘先君之好，照临鲁国，镇抚其社稷，重之以大器，寡君敢辞玉。"对曰："不腆敝器，不足辞也。"主人三辞，宾客曰："寡君愿徼福于周公、鲁公以事君，不腆先君之敝器，使下臣致诸执事，以为瑞节，要结好命，所以藉寡君之命，结二国之好，是以敢致之。"襄仲曰："不有君子，其能国乎？国无陋矣。"厚贿之。

玉之德

尧舜"绝地天通",君子树立其权威,不靠巫术,而靠自身之德。与此同时,玉礼器从事神转向事人,玉器拥有群体发生根本变化:以前,玉器用以通神,多由通神之人即巫师拥有,此后,玉器表征人之德,凡君子皆可拥有。君子之看待玉,逐渐地从重其灵气转向重其德,玉成为君子之德的最佳表达,而恰恰是这一点,让玉文化获得了长久生命力,以迄于今。

《礼记·聘义》记载孔子论玉之德:

夫昔者君子比德于玉焉:温润而泽,仁也;缜密以栗,知也;廉而不刿,义也;垂之如队,礼也;叩之其声清越以长,其终诎然,乐也;瑕不掩瑜、瑜不掩瑕,忠也;孚尹旁达,信也;气如白虹,天也;精神见于山川,地也;圭璋特达,德也;天下莫不贵者,道也。《诗》云"言念君子,温其如玉",故君子贵之也。

君子比德于玉,故三代君子均爱玉,《礼记·玉藻》说:

古之君子必佩玉,右徵角,左宫羽。

趋以《采齐》,行以《肆夏》,周还中规,折还中矩,进则揖之,退则扬之,然后玉锵鸣也。故君子在车,则闻鸾和之声,行则鸣佩玉,是以非辟之心,无自入也。

君子无故,玉不去身,君子于玉比德焉。天子佩白玉而玄组绶,公侯佩山玄玉而朱组绶,大夫佩水苍玉而纯组绶,世子佩瑜玉而綦组绶,士佩瓀玟而缊组绶。孔子佩象环五寸,而綦组绶。

君子比德于玉,以玉修德,以德养玉,使玉文化传之久远。由此之故,诸物之中,玉是最为特别的,任何其他器物,都没有如此久远的文化传统和如此深邃的德行内涵。

二十二、四方朝觐

既月乃日，觐四岳、群牧，班瑞於群後。

觐，见也。

后，君也。

选择吉利的月份，又确定吉利的日子，召见担任王室公卿的诸侯与各地选派的诸侯，并依尊卑次序将玉器归还于他们。

舜确立祭祀礼制，接下来舜准备行使天下治理权，为此首先确认自己与诸侯的君臣关系，以此巩固王权，稳定华夏，本章记其形态：朝觐。

朝觐

尧已缔造华夏，对诸侯拥有治理权。舜继嗣王位后，如何在天下树立权威，从而有效地治理天下？大约正是由舜确立一项重要礼制：新王继位，诸侯集体朝见，双方面对面地确认君臣关系。《白虎通义·瑞贽》曰：

王者始立，诸侯皆见何？当受法禀正教也。《尚书》"辑五瑞，觐四岳"，谓舜始即位，见四方诸侯，合符信。《诗》云"玄王桓拨，受小国是达，受大国是达"，言汤王天下，大小国诸侯皆来见，汤能通达以礼义也。《周颂》曰"烈文辟公，锡兹祉福"，言武王伐纣定天下，诸侯来会，聚于京师受法度也。远近莫不至，受命之君天之所兴，四方莫敢违，夷狄咸率服故也。

本章经文所记就是此一制度之创建。此后，新王即位，诸侯即来朝会。这一点对革命之后的开国之王来说尤其重要，故《诗经·周颂》多篇有所描述。此一朝会之目的在于新王与诸侯建立君臣关系。

常态下，新王即位，诸侯也来朝见，确认君臣关系。《尚书》之《顾命》《康王之诰》两篇即记载新继嗣之康王与诸侯建立君臣关系之程序，《诗经·周颂·闵予小子之什》前四首记载诸侯朝会成王、与之建立君臣关系的经过。

舜觐见之对象是"四岳、群牧"。经前文显示，尧处理公务过程中，频繁征询"四岳"意见，可见其常在王前，辅佐王处理政务。他们即为后世所说之王室公卿，本为某一方国之诸侯，受征召服务于王室，常驻王室，为王效力。据《诗经·卫风·淇奥》序，卫武公曾入王室为卿士。据《左传》，东西周之际，郑侯长期在王室为卿士。一般来说，王室卿士是王畿内诸侯。

"群牧"大约即经下文所谓"十二牧"，当为四方诸侯之代表，因王位继嗣而临时来到王城，专门参加继嗣仪式。

这一制度表明，王与诸侯之君臣关系是人身性的，人身性可有两层含义：第一，这种关系是个人的，而非集体的，即王与每个诸侯个别地建立君臣关系；第二，这种关系及身而止，即仅在双方生时有效，双方的身份及相应的权益、职分不能世代继承。[1] 正因为此，当舜继嗣后，诸侯须来朝见，与舜缔结君臣关系，由此，舜才成为诸侯之君，对其拥有权威。

由上述程序可见王的权威与封建国家之性质。

万邦在漫长历史过程自然形成，各邦诸侯权威之根底深厚，相对自足。各邦国间相互间联系日益频密，逐渐形成区域性邦国联盟，所谓"四岳"、"十二牧"大约就是地区性联盟中发挥领导作用之诸侯。最终，由于自然环境变化，由于尧舜禹拥有合群之大德、大能，统一的华夏国家成立，在邦国之上有了国家，在诸侯之上有了王。

但是，邦国的结构非常紧密，而尧舜禹之立国不是依靠武力，而是克明俊

---

[1]　关于这一点的详尽论证，可参看《华夏治理秩序史》，海南出版社，2012 年，第二卷，上册，第一章。

德，亲睦九族，平章百姓，协和万邦，故邦国内部结构未遭触动，邦国是作为整体加入华夏的，故王只与诸侯打交道。在此情况下，王与诸侯的关系是个人性的，依赖于双方之信任，故王特别重视与诸侯之君臣关系的建立。

而这说明，尧舜禹之权威并非遍及于天下所有人，而只及于诸侯。华夏封建制之基本原则是：我的臣属的臣属不是我的臣属，相应地，从臣子的角度看则是"家臣不知国"。[1] 与此形成对比，诺曼公爵入英格兰登基为威廉一世后，要求所有骑士在效忠于自己男爵之同时效忠于国王，原因很简单——威廉一世是武力征服者。尧舜禹却不是，是以德合诸邦者。中国封建制之后续演变不同于英国，根子在此。

由此，尧舜禹时代之天下是多中心治理秩序：各邦国是自我治理的，王更多地是协调者，提供单个邦国所无法提供但又至关重要的若干公共品，如疏浚河流、治理洪水、抵御外患等。尧舜禹建立的是权威有限之中央政府。

此后历史进程中，王的权威逐渐扩大。周代有"命卿"制度，《左传·成公二年》记载，晋打败齐，使其大夫巩朔献捷于周王，周王拒见，并让单襄公带话给晋侯："今叔父克遂有功于齐，而不使命卿镇抚王室，所使来抚余一人，而巩伯实来，未有职司于王室。"杜预注曰："巩朔，上军大夫，非命卿，名位不达于王室。"可见，到周代，"命卿"虽为诸侯之卿，但已由周王策命，对周王承担一定职事，且可与周王交通。由此，周王权威突破诸侯层面，局部地进入诸侯国内。

更进一步，周王甚至一度企图直接控制民众，此即周宣王之料民，《国语·周语上》记：

宣王既丧南国之师，乃料民于太原。仲山父谏曰："民不可料也！夫古者不料民而知其少多：司民协孤终，司商协民姓，司徒协旅，司寇协奸，牧协职，工协革，场协入，廪协出。是则少多、死生、出入、往来者，皆可知也。于是乎又审之以事，王治农于籍，蒐于农隙，耨获亦于籍，狝于既烝，狩于毕时，是皆习民数者也，又何料焉？不谓其少而大料之，是示少而恶事也。临政示少，

---

[1] 可参看《华夏治理秩序史》，第二卷，上册，272~275 页。

诸侯避之。治民恶事，无以赋令。且无故而料民，天之所恶也，害于政而妨于后嗣。"王卒料之，及幽王乃废灭。

开头两句说明，周宣王之所以有这一料民的意图，因为在征伐姜氏之戎的千亩之战中，丧失征调自南国也即江汉地区各诸侯国之军众，兵员匮乏，他希望通过料民，补充兵员。

民者，庶民也。在古典文献中，人、民含义有所区别：人指君子，民指庶民。君子之数，王大可以知道，因其人数本来就较少，且充当武士，常集中训练，并奉召出兵随王征伐。庶民数量，则是王难以掌握的，因为王权不及于诸侯国内。周宣王之料民，就是深入诸侯国内进行人口调查，以掌握其庶民数量。由仲山父之话可见，宣王此次料民，旨在统计王畿之内庶民数量。这一点很重要：不要说其他诸侯国内的庶民数量，即便周王直接治理的王畿之内的庶民数量，周王也不知道，也就完全谈不上直接治理。这些庶民是畿内诸侯之民，宣王此番料民，有征调从而直接治理畿内庶民之意图。此为前所未有，故仲山父反对，王畿内诸侯恐怕也不乐意。故宣王之后，即有幽王之败亡，王畿内诸侯不愿出力，恐怕是一大原因。

进入春秋时代，周王对诸侯甚至丧失权威，如孔子所说，"礼乐征伐自诸侯出"。但诸侯权威也很快衰败，"政逮于大夫"[1]。大夫不同于诸侯、周王，士和庶民都直接属于大夫，随着礼崩乐坏，一些卿大夫实力膨胀，最终成为王，韩、赵、魏、齐都属于这种情形。他们在扩张实力过程中瓦解封建制，当其成为国王，即直接统治所有民众。秦、楚等国也通过变法完成这一过程。此为中国历史之一大变局，自此有被称为"编户"的人口统计制度。

当然，国王对民众直接统治是政治原则，在技术上不能不依赖郡县行政区划和分层的官吏队伍，这些官员均由国王或皇帝直接任命。在汉代，不但高级官员，而且县丞、县尉，皆受命于朝廷，亦称"命卿"。《汉官仪》卷上曰："大县，丞、左右尉，所谓命卿三人。小县，一尉、一丞，命卿二人。"朝廷又建立乡里制度，作为基层行政组织，里中之民另有什伍之编制。

---

[1] 《论语·季氏》。

至此，最高统治者的权威及于每个民众，《诗经·小雅·北山》谓："普天之下，莫非王土。率土之滨，莫非王臣。"但在封建时代，这只是一项政治原则，而非行政事实，其为行政事实，则在战国和秦代。

瑞信

"五瑞"当为公、侯、伯、子、男五等之爵所执之玉质瑞信。《白虎通义·瑞贽》谓五瑞为圭、璧、琮、璜、璋，不过，《周礼·典瑞》云"公执桓圭，侯执信圭，伯执躬圭，子执谷璧，男执蒲璧"，朝觐王所执之玉器就是玉圭和玉璧，两说不一。总之，五瑞是诸侯所执玉器，以为自己享有治理权之信物。王和诸侯按等级分别拥有相应的玉器组合，标志其在封建秩序中的名位。很有可能诸侯之五瑞由王赐给，在邦国中可向臣民彰显自己获得王认可之治理权。

辑五瑞后，又"班瑞于群后"，此做法清楚表明王与诸侯关系之性质。在王位继嗣程序启动之时，诸侯先上交自己所持之瑞信。其含意是，交还得自先王之治理权，由新王决定是否与自己建立君臣关系。新王颁还瑞信，表示与之建立君臣关系，承认其对邦国的治理权。《白虎通义·瑞贽》记，在此过程中还有合符信环节：

合符信者，谓天子执瑁以朝，诸侯执圭以觐天子。瑁之为言冒也，上有所覆，下有所冒，故《觐礼》曰："侯氏执圭升堂。"《尚书大传》："天子执瑁以朝诸侯。"又曰："诸侯执所受珪与璧朝于天子，无过者复得其珪以归其邦，有过者留其珪，能正行者复还其珪。三年珪不复，少绌以爵。六年珪不复，少绌以地。九年珪不复，而地毕削。"珪所以还何？以为珪，信瑞也。

《说文解字》："瑁，诸侯执圭朝天子，天子执玉以冒之，似犁冠。"王执瑁，诸侯执珪，两者相合则可信。《尚书·顾命》中描述周康王继位过程，确有"同瑁"。

舜与诸侯建立君臣关系，诸侯承认舜王权就完成了华夏最高统治权之第一次和平转移。不是通过暴力夺取，不是借助世袭原则，君子推举舜顺利掌握权力，华夏国家由此得以巩固。

这种瑞信后来发展为符信及官印制度。这是王权认可诸侯治理权的凭信，是君臣关系的象征物，是政治秩序正常运转的一种机制。

二十三、巡守四方

歲二月，東巡守。至於岱宗，柴；望秩於山川。

岱宗，泰山。
柴，积柴加牲其上而烧之礼，祭天也。
望，祭祀山川之礼。

巡守之年的二月，到东方巡守。到达泰山，积柴加牲其上而烧以祭天，依尊卑次序祭祀东方之名山大川。

舜已即位。考虑到当时的交通条件，恐怕不是每个诸侯都能参加舜之即位仪式，与之建立君臣关系。直接与舜建立君臣关系的大约只有四岳、群牧，那么，舜如何与所有诸侯建立君臣关系，并宣示自己对普天之下的治理权，以维护华夏共同体之政治统一？舜乃四出巡守，此处经文记巡守东方，经下文记巡守其他三方：

五月，南巡守。至于南岳，如岱礼。
八月，西巡守。至于西岳，如初。
十有一月，朔巡守。至于北岳，如西礼。

舜由此确立帝王巡守之礼。

巡守

三代有巡守制度，《左传·庄公二十三年》曹刿曰："诸侯有王，王有巡守。"舜当为此制之开创者，确定常态巡守之礼：每五年巡守一次，《白虎通义·巡守》解释说：

何以不岁巡守何？为大烦也。过五年，为太疏也。因天道时有所生，岁有所成。三岁一闰，天道小备；五岁再闰，天道大备。故五岁一巡狩，三年二伯出述职黜陟。

君王出外巡守，毕竟耗费巨大，故不能过于频繁；但维护王权，也不能过于疏阔。五年一巡守，比较适中。

巡守四方之时间安排则顺乎天道。四方本源于日月运行，日出于东方，入于西方，日行至南则热，至北则寒，如此有春分、秋分、夏至、冬至之四时。舜也正是于相应季节，到相应方向巡守：仲春之月东巡守，仲夏之月南巡守，仲秋之月西巡守，仲冬之月北巡守。四时至四方，正合天道。

巡守目的何在？《白虎通义·巡守》载：

王者所以巡狩者何？巡者，循也，狩，牧也，为天下循行守牧民也。道德太平，恐远近不同化，幽隐不得所者，故必亲自行之，谨敬重民之至也。考礼义，正法度，同律历，叶时月，皆为民也。

巡守，意为巡视各地治民者，即查看诸侯是否尽心于治理。故舜巡守至东方，则东方诸侯均来觐见。舜巡守到西方，西方诸侯均来觐见，南方、北方亦然。诸侯觐见王者，对华夏之政治团结至关重要：舜与所有诸侯建立明确的君臣关系，而各方诸侯也因此而聚会，有机会相互熟悉、了解，增进合作，并在王的协调下解决彼此间发生之纠纷。

巡守期间，王者也协同确定各方面的规则、制度，如下文所记。又《左传

·庄公二十三年》曹刿谓：

夫礼，所以整民也。故会以训上下之则，制财用之节，朝以正班爵之义，帅长幼之序，征伐以讨其不然。诸侯有王，王有巡守，以大习之。

王与诸侯必须定期相会，或诸侯朝会于王，或王巡守四方，其目的是协调礼制，确认各邦对王之责任，明尊卑之序，并惩罚那些违犯礼制者。唯有如此，才能维持天下秩序。

巡守不仅封建时代有，秦汉以来也多有皇帝巡守，如秦始皇帝即位之后，立刻巡守各方，《史记·秦始皇本纪》记载：

二十七年，始皇巡陇西、北地，出鸡头山，过回中。

二十八年，始皇东行郡县，上邹峄山。立石，与鲁诸儒生议，刻石颂秦德，议封禅望祭山川之事。乃遂上泰山，立石，封，祠祀。下，风雨暴至，休于树下，因封其树为五大夫。禅梁父。

于是乃并勃海以东，过黄、腄，穷成山，登之罘，立石颂秦德焉而去。

南登琅邪，大乐之，留三月。

始皇还，过彭城，斋戒祷祠，欲出周鼎泗水。使千人没水求之，弗得。乃西南渡淮水，之衡山、南郡。浮江，至湘山祠。逢大风，几不得渡。上问博士曰："湘君神？"博士对曰："闻之，尧女，舜之妻，而葬此。"于是始皇大怒，使刑徒三千人皆伐湘山树，赭其山。上自南郡由武关归。

二十九年，始皇东游。至阳武博狼沙中，为盗所惊。

三十二年，始皇之碣石。始皇巡北边，从上郡入。

三十七年十月癸丑，始皇出游。左丞相斯从，右丞相去疾守。少子胡亥爱慕请从，上许之。十一月，行至云梦，望祀虞舜于九疑山。浮江下，观籍柯，渡海渚。过丹阳，至钱唐。临浙江，水波恶，乃西百二十里从狭中渡。上会稽，祭大禹，望于南海，而立石刻颂秦德。

还过吴，从江乘渡。并海上，北至琅邪。

自琅邪北至荣成山，弗见。至之罘，见巨鱼，射杀一鱼。遂并海西。

至平原津而病。

七月丙寅，始皇崩于沙丘平台。

秦始皇在皇帝位仅十一年，巡守如此频繁！他先到西方巡守，再到东方巡守，然后有北方之巡守，最后巡守至南方，绕道东方而返回。在巡守过程中，始皇随处祭祀，勒石立碑，借以树立皇权于万民。

尧舜缔造华夏为超大规模的政治共同体，超长的地理距离，尤其是其间高山大川如太行山、黄河、秦岭、淮河，妨碍人们交流，尧舜之前的文化体就是在相互分隔的地理环境中相对独立地发育出来的。维护共同体的团结不能不以常态政治联系消融地理分割造成之心理隔阂，可有两种方法：四方诸侯朝会王者，或者王者巡守四方诸侯。刚刚摆脱分立状态、政治共同体初建之时，王者巡守尤其重要，故舜四出巡守，秦始皇同样四出巡守。这是一种简捷而有效的治理术，有助于树立政治权威，凝聚人心。

五岳

王者巡守四方，落脚于何处才最有意义？舜巡守东方，至于泰山。巡守其他三方，也至各方之名山，并祭祀该方位之名山大川。

舜何以至泰山？在各邦国、族群个别神灵之上，尧确立敬天。天之最直观呈现是天空，故人常以为天在上，所谓"上天"是也。山高出于人，高出于万物，登山则近天。故对敬天者来说，山有特殊意义，高山是祭天之最佳场所。

而在黄河流域华夏各邦所据之区域，地势相对低平，高山突出明显。相对来说，居于各方中心之高山，为人崇仰，是为"岳"，《白虎通义·巡守》云：

岳者何谓也？岳之为言捃，捃功德也。

东方为岱宗者？言万物更相代于东方也。

南方为霍山者？霍之为言护也，言太阳用事，护养万物也。小山绕大山为霍。

西方为华山者？华之为言获也，言万物成熟，可得获也。

北方为恒山？恒者，常也。万物伏藏于北方，有常也。

中央为嵩高者何？嵩言其高大也。中央之岳独加高字者何？中央居四方之中而高，故曰嵩高山。

故《尚书大传》曰："五岳谓岱山、霍山、华山、恒山、嵩也。"

东岳为泰山。东部文化向来比较发达，对大汶口文化、山东龙山文化的居民来说，泰山位于其文化区中心，最为显眼。当这个地区加入华夏，则为东岳，且因其文化最为发达，故在四岳中最为尊贵。同时，东部地区南、北文化交流必经此山，值得一提的是，即便后世京杭大运河、近世京沪铁路，也经过泰山附近。

南岳为霍山，在今天安徽潜山县，别名天柱山。长江中下游的文化及其与北方文化之间的交流大约经过此地。经下文说，禹娶涂山氏之女，皋陶后人所封之英、六等地，均离此不远。后来随着中国扩大，南岳之号改归长江以南的衡山。

西岳为华山。关中地区有丰富的上古文化遗存，华山系分布于渭河—黄河一线的仰韶文化之中心点，庙底沟类型之文化中心就在华山脚下，其彩陶之标志性图案是玫瑰花。苏秉琦先生曾说："庙底沟类型主要特征的花卉图案彩陶可能就是形成华族得名的由来，华山则可能由于华族最初所居之地而得名。"[1]同样重要的是，渭河流域乃至整个西部地区文化与黄河中游文化之交流，必经此山脚下。

北岳为恒山，在今河北省曲阳县西（不是今天位于山西的恒山），太行山东麓，华北平原西缘。上古黄河注入渤海，河北平原水患严重，故古文化多分布于平原边缘。仰韶文化后期，这里位于大司空类型之北边。此地在燕辽文化与黄河中游文化交流之通道上，太史公谓黄帝"合符釜山"之处，可能正在此附近。

可见，舜巡守所至之四岳，大体位于四方文化区之中心，且均在跨区域文化交流之通衢要道上。在舜祭祀之前，应已为同一文化区各邦国汇聚之中心，

---

[1]《中国文明起源新探》，92页。

即区域性祭祀、政治中心所在；可能也是不同文化体、诸邦国汇聚、交流、协商之中心所在。舜因袭之，将其发展为华夏天下邦国汇聚之四个中心。

此处未言及中岳。王者所居之高山为中岳，尧舜之王城在晋南，则中岳当在附近。《史记·司马相如列传》所收《大人赋》云"历唐尧于崇山兮"。王充《论衡·书虚》云："尧帝于冀州，或言葬于崇山。"顾祖禹《读史方舆纪要》卷四十一："崇山在县（今襄汾）东南四十里，一名卧龙山，顶有塔，俗名大尖山，东南接曲沃、翼城县，北接临汾、浮山县"。陶寺遗址以东有崇山，今俗称塔儿山，也许就是当时的中岳。到夏迁至黄河以南后，中岳则为今之嵩山。

故五岳不是普通的高山，实际上，相比于其附近的山岭，未必崇高，但因其所发挥的重大政治意义而为人尊崇；又因敬天意识下之祭祀，获得丰富文化内涵，从而确立其历史地位。

祭祀

舜巡守四方，会各方诸侯于四岳，其中至关重要的仪节是，举行隆重的祭祀仪式。

经前文记载，舜即位，"肆类于上帝，禋于六宗，望于山川，遍于群神"。此系在王城之祭祀。至四岳祭祀，其意义又有所不同，最重要的区别在于，四方诸侯助王祭祀。

只有王者可以祭天，诸侯则不可。但仲春之月，舜到东方，东方各邦诸侯会聚于东方之地中。泰山，必定助舜祭天。其地不在之四岳、大川，诸侯也不可祭祀，但王者至此祭祀，诸侯则可助祭。亲眼见证王者祭天、祭祀名山大川，王者权威必定树立于诸侯心中。

同时，助王者祭祀，各邦诸侯也必定产生强烈的共同体感。诸侯本可祭祀本邦域之内的山川，当王者巡守四方，祭祀各方之名山大川，所在各邦诸侯也必定认识到自己所祭祀之山川的华夏属性。以前，这些山川只属于邦国，现在则归入统一的华夏王权之下，所谓"普天之下，莫非王土"是也。

总之，舜在四岳举行各种祭祀活动，必定大大强化诸侯对华夏之认知，并把个别的山川整合成一统的华夏大地，也即"天下"。在此相亲、相敬的情感基础上，舜可轻松地与各邦诸侯协同礼制。

通过巡守，华夏共同礼制逐渐覆盖、渗透四方各邦。礼制即人文，观乎天文，圣人作人文，人文见之于人；通过王者并统领诸侯祭祀名山大川，此文又覆盖大地。王让华夏之文遍覆天地上下，天、山、川、人由王者之文编入同一体系，相互交融，精神、地理、政治上的华夏统合于文。天、地、人因此文而放射光辉，此即"文明"。巡守让大地由幽暗与单调，一变而焕乎文明。

此后，对中国人来说，山川之意义多在于其人文；即便今日，国人游览名山大川，也留心其文，于自然中观乎文，由人文而入自然。

二十四、统一标准

肆覲東後，協時月，正日；同律、度、量、衡。

肆，遂也。后，君也。
时，春分、秋分、夏至、冬至四时。
律，音律。

于是，东方诸侯觐见舜。协同四时、十二月，正定日期，协同音律、长度、容量、重量单位。

增强新生华夏之凝聚力，舜巡守各地，与诸侯协商，统一华夏共同体之基础标准，此为舜制礼之大端。

历

稳定的治理共同体必为生活共同体、生命共同体，而共同的时间节奏是生成相互协调或共同生活方式之基础。尧命羲和二氏"历象日月星辰"，制定王历并授于天下君子。舜继续推动王历实施，于巡守各地时首先协同纪时之法。

首先是"协时月"。时者，四时也。春分、夏至、秋分、冬至四时，是根据太阳年确定的，月份则是根据月亮运转周期确定的这两者之间会出现错位，故需协调。如《汉书·律历志》所说：

经（指《春秋》）于四时，虽亡事必书时月。时，所以记启闭也；月，所以纪分至也。启闭者，节也。分至者，中也。节不必在其月，故时中必在正数之月。

二分二至应在四仲月，故需"协时月"，即通过设闰月，让四时都在四仲月。此工作唯有王者可以承担，才能保持全国统一。否则，将有年、时、月之大混乱。

正日，大约是统一用干支纪日，此即甲子纪日法。《吕氏春秋·勿躬篇》说："大桡作甲子。"大桡者，黄帝时人也。二里头出土陶器刻画符号中似有"甲"字符号。甲骨文已见多份完整的干支表，顺序与今日完全相同。而在甲骨文中，干支似仅用于纪日。据此可推断，大约从尧舜时代起，华夏开始使用干支纪日法，此时已有阴阳合历，则有此纪日法也是合乎情理的。舜在巡守中逐渐推广这种纪日法，方便人们纪日。

律

舜于巡守中，也"同律"，也即统一律度，此为历、乐之根本所在。

《汉书·律历志》开头就说："《虞书》曰'乃同律、度、量、衡'，所以齐远近、立民信也。"这其中，以律最为基础，故最为重要。《史记·律书》："王者制事立法，物度轨则，壹禀于六律，六律为万事根本焉。"又曰："律历，天所以通五行、八正之气，天所以成孰万物也。"《汉书·律历志》曰：

律十有二，阳六为律，阴六为吕。律以统气类物：一曰黄钟，二曰太族，三曰姑洗，四曰蕤宾，五曰夷则，六曰亡射。吕以旅阳宣气：一曰林钟，二曰南吕，三曰应钟，四曰大吕，五曰夹钟，六曰中吕。有三统之义焉。

上述论说中反复提及"气"。《史记·五帝本纪》记黄帝"治五气，艺五种，抚万民，度四方"；又记帝颛顼"治气以教化"。《索隐》："谓理四时、五行之气，以教化万人也。"

有天才有气。神有其体，而无所谓气。神有其体，故有其意；人可以术降神，知晓神意，安顿人事。在一神教中，有位格之神造万物，并以言辞对人颁布律法，同样是神意主宰宇宙，并且具体可见。颛顼"绝地天通"，尧再度为之，最终确立敬天。天至高，但非神灵。天者，生生不已的万物之大全也，万物一体于天，何以一体？以气。天之至精至微者，气也。天没有意，只有气。充天地之间者，气耳，气贯通万物，又流行不已。

气不是静的，而是动的；气之动，成万物。《礼记·乐记》说：

地气上齐，天气下降。阴阳相摩，天地相荡。鼓之以雷霆，奋之以风雨，动之以四时，暖之以日月，而百化兴焉。

气动，则有升降起伏、高下粗细。气生生之节奏，正是律——"律之言率，所以率气令生也"[1]。故有天则有律，敬天，则不能不知律。定律，则知所以合天道，通天人。

何以定律？古人有候气之法，《后汉书·律历志》记其法曰：

候气之法：为室三重，户闭，涂衅必周，密布缇缦。室中以木为案，每律各一，内庳外高，从其方位，加律其上。以葭莩灰抑其内端，案历而候之。气至者灰去。其为气所动者其灰散，人及风所动者其灰聚。

此处之律，指竹制的十二律管；葭莩者，芦苇内膜也，以之焚烧成灰，置于律管，某气至，则该管之灰散，据此可定四时、十二月。

气是动的，气动必生风。宇宙之中，风动而不已，《汉书·律历志》说："至治之世，天、地之气合以生风；天、地之风气正，十二律定。"固有十二律，则有十二风。《吕氏春秋·音律》有更详尽解释：

大圣至理之世，天地之气，合而生风，日至则月钟其风，以生十二律：仲冬日短至，则生黄钟，季冬生大吕。孟春生太蔟，仲春生夹钟，季春生姑洗。孟夏生仲吕，仲夏日长至，则生蕤宾，季夏生林钟。孟秋生夷则，仲秋生南吕，季秋生无射。孟冬生应钟。天地之风气正，则十二律定矣。

---

[1] 《白虎通义·五行》。

每一太阳年中，天地之气周而复始地变化，律者，节天地之气也，确定天地或阴阳二气之升降变化之节点。一气贯通天、地、人，律自然也见于天、地、人。如《后汉书·律历志》所说："夫五音生于阴阳，分为十二律，转生六十，皆所以纪斗气，效物类也。天效以景，地效以响，即律也。"天效以影者，日晷之影也，由此而有十二月。地效以响者，音律也。正因为此，古代，律、历一体，故所引文献均为"律历志"。

事实上，律也通乎天干、地支、八方、八风、二十八宿，《史记·律书》对此有所阐述，举例而言：

> 不周风居西北，主杀生。东壁居不周风东，主辟生气而东之。至于营室，营室者，主营胎阳气而产之。东至于危，危，垝也，言阳气之（危）垝，故曰危。十月也，律中应钟。应钟者，阳气之应，不用事也。其于十二子为亥，亥者，该也，言阳气藏于下，故该也。

其下论广莫风居北方，条风居东北，明庶风居东方，清明风居东南维，景风居南方，凉风居西南维，阊阖风居西方等。

"五行"者，行气之谓也，《白虎通义·五行》说：

> 五行者，何谓也？谓金、木、水、火、土也。言行者，欲言为天行气之义也。水位在北方，北方者，阴气在黄泉之下，任养万物；水之为言准也，阴化沾濡任生木。木在东方。东方者，阴阳气始动，万物始生。木之为言触也，阳气动跃，火在南方，南方者，阳在上，万物垂枝。火之为言委随也，言万物布施；火之为言化也，阳气用事，万物变化也。金在西方，西方者，阴始起，万物禁止。金之为言禁也。土在中央者，主吐含万物。

总之，天、地、人均统合于律之节奏中。由于律，才有天人合一。由此而有《夏小正》，以及《月令》体系，天因此而是可理解的，人就在天之中[1]。

---

[1] 实际上，现代天文学探测宇宙，主要是历象日月星辰，测宇宙之风，听宇宙之音。

古人定律甚早，河南舞阳贾湖裴李岗文化遗址出土三十多支管状乐器，以丹顶鹤腿骨制成。据测定，这些遗物距今至少八千年，至少已有黄钟、大吕、太簇、姑洗、蕤宾、夷则、南吕、应钟八律。这一发现对《汉书·律历志》所记泠纶作十二律之说提供了侧面论证：

其传曰：黄帝之所作也。黄帝使泠纶，自大夏之西，昆仑之阴，取竹之解谷生，其窍厚均者，断两节间而吹之，以为黄钟之宫。制十二筒以听凤之鸣，其雄鸣为六，雌鸣亦六。比黄钟之宫，而皆可以生之，是为律本。

如果距今八千年前就已有八律，则完全有可能到黄帝时代有十二律，自然也就有舜之"同律"。律是天气之节奏，同律，则天、地、人、神的节奏协调，万物有序而一体，此即天。

度、量、衡

舜在巡守中也"同度量衡"，事实上，这三个标准均与律相关，《汉书·律历志》列于律之后：

度者，分、寸、尺、丈、引也，所以度长短也。本起黄钟之长。
量者，龠、合、升、斗、斛也，所以量多少也。本起于黄钟之龠。
衡权者，衡，平也，权，重也，衡所以任权而均物平轻重也。
权者，铢、两、斤、钧、石也，所以称物平施，知轻重也。本起于黄钟之重。
权与物钧而生衡，衡运生规，规圜生矩，矩方生绳，绳直生准，准正则平衡而钧权矣。是为五则。

律笼罩一切，但比较抽象，而度、量、衡更为具体，尤其是在社会交往、市场交易中必不可少。各邦国必定本来就有度量衡，但必定不一。现在，华夏建立，舜统一度、量、衡标准，至少形成稳定的换算公式，降低人们在更大范围内交往、交易之成本。华夏由此给每个人带来看得见的收益，让每人自愿地巩固华夏。

由此，华夏共同体与每人日常具体生活直接相关。确实，依封建制，王的直接控制权仅及于诸侯，但度、量、衡却深入普通民众生活，为每人提供便利和合作收益，华夏也就超越邦国联合体，成为每个人的华夏。华夏凝聚力因此大幅度提升，因为，一个更便利的经济共同体、生活共同体正在逐渐形成。

从尧舜时代开始，中国就是超大规模的政治与文明共同体，且规模在持续扩大，中间又经历多次冲击，故历史上不断有调校音律、统一度量衡或将其扩展至更大范围的努力。这是王—皇帝提供为华夏—中国之最为基础的公共品。

其中较为著名的一次是《史记·秦始皇本纪》所记，秦扫灭六国后，"一法、度、衡、石、丈、尺"。但这绝非历史上第一次。尧舜之同律度量衡，才是第一次；其后，夏商周三代王者，必定维护之。此为王者最基本的权威之一。只是周室东迁之后，王权衰微，礼乐征伐自诸侯出，尤其是到战国，各国自成体系，度量衡必定不统一，秦始皇帝乃使之重归统一。后世仍有政治上的分裂，也就总有"同律度量衡"之事。中国就是因此而保持凝聚力的。

二十五、礼仪之邦

脩五禮。五玉、三帛、二生、一死：贄。如五器。
卒乃復。

> 贽，相见之礼物。
> 如，均也。
> 卒，结束。复，返回。

修饬吉、凶、宾、军、嘉五礼。五种样式的玉器、三种颜色的丝织品，活的羔、雁，死的雉，作为贽。协同五种礼器。

完成这些工作，就返回王城。

有礼就有仪：礼确定人与人之关系，在具体场景中以身体行为和器物呈现这种关系，则为仪。礼作为规则，与现代法律规章之最大区别在于其紧密关联于仪：礼必体现于车旗服章、身体之周旋进退，有礼必有仪，无仪则不成礼。

尤其是对君子群体而言，仪有助于树立治理权威，是为"威仪"，《左传·襄公三十一年》卫北宫文子论威仪曰：

> 有威而可畏，谓之威；有仪而可象，谓之仪。君有君之威仪，其臣畏而爱之，则而象之，故能有其国家，令闻长世；臣有臣之威仪，其下畏而爱之，故能守其官职，保族宜家。顺是以下，皆如是，是以上下能相固也。《卫诗》曰"威仪棣棣，不可选也"，言君臣上下，父子兄弟，内外大小，皆有威仪也。《周诗》曰"朋友攸摄，摄以威仪"，言朋友之道，必相教训，以威仪也。《周书》数文

王之德曰"大国畏其力，小国怀其德"，言畏而爱之也。《诗》云"不识不知，顺帝之则"，言则而象之也。纣囚文王七年，诸侯皆从之囚，纣于是乎惧而归之，可谓爱之。文王伐崇，再驾而降为臣，蛮夷帅服，可谓畏之。文王之功，天下诵而歌舞之，可谓则之。文王之行，至今为法，可谓象之：有威仪也。故君子在位可畏，施舍可爱，进退可度，周旋可则，容止可观，作事可法，德行可象，声气可乐，动作有文，言语有章，以临其下，谓之有威仪也。

君子有威仪，可对民众树立权威，也可确定各自之名分，这有助于华夏共同体之维系。故舜巡守四方，致力于修饬礼仪，尤其是君子相见之仪，以增进和维护君子群体内部之凝聚力，这是巩固华夏之大事。

修五礼

经文所说"五礼"，当为吉、凶、宾、军、嘉五礼，《周礼·春官宗伯》说：

以吉礼事邦国之鬼、神、祇：以禋祀祀昊天上帝，以实柴祀日月星辰，以槱燎祀司中、司命、风师、雨师。以血祭祭社稷、五祀、五岳，以狸沈祭山林川泽，以副辜祭四方百物。以肆献祼享先王，以馈食享先王，以祠春享先王，以礿夏享先王，以尝秋享先王，以烝冬享先王。

以凶礼哀邦国之忧：以丧礼哀死亡，以荒礼哀凶札，以吊礼哀祸灾，以禬礼哀围败，以恤礼哀寇乱。

以宾礼亲邦国：春见曰朝，夏见曰宗，秋见曰觐，冬见曰遇，时见曰会，殷见曰同，时聘曰问，殷眺曰视。

以军礼同邦国：大师之礼，用众也；大均之礼，恤众也；大田之礼，简众也；大役之礼，任众也；大封之礼，合众也。

以嘉礼亲万民：以饮食之礼亲宗族兄弟，以婚冠之礼亲成男女，以宾射之礼亲故旧朋友，以飨燕之礼亲四方之宾客，以脤膰之礼亲兄弟之国，以贺庆之礼亲异姓之国。

吉、凶、宾、军、嘉涵盖君子公私生活之全部可能场景。在这些场景中，各个等级的君子应扮演何种角色，服何种衣冠，用何种器物，如何举手投足，如何周旋进退，如此等等，均有礼仪予以明确规范。

在尧舜缔造华夏之前，各族群、各邦国必有礼仪，否则，大大小小的共同体无法正常生活。尧舜缔造华夏，采取"和而不同"策略，原则上，各邦国仍沿用自家礼俗。但邦国之上有了王，各邦诸侯与王打交道，自然需要此前所无之新礼仪；邦国内相关大夫甚至士也可能与王相见，同样需要全新礼仪；同时，既已生活在华夏共同体中，各邦君子之间必定相互往来，是为"聘问"，也需要大家共行之新礼仪。

可见，制作华夏、尤其是必定经常相见的君子群体内共同之五礼，极为必要，舜起而从事这一工作，其方法是"修"。修之义大矣哉，《说文解字》："修，饰也。"修不是创制，舜没有独断地向天下诸侯颁布一套全新的礼仪，而是修饬固有之礼仪。其意曰：四方皆有其礼仪，而各邦之间本有相互交流，故礼仪多有相同、相近之处，虽有差别，谅也不大，故完全可以协调。舜巡守四方，了解各方礼仪，予以会通、综合，与各方诸侯协调，最后修饬而成华夏共同之礼仪。各方诸侯只需略加措意，即可肄习之。

有此礼仪，四方君子就可自如沟通。至于底层民众，仍保持各自礼俗，如《礼记·王制》所说：

> 凡居民材，必因天地寒暖燥湿，广谷大川异制。民生其间者异俗：刚柔轻重迟速异齐，五味异和，器械异制，衣服异宜。修其教，不易其俗；齐其政，不易其宜。

可见，华夏从一开始，就有双层并行之礼与俗：君子行华夏共同之礼仪，民众各行本地之俗，王者并不强迫同一。不过，随着时间推移，自然有全国趋同之大势：君子之礼仪向下渗透，逐渐地改变民众之礼俗，各地礼俗相互接近。

不止君子相见之礼仪，舜通过自己的施政行为，在各个领域为天下定礼仪："类于上帝、禋于六宗，望于山川，徧于群神"者，作吉礼也；尧去世后，"三载，四海遏密八音"者，作凶礼也；"觐四岳群牧，班瑞于群后"者，作宾礼也；舜晚年，"分北三苗"者，定军礼也；舜"厘降二女于妫汭，嫔于虞"者，作嘉礼也。舜者，作礼之圣王也。

华夏礼仪从此时代起步，逐渐形成，并持续积累，到周代，"周监于二代，礼文尤具，事为之制，曲为之防，故称礼经三百，威仪三千。于是教化浃洽，民用和睦，灾害不生，祸乱不作，囹圄空虚，四十馀年。孔子美之曰'郁郁乎文哉！吾从周'"。[1]

共同的华夏礼仪推动塑造共同的生活方式，也推动形成共同的审美心理、共同的信仰和价值观念。在一神教，神的律法及由此衍生的神职组织，乃是凝聚和维系大型共同体之纽带。尧"绝地天通"，不借助于神，此纽带则就是共同的华夏礼文。"夫礼，必本于天，动而之地，列而之事，变而从时，协于分艺，其居人也曰养，其行之以货力、辞让：饮食、冠昏、丧祭、射御、朝聘。"[2]无此共同礼仪，就没有华夏共同体。"道德仁义，非礼不成。教训正俗，非礼不备。分争辨讼，非礼不决。君臣上下父子兄弟，非礼不定。宦学事师，非礼不亲。班朝治军，莅官行法，非礼威严不行。祷祠祭祀，供给鬼神，非礼不诚不庄。是以君子恭敬撙节退让以明礼。"[3]

贽

人相见，必有贽，贽者，相见之礼物也。《白虎通义·瑞贽》曰："臣见君，所以有贽何？贽者，质也，质己之诚，致己之悃幅也。王者缘臣子心以为之制，差其尊卑，以副其意也。"《仪礼·士相见礼》开篇说"挚"，郑玄注曰："所执以至者，君子见于所尊敬，必执挚以将其厚意也。"

凡人与人相见，必有敬意，贽是以物表达敬意，故孟子"出疆必载质"[4]。无贽，不足以表达敬意，而敬意是人相亲尤其是陌生人相亲之基础，子曰："君子

---

[1] 《汉书·礼乐志》。

[2] 《礼记·礼运》。

[3] 《礼记·曲礼》。

[4] 《孟子·滕文公》。

敬而无失，与人恭而有礼。四海之内，皆兄弟也。"[1]舜欲天下君子相亲，故协调相见之贽。

经文所说"五玉、三帛"，当为诸侯见天子以及诸侯相见之贽，五玉是五种样式的玉器，三帛是三种颜色的丝织品。奉献玉器，以丝织品包裹，故典籍中多有"玉帛"成语，另有"化干戈为玉帛"之成语，又子曰："礼云礼云，玉帛云乎哉？"[2]诸侯相见，必以玉帛为贽，祭祀也会奉献玉帛。

大夫、士之贽则为禽兽："二生"是卿大夫所用之羔、雁，"一死"是士所用之雉。《白虎通义·瑞贽》解释说："卿以羔为贽，羔者，取其群而不党。卿职在尽忠率下，不阿党也。大夫以雁为贽者，取其飞成行，止成列也。大夫职在以奉命之适四方，动作当能自正以事君也。士以雉为贽者，取其不可诱之以食，慑之以威，必死不可生畜。士行耿介，死节死义，不当移转也。"大夫、士相见之禽兽有其特定寓意。

为增强华夏君子之凝聚力，舜协同君子相见之贽，此后君子相见，有礼仪可循，大大降低了相互沟通、合作之成本，本来相互分隔的各邦君子之间的交流往来必然趋向频密，华夏的凝聚力也能不断增强。

这套礼仪后世传承不已，《礼记·曲礼》曰：

> 凡挚：天子，鬯；诸侯，圭；卿，羔；大夫，雁；士，雉；庶人之挚，匹；童子委挚而退。
>
> 野外军中无挚，以缨，拾，矢，可也。
>
> 妇人之挚，椇榛、脯修、枣栗。

不光君子，所有人相见，均有贽。

五器

《广雅·释言》："如，均也。"意思也是协同。然而，"五器"为何？传统认

---

[1] 《论语·颜渊》。

[2] 《论语·阳货》。

为，"五器"是装敛前述"五玉"之容器，不确。更有可能，"五器"指可以标识君子身份之五类材质制作的器物，或同一材质制作的五种器物，最大的可能是指五种青铜礼器，因其珍贵而重要，故见于经文。

今日中国境内出土之铜器，时代最早者属于姜寨仰韶文化早期，约在公元前 4600 年前后。彼时，铜器分布较多地区在甘肃。在山东龙山文化遗址中，也有青铜器具出土。总起来说，在二里头文化以前的各地遗址中，出土铜器在六十件以上，以小型工具和饰物为主。[1]

值得重视的是，襄汾陶寺遗址出土有 3 件红铜制品和 1 件铜器口沿残片，全部系铸造而成。在其他地方，虽也出土数量较多的铜器，但其器形小而简单，未见容器，且大多是冷煅而成，只有少数用范铸，合范铸造的更为稀少。陶寺出土的 4 件铜器（包括残片）却全系范铸而成，铜铃更用合范铸造。而这是典型的中国铜器造作之法[2]。

河南登封王城岗也出土有青铜器残片，似为铜鬶腹底部残片，胎质很薄，厚薄均匀，应是用多合范法铸造之容器。[3]二里头文化遗址则出土铜器六十余件，其中引人注目的是青铜酒器，爵、斝、盉、鼎等四种，爵的数量最多，有十余件。此时当已在夏代。[4]《左传·宣公三年》又记九鼎之事曰：

楚子伐陆浑之戎，遂至于雒，观兵于周疆。定王使王孙满劳楚子，楚子问鼎之大小轻重焉，对曰："在德不在鼎。昔夏之方有德也，远方图物，贡金九牧，铸鼎象物，百物而为之备，使民知神奸。故民入川泽山林，不逢不若；螭魅罔两，莫能逢之。用能协于上下，以承天休。桀有昏德，鼎迁于商，载祀六百。商纣暴虐，鼎迁于周。德之休明，虽小，重也；其奸回昏乱，虽大，轻也。天祚明德，有所底止。成王定鼎于郏鄏，卜世三十，卜年七百，天所命也。周德虽衰，天

[1] 郑光《二里头遗址与我国早期青铜文明》，收入中国社会科学院考古学研究所编著，《中国考古学论丛》，科学出版社，1993 年，191~192 页。

[2] 张光直指出，"大多数学者认为，合范法师典型的中国铸造工艺，完全可能起源于本地"（张光直《美术、神话与祭祀》，郭净译，三联书店，101 页）。

[3] 李先登，《王城岗遗址出土的铜器残片及其他》，《文物》，1984 年第 11 期。

[4] 许宏《最早的中国》，110~117 页。

命未改。鼎之轻重，未可问也。"

夏代已有九鼎之重器，则可以合理地推测，尧舜时代，青铜礼器初步兴起。

中国的青铜器文明有其独特之处。据张光直介绍，在最早使用青铜器的两河流域苏美尔文明中，青铜器主要用作生产工具。在中国，西部地区最早使用铜器，似乎也以小型工具为主。但陶寺遗址出土的铜器、二里头出土的铜器，则以兵器、礼器居多。此后，这一趋势日益强化，殷、周两代有大量青铜礼器出土。但各领域生产活动所用之工具，仍以木、石等材质制作。此为中国青铜器时代之显著特征[1]。一直到战国时代铁器出现，生产工具才转而较多使用金属。

有理由推测，舜"如五器"之器是此类刚刚兴起的青铜礼器。贽是君子相见之礼物，相见之后，必有宴饮，青铜酒器是君子宴饮之器。华夏之政治需要推动玉器从事神到事人之转变，巩固华夏政治权威的政治需要也推动青铜器技术之迅速提高。王者拥有青铜器，可彰显其权威；王者赏赐青铜器给有德君子，可增强政治凝聚力。周代金文中常有王者赐金、君子作器以纪念的记载。

反过来看，王权出现创造了青铜器技术跃迁之便利条件：王权可组织较多人力在较大范围内寻找铜矿、锡矿，从事冶炼、铸造工作，从而持续改进、创新铸造工艺，让青铜器具有夺目、摄人的工业与艺术之美。

---

[1] 关于这一点，可参看张光直，《中国青铜时代》，收入《中国青铜时代》，北京三联书店，2013 年。

二十六、中央之国

歸，格於藝祖，用特。

五載一巡守，群後四朝，敷奏以言，明試以功，車服以庸。

肇十有二州，封十有二山。

濬川。

艺祖，文祖。特，一头牛。

敷，布也。奏，进也。

试，用也。

车，马车。服，衣服。庸，劳也，酬劳。

肇，通兆，垗之省字。

封，封而表之。

巡守归来后，到文祖，用一只牛祭祀。

五年巡守一次，四方诸侯分别在四岳觐见王。诸侯广泛地进奏其建言，舜考察其所成之功，以马车、衣服酬劳他们。

在十二个州设坛祭祀其分星，每州封表一山，疏浚河道。

舜从王城出发，定期巡守四方，强化与诸侯联系。而在此周而复始的巡守活动中，"中国"概念逐渐形成并昭示了天下。

中央之国

本章经文不厌其烦地描述舜逐次巡守东、南、西、北四方，来到具有特殊意义的四岳。四岳是四方之中，舜在此与诸侯共同祭祀，而后协调礼制。而每巡守一方毕，舜都"复"，也即回到王城，告庙。再从王城出发，巡守另一方。在此过程中，"中国"观念自然形成。

经前文尧命羲和"历象日月星辰"，到东、南、西、北四方极远之处观测天象，这说明，此时已精确地确定东、南、西、北四个方位。而四个极远观测点之交叉点就是地之中；或者反过来，可以先确定地之中，由此向西方延伸，而有四方观测点。不管怎样，王所在之地在地之中，王所在之国也即城邑，就是"中国"，位于中央之国。

在洪水泛滥时代，天地之中，华夏之中心，当在晋南，苏秉琦先生指出：

距今 7000~5000 年间，源于华山脚下的仰韶庙底沟类型，通过一条呈"S"形的西南—东北向通道，沿黄河、汾河和太行山山麓上溯，在山西、河北北山桑干河上游至内蒙古河曲地带，同源于燕山北侧的大凌河的红山文化碰撞，实现了花与龙的结合，又同河曲地区古文化结合产生三袋足器，这一系列新文化因素在距今 5000~4000 年间又沿汾河南下，在晋南同来自四方（主要是东方）的其他文化再次结合，这就是陶寺。或者说，华山一个根，泰山一个根，北方一个根，三个根在晋南结合。这很像车辐聚于车毂，而不像光、热等向四周放射。[1]

在尧舜之前的漫长时期，东部地区文化较为发达。但红山文化后期，气温降低，北方燕辽地区人口被迫向南迁徙；随后的洪水对东部龙山文化又造成较大影响，其人口向西迁徙。由此而有四方之辐凑，襄汾陶寺所在之王城就在四方汇聚之中央，苏秉琦先生说：

---

[1]　苏秉琦《中国文明起源探源》，118~119 页。

夏以前的尧舜禹，活动中心在晋南一带，"中国"一词的出现也正在此时，尧舜时代万邦林立，各邦的"诉讼"、"朝贺"，由四面八方"之中国"，出现了最初的"中国"概念，这还只是承认万邦中有一个不十分确定的中心，这时的"中国"概念也可以说是"共识的中国"，而夏、商、周三代，由于方国的成熟与发展，出现了松散的联邦式的"中国"。[1]

从地理上看，晋南也确实当得上中央之国的称号，各方文明在此交汇。《禹贡》确认晋南为中国：冀州列在九州之首，其地正在河之中，主体就是晋南，而《禹贡》于其他八州条目下，均记其通过江河达于黄河，从而到达冀州之路线。

可以合理地推测，洪水退去后，天地之中必然发生变化，具体而言，华夏人口、文化、经济重心略向东南方向移动，故夏都迁至黄河以南伊洛地区，此地成为"中国"，嵩山成为中岳。考古发掘的河南登封王城岗之大城，当为古迹所记"禹都阳城"之所在；河南偃师二里头遗址则为夏后期都城所在。此后一直到安史之乱以前，洛邑，也即洛阳为中心的这一区域都被视为"中国"。

而尧舜居于地之中、夏居于地之中，塑造了王者当居于地之中的观念，其影响极为深远。正是这一观念，驱动周人做出一项重大政治决策。

周人与夏人、殷人不同，兴起于相对偏远的西方，而华夏经济文化最为发达的地区一直在黄河下游两岸。周人克殷之后，如何治理疆域如此广阔的华夏天下，成为大问题，《逸周书·度邑解》记周武王内心之忧惧、焦虑：

王曰："呜呼！旦，我图夷兹殷，其惟依天室，其有宪命，求兹无远，天有求绎，相我不难。自雒汭延于伊汭，居易无固，其有夏之居。我南望过于三涂，我北望过于岳鄙，顾瞻过于有河，宛瞻延于伊雒，无远天室，其名兹曰度邑。"

夏人曾都于伊洛地区，据此君临天下；殷人也在黄河中游两岸徘徊，同样居于地之中，那么，周人怎么办？是继续留在偏远但熟悉的丰镐，还是迁都于陌生但居于地之中的伊洛地区？周武王决定在伊洛地区立都，但未及实施即驾

---

[1] 《中国文明起源探源》，120 页。

崩。西周早期《何尊》铭文记载了武王之志,且出现"中国"一词:"唯武王既克大邑商,则廷告于天,曰:余其宅兹中国,自兹乂民。"

周公谨记周武王之命,但有重要保留。《逸周书·作雒解》记载,周公东征之后,

周公敬念于后曰:"予畏周室不延,俾中天下。及将致政,乃作大邑成周于土中。立城方千七百二十丈,郭方七十里。南系于雒水,北因于郏山,以为天下之大凑。"

《尚书·召诰》曰:"王来绍上帝,自服于土中。旦曰:'其作大邑,其自时配皇天,毖祀于上下,其自时中乂;王厥有成命治民。'"《洛诰》中也有"其自时中乂"句。时,是也。乂,治也。周公希望,周王由此地之中治理天下。

为什么到地之中?周武王、周公之语已有揭示:周武王希望依傍"天室",周公希望配皇天。古人信"盖天说",天最高处必定在中央,王自当居于与天最高处相对应之地之中,此地就在夏都之附近,故周公营建洛邑,以为成周。

不过,周公并未从丰镐举国迁都于洛邑,而是继续保持丰镐为王城,又在东方营建洛邑。由此创造伟大的范例:立双都。周公清楚地认识到治天下之超大规模难题:相比于夏、商,周所治理疆域范围大幅度扩大,单一王城不足以兼顾,应设双都,两都各有其功能:都丰镐,为天下安全,因为当时外患主要来自西北方向;营洛邑,周王居于国土中央位置,"四方入贡,道里均"。由此,中国历朝多设双都。

周公营洛邑,再度确认王居地中,王在"中国"。《诗经》反复出现"中国"一词,其含义就是王所在的中央之国;相对应的词是"四国",四方之国,这基本上是区分王畿与诸侯国的地理概念。从人群上,王所治之各国自称"诸夏",相对的王化之外之民,则是夷狄。《左传》《史记》中,"中国"也多与蛮夷戎狄相对而言,有较强的文明含义。如此意义的中国,并无固定疆域,也不是一个封闭的政治单元。

到 19 世纪,中国进入国际体系,中国才成为一个被认为具有明晰边界的政治实体,但这一定义实际上遮蔽了华夏文明诸多基本属性。

考核

巡守中，舜与诸侯深入交流，并对诸侯有所考核，据此予以奖赏。

"敷奏以言"当有两个维度：一方面，诸侯汇报本邦之风土人情和社会治理状况；另一方面，舜要求诸侯对如何治理天下提供意见，此即"谋"，在经典中反复出现，是臣对君的重要职事。[1]

"明试以功"意谓，舜公平地考察诸侯所成之功，也即本邦治理是否良好，是否履行对对王之职事，是否善待其他邦国。

"车服以庸"意谓，以车、服奖赏那些功绩较为出色的诸侯。二里头遗址已发现车辙，舜的时代或已有车，且在当时极为珍贵，故王赏赐给德能出众之诸侯，以为奖励。服者，衣裳也，经下文将会提及，当时已有服制，用以标识君子之身份。

《尚书大传》总结王之考核诸侯曰：

> 见诸侯，问百年，太师陈诗，以观民风俗；命市纳贾，以观民好恶；山川神祇，有不举者为不敬，不敬者，削以地；宗庙有不顺者为不孝，不孝者，黜以爵；变礼易乐者为不从，不从者，君流；改衣服制度为畔，畔者，君讨。有功者，赏之。

实际上，在当时，王权初建，尧舜恐难以惩罚诸侯，故经文只讲"车服以庸"，奖励德能卓越者，而未提及惩罚，《尚书大传》之说恐有以后世想象前世之嫌。当然，经文也确实记有对诸侯的惩罚，如下文，这种惩罚系是因某些诸侯广泛伤害天下，激起公愤，王借助天下诸侯的集体力量流放之。但遭到惩罚的诸侯国之治理权，仍归其家族，鲧、禹父子即是如此情形。故王不大可能削减其治理之疆域。

---

[1] 关于谋之作为臣的义务之详尽讨论，参看《华夏治理秩序史》，第二卷，封建，上册，第六章。

肇、封

舜在巡守过程中特别重视一些具有标识意义的山川，并在此祭祀天地神灵。这显示中国文明的一个重要特点：以文化成山川，自然的山川人文化，文明覆盖大地，人文的天下因此而成立。

这里出现了十二州之说。《禹贡》列九州，这是平治水土之后的天下地理格局，在此之前则为十二州，《汉书·地理志》序言曰：

昔在黄帝，作舟、车以济不通。旁行天下，方制万里，画野分州，得百里之国万区，是故《易》称"先王建万国，亲诸侯"，《书》云"协和万国"，此之谓也。尧遭洪水，襄山襄陵，天下分绝为十二州。使禹治之，水土既平，更制九州，列五服，任土作贡。

因为洪水，天下分绝，洪水分隔大地较为细碎，处在黄河下游的冀州东部、青州正是洪水肆虐最严重的地区，故后来的冀州，以太行山为界分为幽州、并州两州；后来的青州分为青州、营州。此即舜时之华夏地理格局。

肇，通兆，是"垗"的省简之字，郑玄注《尚书大传》曰："兆，域也，为营域以祭十二州之分星也"。尧敬天，天道、人道相关。但华夏广大，各地差异甚大，而天同样广大，如何观天而知地？舜乃初步确立"分野"观念：地上各州在天上有对应之星宿，本州之人事关联于星宿之异动。《史记·天官书》谓"二十八舍主十二州"，张守节正义曰：

二十八舍，谓东方角、亢、氐、房、心、尾、箕；北方斗、牛、女、虚、危、室、壁；西方奎、娄、胃、昴、毕、觜、参；南方井、鬼、柳、星、张、翼、轸。
《星经》云："角、亢，郑之分野，兖州；
氐、房、心，宋之分野，豫州；
尾、箕，燕之分野，幽州；
南斗、牵牛，吴、越之分野，扬州；

　　须女、虚，齐之分野，青州；

　　危、室、壁，卫之分野，并州；

　　奎、娄，鲁之分野，徐州；

　　胃、昴，赵之分野，冀州；

　　毕、觜、参，魏之分野，益州；

　　东井、舆鬼，秦之分野，雍州；

　　柳、星、张，周之分野，三河；

　　翼、轸，楚之分野，荆州也。"

　　这里已掺入战国之说，但十二州痕迹仍在，十二州对应于不同星宿。由此，天文、地理、人事编织入一互动体系中，君子可观天空星宿之异动，预占相应地域之人事异动。

　　舜之"兆十二州"，很有可能是祭祀十二州相应之星宿。当然，舜未必亲自祭祀，而大可委托各州德高望重之诸侯如十二牧代为祭祀。至于祭祀之所，很可能在十二山，《尚书大传》"封十有二山"句在"肇十有二州"之上，推测起来，封十二山旨在肇十二州。封者，封表也，也即，确立州内某座大山为祭祀之所，在此祭祀，以保本州之平安。

　　通过封十二山、兆十二州，舜将十二州礼制化、文明化，也即华夏化。此前，十二山不过是自然之山，十二州是江河大山切割而成之各自独立的地理区域。舜为十二州确定相对应之星宿，并确定十二山为本州祭祀之所，由此，十二州人文化，编入统一的华夏政治共同体中。

　　禹平治水土之后置九州，《禹贡》有详尽记载：

　　冀州，此为王畿所在，西、南、东三面为河水所包围，当时黄河穿过今河北中部大平原，散流注入渤海。冀州范围广大，包括今山西、河北西北、北部，并延伸到东北南部。

　　济、河惟兖州，兖州在济水、河水之间，济水河道后被黄河所夺，故当时兖州就是今日山东北部、河北中南部。

　　海、岱惟青州，岱者，岱岳也，也即泰山。青州东至于大海，西到泰山，包括今山东中部和胶州半岛。

海、岱及淮惟徐州，徐州东至大海，北到泰山，南至淮水，包括今天山东南部、江苏、安徽北部。

淮、海惟扬州，扬州北至起淮水，东到大海，南大约就到长江。

荆及衡阳惟荆州。荆指荆山，在今湖北西部、武当山东南、汉江西岸，由此向南都属荆州。

荆、河惟豫州，豫州在荆山以北，黄河以南。

华阳、黑水惟梁州。华者，华山也。华山以南到黑水，属于梁州。关于黑水，众说纷纭，很可能是洮河[1]。梁州大约包括今陕南、重庆、四川东北部、甘肃南部。

黑水、西河惟雍州，秦晋之间的黄河以西、黑水以北，都属雍州，即今关中、陕北、甘肃东、中部。

可见，尧舜禹时代，华夏直接控制、间接影响的范围，北到燕山，向东北略有突出，东至海，南到长江，西至今日甘青一带。这恐怕是当时人类所建立的疆域较为广大的共同体。尧舜直接控制的区域肯定没有这么大，但如此广大的区域确在华夏文明辐射范围中，且逐渐成为华夏—中国之核心区域。

浚川

浚川者，疏浚河川也。

经前文记载，尧勉强命鲧治水，按照《国语·周语下》之记载，鲧之治水办法是"雍防百川，堕高堙庳"，结果不能成功。舜之"殛鲧于羽山"见于经后文。很有可能，舜巡守各地中发现，鲧的治水办法无效，洪水不退，故决定惩罚鲧；同时也有"浚川"之设想，改治水之策为疏浚河道，以排泄漫溢之水。这些唯有在巡守各地尤其是东方时，才可能发现，因为，冀州本身因为地势较高，并无洪水之患。"浚川"构想与鲧的做法相反，颇值得重视。禹或许正是采纳舜这一想法，才治水成功。

---

[1] 徐南洲《禹贡黑水及其相关诸地考》，《中国历史地理论丛》，1994 年第 1 期。

二十七、礼刑并行

象以典刑，流宥五刑，鞭作官刑，扑作教刑，金作赎刑。眚灾肆赦，怙終
贼刑。"欽哉！欽哉！惟刑之恤哉！"

象，设象。
流，流放。宥，宽宥。
官，君之办事员。
扑，榎、楚二物。榎，今之楸木；楚，荆条。
金，铜也。
眚，过也。灾，害也。怙，恃也。贼，则也。
恤，慎也。

设象以为刑罚，又有流放之刑罚，鞭作为官府内部惩罚之刑具，扑作为教
化之刑具，金属铜作为赎买之物。

过失造成损害，可予赦免。有恃无恐，犯罪不止，则须予以刑罚。

敬啊，敬啊，对刑罚一定要慎重啊。

经上文记舜朝会诸侯，巡守四方，以协同华夏礼制。礼是规则，规则必辅
之以强制，刑就是强制执行手段。有礼，必以刑配合；有礼而无刑，则礼不足
以行于天下。故舜在制礼之后，进一步协同刑制，礼、刑并行，华夏治理体系
乃初步成形。

礼与刑

任何共同体之成立和维护，都有赖于规则。

首先，需要形成一套引导性规则，覆盖生活之方方面面，规范人们在各种场景中面对各种各样的人之行为。圣贤称之为礼。

其次，不是每人都能依礼而行，甚至有人故意无视礼而侵害他人。故需强制执行机制，惩罚破坏礼制、侵害他人之行为，以维护社会秩序。圣贤称之为刑。

礼、刑相辅相成：礼是引导性规范，刑是惩罚性规范。如《礼记·乐记》所说，"礼以道其志，乐以和其声，政以一其行，刑以防其奸"。由礼，人们知道在各种场景中面对各种各样的人当怎么做。由刑，未依礼而行者遭到惩罚，并儆戒所有人。礼离开刑，将丧失权威；刑离开礼，将沦为暴政。两者如车之两轮，鸟之双翼，缺一不可。

有人，人合群生活，必定有礼、有刑。在华夏成立之前，各邦国必有其各自的礼和刑，以维护本国之秩序。尧舜缔造华夏，不能不为华夏制作共同的礼与刑，否则，华夏就是一个空洞的名词，而无以形成良好秩序，也无法造福天下，甚至不能自我维系。

经前文显示，舜首先协同礼制，自"在璇玑玉衡"以后所记者，均为协同万邦、制作华夏统一礼制。略加观察即可发现，这些礼制多涉及君子，涉及公共生活。原因在于，尧舜之权威尚不能深入邦国内部，庶民行为多由各邦原有之礼刑约束，华夏统一礼制主要约束在华夏国家层面上活动之君子群体。

要让这些礼制为人践履，享有权威，不能不设立刑制，故舜在协调礼制之后，立刻制作华夏之刑。可以推测，舜恐怕也主要是协同各邦之刑制，使之统一而适中，并施行于天下。

长期以来，礼与刑被人为割裂，一些目光短浅的儒家奢谈礼制，不考虑强制执行也即刑的问题；现代法律史学者受实证主义法律概念支配，只关注华夏历史上的刑律而忽略礼，据此片面得出中国只有刑而无法的结论。

确实，古典文献关于法律之治的讨论多集中于"刑"，中国后世历朝所定的法律文本，也确实多为刑律。但这绝不意味着，国家完全以刑治天下，尤其是在古典时代，这是完全不可能的。真实的情况是，在当时，规范、引导人们日常行为的规则体系——礼，基本上是自发形成的，不需公布。礼制体系因覆盖生活之所有方面，也无法穷尽、无从公布。舜所协调制作之礼，也只是华夏共同体层面之公共礼制而已，涉及王与诸侯之君臣关系及诸侯之间的交接，至于关于诸侯以下阶层之礼制，王者并不涉及。

刑的情形则于此完全不同。礼作为风俗习惯，可自动发挥作用。刑却需专人执行，执行过程需消耗一定资源。礼只是引导人，刑却伤害人，王者不能不高度慎重。对华夏国家来说，不同地方的礼制不统一，问题并不大；刑制不统一，却可能造成严重的不公平感。

由此可以理解，下文舜规范之刑的范围，比礼制广泛。也即，礼制和刑制是不对称的：礼制只涉及华夏层面公共生活领域，刑制却涉及各个阶层。由此也可理解，关于礼制，舜未刻意地公布，只是与诸侯协同；关于刑制，经文则以规范语言予以清晰、集中的表达。可见舜对刑制，比对礼制，更为慎重。

同时关注礼、刑，才能把握华夏社会治理规则之全体。

五刑

舜确定五种刑罚，涵盖各阶层、各种类型的犯罪活动。

第一，象以典刑。

"象"的含义是古典法律史上最为复杂的问题之一，《尚书大传》给出比较清晰的解释：

> 唐虞象刑，而民不敢犯。苗民用刑，而民兴犯渐。
> 唐虞之象刑：上刑，赭衣不纯；中刑，杂屦；下刑，墨幪。以居州里，而民耻之。
> 唐虞象刑：犯墨者，蒙皂巾；犯劓者，赭其衣；犯膑者，以墨其膑处而画之；犯大辟者，布衣无领。

郑玄注：纯，缘也。时人尚德义，犯刑者，但易之衣服，自为大耻。

《周易·系辞》："象也者，像此者也。"象者，形象也，外貌也。"象以典刑"者，强迫触犯相应罪行的人，服以特定颜色、制式的衣冠服饰，有别于常人之服貌。这带有羞辱性质，近似于现代的社区矫治。

据《尚书·吕刑》，在此之前，苗民"制以刑，惟作五虐之刑曰法。杀戮无辜，爰始淫为劓、刵、椓、黥"。在尧舜之前，已有严酷的肉刑制度，完全诉诸人的恐惧心。此制度背后的预设是人性恶，唯有以暴力恐吓之。

舜以象刑取代肉刑，改而诉诸人们的羞恶之心。这一变革塑造了华夏刑罚思想之基底：基于人心之羞恶本能，引导其自我约束；即便不得不施以刑罚，也奉行宽和原则。在此背后的人性假设是，人可以向善，重要的是对其予以引导、启发；即便施行惩罚，也应以教化为目的。

第二，流宥五刑。

流者，放逐也，流放也。注疏者曾质疑：五刑已代之以象刑，何以会有放逐？放逐似比象形更为严厉。合理的解释是，象刑针对一般庶民，流刑则针对贵族，经下文马上列举四位贵族被流放之例。

对未能很好履行职事、拒绝服从秩序之诸侯，舜处以流放之刑。甚至可以推测，这种刑罚的实施是通过诸侯会议方式判决的。这种判决具有自动执行之机制，不需强行以武力执行：只要天下诸侯同意这一裁决，即便无人驱逐之，被判决者也无法在华夏共同体内正常活动，不得不自行流放。他不这样做，其族群为了自身利益，也会孤立之、驱逐之。这也许就是经下文放逐四凶之真正机制。

第三，鞭作官刑。

孔颖达正义列举几个例子："《左传》有鞭徒人费、圉人荦是也，子玉使鞭七人，卫侯鞭师曹三百，日来亦皆施用。大隋造律，方使废之。"详考这些例证，徒人费乃是齐侯之徒人[1]，圉人荦乃是鲁侯之圉人[2]，楚国大夫子玉乃是在管理军

---

[1] 《左传·庄公八年》。

[2] 《左传·庄公三十二年》。

队的过程中鞭人[1]，师曹乃是卫侯之乐师[2]。《左传》还记载齐侯"鞭侍人贾举"[3]。凡此例证支持一下结论：鞭刑非普遍适用之刑，是君对自己家臣适用之特殊刑罚，是封建家室之"家法"。

之所以针对家臣而特别规定鞭刑，也许是因为，此前，家臣违反礼制，常遭严厉惩罚，君甚至随意处死其家臣，考古在此前时代墓葬中可见人殉。舜就此作刑，旨在将其统一限定于较轻的鞭刑范围内，本乎上天之下人人平等原则，已确立臣相对于君之尊严。

第四，扑作教刑。

扑刑是父母、长辈、宗、族之长老以荆条、木板训诫子弟之刑。可以推测，舜规定这一刑罚，其宗旨仍在于，对长辈刑罚子弟之权威设置上限，禁止其滥施刑罚，过于严重地伤害子弟。

第五，金作赎刑。

首先，此处之"金"不可能指黄金。尧舜三代均不重黄金，更重视玉，后又重视青铜。古语中，"金"通指金属，在此特指铜，尤其当指青铜，可用于制作礼器，故为人宝重，以之为赎买之代价。

赎刑旨在解决族群乃至邦国之间的冲突。关于这一点，不妨参考欧洲古代法律实践：

众所周知，法律程序的早期形式建立在复仇的基础上。现代学者认为，罗马法起源于血亲世仇，所有的权威也都同意，日耳曼法也源起于这一方式。世仇（feud）导致了补偿金（composition）方式的出现。起初，是否采取这一方式是可以选择的，后来则变成强制性的，由此使得世仇被买断而消失。其适用范围的逐步扩张可追溯到盎格鲁—撒克逊法中，到征服者威廉时期，世仇制度虽然没有完全被消灭，但是已经消解得差不多了。[4]

---

[1] 《左传·僖公二十七年》。

[2] 《左传·襄公十四年》。

[3] 《左传·襄公二十五年》。

[4] 霍姆斯《普通法》，冉昊、姚中秋译，中国政法大学出版社，2006年，2~3页。

在先民社会，"族"是基本社会单元，人有强烈的共同体意识，族全面保护其成员。某族成员遭另一族成员伤害，前者之全体族民承担为其复仇之伦理义务，两族之间容易形成"世仇"。《史记·五帝本纪》说黄帝时，"诸侯相侵伐"，大约就是各族群没完没了地相互复仇所致。

舜缔造华夏，须解决这一危害天下和平秩序之大问题，为此建立赎刑制度。一部族成员损害另一族成员，后者赔偿被伤害者亲属及其族群一笔财物，即彻底了结纠纷，双方不得再行寻仇。这是解决不同族群成员冲突的唯一办法。

这一制度与后世罚金制度完全不同，尽管两者存在一定历史渊源。即便在形式上，两者明显有别：后世罚金归于官府，而古典赎刑之金归于受害人亲属或其族群。这由两者的不同目的所决定：前者是政府惩罚危害公共秩序者，后者旨在防止族群间无穷无尽的相互复仇。

至此可见五刑之概貌：象刑普遍适用于所有庶民，取代原来普遍适用之五种肉刑。流刑、鞭刑、扑刑均针对特定人群：流刑针对君子，鞭刑针对家臣，扑刑针对子弟，赎刑解决不同族群之成员的伤害。总体上说，舜之作刑，趋向于减轻刑罚，尤其是减轻刑罚对人身之伤害，其内在精神是宽和，以确立每个人的尊严为宗旨，即便其人有过、有罪。《孔子家语·好生》记孔子如此赞美舜：

> 舜之为君也，其政好生而恶杀，其任授贤而替不肖，德若天地而静虚，化若四时而变物；是以四海承风，畅于异类，凤翔麟至，鸟兽驯德。无他，好生故也。

上天有好生之德，尧舜敬天，故舜所立刑制，也有好生之德。不能不惩罚有过而犯罪者，但尽可能控制对其肉体的伤害，目的在于促其自省，促人自我约束，此为用刑之根本用意。严刑峻法，本身就是恶，焉能正人心、美风俗？

原志

前文所说五刑是刑罚之实体性规则，接下来，舜提出君子实施刑罚之两大基本原则，这是对司法者之告诫，第一条：眚灾，肆赦；怙终，贼刑。

周公后来在《康诰》中发挥这句话："人有小罪，非眚，乃惟终，自作不典，式尔，有厥罪小，乃不可不杀。乃有大罪，非终，乃惟眚灾，适尔，既道极厥辜，时乃不可杀。"《史记·五帝本纪》集解引郑玄曰："眚灾，为人作患害者也。过失，虽有害则赦之。怙其奸邪，终身以为残贼，则用刑之。"

此经大义曰：君子在审理案件、确定刑罚时，须考虑犯罪者之动机，确认其是过失还是故意。若属无意而致之过失，且有悔改之意，即便造成一定损害，也可从轻处理，甚至免于惩罚。若出于故意，且不思悔改，那就予以严惩。

这一点是刑事观念的一大进步。在"绝地天通"之前，刑事程序中大概不考虑行为人动机，因为，人的行为完全受制于外在因素如神灵，不能自主。尧舜"绝地天通"，神灵不再主宰人，面对天，人是自主的，故其行为有动机可寻；没有任何外在因素可以支配人，那么，人就须为自己行为承担全部责任。据此，惩罚人，不能不考虑其动机。此为司法观念的一大跃升。

后来董仲舒之公羊春秋学特别重视"原志"，《春秋繁露·玉杯》曰："《春秋》之好微与？其贵志也。"《精华篇》详论听狱之道：

《春秋》之听狱也，必本其事而原其志。志邪者不待成，首恶者罪特重，本直者其论轻。是故，逢丑父当，而辕涛涂不宜执，鲁季子追庆父，而吴季子释阖庐。此四者，罪同异论，其本殊也。俱欺三军，或死或不死；俱弑君，或诛或不诛。听讼折狱，可无审耶！故折狱而是也，理益明，教益行。折狱而非也，暗理迷众，与教相妨。教，政之本也。狱，政之末也。其事异域，其用一也，不可不以相顺，故君子重之也。

表面看来相同、相近之行为，《春秋》却有不同判断，就是因为"其本殊也"，也即当事人之"志"不同。那么，司法者在处理案件时，须本其事而原其志，"原心定罪"。这构成后世儒家士大夫司法之基本传统，而这一司法传统，为教化留出足够空间：人若无心志可言，何以教化？人既有其心志，自当以教化为先，即便实施刑罚，也以教化为依归。

钦、恤

舜对君子适用刑罚提出之第二条原则：钦哉，钦哉，惟刑之恤哉！

首先，刑乃大事，司法者之一言一动，犯罪嫌疑人可能遭到严厉惩罚，而社会秩序可能因之而变，可不敬欤？钦者，敬也。司法者当敬于司法之事，敬于引导人们的礼，敬于惩罚犯罪行为之刑。认真对待规则，才能正确适用规则；司法者也应敬于案件的当事人，认真对待其所遭受之伤害和可能施加之惩罚；司法者应排除各种干扰，尤其是排除自己的激情，尽最大努力冷静地寻找案件之是非曲直，得出最为公正的裁决，以恢复正义。孔子曾教导其弟子以司法敬："悉其聪明，正其忠爱以尽"[1]。

其次是恤刑，也即慎刑。司法者对即将宣布之刑罚，应特别慎重，再三思量，尽最大努力避免量刑过重，《尚书·康诰》记周公告诫康叔，"惟乃丕显考文王，克明德、慎罚"。

首先，司法者不以惩罚人为乐，《论语·子张》：

> 孟氏使阳肤为士师，问于曾子，曾子曰："上失其道，民散久矣。如得其情，则哀矜而勿喜。"

慎刑也需一整套复审制度，以避免司法者的失误给当事人带来不公。孔子曾提出，"狱必三讯焉"；"成狱于吏，吏以狱之成告于正；正既听之，乃告大司寇；大司寇听之，乃奉于王；王命三公卿士，参听棘木之下，然后乃以狱之成疑于王。王三宥之，以听命而制刑焉。所以重之也。"[2]

舜初步确立正当行为规则的强制性执行规则。确定何种行为正确、何种行为错误的礼，在很大程度上是固有的，舜为在天下范围内强制执行之提供了刑罚规则。这些规则开始在天下普遍适用，为族群间解决纠纷设定合乎情理之方

---

[1] 《孔子家语·刑政》。

[2] 《孔子家语·刑政》。

案。由此，人们放心地进行跨邦国之间合作、交易。人们可以预期，礼法可在华夏范围内强制执行，权益可在华夏共同体范围内得到保障。由稳定、适中的刑制所塑造的这一预期，大有利于华夏人民、各族群间之沟通、交往、联合，巩固新生的华夏共同体。

二十八、蛮夷戎狄

流共工於幽州，放驩兜於崇山，竄三苗於三危，殛鯀於羽山。

竄，流放。三危，西方之高山。
殛，极之假借，穷也，放之于极远处。

流放共工于北方之幽州，放逐驩兜于南方之崇山，驱逐三苗于西方之三危，
投放鯀于极远之羽山。

舜作刑制，并实施之：流放四位行为严重不当的诸侯。这一惩罚活动标志
着华夏国家之完全成立，同时也标志着蛮夷戎狄形成，并与华夏形成复杂关系，
处理这一复杂关系，成为中国成长过程中的大事。

流刑

经文虽用流、放、竄、殛四个不同的字，但其含义相同，均为流放、放逐
之意。经上文所记刑制中有"流宥五刑"，舜对四位诸侯的惩罚就是流放，放逐
出华夏，至四方边远之地。

舜之惩罚四凶，与黄帝之征战诸侯，形成鲜明对比。《史记·五帝本纪》记，
黄帝与炎帝战于阪泉之野。"三战，然后得其志"；与"蚩尤战于涿鹿之野，遂
禽杀蚩尤"；此后，"天下有不顺者，黄帝从而征之"。但黄帝不得安宁："迁徙
往来无常处，以师兵为营卫。"黄帝盖不得不如此尔，此时，各邦国间频繁交互
作用，而无普遍认可之王权以统合各邦、维护秩序，各邦国之间唯有以武力相

向，黄帝也唯有以武力解决争端。

到尧舜时代，华夏治理机制初步建立，王权树立，并赢得各邦国一定尊重。舜即可不借武力，而强制实施礼法，这是共同体趋于成熟之标志。舜之所为是常态的司法性惩罚，黄帝有其维护秩序之"志"，但三战才可以得其志，可见，对方并不轻易接受黄帝之权威，只有以武力彻底打垮对方。黄帝也总是担心对方可能反扑。舜则不用军队，即可惩罚一邦诸侯，且不用担心其报复。这表明，华夏共同体之权威已得到万邦认可、支持，足以支持王者行事司法权。

而因为国家成立，政治更为文明了。黄帝持续地以毁灭性武力压制对方，政治就是战争，秩序依靠暴力，死亡带来顺从。舜对行为不当的诸侯之惩罚，则克制得多：不再是杀死，只是流放；不再是击败其部族，实施集体惩罚，带来成千上万的死伤，而是惩罚诸侯个人，甚至不波及其父子兄弟。可见，随着王权确立，天下趋于和平、文明。

另，《史记·五帝本纪》对四凶之罪有所说明：

> 驩兜进言共工，尧曰不可，而试之工师，共工果淫辟。
> 四岳举鲧治鸿水，尧以为不可，岳强请试之。试之而无功，故百姓不便。
> 三苗在江淮、荆州数为乱。

驩兜举人不当，共工行为过分不正，鲧未能履行职事，三苗作乱。大概只有三苗作乱类似于黄帝时诸侯之作乱，其他三种行为在黄帝时代恐怕都不成什么问题，但舜对其予以惩罚。这说明，到尧舜时代，华夏之统一礼制已初步确立，法度趋于严密，且一旦违犯，即遭惩罚。

只有至此时代，才有严格意义上的司法权。司法权旨在实施正义，其前提是判断行为之是非对错。黄帝直接运用强大的暴力摧毁不顺从者，对方无所谓对错，对方之所以顺从，仅因武力不济。舜的惩罚行为是完全司法性质的，明确指出其罪责，而后，依刑制宣布处罚，并在天下诸侯见证下执行。

关于舜之用刑，经文只记其流放四凶。实际上，当时，五刑已逐渐完备，得以实施。只是流放比较特别，有十分明显的政治性质，专门针对诸侯，其有名位，有实力，故能否惩罚他们，成为华夏刑制是否有效之试金石，经文特意予以记载。

尧舜之前，各邦国内必有其刑治体系，以惩罚侵害他人、破坏秩序的臣民。诸侯是最高执法者，故诸侯侵害他人，无人可施加司法惩罚。或有黄帝式强者起而主持正义，但究非常态，且常陷入以暴易暴的恶性循环中。尧舜对诸侯实施司法惩罚，标志着华夏王权已经确立；反过来，运用司法权，进一步强化王权；有司法权之王权，方可有效维护天下秩序。这样的王权，是有爪牙的王权，王权而无爪牙，不足以维持秩序。

舜所创流放之刑，后世沿用。那些在政治斗争失败的大臣，常被流放至荒远之地，举例而言，唐、宋两代，常有大臣被流放到气候炎热、瘴气弥漫之岭南，甚至海南岛，如苏东坡之被流放海南岛。明王朝常流放大臣到西南，如王阳明被流放至贵州龙场驿，于艰难困苦中，有"龙场之悟"。至清代，因南方已开发，常流放大臣至今日新疆一带。

被流放者到全新环境，身体不适，尤其是北人到南方，很难适应其常年湿热的环境；加以孤身独处，难免精神痛苦。不过，这种流放政策可有意料之外的后果：推动边远地区之开化。受过极好教育的官员，若有士人精神，则到流放地后，必兴修水利，更重要的是，兴起文教，改良民俗，凡此有助于偏远地区融入华夏。清代众多流放之臣，则从中原到西域，开阔眼界，其国家观念有较大变化。

后世这些历史事实有助于理解典籍所记流放四凶之另一维度，如下文。

蛮夷戎狄

《史记·五帝本纪》历数四凶之罪后，描述舜之流放四凶曰：

> 于是，舜归而言于帝，请流共工于幽陵，以变北狄；
> 放驩兜于崇山，以变南蛮；
> 迁三苗于三危，以变西戎；
> 殛鲧于羽山，以变东夷。
> 四罪而天下咸服。

流放四凶实有两种情况，经文说得很清楚：

一种称人名，仅流放其本人。鲧最为明显，否则禹不可能嗣兴。驩兜大概也是，共工存疑。这确立了个体犯罪之大义。黄帝之战争是针对族群集体的，也许只是炎帝一人之过，整个族群遭遇战争。舜只惩罚鲧一人。《大禹谟》皋陶论及用刑原则"罚弗及嗣，赏延于世"，《左传·昭公二十年》记周代君子所理解之刑制曰"《康诰》曰：父子兄弟，罪不相及"，"相及"就是连累，"不相及"就是不牵连任何人。罪是个人的，邦国之君有罪，让他承担责任，惩罚他，不应连累其亲属，更不应连累其邦国。这是司法惩罚与武力征服的根本区别所在。由此才能做到，邦国之君遭惩罚，其所在邦国不以武力反抗。舜确立司法惩罚之制，让天下秩序免于不可预料的暴力之冲击。当然，确立司法权的前提又是王权已初步确立。

三苗的情形则不同，舜强制迁徙其整个族群、邦国至僻远之地。推测起来，原因在于，他们与华夏间存在较严重的集团冲突，故遭集体惩罚，而在早期文明史上，族群的远距离迁徙并不罕见。

然则，"变"者，何谓也？《索隐》谓："变谓变其形及衣服，同于夷狄也。徐广云作'燮'，燮，和也。"《正义》言："四凶流四裔，各于四夷放共工等为中国之风俗也。"也许，两种说法各得其一端。

上古地广人稀，各族群文明程度相近，本无夷、夏之别。照经文和《史记》所说，共工、驩兜、三苗、鲧等各族与其他族群共处。

至尧舜时代，接下来，礼法兴起，王权确立，由此，九族亲睦，百姓昭明，君子、邦国合小群成大群，纳入其中之各族群的文明加速创造和积累，有重大跃迁。但另有一些族群、邦国，由于各种原因，不接受尧舜之权威，或者即便加入，也未认真实施华夏共同礼制。其内外合作成本未能降低，与华夏内各邦国相比，文明无以快速提升，相形之下，较为野蛮。由此出现夷、夏之别。后来史籍对四边民族的记载，常追溯其华夏之祖先，如《史记·匈奴列传》说"匈奴，其先祖夏后氏之苗裔也，曰淳维"；《后汉书·西羌传》说"西羌之本，出自三苗，姜姓之别也"，这些记载并非虚构。

但一旦区别，就会塑造出敌我意识。明显的区别塑造出彼此不同之自觉意识，"华"或者"夏"都有文明之意，华夏人民如此自称，展示其初步觉醒的自我身份意识。内聚的共同体意识逐渐发育、强化，夷、夏之辨意识逐渐形成、明确，进而产生"我们"与"他们"之心理区别。当然也有财富、物质符号上的重大区别，如服饰、车马的优劣之别。被排斥的族群自然会产生自己的身份意识。

面对富裕的邻居，文明上相对落后的族群倾向于采取短期策略，掠夺邻国资源和财富。这种策略常可奏效，在大多数时间，蛮夷戎狄的总体力量弱小，无从控制华夏，但华夏各邦基本采取农业定居生态，有较多不动财富之积累，蛮夷戎狄采取流动的劫掠策略，收益颇高。但华夏各邦已形成较为坚强的政治组织，有能力采取各种防范措施，比如借助王权所聚集之资源，建设强大的军事力量，采取联合行动，放逐、驱赶这些野蛮族群。由此，双方敌意日益加深。随着文明演进速度不同，华夏与蛮夷戎狄相对的格局，在心理上、地理上逐渐趋于清晰。

可以说，华夏的诞生催生了蛮夷戎狄，两者差不多同步出现。且两者伴随始终。华夏—中国的历史就是以各种方式与蛮夷戎狄打交道的历程，"变"字的两个意思，即揭明此复杂性。

首先"变"字揭示，华夏与蛮夷戎狄系出同源，本与华夏共同生活，本章经文清楚说明，三苗等族群本来与华夏混居，只因未加入华夏，其文明演进迟缓，致其与加入华夏之各邦产生文明程度之别，这表现在诸多方面，比如《礼记·王制》曰：

中国、戎夷，五方之民皆有其性也，不可推移。
东方曰夷，被发文身，有不火食者矣。
南方曰蛮，雕题交趾，有不火食者矣。
西方曰戎，被发衣皮，有不粒食者矣。
北方曰狄，衣羽毛穴居，有不粒食者矣。
中国、夷、蛮、戎、狄，皆有安居、和味、宜服、利用、备器，五方之民，言语不通，嗜欲不同。

由此族群划分之说可清楚看到，中国与蛮夷戎狄之别，非因种族、肤色等自然因素，而在文明程度之别，最直观地体现于较好和较差的生活方式。本来是同一群人，只因选择不同的制度，其文明演进之速度、方向出现分离；且这一选择形成路径依赖，差距越来越大，最终在语言、祭祀、器物、服饰等各个方面均有显著差异。

不过，双方产生差异的原因也就意味着，完全可有反向变化，此即"变"之第二义：蛮夷戎狄完全可以变而为华夏。毕竟，"四凶"是由华夏流放至四方的，不管其行为如何，以前与华夏各邦并无区别。这意味着，华夏人可以承认夷狄同样是人，且有向往华夏文明之心。不管夷狄怎么看，华夏人相信，即便夷狄曾遭惩罚，华夏也是其父母之邦；既然如此，夷狄完全可提升至华夏的文明水准，一个完整的天下必然覆盖夷狄[1]。

当然，夷、夏的区别巨大，两者间常以暴烈方式发生关系：华夏可能以武力攻伐夷狄，因为四凶是堕落者；夷狄也可能以破坏性心态进犯华夏，因其曾遭惩罚；面对夷狄的不服或侵犯，华夏也不得不反击。夷、夏间关系可谓剪不断、理还乱，有冲突、有战争，但也有融合。

今日内部差异多样的超大规模中国，正是在华夏与蛮夷戎狄之关联、紧张、冲突等复杂关系中，逐渐融合而成，此过程还会在扩大了新政治空间中持续展开，这正是天下秩序的内在属性。

---

[1] 关于这种关系，公羊学之三世说，有形象描述："于所传闻之世，内其国而外诸夏。于所闻之世，内诸夏而外夷狄。至所见之世，夷狄进至于爵，天下远近小大若一。"

二十九、天下观念

四罪而天下服。

四凶服罪，而天下顺服。

这是"天下"一词首见于典籍，据此可确定，天下观念肇始于尧舜时代。此时，确立敬天，有天，则有天下。天下是范围最为广泛的普遍存在体，甚至没有清晰的边界，华夏—中国的历史正是通往天下而没有终结的过程。

敬天与天下

"天下"描述人所生存的空间，人知天、敬天，并据此设计种种制度，才有"天下"可言。

在"绝地天通"之前，各族群、邦国各有其神灵崇拜，也可能某一文化体的诸多邦国有共同崇拜，如东方各文化体普遍崇拜日，太阳，"太昊"、"少昊"似乎暗示太阳崇拜，考古学上也出土若干证明。各种神灵虽有区别，其共同之处是，都是个别的，均有其明晰之体："日"有其体，是个别的，族神更是如此。生活于此文化体或邦国中之人，只知其神，不知有天。这些神灵既然分立，其所支配之族群、邦国，自然也在分立、甚至对抗状态。

世上有些族群，在文明演进至某阶段，超越分立的多神，走上一神崇拜。此举推动世间之贯通与人之普遍化。但是，唯一真神仍然是有体之神灵，通常是人格化的神。一神教通常说，此神先于天帝万物，创造天地、万物，自然高踞于万物之上。于是，地上的族群之别固然打破，却确立神与万物、与人之间

234

不可逾越之区隔，宇宙仍是分裂的，人受到其约束，终究不能真正普遍化。

颛顼、尧树立敬天。天恒在，所有人都在天之下。唯当人知天，敬天，才可有天下观念。在中国，天下观念之肇事，在尧舜时代。

由人之敬天，而有天下。天是生生不已的万物之大全，而其直观呈现是天空，故有"上天"之说。与之对应，人所立足、活动的大地，在天之下，此即"天下"。

天下是真正普遍的。天是遍覆的，天外无物，一切皆在天之中，天之下，包括一切已有之物，一切未来之物。因为，天的根本属性就是生生不已，一切生者、所生者，均为天所生，生一切是天之实存形态。

天生生不已，故无固定之体，如《周易·系辞》所说"神无方而易无体"。天无体，故不二。神灵必有其体，唯一真神也毕竟有其体，能言就是其有体之明证。一切有其自体者，都是局部的，不能遍覆。故唯一真神虽宣告自身为"一"，事实总是，诸神同在，有此体的唯一真神必与另外的唯一真神同在。天无体，故不二，无外。

万物与人皆在天下。以天下观人，则天下就是人所能结成之最广泛的共同体。天下者，至大无外之人的存在体也。实际上，天下乃无体之体。天本身生生不已，则天下同样生生不已。天下包容一切未来将生之人，哪怕生活在其他星球上的人，也同在天下。子曰，"惟天为大"[1]，而正是尧确立了这一事实；由此，唯天下最大。

天下意识

唯一真神有助于打破族群、邦国之隔离，但普遍的人类共同体之形成，对人提出强势要求：所有人同时绝对服从唯一真神。但第一，此为永远不可能达到的前提，故唯一真神不能塑造真正普遍的秩序；第二，这一要求太高，服从者完全可能因懈怠而放弃，则其所支持之普遍的人类共同体必定解体。

天不言，不必有人传达唯一真神之言，故人之于天，无所谓服从，遑论绝对服从。人生而在天下，人就在天之中。人只需知天，就在天下，而不需经过

[1]《论语·泰伯》。

复杂的皈依程序。

人知天，即可有天下意识。天下意识者，关于人的存在之最为开放、包容的自我意识也。天下意识让人的心智超出自我，超出自己所在的族群、邦国，对所有人开放。因而，天下意识让人成为普遍的人。这是真正的普遍，在此，没有神、人之隔。天就是生生不已的万物之大全，人在其中，故天、人不二。人的普遍化没有任何不可逾越的阻隔。

天下意识不仅涵容一切人，还涵容万物。天生万物以及人，人与人为一体，人也与万物为一体，故张载《西铭》说"民，吾同胞；物，吾与也"，故《中庸》曰："唯天下至诚，为能尽其性；能尽其性，则能尽人之性；能尽人之性，则能尽物之性；能尽物之性，则可以赞天地之化育；可以赞天地之化育，则可以与天地参矣。"

天下无外，天下无体，那么，天下何在？每一个人都在天下，每一个人就是天下的原点。天下不是静态的，也永远不可能达到终结的平衡、静止状态，天下永远不会是已完成态，因为天生生不已，人所在之天下必定呈现为连绵不绝之道德的历史过程，天下永远在以每一个体为原点、由亲及疏、由近及远的扩展过程中。

故在圣贤话语中，天下有大、小之别：有时，天下指王权所及、政教覆盖之华夏；有时，天下包括与华夏发生较频密关系之蛮夷戎狄；有时，天下包括虽不与华夏发生关系，但华夏所知之人；有时，天下涵括上天之下所有人。

天下概念如此游移，正由天下概念之内在属性决定：天下不是固定的圆满状态，天下不是静态的"一"，天下是人类持续不断的生存过程，天下是由亲及疏、由近及远的文明化过程。此一无终点的过程之原点在每个人，在每个人对天的自觉。

王与天下

天下始于人对天的自觉，天下作为政治单位的存在和维系则有赖于王。

细观经文脉络，首先记舜巡守四方、协同礼制、制作刑制，然后记舜执行刑制，放逐四凶于四裔，而有"天下咸服"。其大义曰：有王，然后有天下。具体而言，有尧、舜、禹等圣王之礼乐化成，然后有文明与政治意义上之天下。

在尧舜之前，受限于各自的神灵，各族群、邦国间相互分隔，生活于其中的人们之心灵不能向陌生人敞开，甚至充满猜疑、敌意，不能接受、肯定自己的同类，他人是潜在的敌人。此非人之应然状态，此即"野蛮"。

彼时，大地被神灵及围绕着神灵之习俗切割，只有零碎的邦国，且互有敌意，故无普遍和平秩序，时有暴烈冲突，人们无法展开稳定的合作、交易。

彼时，人世统治者是有通神能力之巫师，即便拥有德行者，有维护秩序之武力者，也不能不借助巫术。巫师不可能以人待人，必定从人之外的立场对待人，也即，从神灵的立场安顿人。就此而言，人被置于非人之秩序之中，而无从自主。神意变幻莫测，以神为中心的秩序也变幻莫测，人的道德和能力没有意义。

颛顼、尧敬天。天是普遍的，含容各邦国之分立的神灵。神灵仍在，但其割据局面得以改观：天最大，神灵在天之中，诸神统于天。由此，神灵支配之每个邦国也有新的引领者，即遍覆之天。在遍覆无外之天的引领下，每个人、每个邦国对其他邦国敞开，消除敌意，愿意共同生活，由此而有聚合而成之华夏。不敬天，则无华夏。

敬天，则巫术不再是最有效、最基本的统治术，巫师也不再是最重要的统治者。尧舜不是巫师，而是王。他们行使权威，以王的身份，非以巫师身份，以神的代言人身份。共同体统治主体发生根本变化，从巫师到王；社会治理随之发生根本变化：从神权到王权。那些由多神教走向一神教的文明，只不过是变换形态的神权政治，而未能进至王权，也即，未能进至自主的人的政治，其人也就始终未能在心智上成熟。

巫师退场后，政治、治理、秩序开始属人。王拥有权威，不是因其有通神能力，而是因其有合群之德能。这是人自身所能焕发、运用之自主力量。只要治理是人自主的，就必定走向以德能为根本。以暴力确立权威很难，因为个体间体力差别不会太大。德行的差别却可以很大，故《尧典》开篇叙述尧之德，德行是王者权威之根基。暴力通常跟神权或准神权联系在一起，其秩序是非人的。而王政，差不多必然是德政。

德政通过制度实现。尧舜以德行创制立法，经前文差不多都在记载尧舜之创制立法。尧舜作为华夏之王，建立统一的礼乐，协同法度。这套制度运作之结果是，九族亲睦，百姓昭明、万邦协和，华夏得以成立，这是天下之第一步。

天下因此而深入人心中，因为这些制度提撕、指引、约束，置身于超乎族群的华夏之中，人对同类不再恐惧、抗拒，而相互肯定、亲近，并将其视为与自己完全相同的人对待。孔子将此种情感概括为"仁"，《中庸》曰："仁者，人也。"人们以人道相对待，哪怕来自完全陌生的地方。在华夏，人们找到了家的感觉。天下让人可以与陌生人如一家人。

故曰：王者创制立法，缔造华夏，缔造天下。没有王，没有统一的华夏礼乐法度，没有其所维护之和平环境和低成本合作秩序，人们将始终局限于相互分隔的邦国之中，也就没有天下。没有尧舜禹，就没有天下。

此天下不是武力征服而成，而是天下归往之结果。王不是神的代言人，不能以神的名义命令人们进入天下。他是人，面对与自己平等的同类，只能感化之，引导之，故《周易·系辞》历述上古王者创制、作器，以兴天下之利，为天下所归往。

经上文描述，舜巡守四方，走遍大地；经下文描述，禹平治水土，同样走遍大地。这一点与尧不同。在王行走之前，大地是破碎、分裂、零散、个别的。舜、禹能走遍广袤的大地，说明其已拥有众多邦国所承认之权威；而在行走大地之历程中，舜、禹把礼乐法度带到本来相互分隔的四方，各邦国之间、四方之间的隔阂逐渐消除，大地走上成为天下之路。王的脚步就是天下联结之纽带，王所走过之大地进入天下。王就是礼乐法度，统一的礼乐法度覆盖之处才是天下。

本章经文指出，尤其是当王强制实施礼法之时，天下方得确立。唯一真神或许可按同一模子造人，或让所有人一样的善。天生人，禀赋必然不同，且总有缺陷，故天之下的人不可能同时达到同样完美的善，反而有人会侵害他人。对此须予以惩罚，故经文说"四罪而天下服"。在天下生成过程中，四凶是大地通畅之障碍，舜以法度惩罚之。王有德，王也有权威，包括惩罚的权威。若无此权威，天下必解体，复归破碎状态，也即野蛮状态。王之权威是天下之有力保障。

但此权威不可能是绝对强制的。神高踞于人之上，神的代言人的统治必定是强制的政治，王也不过是人，故其统治必定是协商的政治，虽然其表现形态在不同时代有所不同。神是无所不能的，故神的代言人的统治必定带来威权政治，而人的关注必定有限，因而王的统治必定是疏阔的、有限的。停留在神的代言人统治的结构中，必存在政治上的绝对不平等，王权则带来政治上的平等。

既然如此，让人全部进入并维护良善关系的人类秩序，只能成就于以人治人的机制，一切神的代言人的统治都不可能达致这一点。故王天下者，天下之达道也。

三十、尧之大德

二十有八载，帝乃殂落。

有，又也。载，年也。
殂，死也。

把王位转给舜二十八年后，尧驾崩。

据此可见，尧在自己健康尚可时，即将王位移交舜，二十八年后驾崩。《论语·泰伯》记孔子评价尧：

子曰："大哉，尧之为君也！巍巍乎！唯天为大，唯尧则之。荡荡乎！民无能名焉。巍巍乎！其有成功也。焕乎，其有文章！"

孔子之赞美也是对尧一生最全面、精彩之概括，从中可见尧对华夏之成立、华夏治道之凝定，大有功焉，一下略作总结。

大转型时代

孔子首先赞美尧为君之"大"，其义极深。从尧开始，华夏天下之治理经历一次跃迁，方向是确立有效的王权，正是前所未有之"大"君。此既为大势所趋，又由尧以德而致。

《尚书·吕刑》描述尧之前的华夏大地：

若古有训，蚩尤惟始作乱，延及于平民，罔不寇贼，鸱义奸宄，夺攘矫虔。

"惟始作乱"一语说明，至蚩尤时代，社会冲突陡然频繁而强烈，下文提及"苗民弗用灵"，《说文解字》："灵，以玉事神……或从巫。"合观两句，其意曰，到蚩尤之时，已维持相当长时期的巫术统治秩序，已无法维持，苗民乃以五种肉刑威吓民众，建立刑罚制度。

由此可推测尧以前历史演变之大势：最初，各族群相对孤立而封闭，各族群内部治理以巫术为权威，以巫师为中心统治者。此即《国语·楚语》观射父描述之"古者"，似可对应于红山文化、良渚文化、大汶口文化等。巫术维护社会秩序，巫师享有崇高权威。在此阶段，农业发展，人口增加，各族群之间来往密切，玉文化高度发达。

由此造成财富积聚，社会明显分层，族群内部冲突趋于加剧。与此相应，各族群人口密度增加，相互争夺资源，某些族群的财富积累也诱发他人抢掠。同时，气候开始变化，有些族群为生存而被迫远距离迁徙。凡此种种，导致族群间冲突趋于加剧。内外冲突叠加，暴力大幅度上升。考古学发现，龙山文化时代，也即公元前2600年到公元前2000年间，黄河流域中下游均出现城堡。此即秩序趋于混乱之表征。是此为前所未有之乱，故《吕刑》谓之"始作乱"。

面对如此混乱，巫术无效，巫师权威衰减，巫术统治无以维系。中国进入大转型阶段，如何解决社会冲突、族群冲突？新的社会治理模式是什么？各族群开始探索解决方案。黄帝采用暴力方法四处征伐，试图在族群间建立秩序。蚩尤大约是苗人首领，当时也在中原，实力较强，可在一定程度上号令天下，乃以严刑峻法解决社会冲突：

苗民弗用灵，制以刑，惟作五虐之刑曰法，杀戮无辜，爰始淫为劓、刵、椓、黥。越兹丽刑，并制罔差、有辞。

苗民不再以巫术治理，转而以刑罚治理，乃作五种肉刑。此为五刑之源。蚩尤的问题是"淫"，即滥用刑罚，其施刑不辨犯罪行为之轻重，一律施以严刑峻法，哪怕有可辩之辞者，也严加惩罚。

巫术统治时代之后是暴力、刑罚时代，这种治理模式当然不能奏效：

> 民兴胥渐，泯泯棼棼，罔中于信，以覆诅盟。

孔子说过"道之以政，齐之以刑，民免而无耻"[1]，民心中既无耻感，则在重刑之下必为诈伪，故此处说，严刑之下，民众开始相互欺诈，陷入昏乱之中，全不守信，随意颠覆盟约。

> 虐威，庶戮方告无辜于上。上帝监民，罔有馨香，德刑发闻，惟腥。
> 皇帝哀矜庶戮之不辜，报虐以威，遏绝苗民，无世在下。
> 乃命重黎，绝地天通，罔有降格。

苗人暴虐害人，众多被杀戮之民广泛地呼告上天。上帝监察民众，祭祀无有馨香，其刑罚之事上闻，唯有腥恶之气。此处之"皇帝"，当为尧。尧哀怜众多被杀戮之民的无辜，乃对蚩尤之暴虐行为予以惩罚，阻止、摒除苗民，使之不能继续治理天下。

尧委任重、黎二氏"绝地天通"，对此，观射父有更详尽回忆，尧进而"钦若昊天"，确立敬天之礼。此举意义重大。蚩尤之刑治为回应巫术统治之失灵，结果证明，刑治无效。那么，有效的、良善的新治理模式是什么？尧首先杜绝重复巫术统治之路，确立敬天之礼，以此为基点，探索新治道。

总之，经典所说黄帝、颛顼、帝喾、尧、舜等五帝时代，实乃典籍记载之史上第一次大转型。黄帝做出了努力，颛顼做出了努力，蚩尤也尝试了另一种方法，最终，由尧舜找到出路，而缔造华夏共同体。

尧之为大君

洪水泛滥给探索新的治理之道提供难得契机。在空前灾难面前，巫术同样

---

[1] 《论语·为政》。

失灵，原有统治结构受到极大冲击。生活在巫术传统本来较为淡薄的文化中之尧，乃起而整合诸族群，成为华夏之王，故孔子首先赞叹，"大哉，尧之为君也"。

此前，各邦自有其君，也断断续续地出现一些实力强大的邦君，立足于自身区域性文化体，试图成为华夏之王，通常诉诸暴力，最著名者如黄帝、炎帝、蚩尤。但很显然，以暴力获得的王权并不稳固，难以获得各族群认可，故无以为继，尽管这些努力逐渐树立了各族当为一家之观念。

唯有尧，敦睦九族，平章百姓，协和万邦，最终肇造华夏，成为第一位真正的华夏之王。与此前所有的君相比，尧最"大"，故孔子谓尧之为君"大哉"。尧所确立之王位清晰地传给舜，又由舜传至禹，有三代连续传承，这一事实证明，尧创立了名副其实的王权。《白虎通义·号》曰："谓之尧者何？尧犹峣峣也，至高之貌，清妙高远，优游博衍，众圣之主，百王之长也。"

尧是华夏第一位真正的王，树立了王为社会治理最高之位的架构。尧之最大贡献，正在于此。确立王位，此为华夏之起点：有王，各族群方得以而为一体，才有华夏天下秩序。

至于王权的终极保障，则是敬天而法天。

敬天而则天

巫术时代之所以衰败为族群内部和相互之间双重暴力之治，乃因巫术之内在局限：

第一，巫术的功能在降神，而此时之神灵都是族群神，只保护本族群人，且可由巫术操纵，伤害其他族群的人。当族群间往来密切时，相互隔绝的神灵仍约束人的心灵，不对他人开放，以他族人为威胁，则以武力对付就是正当的。这样的神灵无法支持超乎族群之上的治理权威。

第二，在巫术支配的社会，权威之唯一渊源是巫师传达之神意。神意支配一切，巫师自然拥有最高权威。当社会尚未分化时，巫师确可有效整合社会。但阶层分化后，巫术所支撑的绝对权力逐渐政治化，转而支撑不受限制的内部暴力，一旦面临治理困境，则走向刑治。

颛顼、尧洞悉这一点，因而重构社会治理之精神维度，乃屈神而敬天。从尧开始，天是最伟大的、最崇高的，没有任何神灵比天更大，故孔子说"唯天最大"，天大于各邦之神灵，诸神统于天，所有的神灵都在天之中、天之下。

然而，天不言。尧敬天、祭天，但天不对尧说话，不就具体事务指导尧，故尧绝非巫师。天也不向尧颁布律法，故尧也非转达唯一真神之言的先知。尧是人，是圣人，尧是王。尧主动地取法于天，所谓"观乎天文"，据以制作人文，此即经文所记，委派羲和二氏"历象日月星辰，敬授人时"。此即孔子所说之"则天"。尧"则天"，纳人道入天道，法天而治，赋予尧新建立之王权以崇高地位。

尧之法天而治，截然不同于神巫统治。在"绝地天通"之前，通神的巫师拥有管理社会事务之全部权威，其他权力均由此衍生。而巫师权威来自其通神能力，由神赋予并保障，所有人尊崇其权威，以至于在巫术统治时代晚期，通过暴力获得权力者也不能不借用巫术，因而会有君、巫合一之现象。

尧确立敬天，从根本上改变最高权威承载者之身份。最重要的是天不言，人不能降天，传达天之言。故王面对天，无从使用巫术降临之。王绝非巫师。王即便敬天，也不像巫师那样宣称，天对某具体事务有意志、有命令。王敬天，祭天，天当然赋予王以一定权威，但天所赋予王之权威远小于神给予巫师之权威。

王就是王。当敬天确立，王只是人，王是以人治人者，王是纯粹政治的主体，王的权威是纯粹政治的权威，王仅凭其政治权威治理天下。由此，政治摆脱神的支配，成为仅关乎人之德行之事。相反，在中国以西，有不少看起来颇为高级的文明，迄今也未演变至此程度，还在神的纠缠之中，而不能树立人的主体地位。

恰恰因为不假巫师之权威，尧才能成为空前的大君，成为各邦共同承认之王。因为，尧敬天，不受任何邦国既有神灵之限制，故尊重所有邦国之神灵。所有邦国的神灵都可在尧所维护之天下政治秩序中共存。敬天的政治创造了诸神共存之环境，由此，超大规模的华夏共同体得以诞生，并且由此，华夏走上持续成长之路。中国以西大多数文明在这一点上无以突破，其共同体始终无法成长，间或以暴力造出庞大的帝国，但无不归于崩解。只有华夏—中国，自尧以来，巍巍然屹立而成长不已。

德大而无能名

孔子赞美尧"荡荡乎，民无能名焉"，当为赞美尧之德。《吕刑》叙述尧"绝地天通"后说：

> 群后之逮在下，明明棐常，鳏寡无盖。皇帝清问下民，鳏寡有辞于苗。德威，惟畏；德明，惟明。

绝地天通后，众诸侯之对在下之民，勉力辅其常道，由此，即便鳏寡者，也无所遮蔽。皇帝乃清明地询问下民，鳏寡对苗人之政颇有微词。尧以其德施用惩罚，人皆畏服。尧以其德举用人，人皆尊之。经文两个"德"字极为重要。

巫术及由此演进而来的一神教，均不重德，最重要的是神意、神启、神法。而神之所以是神，因其不可测，故神无德可言，神是超乎德的。信神者的唯一义务是信神，绝对服从神的命令，故不必思考，无可选择，也就不必养德；相反，德会妨碍人完全顺从神。神教社会可能秩序井然，但那不是因为人有自主之德，而是人信神，畏惧其惩罚或希冀其赏赐。

刑治时代同样不重德，对于社会秩序之维护，唯一重要的是严格地执行刑罚，毫不留情地惩罚一切破坏秩序的行为。在很多时候，人之德，比如用刑者之爱心，反而变成其严格用刑之障碍。刑治取消德。

故在神教中，在神权社会中，在刑治之世，均无德可言。在神面前，人没有选择，只有服从。面对刑罚，人也没有选择，被迫服从。在这两种状态下，人都是被动的，不能自主。因而也就无德。人唯有自主，才有德可言。当人自主，德也至关重要。

尧敬天，天监察人间，但不以言辞要求人、命令人；天有其道，而无所谓律法。故在天之下，人是自主的。关于如何待人、接物，天于人无所强制。在每一生活场景中，人不能不自己决定怎么做，如何待他人。子曰："里仁为美。

择不处仁，焉得知？"[1]人必须在生命过程中自主地抉择。对如此自主的人来说，德至关重要。放纵自己，必定相互侵害。节制自己，可以避免相互伤害。提升自己，则可成己、成人。

尧是德之第一觉醒者。参照《五帝本纪》之记载：黄帝"生而神灵，弱而能言，幼而徇齐，长而敦敏，成而聪明"，黄帝天赋异禀，但无关乎德。颛顼"静渊以有谋，疏通而知事"，深谋远虑，但无关乎德；帝喾"生而神灵，自言其名。普施利物，不于其身。聪以知远，明以察微"，同样是天赋异禀，无关乎德。

然而，《尧典》开篇记尧之德，并谓其"克明俊德"。敬天，故有明德，更有明之的自觉，故成就"钦明文思安安允恭克让"之德。尧创造全新的时代：在此，巫术、神灵不再居于支配地位，而尧敬天，选择成德之生命。德是人自主地自我约束、自我提升的倾向，德行是人自主决定之合宜的行为方式。"克明俊德"是全新的生命方式，尧以此示范天下，以其德君临天下。

由此，中国走出巫术、避免一神教，走上"人治"也即德治的道路。这是一条完全属于人的道路，社会秩序之好坏，不靠神，不靠巫术，只靠人自己。在神教文明中，神支配人，故人始终在求自由。天之下，人本来就是自主的，故中国圣贤从不以自由为念；相反，根本问题是，自主的人，如何做出正确的选择？人必须自我治理，自主决定自身生命状态和人际关系。此即道德的问题，正是道德，提升人的生命，最终上合于天。

尧之德广大，以至于民众无从具体赞美。尧似无特别卓越的专业能力，也无明显功业。人们看到的只是，他有全面卓越的德行，由此德行，众人得以协调，各邦得以联合，共同从事华夏之构建。尧以德行为所有人铺就坦坦荡荡之路，其他人之一切成就都有赖这条路。走在这条路上坦坦荡荡，但人们无从具体指出尧之德，故孔子说"民无能名焉"。

功业

孔子赞美尧"巍巍乎其有成功"，成就伟大功业，具体地说，通过成就王权，

---

[1] 《论语·里仁》。

敬天、法天，尧初步缔造华夏，结束各邦国争战不已的局面。《大戴礼记·五帝德》记孔子论尧之功业：

> 高辛之子也，曰放勋。其仁如天，其知如神。就之如日，望之如云。富而不骄，贵而不豫。黄黼黻衣，丹车白马。伯夷主礼，龙、夔教舞，举舜、彭祖而任之，四时先民治之。流共工于幽州，以变北狄；放驩兜于崇山，以变南蛮；杀三苗于三危，以变西戎；殛鲧于羽山，以变东夷。其言不贰，其行不回，四海之内，舟舆所至，莫不说夷。

尧最大功业是缔造华夏。尧也开始治理洪水，如孟子所说："当尧之时，天下犹未平，洪水横流，泛滥于天下。草木畅茂，禽兽繁殖，五谷不登，禽兽逼人。兽蹄鸟迹之道，交于中国。尧独忧之，举舜而敷治焉。"[1] 尧启动治水的事业，尽管当时没有成功，但终究为最后的成功积累了宝贵的经验。

礼

孔子最后赞美尧"焕乎其有文章"。文者，礼也。尧为君，开始制作华夏之礼，如初步确定君臣之礼；又历象日月星辰，以授人时。此两者为最重要之礼，是为"文"。尧所作华夏君臣之礼整齐君子之身，王历整齐天下秩序。由此，君子身体放射光辉，华夏天下井井有条，是为"章"。尧第一个制作华夏之礼乐，华夏天下因此"焕"然一新。这套礼乐前所未有，故新鲜而亮丽，光彩夺目，是为"焕"。借助这套雏形的礼乐，华夏凝定，而天下文明。

尧肇造华夏，孔子揭明尧之历史地位，故孔子删定《尚书》，断自尧舜，极有深意。唯自尧，华夏才是华夏，因为，华夏—中国之道初步凝定于尧。此后的中国正是循此道而行，人越走越多，路越走越宽。

---

[1] 《孟子·滕文公上》。

三十一、作民父母

百姓如丧考妣，三载，四海遏密八音。

考，父死为考。妣，母死曰妣。
四海，九夷、八狄、七戎、八蛮，谓之四海。
遏，止也。密，静也。

百姓如同丧失自己的父、母，三年之中，连蛮夷戎狄都中断音乐之声，静悄悄的。

尧驾崩后，天下之民深为悲痛，如同丧失自己的父母。正是尧，树立了君子作民之父母的政治伦理。

感动的政治

华夏第一位王为民众视同父母。为民父母，后成为圣贤描述王者、君子与民众关系之常见比喻。

《尚书·洪范》第五畴"皇极"谓："天子作民父母，以为天下王。"其义曰，唯当天子成为民之父母那样，才可成为天下之王，为天下所归往，享有充分权威

如何作民父母？正是"皇极"一畴讨论的主题，经文谓："无偏无陂，遵王之义；无有作好，遵王之道；无有作恶，遵王之路。无偏无党，王道荡荡；无党无偏，王道平平；无反无侧，王道正直。"王如天一样坦坦荡荡，无所偏私，公

平对待所有民众，养之、教之，则为民之父母。《尚书大传》曰：

> 圣人者，民之父母也。母能生之，能食之；父能教之，能诲之。圣王曲备之者也，能生之，能食之，能教之，能诲之也。为之城郭以居之，为之宫室以处之，为之庠序学校以教诲之，为之列地制亩以饮食之。故《书》曰"作民父母，以为天下王"，此之谓也。

母亲生养子女，父亲教诲子女，而王者对民众同时承担两项责任：养民，教民。王也向天下民众提供小家庭乃至族群无法生产的公共品——安全和秩序。王对民众维持生存、改善境遇所承担之责任，甚至多于父母对子女。至关重要的是，对待民众，王者应当有父母之心。有此情感自觉，必积极行动，王者自会获得民众之尊崇、爱戴，视同父母。

尧驾崩，民之所以如丧考妣，正因为，尧以父母慈爱子女之心对待民众。可以说，尧当为第一个有此情感自觉之王。

在"绝地天通"前，秩序仰赖于神灵，统治者全部心思在如何通神上，尽最大努力转达神意以号令万民。至于民众，只是纯粹的统治对象而已。巫师与民众之间不可能有情，也不必有情，这样的情必妨碍巫师通神。对人无情才能通神，这一点似乎为道家所继承。

尧敬天，神灵退隐。以前，巫师仰面信神，不关心民，政治的枢轴是神巫关系。现在，没了神的牵引，王者不必看神，而俯视民，政治的枢轴，转而为君民关系。王的权威无从依靠神意支持，只能依赖自己的德，以赢得民众尊敬。在民众眼里，"德惟善政"[1]，王是否有德，只有一个判准：是否体现为对民众的善政。至于何为"善"，王不能不体贴民情。但以何种身份体贴民众？最为近似者是父母对子女之情。

在非神教政治中，政治运作不依神意，也不靠外在命令，只靠人所自主发动之情。巫师、神权统治者完全可以依靠垄断神意，享有绝对权威，王的权威却来自于民的尊敬、爱戴之情。两情相悦，方为善政。在两者之中，王不能不

---

[1] 《尚书·大禹谟》。

先有情，尧舜禹等圣人乃推常见之人情于政治中，逐渐构造政治之人情基础。父母对子女之情最为常见，人人可以体认。王乃模拟此情，以父母对待子女之情对待万民。《诗》有"兴"之义，此即为政治上的"兴"。王者能兴起此情，则君子有成德之动力，也就有对民之善政。王者不能兴起此情，必定无德，其统治堕落为暴政。在属人的政治中，情是内在驱动力量。

王者之情自可感万民而动之。巫师是神的代言人，不能通情于万民。君子、王者是人，与万民相同，故其情相通，可以共鸣。王者以情为政，民众自可感知此情，作出积极回应，回报以感激、敬仰之情，这又可激励君子尽心于养民、教民。情感的相互激发、良性互动，塑造出良好社会政治秩序。相互以情感动，此为非神教的政治中形成良好秩序之基本机制。

尧正以父母对待子女之心对待天下万民，万民因此而感动，视之如父母。基于此情，尧缔造华夏，给天下万民带来最为珍贵的公共品：安全和更大范围的合作秩序。"黎民于变是雍"，民众都从中得到收益，故尧驾崩后，民众普遍有哀戚之情，"如丧考妣"。由此可见圣人之治，天下情谊浓厚，这正是上下之情相交的效果。

民之父母

那么，王者、君子如何为父母？

《诗经·小雅·南山有台》有句云："乐只君子，民之父母。"此处"君子"涵括范围更广，包括王在内的各个层级治理者。《大学》引用此句并解释说："民之所好好之，民之所恶恶之，此之谓民之父母。"民众喜好什么，君子也喜好什么；民众厌恶什么，君子也厌恶什么。君子掌握资源分配权，但舍己而从众，依据民意分配资源、运用权力、治理社会、增进民众福利，如此则为民之父母。

《大雅·泂酌》有类似诗句："岂弟君子，民之父母。"《礼记·表记》记孔子解说这句诗：

> 子言之："君子之所谓仁者，其难乎！《诗》云'凯弟君子，民之父母'，凯，以强教之；弟，以说安之。乐而毋荒，有礼而亲，威庄而安，孝慈而敬。使民

有父之尊，有母之亲。如此而后可以为民父母矣，非至德，其孰能如此乎？"

仁者，仁民而爱物。君子之职责，一方面在养民，让民众生活幸福；另一方面在教民，让民众生命向上提升。此为君子之仁，如此行政即为仁政，行仁政，方可为民之父母。

在君子作民父母这一比喻中，君子、民众在政治上确有尊卑之别。在社会政治秩序中，君子享有权威，支配公共资源，为"治人者"；民众是"治于人者"，处在弱者、卑者地位。只要人类有组织地生活，必定有此尊卑之别。

圣人努力把这一政治尊卑关系予以情感转化，让君子体会父母对待子女之心，以对待民众。父母生子女，为子女的生命本源所在，故在父母—子女关系中，父母当然是尊者，子女在卑位。但是，父母于其子女，自然有慈爱之心；尊卑之别绝不妨碍此种情感之发用。相反，父母天然地爱护自己的孩子，通常利用自己的优势地位，照顾、慈爱子女，从不计较自己的得失。圣贤以为，君子当体会父母对子女之情，以之对待民众，有保养之心，从民之所欲，造福民众。《孔子家语·贤君》记孔子教诲鲁哀公：

哀公问政于孔子，孔子对曰："政之急者，莫大乎使民富且寿也。"公曰："为之奈何？"孔子曰："省力役，薄赋敛，则民富矣；敦礼教，远罪疾，则民寿矣。"公曰："寡人欲行夫子之言，恐吾国贫矣。"孔子曰："《诗》云：'恺悌君子，民之父母。'未有子富而父母贫者也。"

君子若能以父母之心待天下万民，养之，教之，使民富且寿，民众自然爱戴，视之如父母。

故君子为民父母之比喻，绝非赋予君子以绝对权威，任意对待民众。事实上，这本非圣贤所立父子之道。此比喻旨在激发君子爱民之心，《汉书·刑法志》记载汉文帝时代故事：

即位十三年，齐太仓令淳于公有罪当刑，诏狱逮系长安。淳于公无男，有五女，当行会逮，骂其女曰："生子不生男，缓急非有益也！"

其少女缇萦，自伤悲泣，乃随其父至长安，上书曰："妾父为吏，齐中皆称其廉平，今坐法当刑。妾伤夫死者不可复生，刑者不可复属，虽后欲改过自新，其道亡繇也。妾愿没入为官婢，以赎父刑罪，使得自新。"

书奏天子，天子怜悲其意，遂下令曰："制诏御史：盖闻有虞氏之时，画衣冠异章服以为戮，而民弗犯，何治之至也！今法有肉刑三，而奸不止，其咎安在？非乃朕德之薄，而教不明与！吾甚自愧。故夫训道不纯而愚民陷焉。《诗》曰：'恺弟君子，民之父母。'今人有过，教未施而刑已加焉，或欲改行为善，而道亡繇至，朕甚怜之。夫刑至断支体，刻肌肤，终身不息，何其刑之痛而不德也！岂称为民父母之意哉？其除肉刑，有以易之；及令罪人各以轻重，不亡逃，有年而免。具为令。"

缇萦有爱父母之情，为此而上书皇帝；汉文帝体会父母对待子女之情，下令取消肉刑。在纯粹政治架构中，官员必定延续肉刑，因为那似乎有助于维护秩序。事实上，当时刑名吏确实再三阻挠文帝取消肉刑的努力，即便文帝下令，也阳奉阴违。官员守法而无情。汉文帝知道此法，但也有情。他以父母对待子女之情对待万民，故能超越法度，而有改变法度之政治决断。正是爱民之心，驱动了西汉政治之去秦制化，民众境遇才得以改善。若无此情，汉承自秦的严酷法度断无改变之驱动力量。

三年之丧

尧驾崩，民众三年不举乐，由此形成三年服丧之礼。

《周易·系辞下》说："古之葬者，厚衣之以薪，葬之中野。不封不树，丧期无数。后世圣人易之以棺椁，盖取诸大过。"考古发掘表明，大汶口文化已较多使用棺椁，至其晚期，则有完备的棺椁制。而同期，中原地区几乎没有使用。但到陶寺遗址，则少量使用棺椁 [1]，故此处所说制葬礼之圣人，当为尧舜。

三年服丧期也在此时确立。经文涉及臣民对王之丧，《礼记·坊记》曰："丧

---

[1] 高炜《中原龙山文化葬制研究》，收入《襄汾陶寺遗址研究》，662 页。

父三年，丧君三年"。不过，虽为三年，服丧之制究竟不同。对父母，如孔子曰："少连、大连善居丧，三日不怠，三月不解，期悲哀，三年忧。"但天下人对君不可能如此，故服"心丧"而已，不必穿丧服，表现出适度的哀戚即可，如不举乐，此即源于经文所说之"四海遏密八音"。

故从尧崩，三年丧期制初步形成，此后不断完善。如《中庸》所说，"三年之丧，达乎天子；父母之丧，无贵贱，一也"。故王者丧父母亦服三年之丧，《论语·宪问》：

子张曰："《书》云：'高宗谅阴，三年不言。'何谓也？"子曰："何必高宗，古之人皆然。君薨，百官总己以听于冢宰，三年。"

服三年之丧不大容易，非人人能做到，故经书特别表彰殷高宗之服丧三年。事实上，对三年之丧制，总有人表示怀疑，包括孔门弟子，《论语·阳货》：

宰我问："三年之丧，期已久矣。君子三年不为礼，礼必坏；三年不为乐，乐必崩。旧谷既没，新谷既升，钻燧改火，期可已矣。"子曰："食夫稻，衣夫锦，于女安乎？"曰："安。""女安则为之！夫君子之居丧，食旨不甘，闻乐不乐，居处不安，故不为也。今女安，则为之！"宰我出，子曰："予之不仁也！子生三年，然后免于父母之怀。夫三年之丧，天下之通丧也。予也，有三年之爱于其父母乎？"

孔子对三年丧制之论说主要诉诸人心：父母新死，人必不安于食稻衣锦闻乐，故自有服丧之心；丧礼对此情予以节制，使之无过、无不及。《礼记》专门有《三年问》一篇，讨论三年丧期之正当性，其开篇曰：

三年之丧何也？曰：称情而立文，因以饰群，别亲疏贵贱之节，而不可损益也。故曰：无易之道也。

创钜者，其日久，痛甚者，其愈迟。三年者，称情而立文，所以为至痛极也。斩衰苴杖，居倚庐，食粥，寝苫枕块，所以为至痛饰也。三年之丧，二十五月而毕，哀痛未尽，思慕未忘，然而服以是断之者，岂不送死者有已，复生有节哉？

虽曰三年之丧，实为二十五月。三年者，所以表孝子之至痛也；二十五个月者，所以为孝子之遂生也。生而不忘死，死而不妨生，两全其美矣。

三十二、远近秩序

月正元日，舜格於文祖。詢於四岳，闢四門，明四目，達四聰。

諮十有二牧，曰："食哉！惟時柔遠能邇。惇德允元，而難任人，蠻夷率服。"

元，善也，吉也。

能，善也。

惇，厚也。允，信也。难，阻也，远之。任，佞也。

正月的吉日，舜至于文祖。咨询于四岳，打开四面之门，明察四方之事，谛听四方之言。

谋于十二牧，十二牧对舜说："敬哪，用心于怀柔远人，善待近人，厚遇有德者，信任善者，而疏远佞人，蛮夷听命而顺服。"

《史记·五帝本纪》说："尧立七十年得舜，二十年而老，令舜摄行天子之政，荐之于天。尧辟位凡二十八年而崩。"尧确立舜继位后，即将王权交付于舜，舜已行使全部王权。尧驾崩，舜正式即王位，本章记舜即位之礼，阐明王者之职事。

即位之礼

舜之即位仪式在文祖举行。按封建之制，君臣关系是人身性的，诸侯当与继嗣之王重订君臣关系，为此在先王驾崩、新王即位时，前来参加即位典礼。此为典籍所记第一个较为完整的王即位仪式。

舜首先询于四岳，大约是确定礼仪。而后，迎接四方诸侯，是为"辟四门"。

接下来，舜听取四方诸侯汇报，了解各地政情，是为"明四目、达四聪"也。随后举行即位仪式。

在仪式中，扮演重要角色的是"十二牧"。从文本看，十二牧不同于四岳，四岳当为王室公卿，十二牧当来自十二州，当时洪水尚未平治，故非《禹贡》九州而是十二州。他们专门参加舜之继位仪式，作为天下诸侯之代表，在仪式中还会扮演重要角色。

关于王即位之仪式，《尚书·康王之诰》有所记载，四方诸侯皆来参加，"在应门之内，太保率西方诸侯入应门左，毕公率东方诸侯入应门右"，而由顾命大臣当着诸侯之面，诫命新王：

太保暨芮伯咸进，相揖，皆再拜稽首曰："敢敬告天子，皇天改大邦殷之命，惟周文武诞受羑若，克恤西土。惟新陟王毕协赏罚，戡定厥功，用敷遗后人休。今王敬之哉！张惶六师，无坏我高祖寡命。"

此处所记乃太保、芮伯对即位之周康王之语，带有诫命性质，希望或更准确地说，要求他"毕协赏罚"，最后要求他"敬"，不要毁坏先人之天命。此即康王之职事。

王确实拥有崇高的权威，但持续享有此权威之前提，是承担自己的职事，即对先祖、对天下之责任。在其即位之时，由顾命大臣向他宣告，并由天下诸侯见证；诸侯可在未来观察，王是否履行其责任。王唯有履行其责任，才能与诸侯维持君臣关系。

这也是舜的即位仪式之重点。多数学者以为，"钦哉"以后之语是舜对十二牧之诫命。此说不确。显然，这些要求是只有王才有资格也有能力承担的，一般诸侯、十二牧根本担当不起。所谓"咨十二牧"，主语当为舜，咨问四方之诸侯代表，自己即位以后，如何治国平天下。后面所记之言，当为十二牧对舜之诫命，因其系十二牧所说，为避免重复，经文省去主语。

十二牧对舜提出为君之大义，第一是敬。顾命大臣对周康王提出的要求也是敬，渊源恐怕在此。敬为德之本，无敬，一切德都无从谈起。而此处之敬，主要是敬业，敬于自己之职事，也就是下面所提两条。天下诸侯将与舜建立君臣关系, 臣服于舜, 但这种臣服不是单向的, 君臣关系是双向的。君敬, 则臣忠。

远近的天下观

诚命以敬后, 十二牧对舜提出第二条君之大义——"柔远、能迩"。

远近为圣贤思考天下之基本范式。从王者角度看, 天下之人只分远近, 无分乎神教信仰, 无分乎种族肤色, 无分乎语言, 也无分乎风俗习惯, 无分乎高贵卑贱。从诞生起, 华夏即非立基于某个单一属性, 而是多样之聚合: 华夏内部的信仰、种族、语言、风俗是丰富多样的, 当然不可能按其中任何一种加以区隔。如此区隔是自杀, 必导致华夏之解体。

故华夏之王观天下, 只是远近而已。比起任何其他区隔, 远、近之别是最为抽象的。所谓远近, 不只是地理上的, 主要是政治上的、文化的。凡在王化之下、接受王之权威者, 就是近人; 凡不在王之下、不服从王之权威者, 就是远人。远近的天下观只关心一个问题: 某个族群是否愿意生活在此一政治与文明的共同体内, 至于其是何等样人, 有何种属性, 无关紧要。

如此远近的天下观确立了最为抽象的共同体或曰国家模式, 它立足于人的基本倾向: 合群。人之所以合群, 因其相互不同。但让人最大限度地合群, 却须最大限度地忽视人之不同, 在合群机制中尽可能淡化处理所有可能引起分裂之不同。华夏就是如此形成的, 尧舜运用最为包容的人类合群机制: 任何人, 不管具有何种生物、社会、文化属性, 只要认可王权, 都可进入此共同体。由此, 华夏至大。

此后华夏政治之传统是, 王者看天下人, 只区分为近人、远人, 如《尚书·旅獒》记太保训王谓"犬马非其土性不畜, 珍禽奇兽不育于国, 不宝远物, 则远人格; 所宝惟贤, 则迩人安"。

由此远近的天下观, 逐渐形成由近及远的天下秩序, 即服制, 如《禹贡》所说: 五百里甸服, 五百里侯服, 五百里绥服, 五百里要服, 五百里荒服。服者, 臣服于王也。天下诸侯, 依照臣服于王的程度可划分为几层, 由亲到疏, 也就是由近到远。越近越亲者, 臣服程度越高, 对王承担的职事也就越大, 当然, 所能享受的公共品也就越多。越远越疏者, 臣服程度越低, 对王承担的职事越小,所能享受的公共品也就越少。

由此，整个天下组织起来而有秩序，但天下秩序不是匀质的，而是远近有别。正是远近有别，让天下得以继续保持其多样与丰富，故此天下秩序是宽和的、包容的，"柔远能迩"体现了王者对天下担负普遍责任而又宽和雍容之政治伦理。

"柔远"者，怀柔远人也。远人的臣服程度很低，但王者应柔以待之。不可刚，不可强，不可征服他们，强行并其入于共同体中。但也不应拒绝之。中道的态度就是"柔"，比如让其分享文明，以减少其掠夺的倾向，逐渐地文明化。

"能迩"者，善待近人也。善待不同于柔。柔的目的是避免伤害，善待则积极得多。所谓近人，就是已经臣服于王之人，其处境之好坏取决于王之德以及王所维护之礼乐法度。为此，王须承担起保民、养民之责任，给臣民提供足够公共品。

王者之大义，概括起来就是"柔远能迩"。由十二牧提出之后，"柔远能迩"成为古典成语，多次出现在后世策命文书中。

《尚书·顾命》记载，周成王病逝前，对顾命大臣们说："尔尚明时朕言，用敬保元子钊弘济于艰难，柔远能迩，安劝小大庶邦。"周成王希望顾命大臣们辅佐自己的儿子做到柔远能迩，安定天下。

《文侯之命》记载，周王策命晋文侯曰："父往哉！柔远能迩，惠康小民，无荒宁。简恤尔都，用成尔显德。"周王赐给晋文侯以征伐之权，希望他柔远能迩。《诗经·大雅·民劳》中也有此语：

> 民亦劳止，汔可小康。
> 惠此中国，以绥四方。
> 无纵诡随，以谨无良。
> 式遏寇虐，憯不畏明。
> 柔远能迩，以定我王。

此处之柔远能迩对公卿而言。总之，治国平天下之君子的职责是，总括内外，柔远能迩。

任贤远佞

何以"柔远能迩"？十二牧诫命舜曰："敦德允元，而难任人。"

敦德者，厚遇有德之人；允元者，信任善者。十二牧要求舜给贤能以发挥的空间，让其共同参与治理。

难任人者，让佞人为难也。总会有巧言令色之人，不必完全摒除他们，因为，佞人未必是恶人，其主要特点是口齿伶俐，如尧之子朱"启明而嚚讼"，即接近于佞。这些人也许有专业才能，只是巧言令色，不堪大任，故远之可也，不可委之以大任。孔子也曾告诫颜子以为政之道曰："放郑声，远佞人。郑声淫，佞人殆。"[1]

此处所说任贤远佞，孔子后来也有论述，《论语·颜渊》：

樊迟问仁，子曰："爱人。"问知，子曰："知人。"樊迟未达。子曰："举直错诸枉，能使枉者直。"

樊迟退，见子夏曰："乡也吾见于夫子而问知，子曰'举直错诸枉，能使枉者直'，何谓也？"子夏曰："富哉言乎！舜有天下，选于众，举皋陶，不仁者远矣。汤有天下，选于众，举伊尹，不仁者远矣。"

在孔子看来，王者之首要责任也即政治之根本问题是任贤，从众人之中遴选出真正的贤能者。如此，贤能者就可驱离不仁者，让政治趋于良善。《大学》重申这一原则：

唯仁人为能爱人，能恶人。见贤而不能举，举而不能先，命也；见不善而不能退，退而不能远，过也。好人之所恶，恶人之所好，是谓拂人之性，灾必逮夫身。

---

[1] 《论语·卫灵公》。

蛮夷率服

十二牧对舜说，若能做到敬，柔远能迩，任贤远佞，蛮夷则听命而顺服。由此可见，当时华夏君子关心之核心问题是新生的华夏之安全。

华夏共同体之成立，立刻造成夏夷之别，华夏成立的过程伴随着一系列紧张和冲突。有些邦国，本来相邻，但可能因为是否加入华夏而产生分歧。整个华夏希望联合起来治水，有些族群只考虑自己利益，不愿有一丁点让步，也可能引发冲突，并拒绝加入华夏。华夏内部的和平合作秩序给其成员带来日益明显的福利，那些置身其外者可能产生觊觎之心，而有掠夺之行为，必引发华夏对该族群的战争，华夏不能不保卫自己。

由此可以理解"柔远能迩"之词序：首先是"柔远"，然后是"能迩"。当华夏在构建过程中，怀柔远人更为重要。

但在"柔远"与"蛮夷率服"之间的那几个词则清楚说明对待蛮夷之大道。作为天下诸侯之代表，十二牧有严重的安全焦虑，但并未建议舜用军事征服手段，而是期待舜进一步完善华夏内部的治理，任贤远佞而善待近人，以塑造华夏内部之良好秩序。十二牧相信，这一定吸引蛮夷自愿前来顺服。

这是关于天下秩序成长的信念，此信念之前提是：华夏、蛮夷都是人，有共同的偏好，对于何者为善有差不多共同的理解，故有共同的生命目标，唯一区别是远近，也即是否已进入有助于实现这一生命目标的秩序中。华夏秩序若让人较易实现此共同生命目标，蛮夷理应自愿进入，故华夏只需寻找到此秩序之道，敬，任贤远佞就是。

孔子继续发明此义，《论语·季氏》首章记载，身为季氏家臣之冉有、子路准备协助季氏动武于颛臾，孔子予以严厉批评，并阐明柔远能迩之大义：

> 丘也闻：有国有家者，不患贫而患不均，不患寡而患不安。盖均无贫，和无寡，安无倾。夫如是，故远人不服，则修文德以来之。既来之，则安之。

孔子所说前半部分就是"能迩"，善待自己治下之民，让他们安。孔子相信，若能做到这一点，远人必自愿归来，也即"率服"；若其已来，则让其安定。若其不来，也不必动武，而应继续修饬文德，采取更有效措施，让已在治下之民安定。《论语·子路》的说法更为简洁：

> 叶公问政，子曰："近者说，远者来。"

叶公在楚之边地，有拓土之意，孔子告其为政之道是，首先让治下的民众欣悦，那么远方之人自会前来加入。

在圣贤看来，天下人同此心，心同此理，神教、种族、习俗等因素都不能改变这一点。王者之治就是循此共同之理以治人，最终治天下所有人。不过，治必定是历史展开的过程，由此而有近、远之别。王者之治，从王者开始，呈现为由近及远的历史性过程，并产生由亲到疏的格局。这是自然的事实，王者接受之，不强迫任何人进入。有人愿意生活在远方，由他们去；有人愿意加入，也欢迎。远近必定是在动态变化中的，远人加入，共同体增大，合作剩余更多。但远人前来，只是近人悦的自然结果，而非可以求之。

此即宽和的天下秩序。圣贤期待人类共同生活在一个文明共同体中，所谓天下一家，但拒绝"同"，力图把强制最小化。天下秩序不是由一个力量统合所有要素的普遍均质秩序，而是远近有别的共存共生秩序，因而是开放的可生长秩序，生长的力量来自人自身，近人悦而愿在，远人闻之自愿趋近。据此，天下秩序形成的动力，其实在两方面：王者之文德，远近人民之认可。

实际上，每个人都可以是这个天下秩序的原点，由亲及疏，由近及远。最为切近者就是自己，故《大学》提出大人之道是：修身、齐家、治国、平天下。人人均可用心用力，人人都是主体，天下秩序是多中心的自我生成的秩序，王不过是其中最为显赫、相对重要的力量，但绝不是唯一的。

三十三、平治水土

舜曰："咨，四岳！有能奮庸，熙帝之载，使宅百揆，亮采惠畴？"
佥曰："伯禹作司空。"
帝曰："俞。咨，禹！汝平水土，惟时懋哉！"

咨，语气词。
奮，进也。庸，用也。
熙，美也。载，事也。
宅，居。百揆，百官。
亮，相也。采，事也。惠，顺也。畴，类也。
时，是也。懋，勉也。

舜说："四岳！有没有人可以进用，以光大尧之事业？让他们居于百官之位，帮助各种事务各得其所。"

众人都说："大禹作司空。"

舜说："然也。禹，你平治水和土，一定要勉力啊。"

十二牧命舜"敦德允元"，任用贤能之人治国。舜即位之后所做第一件事正是选用贤能，出任百官。

本章第一句舜的发问，笼罩下面九人之任命，而不仅针对禹，"使宅百揆"不是让禹一人居百揆。舜请求大家广泛推荐人选，担任各种职务。唯当时最紧迫的问题是水患，故众人首先共同推举禹作司空。

值得注意的是，禹之得到位不是舜自己任命，而是大家共同提名，舜表示同意。参看前面尧之用人可见，用人的程序一般是，众人有提名权，与王共同商议，最终由王任命。

治水

生命离不开水，人常傍水而居，为了用水，也不能不修筑工程。但水也可为害，为避免损害，人不能不治水。故用水、治水，始终伴随着人类文明，在鲧、禹之前，就有共工氏以治水见长。

洪水泛滥让人民不得安居，因洪水逼迫、族群聚合，华夏诞生。初生的华夏设定政府职能，不能不以治水为先，治水之后才有人类可居住、耕作的土地。大禹辛勤治水，并形成中国人控制和用水之观念和制度传统。

第一，确立合作治水的制度。

有西方学者提出"东方专制主义"起源于治水，这部分描述了历史事实，但用语充满偏见。事实是，洪水引发人口、族群聚合，各族群间联系趋于强化，完全有可能引发冲突、战争，在其他文明的国家形成过程，也确实是通过武力征服，进而建立殖民式专制统治。然而，在中国，当族群聚合时，圣贤设计一系列规则、制度，强化各族群间的合作、信赖，使之建制化，从而有华夏政治共同体之成立，不是通过暴力，而是借助德行和礼法。新生的华夏绝非东方专制主义，而是提供人们必需之公共品的封建国家，若用西语描述，实为"共和"。

此一政治跃迁，大幅度提高了治水效率。父子先后治水，何以鲧失败而禹成功？就是因为，华夏处在政治成熟的不同阶段。禹本人在治水过程中进一步强化国家凝聚力，从而更有效地进行跨地区、跨族群协调，这是治水成功之关键。

此后，历代国家都把治水作为大事，此为国家提供给人民之重要公共服务。不过，国家既已成立，它就会提供治水之外更多的公共服务，包括文教。这些公共服务造福于各地人民，人们因此支持政府，周边族群也不断加入中国。在世界各大文明中，四千多年来只有中国在持续生长，此绝非东方专制主义所可解释。相反，作此论断者所在之文明，数千年来，经常把自己交给神，或者陷溺于人造神话中，始终处在政治上无力维护共同体之幼稚贫弱状态。

第二，建造沟洫系统。

《皋陶谟》中禹说自己"决九川，距四海，浚畎浍，距川"——精密规划，在田地中挖沟渠，小沟渠排入大沟渠，大沟渠排入江河，再由江河排入大海。这是一个有效的蓄水、排水网络，此后，即便雨量暴增也不易发生洪灾。这套系统发挥作用近两千年，一直维持到战国、秦代，由于人口大幅度增长，土地普遍开垦，才遭到破坏。

第三，打通全国范围的水陆交通网络。

为治水，禹走遍华夏，此为前所未有之事。按张光直先生的说法，此前几千前就有"中国交互作用圈"，几个文化区之间有贸易通路，但这些通路是断链式的，恐怕没有一个完整的交通网络。禹为治水，走遍大山、大川，由此而有第一份全国地理调查报告——《禹贡》。禹贡把分立的族群、邦国所见之孤立山岭，串列为几个主要山脉，这是对山的认知的一大飞跃；禹又"随山刊木"，立木以为道路标记，护理远距离通道；禹又理清主要江河之支流、干流，由此发现相互联络的水路网络。

《禹贡》有一项非常重要的记载，就是每一州通过水路到达王都之路径。当时王都在冀州，冀州三面是黄河之水，只要通过水路进入黄河，即可达到王都。故经文记载，兖州、青州、徐州、扬州皆通过济水、漯水进入黄河，荆州、豫州皆通过洛水进入黄河，梁州、雍州皆通过渭水进入黄河；位于冀州东北，也就是今天东北的鸟夷，是通过海滨的碣石进入黄河；扬州之鸟夷则通过淮水、泗水进入黄河；昆仑、析支、渠搜等西方戎狄通过积石进入黄河——这条路线经过宁夏、河套地区，近年来在此路上的神木石峁等地，确实发现了龙山时代之城堡，规模相当之大，且藏有大量玉器。

对中国这样一个超大规模的政治共同体而言，江河水运是远距离交通之主要途径。中央政府所需物资之供应及资源之跨区域转移，均依赖江河水运。畅通的江河水道，是政治一统带给国民之重要福利，由此才可展开超大范围内的商业交易活动。禹在这里所指示的交通线路，其实也是商路。

治水，对于农业、进而对于华夏文明具有重要意义，华夏各族群普遍长于农业，控制水以便于农业种植，是后世政府之重要职能。

三代封建时代，设有"司空"之官，《礼记·王制》曰："司空执度地，居民山川沮泽，时四时。量地远近，兴事任力。"《荀子·王制》："修堤梁，通沟浍，行水潦，安水臧，以时决塞，岁虽凶败水旱，使民有所耘艾，司空之事也。"

封建制解体后，不设专门的司空，治水职能由政府统一承担，地方官责任尤其重大。这些工作大约有以下几项：

第一，治河。黄河下游地势低下，易于泛滥，鲧、禹解决了这个问题。这其中包括建立沟洫系统，在下游开辟若干区域为泄水区。但到战国时代，人口增长，沟洫系统遭到破坏，泄水区也逐渐垦殖。河两岸各国以邻为壑，修筑河堤。黄河乃频繁成灾，经常决口。故秦汉以来，河政始终是至关重要的公共事务，历代政府为此投入不少精力，明清两代专设河道总督。

当然，各地河流也都可能发生洪灾，中央、地方政府投入大量资源用于治洪。

第二，灌溉。战国之前，地广人稀，不必费力提高单位面积产量，农业生产基本靠天吃饭。到战国时代，人口大幅度增长，不能不努力提高单位面积产量。此时出现铁制工具，并迅速推广使用，由此，人们开始大规模兴修灌溉工程。

第一个灌溉系统大约出现在魏国，《史记·河渠志》说："西门豹引漳水溉邺，以富魏之河内。"这之后，秦借助政府的强大动员能力，大规模修建灌溉系统，在关中修建郑国渠，"于是关中为沃野，无凶年，秦以富强，卒并诸侯，因命曰郑国渠"。李冰在蜀郡修建都江堰，灌溉成都平原大片土地。

第三，运河。中国是超大规模文明体，人们早就从事远距离贸易。尤其是，周都在关中，政治中心与经济中心处于分离格局，须远距离输送资源供应都城，江河船运是主要工具。为沟通江河，则不能不修筑运河。最早的运河当为沟通江淮之邗沟，乃吴人为北上而兴建。其后，魏国兴建鸿沟，以沟通黄、淮。秦为南征，兴建灵渠，沟通长江流域和珠江流域。更为重要的大运河，在隋朝时被开通。当时，经济中心已转至东南，政治中心在西北，运河贯通长江、淮河、黄河、渭河，输送东南资源到西北。元定都北京，大运河贯通南北，远达北方的海河。

第四，治海。尧舜以前，中国境内文明相对发达之地实在东部滨海之地。此地地势低平，水患最为严重。禹治水，当主要活动于此地区，且漫漶之水经沟洫系统，最终排入海中。但华夏诞生，则主要人口居于内陆，随后，才向沿海地区扩展。周人立国，齐在海滨。秦汉以来，人口不断逼近海岸线，并由北向南伸展，人们不能不修筑一些防潮工程。

总之，治水始终是政府承担的根本职能之一，此政治传统实奠基于舜任命禹"平水土"。不过，平水与平土性质还是不同的。

治土

华夏各族群普遍以农业为主要生产形态，治水目的是排出漫漶之水，以利用土地，从事种植业。故禹的工作，治水在先，其次治土。

在治水过程中，禹对各地水土之性有深入理解。禹以自己的双脚走遍神州大地，把人的情感施加于自然的大地，把分散在大地上的人们更紧密地联为一体，并确定了王者与土地间之紧密关系。最终，禹凭平水土之功，得以继舜为王，并建立家天下之制。

作为确立强大王权之标志，禹作《禹贡》。第一部分记录九州之土壤性质，依照肥沃程度把土地分出等级，此为前所未有之事。由此，王对全国土地面积、肥瘠、单产，有基本了解。以此为根据，同时依据各地臣服天子之程度，禹确定各地对中央之财政负担。

由此可见，国家的生命扎根于农耕之土地，这构成华夏——中国之国家精神取向，历代政府都非常重视土地的垦殖与土地制度之设计。

夏商周三代，地广人稀，人口聚落点分布于黄河流域广袤的大地上，各城邑、邦国之间尚有大量未垦种之地。春秋时代后期，人口增加，各国向荒野开拓。经战国秦汉，黄淮流域可耕种土地基本全部垦殖。随后，北方战乱，人口南迁，长江、太湖流域得以垦殖。垦殖之关键正是禹所做的工作：治水。到宋代，南方基本完成垦殖。到清朝，又有东北的大面积垦殖。由于这些垦殖，中国的人口和文化经济中心逐渐从北方转移到南方。

在中国疆域内，凡是可耕种的土地差不多都经过人工垦殖和开发利用。今日世界还有不少国家保有大量原始土地，未经人工垦殖。而在漫长的历史中，中国人以自己的生命垦殖土地，华夏族群之生命也与脚下的土地浑融为一体，中国的土地，也是人文的。

由于土地如此重要，故数千年来，中国人也高度重视土地利用之制度，土地制度构成中国经济政治体制之基础。

三代行封建制，以井田制组织基层社会。禹治土，推动了井田制之成熟，沟洫恐怕就是每块井田自然的分界线。在封建制下，"普天之下，莫非王土，率土之滨、莫非王臣。"王对所有土地拥有政治上的统治权，但他只保留部分自有土地，其余绝大多数都分封给诸侯；诸侯为自己保留一部分，其余分封给大夫。大夫拥有若干邑，拥有一片土地，由士管理，下辖若干农户。土地分公田、私田，农户耕种私田，享有其全部收益，而为大夫耕种公田，其收益归大夫。大夫对诸侯承担义务，享有公田收益和农民人力。也即农民的负担主要是人力。

在这种制度下，土地产权分散于多人手中：对同一块土地，天子、诸侯、大夫、农民都拥有产权，故土地难以交易。这种土地制度之好处是孟子所说，同井之人，"出入相友，守望相助，疾病相扶持，则百姓亲睦"[1]。且君子、农民土地相连，同受丰歉，情谊相通，故后世常有人主张恢复井田制。不过，这种制度较为静态，且农民缺乏足够激励，生产效率低下，只适宜于地多人少之时。

春秋后期，人口开始流动，井田制逐渐松动。为降低管理成本，大夫逐渐给予农民以更多产权，转而对土地征税。战国时代，为提高农业产量，各国政府特意废井田、开阡陌，以鼓励垦殖。赋予农民以完整的土地产权，只要其对政府交纳承担赋税，由此形成土地私有制。

有土地私有制必然就有土地自由交易，有些农民自愿或被迫出让土地，成为无地者，造成政府丧失纳税户，流民也时常引发社会动荡。故历代政府都有改革田制之提议。北朝、隋唐时期，因北方长期战乱，人烟稀少，曾实行过均田制。但唐中期以后，这一制度难以为继，而有两税制改革：政府对土地征税，不问土地属谁。至此，土地私有制才逐渐稳定下来，直到二十世纪中期才被打破。

总之，中国的土地制度可分两大阶段：前期是禹所建立之封建的共有制，战国以来则是私有制，土地由个体农户拥有、耕种，各自独立的农户成为中国基本的社会、政治、文化单元。农户在自家土地上生产、生活，虽然辛苦，但不乏希望，他们可以农业的生产剩余供养子弟求学，改变家庭命运。"耕读"是汉以来中国人向往的一种生活常景。

---

[1] 《孟子·滕文公》。

扎根于土地的农民是自由人，也可转而从事工商业活动。政府也许不鼓励农民这样做，但并不禁止。至少从唐中期以来，大多数农户都兼营工商业。农民可自由流动，农业与工业之间没有隔阂，农村与城市之间自由往来，这是千余年来中国社会之基本图景，也是中国经济生机之所在。正是这种制度，让中国以很低的人均土地面积，支撑了人口的持续增长与文明的积累演进。

水土、六府、五行

禹在平治水土过程中形成六府观念，《尚书·大禹谟》记载：

德惟善政，政在养民。水、火、金、木、土、谷，惟修。正德，利用，厚生，惟和。

府者，藏物之所也。世间万物繁杂多样，禹归之入于水、火、金、木、土、谷六类之中。六府排列，似乎基于治水经验：面对水患，运用火、木、金为工具，予以治理。平水之后，土地可以耕种，长育谷物。六府以水、土最为重要。

六府虽基于经验，但已从万物之中，择其最要者，予以抽象和组合，据此可构造人所在世界之简化图式和变动机制。人可以更好地把握世界，也可通过组合六种物创生出新的物，以为器具或者财产。六府概念的形成大幅度提升了华夏人认知和改造世界之水平。

这一认知继续发育，则有"五行"之说，至迟到殷周之交的《洪范》，就已形成五行概念，见《洪范》第一畴：

一、五行：一曰水，二曰火，三曰木，四曰金，五曰土。水曰润下，火曰炎上，木曰曲直，金曰从革，土爰稼穑。润下作咸，炎上作苦，曲直作酸，从革作辛，稼穑作甘。

六府去掉人造之"谷"，就是《洪范》五行，其次序也是一样的。可见，两者有前后相续关系，而五行的抽象程度大大超过六府。因为有谷，六府还在物的层面；至于五行，则超出物而为气之性。《白虎通义·五行》曰："五行者，何谓也？谓金、木、水、火、土也。言行者，欲言为天行气之义也。"约到战国时，形成今人熟悉之五行说，且五行之间有相生或相克关系。五行相生之序为：木生火，火生土，土生金，金生水，水生木。五行相克之序为：金克木，木克土，土克水，水克火，火克金。

中国人认知、解释世界，有两大义理体系：一是阴阳，一是五行，五行则源于禹之六府。

正是洪水及禹之平水土，让中国人对水、土非常敏感，乃以水土代指生命赖以滋养之自然：《国语·周语》曰："夫水土演而民用也。水土无所演，民乏财用，不亡何待？"不同地方，其水土之性不同，而有不同出产，《晏子春秋·杂下十》："橘生淮南则为橘，生于淮北则为枳。叶徒相似，其实味不同，所以然者何？水土异也。"

不同水土养成人的不同禀性：《汉书·地理志》曰："凡民函五常之性，而其刚柔缓急，音声不同，系水土之风气，故谓之风；好恶取舍，动静亡常，随君上之情欲，故谓之俗。"故《三国志·吴志·周瑜传》曰："驱中国士众远涉江湖之间，不习水土，必生疾病。"《黄帝内经·异法方宜论》详尽分析了东、南、西、北、中五方之不同水土于人身体之好处、坏处，进而提出治疗之道。

三十四、礼让自牧

禹拜稽首，讓於稷、契暨皋陶。帝曰：“俞，汝往哉！”

拜稽首，古人席地而坐，行礼先直身，举手低头与心平，是为拜。继续下拜，头置于手，手触地，是为拜稽首；若以额直接触地，为稽颡。

禹下拜，以头触手，逊让于稷、契和皋陶。舜说：“好啦，你去承担吧。”

众人举荐禹作司空，禹辞让，并举荐稷、契、皋陶担任这一职务。舜坚持，任命禹所举之三人担任另外的官职。经后文还记载三次类似之礼让：

垂拜稽首，让于殳斨暨伯与；
益拜稽首，让于朱虎、熊罴；
伯拜稽首，让于夔、龙；

圣贤就此确立礼让为君子之大德。

谦者，天道也

神道不谦。神高居于人之上：神造人，当然全面地决定人、命令人，要人绝对顺从，有权能随意惩罚人。这一神人关系构成人际关系之基本模型。神又造万物，且造光，故有些得到神眷之人可经由神之光，洞悉万物之奥秘，获得真理。既然获得真理，大可以真理代言人身份，横行于人世间，传播真理，为此而命令人、要求人。人要么接受这真理，要么下地狱。

故神教虽有谦卑教条，但这谦卑只在人对神的单向顺服中；神对人、先知对人、信神者对不信神者，以及类似地，哲学家对人，其态度不可能谦，这有悖于其对神的信，相信自己与神有特殊关系的人、哪怕一般信神的人，必以神和真理的名义大胆地判断人，甚至迫害那些竟敢坚持不同于真理之意见的异端。若不如此，何以显示神之全知全能全善，何以呈现自己对神的绝对顺从？

天确是谦的。天是生生不已的万物之大全，故天不是高高在上的，万物与人就在天之中；天不言，天从不要求人、命令人，人对天，无所谓绝对信服、顺从。在天之下，人是自主的。这一天人关系构成人际关系之范本。人永远不可能宣称自己获知天意或得到真理，唯有以自己有限的身心生育于人际。这样，没有任何人可假人之外的名义对他人骄傲。人只能全凭自己面对他人。

人当然是不同的，天生人而不同，但在天之下，只有人，故人之间的不同不可能是神之代言人与人之不同，只是人与人之不同。有些人天生有德之自觉，从而具有高尚道德和卓越能力，但他无从凭借所谓绝对真理命令人；他只能以身为人示范，以行赢得别人尊重、敬仰。他没有任何神学上、知识论上和政治上的理由傲对他人。

谦是天道，此为《周易·谦卦》所指明。《周易》各卦中，唯有"谦"卦，六爻均吉，其《象辞》曰：

谦，亨，天道下济而光明，地道卑而上行。天道亏盈而益谦，地道变盈而流谦，鬼神害盈而福谦，人道恶盈而好谦。谦，尊而光，卑而不可逾，君子之终也。

谦是天道，天是谦退的，地是谦退的，鬼神是谦退的。人法天，同样应当谦退。此处之"尊"者，撙也，裁抑也。人道取法于天道，贵谦。君子谦退，反而广大；君子自卑而尊人，反有尊严，不可为人逾越。

故谦为君子之大德，《韩诗外传》卷三记周公之语曰：

吾闻德行宽裕，守之以恭者荣；土地广大，守之以俭者安；禄位尊盛，守之以卑者贵;人众兵强,守之以畏者胜;聪明睿智,守之以愚者善;博闻强记,守之以浅者智。夫此六者,皆谦德也。夫贵为天子,富有四海,由此德也;不谦而失天下,亡其身者,桀纣是也;可不慎欤!故《易》有一道,大足以守天下,中足以守其国家,近足以守其身,谦之谓也。

这里论述谦德在多方面的表现,概括言之,面对复杂且动态变化的世界,承认自己的无知,敞开心胸,时刻准备接受新知识;戒慎恐惧,不断提升自己的德行。这将最大限度地避免错误,并与周围的世界调适。因为,在天之下,人始终只是人,人没有任何理由骄傲。

让

在人事中,谦体现为让。

神权支持之统治者不可能让,除非神所赐予的力量消退。神是全知全能的,神意的转达者必须全面贯彻神意,否则对神不尊,怎么可能让?

经前文记尧之德,其中有"克让"。尧树立敬天,同样树立让之典范,这两者是相关的:在天之下,社会治理是完全属人的,德行是权威之本。而天生人,人总有局限,即便德能最为卓越者,故德发用于人之首要表现,就是谦而让。此系是否有德之试金石,人若不能谦让,则其实体之德就是可疑的。反过来,正是认识到人的局限,人才促动自己致力于修德而不已,所谓"天行健,君子以自强不息"。唯有如此,才能有德、成圣。

经中所记圣贤在被委任时均行大礼,"拜稽首",一方面表达对众人之举荐、舜之任用的感谢,同时也可见诚惶诚恐之心。在人之中,有德者必有此心。因为,有德者认识到自己的局限,必定关注他人之德,一旦发现有德者,自会诚惶诚恐,也即相信他人比自己更有德能。经文所记圣贤于推让时都举荐了其他圣贤,这正是有德之表征,德行意识让其始终知道自己之无知,故时刻留意周围的有德者。而"德不孤,必有邻"[1],有德者总是共同成长的。

---

[1]《论语·里仁》。

如此有德者面对权力、利益，必定持让的态度。经前文谓尧之德有"允恭、克让"，这二德有因果关系：尧以公心看待名位，以公共利益为重，尽心承担自己的职责；有此公心，自然会不断反省自己，检讨自己的不足，并时刻改进；一旦发现比自己卓越者，即能谦让。禅让就是最大的谦让。尧已为舜时代的君子们树立了典范。

若视名位为谋取私利之手段，则必然争抢，一旦争抢到权力，必然滥用权力，如《论语·阳货》所记：

子曰："鄙夫可与事君也与哉？其未得之也，患得之。既得之，患失之。苟患失之，无所不至矣。"

患得患失，根在私心。以私人利益为重，谋取名位，则必然求之心切，不惜压制其他人。一旦得到，必定滥用名位，以公器谋私利，并堵塞德行卓越者上升通途，以垄断权力、利益，政治必定因此败坏。

让之最大者是让天下，《论语·泰伯》载：

子曰："泰伯，其可谓至德也已矣！三以天下让，民无得而称焉。"

泰伯以天下让，在孔子眼里是天下之至德。孔子当然是有感而发，当时礼崩乐坏，君子为了私利相互争抢，而毫无谦让之风。

君子之争

圣贤有让之德，但并非人人有此德之自觉，故圣人作礼，教人以让。晋国大夫多有谦让之行，孔子予以高度赞扬，《左传·襄公十三年》记：

荀罃、士鲂卒，晋侯蒐于绵上以治兵，使士匄将中军，辞曰："伯游长，昔臣习于知伯，是以佐之，非能贤也，请从伯游。"荀偃将中军，士匄佐之。
使韩起将上军，辞以赵武。又使栾黡，辞曰："臣不如韩起，韩起愿上赵武，君其听之。"使赵武将上军，韩起佐之。栾黡将下军，魏绛佐之。新军无帅，晋侯难其人，使其什吏，率其卒乘官属，以从于下军，礼也。晋国之民，是以大和，诸侯遂睦。

君子曰："让，礼之主也。范宣子让，其下皆让，栾黡为汰，弗敢违也。晋国以平，数世赖之，刑善也夫。一人刑善，百姓休和，可不务乎？《书》曰'一人有庆，兆民赖之，其宁惟永'，其是之谓乎？周之兴也，其诗曰'仪刑文王，万邦作孚'，言刑善也。及其衰也，其诗曰'大夫不均，我从事独贤'，言不让也。世之治也，君子尚能而让其下，小人农力以事其上，是以上下有礼，而谗慝黜远，由不争也，谓之懿德。及其乱也，君子称其功以加小人，小人伐其技以冯君子，是以上下无礼，乱虐并生，由争善也，谓之昏德。国家之敝，恒必由之。"

孔子首先指出："让，礼之主也。"礼的内在精神就是让，仪式化规范旨在让人保持在互让之状态。礼首先界定人之上下，别你我，规定每人之职分和权益，与礼相伴的仪具体规范人在各种场合中与各类人相交接之身体动作。人依礼仪而行，自然安分守己，不与他人争抢。

人循礼仪而行，更可充分表达对他人的敬意，《白虎通义·礼乐》曰：

礼所揖让何？所以尊人自损也，不争。《论语》曰："揖让而升，下而饮，其争也君子。"故"君使臣以礼，臣事君以忠"，"谦谦君子，利涉大川"，以贵下贱，大得民也。屈己敬人，君子之心。故孔子曰："为礼不敬，吾何以观之哉！"

《史记·乐书》："君子以谦退为礼。"人若不谦让，礼也就不存在。《论语·里仁》更以礼让为治国之大道：

子曰："能以礼让为国乎？何有？不能以礼让为国，如礼何？"

治国以礼，最为重要的是塑造君子礼让之风。礼乐虽然堂皇，而君子相争不已，则礼乐不过是摆设而已。

不过，君子并非一无所争，《论语·八佾》曰：

子曰："君子无所争，必也射乎！揖让而升，下而饮，其争也君子。"

君子之德在让，不过，君子并非永远不争。在射礼上，君子必争，君子总当努力争优胜，否则射礼就失去意义。事实上，君子在公私生活之多个场合不能不争，如邦国间有政绩之争，企业间有业绩之争。君子经营之企业若效率劣于其他企业，就无法生存。然而，君子如何争？同样是射礼给出很好答案，如《礼记·射义》所说：

故射者，进退周还必中礼，内志正，外体直，然后持弓矢审固；持弓矢审固，然后可以言中，此可以观德行矣。

射者，仁之道也。射求正诸己，己正然后发。发而不中，则不怨胜己者，反求诸己而已矣。

射虽是比赛、竞争，但射者实与自己竞争。若射不中，成绩劣于对方，怨对方无益，提高成绩的唯一途径是反求诸己，自我反省、改进、提升。为此，反而要让自己的进退周旋更好地合于礼。

孔子以此阐明普遍的君子竞争之道：与自己竞争，依规则竞争，在竞争过程中尊重对方，敬让对方。此即君子之争，这样的争与谦让其实是一致的：认清自己的局限，内自省，自修己身，以自我提升。此为君子生命成长之道。

三十五、农业生产

帝曰："弃！黎民阻飢。汝後稷，播時百穀。"

弃，人名，周人之先祖。
阻，厄也，受困。
后，君也，主管。
时，是也。

舜说："弃，黎民受困于饥荒，你主管有关稷之事务，播种那些百谷。"

舜任命周人之祖先弃，担任第二个官职"后稷"，其职责是播种百谷。舜此举确定政府之基本职能：养民，确保人民得以生存。

黎民阻饥

天生民，民以食为天，无食，民必死。食品供应对个体而言，至关重要。洪水泛滥，让华夏先民对此有切身感受：土地为洪水淹没，无法种植，粮食短缺，发生饥荒。

舜高度重视饥荒问题，把"黎民阻饥"作为政府需解决之重大问题提出，显示出华夏政治自始即有之道德属性。在巫术或神教之政中，饥荒很难成为问题，饥荒会被视为神对人的惩罚，在一神教经典中，唯一真神常惩罚地上的民众。但尧舜敬天，而天生生不已，天要每个人生。故让每个人各遂其生，是法天而治的王者之首要责任，任何人因饥饿而死，都是王者之过。

故饥荒始终是华夏—中国政治积极面对之最为重大的问题之一，二十四史中，对饥荒有大量详尽记录。实际上，在现代工业兴起、生产效率大幅度提高之前，各文明普遍面临饥荒问题。唯有中国史籍对饥荒有详尽记载，这是因为，在道德的政治传统中，解决饥荒问题会被认为是王者的责任。记载饥荒就是一种切实的归责，饥荒必然与统治者的失误有关。面对饥荒，统治者必须作道德的反省。

或许有人以为，随着农业技术的进步，不会再发生饥荒。但事实上，20世纪中期，中国仍发生过相当严重的饥荒，为什么？经文之用词已清楚说明症结之所在——"黎民阻饥。"只可能是"黎民"遭遇饥饿，而在统治者之位上的君子不大可能。一个地方即便发生自然灾害，也不可能完全没有粮食产出，尤其是对中国这样的大国，总不可能全国各地同时发生自然灾害。

于是，自然的问题实际上是政治的问题：君子有没有足够的自觉，让黎民免于饥饿？若君子无此自觉，不能尽到责任，黎民就有可能遭遇饥荒。从此意义上说，饥荒的根源是人祸。确实，自然灾害是难免的，旱涝、蝗灾、气候异常等等，都会严重干扰正常生产活动。然而，人为万物之灵，人区别于动物之处在于，人可运用理智解决此问题，或预防和控制自然灾害，或预先储备粮食，或采取应急措施。

上天要人们建立政府，目的正是更有效地采取此类措施。舜提出"黎民阻饥"，并任命后稷之官，予以解决，也就把防止和解决黎民遭受饥饿列为政府之根本责任。"播时百谷"就是解决方案之一。

后世圣贤一直认为，政府的首要责任是保证每个人的生存，为此政府必须采取各种措施，发展农业，建立仓储制度，建立社会救济体系。总之，生命最可贵，政府须尽最大努力让人各遂其生。这是最重要的政治，故列在平治水土之后。《洪范》八政，首先是"食"，历代官史也都有《食货志》。

今天似乎没有人认为还会发生饥荒，纠缠人们的问题反而是营养过剩、肥胖症等。这是人类诞生以来最为重大的变化：动物和人类的生理、心理都是在人类躲在饥饿状态下演进成型的，免于饥饿的人类将会发生哪些变化？人类的组织、政治因此会发生哪些变化？

后稷

舜命弃为后稷。后者，君也，稷是最为重要的谷物品种，代指谷物。"后稷"意为负责谷物种植的官员。

弃并非第一位后稷，《国语·鲁语》："昔烈山氏之有天下也，其子曰柱，能殖百谷百蔬。夏之兴也，周弃继之，故祀以为稷。"《左传·昭公二十九年》云："稷，田正也。有烈山氏之子曰柱，为稷，自夏以上祀之。周弃亦为稷，自商以来祀之。"《礼记·祭法》谓："厉山氏之有天下也，其子曰农，能殖百谷。夏之衰也，周弃继之，故祀以为稷。"厉、烈为一音之转，烈者，焚火也，古人种地，先以火焚草木。烈山氏可能就是炎帝，据《左传·昭公十七年》："炎帝氏以火纪，故为火师而火名。"炎帝可能是神农氏后裔，炎帝集团属于擅长种植业之族群。

随后，后稷换人，但换人时间，典籍说法不一：有说在夏之兴时，有说在夏之衰时。据此处经文，前说可取。弃是周人先祖，他之所以得弃之名，因其初生为母抛弃，《诗经·大雅·生民》曰：

> 厥初生民，时维姜嫄。
> 生民如何？克禋克祀。
> 以弗无子，履帝武敏歆。
> 攸介攸止，载震载夙。
> 载生载育，时维后稷。
> 诞弥厥月，先生如达。
> 不坼不副，无菑无害。
> 以赫厥灵，上帝不宁。
> 不康禋祀，居然生子。
> 诞寘之隘巷，牛羊腓字之。
> 诞寘之平林，会伐平林。
> 诞寘之寒冰，鸟覆翼之。
> 鸟乃去矣，后稷呱矣。

实覃实訏，厥声载路。

诞实匍匐，克岐克嶷。

以就口食，蓺之荏菽。

荏菽旆旆，禾役穟穟。

麻麦幪幪，瓜瓞唪唪。

诞后稷之穑，有相之道。

茀厥丰草，种之黄茂。

实方实苞，实种实褎。

实发实秀，实坚实好。

实颖实栗，即有邰家室。

诞降嘉种，维秬维秠，维穈维芑。

恒之秬秠，是获是亩。

恒之穈芑，是任是负，以归肇祀。

诞我祀如何？或舂或揄，或簸或蹂。

释之叟叟，烝之浮浮。

载谋载惟，取萧祭脂，取羝以軷。

载燔载烈，以兴嗣岁。

卬盛于豆，于豆于登。

其香始升，上帝居歆，胡臭亶时。

后稷肇祀，庶无罪悔，以迄于今。

弃好种植，掌握各种谷物之种植技术，故粮食丰产，舜乃策命后稷掌管天下粮食种植事业，并封弃于邰。此地在何处？学者有争议，一般认为在渭河流域，钱穆先生认为在晋南。后稷因有功于万民而列入祀典，在社中为人所祭，故有"社稷"之称，代指邦国。

后世中国政府一直承担后稷之职能，《汉书·百官公卿表》记，汉有"治粟内史，秦官，掌谷货，有两丞。景帝后元年更名大农令，武帝太初元年更名大司农"。不过，政府对农业的关心，不止体现在职能部门设立上，而是贯穿于整个政府的重要活动中。比如，古有籍田之礼，《礼记·月令》记每年孟春之月：

是月也，天子乃以元日祈谷于上帝。乃择元辰，天子亲载耒耜，措之参保介之御间，帅三公、九卿、诸侯、大夫，躬耕帝藉。天子三推，三公五推，卿诸侯九推。反，执爵于大寝，三公、九卿、诸侯、大夫皆御，命曰：劳酒。

是月也，天气下降，地气上腾，天地和同，草木萌动。王命布农事，命田舍东郊，皆修封疆，审端经术。善相丘陵阪险原隰土地所宜，五谷所殖，以教道民，必躬亲之。田事既饬，先定准直，农乃不惑。

《国语·周语》记载：

宣王即位，不籍千亩。虢文公谏曰："不可。夫民之大事在农，上帝之粢盛于是乎出，民之蕃庶于是乎生，事之供给于是乎在，和协辑睦于是乎兴，财用蕃殖于是乎始，敦庬纯固于是乎成，是故稷为大官。"

其下详尽记载籍田之礼。弃为周人祖先，故周王室非常重视农业，《诗经》之雅、颂中，不少篇章描述农事，周王常出现在田间，与农夫接触。君子与土地的关系如此密切，统治阶层如此关心农业，与农民如此接近，在人类各大文明中是相当独特的。

春秋战国时代，此礼废弃，汉文帝恢复之，《史记·孝文本纪》记载，贾谊上书文帝，文帝感悟，于三年正月下诏："农，天下之本，其开籍田，朕亲率耕，以给宗庙粢盛。"这一传统断断续续，一直延续到清亡。

儒家士大夫为政，十分重视农业，其为政地方，总是积极兴修水利，鼓励农民安心农业生产，推广优良品种。围绕这些工作，历代士大夫还编纂系统的农书。

顺便提一下，法家也重农，甚至采取各种政策，驱民于农。但法家用意不正，旨在把民众束缚在土地上，防范民众心智之开化。此实有悖于仁民之大道。

任何时候，政府都应当重农，也有必要采取必要措施，鼓励一部分人口从事农业生产，尤其是对中国这样的大国。这不仅可以生产粮食，维持共同体之生存；更能保持一种有别于城市的生活形态，让文明得到地气之氤氲、滋润。农业生产区别于工商业，切近于土地。人类必得对此事业有所用心，才能贴近大地，文明才是坚实而强韧的。

播时百谷

中国是全球最重要的农业发源地之一。距今一万年前，今日中国疆域内，就有种植农业兴起，中国也独立栽培若干种重要农作物[1]，故舜策命弃播种百谷。

舜策命弃为"后稷"，可见，稷是当时最重要的农作物。稷是什么？历代学者看法不一。汉代学者对五谷有不同解说，《周礼·天官·疾医》："以五味、五谷、五药养其病。"郑玄注："五谷，麻、黍、稷、麦、豆也。"《孟子·滕文公》："树艺五谷，五谷熟而民人育。"赵歧注："五谷谓稻、黍、稷、麦、菽也。"两说之不同在麻和稻，两者都提到黍、稷、麦，而古代，黍、粟、麦是最重要的粮食作物，据此可推测，稷就是粟，今人所说的谷子，去壳后称小米。

舜命弃为后稷，可见，在尧舜时代的华夏，粟的种植面积最大。其次是黍，两者都耐旱，是北方旱地农业的主要作物，中国人自己培植出来的。

当时，小麦、大麦已传入中国，洪水退后，由禹、后稷推广到更广阔地域。

稻是中国人独立栽培的，目前全球考古发现最早的稻米标本出土于湖南道县玉蟾岩，距今万年以上。在河姆渡等南方多处新石器时代遗址中都出土稻米遗存。

故在洪水之前，按人口食用的主要粮食作物，地理上的华夏可分为粟作（加上黍）区和稻作区。可以推测，在洪水泛滥之际，南方稻作族群向北方迁徙，水稻种植传入北方。

菽也即大豆，最早种植于东北，按禹九州之说属于冀州，自然流入北方。它也是中国人最先培植的。

可以说，尧舜禹时代中国粮食作物品种格局已基本奠定，并稳定三千多年。尽管其间结构有所调整，如麦的种植面积不断扩大，但在北方很多地区，一直以种植粟、黍为主。

---

[1]　关于这一点，可参看何炳棣《中国农业的本土起源》（马中译），《农业考古》，1984 年第 2 期，1985 年第 1 期、第 2 期。

直到 15 世纪，中国粮食作物品种才有较大调整：通过海洋贸易通道，来自美洲的玉米、白薯等作物传入中国。这些作物适应力较强，产量较高，政府官员不遗余力地推广，故迅速传播到全国各地。清代以来人口之快速增长，与此类新作物大面积种植，密切相关。

而舜、禹、后稷为历代政府树立典范：关注农作物品种改进，改良农具，积极推广优良品种。比如，清代中央政府和地方官高度重视玉米、白薯的推广，朝廷曾经发布政令推广之。

《周易·系辞》曰"天地之大德曰生"，敬天，则重人之生。为此，从尧舜时代起，中国政府就积极承担粮食的生产和供应责任，这种努力让中国人口在漫长历史过程中持续增长，中国文明在人口的强劲再生产中保持着强韧生命力。

三十六、敷教在宽

帝曰："契！百姓不亲，五品不逊。汝作司徒，敬敷五教，在宽。"

敷，布也。

舜说："契，各邦国不相亲近，五个等级的人不相逊顺。你作司徒，以敬意传播五教，在于宽和。"

契是商人祖先，舜命契作司徒，负责教化。这一政府职能仅次于平治水土，种植百谷，居第三位，可见在舜心目中教化之重要地位，政府解决民众居住、吃饭问题后，当立刻展开教化，孔子治国理念与此相同：

子适卫，冉有仆。子曰："庶矣哉！"冉有曰："既庶矣。又何加焉？"曰："富之。"曰："既富矣，又何加焉？"曰："教之。"[1]

先富之，随即教之。民众有温饱之虞是无以施行教化的；民众温饱初步解决之后而不施行教化，则是政府失职，无以形成良好社会秩序。富之、教之是治国之两翼，缺一不可。

---

[1] 《论语·子路》。

不亲、不逊

舜指出设立司徒、施行教化之原因：百姓不亲，五品不逊。

经前文已出现百姓一词，我们也指出，姓、氏均关乎治理权，"百姓"是享有治理权之众姓，即组成华夏之各邦国。尧舜之前相互独立，可为所欲为，包括抢掠邻邦。故各邦之间不信任，甚至有敌意。经尧舜努力，各邦共同组成华夏，承认尧舜为王，纵向的君臣关系建立；但相互尚欠亲近之情，华夏欲成为稳定的政治共同体，就不能不推动各邦国相互亲近。

"五品"当指五个社会等级，写定《尧典》时封建制之等级为：最高处是王，其次是诸侯，中间有大夫，然后是士，最底层是庶民，"五品"可概括当时主要社会等级，故代指当时社会全体成员。如《吕刑》所说，"蚩尤惟始作乱"，尧舜正在重建秩序，社会各等级之间普遍存在相互的"不逊"。

总之，舜看到，新成立的华夏共同体中，人有不亲、不逊之情形，这不利于形成相互信赖的合作关系，华夏本可给人之福利因此大打折扣。若此状况持续，人们不能明显感到华夏聚合之好处，华夏就有解体的危险。

怎么办？一方面，尧舜努力建立各种礼法制度，以在不同等级的人们之间建立恰当关系。另一方面，舜命契施行教化，旨在促进人际之亲和逊。

人际之优良关系，无非亲与逊。亲者，相亲相爱也。逊者，顺也，在尊卑之别的秩序中，在下者敬于在上者，积极履行自己职分，是为逊。组织社会，无非诉诸亲和逊：尧之亲睦九族，让本有天然情感关系的人们相互亲睦；平章百姓，让本来不相识的各邦国，相互逊顺。尧主要借助自己的德行推动人际之亲与逊；舜已通过制礼，推动人际之亲与逊。现在又进一步展开教化，唤起人们对亲和逊之自觉。

所谓教化，就是让人有亲和逊之自觉。熟人之间，比如，本有血亲关系的人们之间，若有亲的自觉，就能主动地亲，相互关系始终保持在亲的状态。否则，利益等因素会让亲者反目为仇。陌生人之间，比如朋友之间、君臣之间，若有逊的自觉，就能礼让，有忠有信，则双方各尽其义，各得其所。若没有逊的自觉，而不能自我约束，放纵欲望，或者朋友疏远，或者犯上作乱，而双方权益均受损害。由逊可更进一步，可以达到亲。在亲和逊的人际关系中，人可"各正性命，保合太和"。

教化旨在让人有人的自觉，认识到自己是人，其他人也是人，那就应当相亲相爱；同时也认清自己的社会角色，而明于大义，尽心于自己的职分，逊顺于他人。这两者为社会治理奠定坚实基础：人人自我提升，自我治理，成为秩序生成和维护之主体。由此，社会秩序就不仅由外部的礼法力量塑造，更重要的是，每对社会关系中之双方主动尽自己之义，社会秩序的塑造和维护主要是内生的。这可大大减少使用外部强制力之必要，从而降低治理成本。故教化是控制社会管理成本、促成社会自主治理之大道。

五教

何谓"五教"？经前文谓舜"慎徽五典，五典克从"，五典者，人伦之五常也，谓父义、母慈、兄友、弟共、子孝。此处只涉及父母与子女间之义，与兄弟相互对待之义，而未指明夫妻之义，更无朋友之义、君臣之义。因为此时，夫妻、朋友、君臣之伦尚未完善。

具体而言，后世所行之一夫一妻稳定分工之家制，当时尚未定型，夫妻关系尚非家庭组成之基石。不过，舜娶尧之女，且使之嫔于虞，夫妻关系趋于稳定[1]。经后文禹也强调自己娶涂山氏之女，且将王位传于儿子。通过正夫妻之礼，而稳定了家制。

当时，也无朋友、君臣二伦。陌生人之间可结成之稳定常态关系，无非此两者。此时无此二伦，恰说明华夏正在缔造过程中，人际关系之范围普遍尚未超出熟人共同体，也即，尚未超出自家的小族群。但随着尧舜禹缔造华夏，在较大范围内、完全陌生的人们可常态交往，必生成朋友、君臣二伦。尧舜之间就有稳定君臣关系，舜与其臣之间同样有。舜通过朝会、巡守制度，强化与诸侯联系，君臣关系趋于成熟；君臣关系成熟，促成华夏内部各邦国之间的交往

---

[1] 考古发现，陶寺已出现夫妻并穴合葬墓，此前在中原地区则没有男女合葬墓，参见高炜《中原龙山文化葬制研究》，收入《襄汾陶寺遗址研究》，660页。

增多，则跨邦国而平等的陌生人间的朋友关系，也必定很快发育。

同样重要的，是一夫一妻缔结之家制，与稳定的君臣制度、完全陌生的人们之间的朋友关系，三者是共同发育的。家是社会治理之基本组织单元，作为超大型政治组织的国家之发育，正是以此组织单元之成熟为前提的。

故伴随着华夏共同体的逐渐形成，人际关系的格局正发生重大变化，形成五伦，五种最为重要的人伦，全面覆盖血缘和非血缘的基本人际关系。据此，"五典"发展为完整的"五教"，关于五伦之教。故此处舜命契所布之五教，当不同于"慎徽五典"之时，而为五伦之教，孟子已指出这一点：

> 禹疏九河，瀹济漯，而注诸海；决汝汉，排淮泗，而注之江，然后中国可得而食也……后稷教民稼穑，树艺五谷，五谷熟而民人育。
>
> 人之有道也，饱食、暖衣、逸居而无教，则近于禽兽。圣人有忧之，使契为司徒，教以人伦：父子有亲，君臣有义，夫妇有别，长幼有序，朋友有信。放勋曰：'劳之来之，匡之直之，辅之翼之，使自得之，又从而振德之。'圣人之忧民如此。[1]

孟子所说之长幼主要指兄弟。父子、夫妇、兄弟、朋友、君臣五伦概括了人世间之基本人际关系：父子、兄弟属于至亲的血亲关系，夫妻属于异性相亲关系，朋友则是陌生人之间的平等关系，君臣是尊卑有别的公共关系。人际关系均可以此五伦或参照者五伦，全部组织起来。

五伦正，则人间自有秩序。何以正五伦？以五教也。契教人以孟子所说的五伦之常：父子有亲，也就是父慈子孝；君臣有义，君臣以义而合，各尽其义，也即各自承担职分，双方虽有尊卑之别，但分工合作，从事共同的事业；夫妇有别，也即夫妇在家中分别扮演不同角色，形成分工合作关系；长幼有序，也即兄友弟恭；朋友有信，朋友本为陌生人，以信而合。

五伦之教同时解决新生之华夏的不亲、不逊问题：父子、兄弟相亲，自不必说，王与诸侯之间是君臣关系，各邦国诸侯之间是朋友关系。君臣各尽其义、

---

[1] 《孟子·滕文公》。

朋友讲信，就能相互逊顺，进而可相亲相爱。既亲而顺，则社会既有条理，又有情谊，自有良好秩序。

敷教在宽

舜对契之敷教之道提出要求：宽。宽有两义：首先，教义宽，宽容而不排他；其次，敷教之道宽，运用多种方式。两者又密切相关，宽为尧舜以来中国之教化体系的根本特征。

"绝地天通"之前，分立的族群各信其神，排斥其他的神，不把其他族群的人视为同类，族群之间争战不已，是为不宽。神通过巫师降临人间，全面管制人间事务，人无以自主，同样是不宽。

由此神教发展出的一神教，根本特征也是不宽。犹太教经典《出埃及记》记载上帝在西奈山颁布十诫曰："我是耶和华你的神，曾将你从埃及地为奴之家领出来。除了我以外，你不可有别的神。不可为自己雕刻偶像，也不可作甚么形像，仿佛上天，下地，和地底下，水中的百物。不可跪拜那些像，也不可事奉他，因为我耶和华你的神是忌邪的神，恨我的，我必追讨他的罪，自父及子，直到三四代。"唯一真神严格排他，人若信奉耶和华，就不能信奉其他神。一神教的不宽是与生俱来的。

循此教义，当天主教传入中国，与中国人的信仰和生活方式发生严重冲突。中国人信奉各种各样的神灵，包括祖先。传教士内部对此存在分歧，有些比较开明，逐渐改变其狭隘立场。有些则绝不宽容。罗马教廷左右摇摆，最终下令禁止中国教徒崇拜祖先，引发朝廷禁止天主教传播。

事实上，基督教传播世界各地，所到之处消灭民众原有之神灵崇拜，导致神教信仰单一化，从而导致文明之单一化。基督教确实在推动世界之普遍化，但方式是"同"，精神是独断而不宽。

由于上述教义，唯一真神信仰者有较强的攻击性，对崇拜其他神灵者常有不宽容之心，并倾向于以暴力捍卫或扩张自己的神灵信仰。在历史上，常有神教战争之发动，或针对异教，或针对本教内之异端。

凡此种种，均为不宽：对自己不宽，对他者不宽。对自己不宽，导致心灵闭塞，傲慢自负，常自视高人一等；对他人不宽，则以唯一真神名义发动战争，戕害他人，却以传播文明自居。

颛顼、尧舜带领华夏走上一条完全不同的教化之道，其根本特征是宽。根本在敬天。颛顼、尧拒绝从多神教走向一神教，而完全超越神灵，面对天，敬天。天无人格，不言。天非神灵，当然非唯一真神。天不要求人的绝对服从，天无所谓唯一真理。天遍覆无外，无所谓唯一、排他。天宽，天不取消各种神灵，各种神灵都在天之中，在天之下，多神共存。

在天之下，中国人的心也是宽的：一个人敬天，又可崇拜其他神灵。对其他人崇拜什么神灵，中国人并不过问，也无意强迫他人尊崇。中国主流文化中没有传教的兴趣和机制。

这就是宽的中国传统。在此后历史中，不断有新神加入，全世界各种重要的神教在中国都有广泛传播，并大体相安无事，没有爆发神教战争。

政教合一

舜任命契这一事实本身至关重要，确立中国式政教关系之基本形态。

"绝地天通"后，尧舜不是通神的巫师，也不是聆听上帝之言的先知，而是纯粹的政治之王，王政与神灵崇拜无关。但这当然不意味着无教。近世以来，西方思想学术支配人们观念，以至于谈到"教"，人们马上联想到神教，以神灵崇拜为中心的教，神教，尤其是广泛流传着以一神教为高级神教之迷信。

舜命契所敷之教，却与神无关。颛顼、尧树立敬天，带领中国人走出神教之迷信；固然，神教仍在，但只是局部的、地方的；普遍于华夏之教则不以神为中心。契所敷之教就是人教，不是以神教人，而是以人教人。经文所说的五典、五教，都直接规范人伦，就人固有之情，教人有所自觉，自修其德。此之谓"德教"。

这样的教不是专业的巫术或神职人员之事，而是所有人之事。巫教有其专门人员、法术，用以降神；一神教同样有其神职人员、教会组织，以教化民众。人教、德教不需要专门神职人员，也不需教会。每个人都可成为教化者，每个既有社会组织都可成为教化组织：家是最为基础也最重要的教化组织，舜以孝教化家人。在家中，父母是子女的教化者，夫妇可相互教化，相互成就。在陌生人的社会领域，朋友相互教化。在政治生活中，君、臣相互教化。教化与社会生活、与政治融为一体，教化无所不在，故不需专门的教化组织，即建制化教会。

教既然是德教，以人教人，故舜命契执掌教化之事，只是推动社会各组织重视教化，绝非由契在政府之外组织一个教会，教化所有人。在其中，王政尤其重要，在神权消退之后，王政是维护秩序之最重要力量，教化自然以王政为最重要渠道，《左传·僖公二十七年》载：

晋侯始入而教其民，二年，欲用之，子犯曰："民未知义，未安其居。"于是乎出定襄王，入务利民，民怀生矣，将用之。子犯曰："民未知信，未宣其用。"于是乎伐原以示之信，民易资者，不求丰焉，明徵其辞。公曰："可矣乎？"子犯曰："民未知礼，未生其共。"于是乎大蒐，以示之礼；作执秩，以正其官。民听不惑，而后用之，出谷戍，释宋围，一战而霸，文之教也。

王欲行教化，不能以刑罚治国，而须以礼乐为政。舜之制礼，绝不只是约束，同时也是教化，告诉人们什么是"义"，身在某个角色当做什么，如何对待他人。礼无所不在，故礼教是普遍有效的教化机制。

尧舜以来之教化机制正是以礼教为主。神教仍在，但包容于普遍的礼教之中。人们以肃穆的礼仪祭祀各种神灵。在此，塑造优美生命、维护社会良好秩序的力量，不是暴力，不是巫权，也不是神启，而是礼乐本身，及其所塑造的人之诚敬。礼乐既可谓之政，更可称为教。礼者，文也，故礼教，也可谓文教。

以敬天为本，教人以德，人皆可以行教化，社会各组织均有教化之责，政、教不二，此为华夏文明之根本特征。

至孔子，删述六经，发展出另一种形态的文教，"学文"之教，《论语·述而》曰"子以四教：文，行，忠，信"，弟子学六经之文，而见之于行，有忠、信之德。孔子之后，儒家士人广泛兴学于民间；西汉中期后，政府又系统兴学。由此，学，以六经为中心的文教，成为中国最为重要的教化机制。

这一教化机制与神灵无关，故不排斥神灵崇拜，反与其兼容，由此形成"一个文教，多种神教"的复合教化机制 [1]。

自我教化

德教、文教，从根本上说都是人之自我教化，此为"敷教在宽"之根本义。

神教之基本结构是，神造人，居高临下地支配人，通过其代言人教人以神所宣告、启示之真理。在此，神、人之间实为主—奴关系。人不可能自行向上，须由神告知其生命成长之路。人不能自主，人如此被动，神甚至以地狱恐吓人，以来世引诱人。教化始于人交出自己的自主；即便人的生命有所提升，也是不自主的，通向非人，比如死，因为据神说，死可得永生。在此教化过程中，神、人间充满紧张，甚至不乏敌意，被教化者难免焦虑。耶教徒所作之《忏悔录》，常记录其精神狂乱之经历。焦虑，可能导致反叛，所谓"上帝死了"的宣告，及此后人的放纵，就是此紧张、敌意之释放。

在天之下，人是自主的，自己决定自己的生命状态。教化不是自上而下的、自外而内的，而是人的自觉。只是，自觉有先有后，教化是先知先觉者启发后知后觉者。尽管如此，教化之有效，端赖于后知后觉者内在的自觉。不是强迫，不是引诱，在教化中，被教化者之主体地位仍得到充分肯定。

故《礼记·曲礼》曰"礼闻来学，不闻往教"，此即教化之宽。先知先觉者只是对自己生命先知先觉而已，并未掌握什么神启的真理，故有向上之悦乐，无传教之冲动。教化启动于被教化者之自觉，《周易·蒙卦·卦辞》曰"匪我求童蒙，童蒙求我"，《彖辞》解释说："匪我求童蒙，童蒙求我，志应也。"教化过程之顺利展开有赖于双方心志之相和、相应，不是单方面地灌输真理，要求其绝对服从，而是启发之，让其自觉、自我抉择。这样的教化过程，一定是教学相长的。在教化过程中，各方均保持其为人之尊严和自主，而共同向上提升，

---

[1] 《儒家非宗教论》，《同济大学学报（人文社会科学版）》，2013 年第 7 期；《一个文教，多种宗教》，《天府新论》2014 年第 1 期；《论政教：另一种政治、政府》，《开放时代》，2014 年第 3 期。

自我约束。

如此谦卑、宽和之教当然不可能带人通往人间天堂或历史终结，但人也因此避免为神或真理奴役之悲惨命运。唯此可为人类普遍之教，所有的神教都是局部的、不宽的，一神教同样如此。尧舜、孔子所立之人教、德教、文教，超越神灵，本乎遍覆无外之天，以人的自觉、自我教化为枢纽，根本特征是宽，真乃化成天下之教。

三十七、先教后刑

帝曰:"皋陶!蛮夷猾夏,寇贼奸宄。汝作士,五刑有服,五服三就;五流有宅,五宅三居。惟明克允。"

猾,乱也。
士,司法官。

舜说:"皋陶,蛮夷扰乱华夏,又有寇、贼、奸、宄之事。你作士,五刑各有其特定之服饰,五种服饰分为三等刑。流放有明确方位,流放之地分为远近三等。司法当致力于明,才能做到允当。"

蛮夷猾夏,寇贼奸宄

首先值得注意的是,舜并列内、外扰乱秩序之行为,且以外为主。

"蛮夷"者,蛮、夷、戎、狄之简称也。由于华夏共同体成立,华夏文明进入快速发展轨道。未加入华夏之邦国乃显其野蛮鄙陋,故有华夏与蛮、夷、戎、狄之别。当时两者正在大分化中,蛮夷戎狄受华夏挤压,被迫迁徙,人口有大规模流动,容易引发冲突;即便其安顿下来,眼见华夏财富积累,也倾向于采取掠夺华夏之生存策略。故双方冲突较为严重而普遍,华夏各邦所受破坏较为严重。

各邦诸侯对此感同身受,故在舜即位时,十二牧策命于舜曰"柔远能迩,敦德允元,而难任人,蛮夷率服",他们首先期望舜"柔远",其最大期望是"蛮夷率服",消除蛮夷戎狄之祸乱。舜从民之所欲,策命皋陶为士,首先对付蛮夷戎狄。猾者，乱也。蛮夷戎狄扰乱华夏各邦，构成迫在眉睫的威胁，不能不予以惩罚。

其次是内部严重扰乱秩序之行为：群行攻劫曰寇，杀人曰贼，由外为奸，起内为宄。寇当为底层叛乱，结群持凶劫掠财富；杀人是十分严重的犯罪活动；奸宄似乎是政治犯罪活动，主体为君子，又分两种情形：诸侯从内部发动叛乱为宄；与蛮夷戎狄内外勾结而叛乱为奸。看得出来，这些内部犯罪活动均规模较大或影响较大，有可能发展为颠覆华夏共同体之全国性犯罪活动。

在尧舜缔造华夏之前，各邦国自有其治安司法机关，处理邦国之内的纠纷。华夏共同体成立后，日常琐碎犯罪活动发生于各诸侯国内，仍由各邦君子自行解决。皋陶由舜策命，是华夏共同体之士，主要负责全国层面的重大犯罪活动。

打击外、内扰乱华夏秩序之行为的责任，舜授命于皋陶一人，此即古典"兵刑合一"之制。《国语·鲁语》曰："刑五而已，无有隐者，隐乃讳也。大刑用甲兵，其次用斧钺；中刑用刀锯，其次用钻笮；薄刑用鞭扑，以威民也。故大者陈之原野，小者致之市朝，五刑三次，是无隐也。"直到《汉书·刑法志》，对两者之叙述还是合一的，在"刑法"之名下首先叙述兵制，其次叙述刑制。

舜命皋陶为"士"，金文中，"士"字之形大体就是有手柄的宽刃战斧。皋陶之责任是用刑，《说文解字》："刑，刭也。从刀开声"，士之职责是以兵器用刑。可以推测，且本章经文也表明，兵器首先用于对外，捍御外族之侵扰；随后用于对内惩罚扰乱秩序之人。在古人看来，兵、刑其实只是程度有所不同而已，在制度上，用兵之人和用刑之人也不分。

直到战国以后，随着常备军出现，军事职责较为专业，与民事、与司法分离，在观念上、官职上、政体上，才有兵、刑之分。

古典时代兵、刑不分的事实也决定，士首先是治安官，兼有司法职能。

封建时代，恐怕无专业司法官，每位君子，也即大大小小的共同体之首领，均承担司法职能；或许可以说，君子职能主要是司法，政府基本是司法型政府，以解决纠纷为主。承担这一责任者，君子也，判断诉讼中当事人行为是否合乎礼。为确定某些较为严重的悖礼行为，邦国之君可能召集君子集会，集体审议裁决。君子裁决之依据是礼，礼是不成文的。但礼是习惯性的，故君子普遍知之。遇到疑难者，君要求史官提供先王之典或者先例，以找到合适的礼法依据。

至于士，首先负责日常治安；其次，在君子裁决某人行为严重悖礼之后，确定刑罚，并予以执行。此处经文已清楚表明士是治安官：士的首要职责是打击各类犯罪活动，舜向皋陶列举了外、内两类主要犯罪活动，此即皋陶应予打击者。

同时，士在君子作出悖礼之裁决后，确定刑罚。古典时代之司法活动，定罪与定刑相分离。某人悖礼，君子裁定其有罪；然后移交给士，士熟悉刑律，确定合适的刑罚，并予以执行。故舜告诉皋陶如何行刑的原则。

周代改称士为司寇，《洪范》有"司寇"之职，其职能也是维护治安，确定和执行刑罚。[1]

战国以后，政府颁布成文刑律，定罪与定刑乃逐渐合一。在中央政府层面上，政府设立较为专业的司法官职，如秦汉之"廷尉"，后世又有刑部、大理寺，专司司法复审职能，而无治安职能，更无军事职能。但在地方上，仍由地方主官承担司法职能，明清两代，地方官之主要精力用于审理案件。

皋陶是华夏第一个专职的士，其公正世代为人传颂，《诗经·鲁颂·泮水》有句云"淑问如皋陶，在泮献囚"，后世刑狱官尊皋陶为神。

用刑原则

经前文，舜已作刑制："象以典刑，流宥五刑，鞭作官刑，扑作教刑，金作赎刑。"舜并对四凶用刑，树立用刑之典范。此处委任皋陶为士，将用刑制度化，故命之以用刑之基本原则。

一般注疏把"五刑"解释为墨、劓、剕、宫、大辟等五刑，问题是，舜确立刑罚之道，第一条"象以典刑"，以特殊服饰取代肉刑，现在不可能自弃其道。故"五刑有服"即为"象以典刑"，"服"者，服饰也，犯下不同罪行的人服以特定颜色、制式的衣冠服饰，以为惩罚。

"五服三就"者，《尚书大传》谓："唐虞之象刑：上刑，赭衣不纯；中刑，杂屦；下刑，墨幪。以居州里，而民耻之。"象刑分上、中、下三等，是为"三就"。

---

[1] 关于司寇性质的详尽讨论，可参看《华夏治理秩序史》，第二卷，封建，下册，597~601 页。

实际上，此前、此后的肉刑，也分为三等，上引《鲁语》所说大刑、中刑、薄刑是也。象刑三等，与此相应。

"五流有宅"者，流放之刑当明定流放地点，也即确定某些地方，用作流放地，后世各朝也都有其确定的流放地，比如宋代多流放到南方溽热之地，清朝多流放至西北。"五宅三居"，对应于经上文之"三就"，按罪行大小，确立上、中、下三等流放地，大约以距其居住地之远近来衡量。后世刑法多延用如此规定，《唐律》定"流刑三：二千里，二千五百里，三千里"。

值得注意的是，舜主要阐明运用象刑和流刑之原则，前者适用绝大多数人，后者有很强政治性，这两者关乎华夏基本秩序，故舜专作叮咛，且明确用刑之法度。

惟明克允

舜首先规定皋陶之职位、职责及其用刑之基本原则，最后提出皋陶作为士应遵循之伦理规范："明。"

对执行刑律之治安官、刑狱官来说，"明"是最重要的美德。子曰"视思明"，明就是明察，其含义相当广泛：明察社会各角落、各种人，才能有效防范犯罪活动；明察案件之是非曲直，才能恰当地实施刑罚，惩罚犯罪，儆诫世人。

"允"者，当也，信也。其含义可从两方面理解：一方面，就士而言，士对犯罪活动之惩罚必须允当，也即恰当好处，无过、无不及，既不失之于严苛，也不失之于宽松。另一方后面，就当事人和旁观者而言，士之用刑公允，才能得到当事人信服，并得到旁观者信服，从而发挥教化作用。恰当用刑是可教化当事人和世人的，用刑不当则会导致民无所措其手足。

明、允可与经前文舜关于用刑之告诫合观："钦哉，钦哉，惟刑之恤哉！"钦者，敬也。面对案件，面对案件的当事人，司法者首先保持整个身心之敬，敬然后能明，明然后能允，允然后可见体恤之心。敬是身心之状态，明是处理案件之德，允是最终裁决之属性。

先教后刑

值得注意的是，舜委任皋陶为士，在委任契作司徒之后，由此次序，可见舜、也即华夏治国之道：教化在先，刑罚后之。

治国，首需广施教化，教天下之人以夫妻、父子、兄弟、朋友、君臣之伦常，让人人对自有的内在之仁有所自觉，明白自己在各种场景中面对他人之义。经由教化，绝大多数人会明乎自己之义，且依礼而行，由此即可形成良好秩序。少数人不循教化，则以刑治之，如孔子所说：

> 圣人之治化也，必刑、政相参焉。太上，以德教民，而以礼齐之。其次，以政言导民，以刑禁之，刑不刑也。化之弗变，导之弗从，伤义以败俗，于是乎用刑矣。[1]

首务教化，可大幅度降低社会管理成本；若不施教化，民不知义，缺乏是非感，必定无知而胡作非为；如此，则罚不胜罚，而终究难以形成良好秩序。先务教化，实为最明智的治理之道。

先务教化，而后用刑，此为政治社会治理群体、整个政府的基本治理取向，由此，舜首先委任司徒，承担教化职责；其次委任皋陶，惩罚那些不从教化而胡作非为者。但这一原则，远贯穿于士的工作中。故皋陶为士，其职责虽为用刑，亦始终不忘教化，《尚书·大禹谟》记禹曾提议舜禅位于皋陶，皋陶推让，而舜称许皋陶曰：

> 汝作士，明于五刑，以弼五教。期于予治，刑期于无刑，民协于中，时乃功。

皋陶用刑，不止惩罚已发现之犯罪分子，更重要的目的是辅弼五教，也即在用刑过程中让当事人、让所有人明白五伦之义。由此，刑罚也有教化功能，

---

[1]《孔子家语·刑政》。

刑罚不仅威慑人，还能引导人。圣人以为，恐惧不足以维持良好社会秩序，唯有人人自我提升、自我约束，才有良好社会秩序可言。在此，判断政府是否已教化为先，恰恰要看，治安司法部门在惩罚犯罪过程中是否有教化之意。以教化指引治安司法活动，才有善治。

孔子治国之道，以教为先。孔子对子张列举为政之四恶，为首者是"不教而杀谓之虐"[1]，意即不行教化，而施以惩罚，《论语·为政》载：

> 子曰："道之以政，齐之以刑，民免而无耻；道之以德，齐之以礼，有耻且格。"

孔子不拒斥政刑，而是反对迷信政刑、拒斥教化。拒斥教化，则人人"无耻"，人心不可收拾，社会难有良俗。首先施行教化，人人有耻且格，自我约束，自我提升。在此基础上，对少数无耻者予以惩罚，方有良好秩序可期。

这就构成儒家治道之本。董仲舒对武帝第一策即从义理上论述了教化之功用：

> 夫万民之从利也，如水之走下，不以教化堤防之，不能止也。是故，教化立而奸邪皆止者，其堤防完也；教化废而奸邪并出，刑罚不能胜者，其堤防坏也。古之王者明于此，是故南面而治天下，莫不以教化为大务。立大学以教于国，设庠序以化于邑，渐民以仁，摩民以谊，节民以礼，故其刑罚甚轻而禁不犯者，教化行而习俗美也。[2]

教化行而习俗美，则民不犯禁，而刑罚少用。董子以为，此为成本最低的社会治理模式。事实上，教化为先，也是唯一切实可行的社会治理模式。董子就明确指出，迷信政刑，秦未能长久。事实上，如《吕刑》记载，最早迷信刑罚的是三苗，其为政也归于失败。

---

[1] 《论语·尧曰》。
[2] 《汉书·董仲舒传》。

教化为先，以仁性论为基础。治国者若以为人性恶，必然重刑罚，刑罚必出于垄断性权力机构，除了一人之外的所有人只能是被治者，无从发挥主体作用，万民只能由单一国家权力统治。然而，这种对人的认知，本身就是扭曲而错误的。人实有善质，所谓"俊德"，故可以教化。经由教化之启发，人完全可自我提升，"克明俊德"。由此，每人均可为社会形成良好秩序之主体，社会治理必为多中心的，唯有如此，良好社会秩序才是可期的。

三十八、工业工程

帝曰："畴若予工？"

佥曰："垂哉。"

帝曰："俞。咨，垂！汝共工。"

垂拜稽首，让于殳斨暨伯与。

帝曰："俞。往哉，汝谐。"

畴，谁也。若，顺也。

共，供也。

舜说："谁能承担我的工事？"

众人同声说："垂吧。"

舜说："很好。垂，你负责工事。"

垂下拜，首置于手而触地，谦让于殳斨和伯与两人。

舜说："好，去吧，你来协调此项工作。"

舜任命垂管理王室之工事，大体包括工业和工程两个部分。这一任命，位置还算靠前，在祭祀事务之前，可见在舜看来，工对维护华夏之文化、政治秩序具有重要意义。

劳动分工

当人们定居从事农业后，工事必定快速发展，《周易·系辞》说：

包牺氏作结绳而为罔罟，以佃以渔，盖取诸离。

包牺氏没，神农氏作，斫木为耜，揉木为耒，耒耜之利，以教天下，盖取诸益。

日中为市，致天下之民，聚天下之货，交易而退，各得其所，盖取诸噬嗑。

渔猎时代难以有工事，即便有，也是最为简陋的。神农氏时代出现农业，人们逐渐定居。定居农业生产给劳动分工创造了条件：此时，生产活动出现剩余，可腾出一部分人从事非农活动；人的理智提升，有条件改进生产工具；人也有提升生活水平之需求，故愿投入资源，加工生产自然界所无之人工物品，或通过工程，为自己的生产生活创造安全、舒适的环境。

定居农业也促成了贸易的发展，同样可深化劳动分工，助推工业和工程发展。不同地区的人们互通有无，可促使生产之族群专业分工，也即一些族群借物料之便，专注于非农生产活动，比如靠山族群专门从事石器或木器加工。他们完全可以通过贸易获得生存所需之粮食、衣物。同时，贸易活动的展开，也需要兴建一些工程设施。

总之，伴随着农业发展和贸易网络扩展，工事逐渐兴起。首先来看工业。

最早出现的工业，当系满足普通民众需求、产量较大的工业，如皮毛、葛麻和石器、木器、骨器加工业，以及需要足够技术的陶器加工业。

工业发展反过来推动贸易扩展，也提升农业生产效率，由此人们更易积累财富，而人的禀赋天然不同，族群内必定出现贫富差异，进而形成阶层分化，社会结构趋于复杂。而管理复杂社会，不能不依赖具有专业治理能力之君子。君子为强化和巩固其权威，需有威仪；为此，不能不需要礼器。稳定的社会领导阶层的形成，催生新的工业种类：礼器加工业。

早期最为重要的礼器加工业是玉器加工业。在"绝地天通"之前，神意对维护社会秩序至关重要，巫师拥有崇高权威，其所用之礼器主要是事神之器，这是礼器加工业的主要产品。红山文化、良渚文化的玉器多用于事神，其加工技术十分高超，系玉器加工业的黄金时代。

"绝地天通"之后，玉礼器转换为瑞玉，多用于世俗目的，以标识君子之等级身份，比如在陶寺遗址出土的玉器，多属此类。在此时期，铜器（主要是青铜器）逐渐兴起，为礼器之上品。玉器和青铜器是古典时代礼器工业之两大主要产品。

政治与礼器工业

华夏共同体形成，王权建立并逐渐强化，社会治理水平提升，推动礼器加工业技术和管理水平不断提升。反过来，这一产业的繁荣，也巩固了华夏一天下秩序。

玉器和青铜器的生产都是高度专业化的，且在广阔空间展开，如玉料、青铜冶炼的原料常采自远方，经由漫长的通道运输到加工场。在加工场内，需经过多个环节、多个工种长时间协作，才能加工完成。生产组织至关重要，故舜命垂"共工"，也即负责"工"。

此处用词"共工"，与经前文之"共工"，意思不同。典籍显示，尧时代的共工长于治水，"工"主要指水土工程。平治水土之工程，恐怕也是尧舜禹时代最为重要的工，但此工已关涉华夏国家构建之大事，改由禹承担。舜所委任之"共工"，恐怕主要负责工业，最主要的是玉器、青铜器加工业，以满足新兴的华夏对于礼器之需要。

值得注意的是舜发问之词"畴若予工"，这与策命前四位之用词不同，区别在于"予"字，在前四位那里无此字。此字显示共工与司空、后稷、司徒、士之重大区别：前四位之职能是面向天下的，垂所管理之工业活动则属于舜本人，也即属于王室。

毫无疑问，在尧舜之前，实力较强的邦国已有玉器、铜器生产组织，如红山文化、良渚文化出土大量精美玉器，此地定有区域性玉器加工中心，附属于该文化体之治理中心，此中心对本文化体各邦国必然享有一定权威，此权威由神保障，故事神之玉器对文化体之凝聚，意义重大。

尧舜缔造华夏，同样需借助礼器确立和维护新兴之王的权威，以构造和维护王与各邦国之间的秩序。舜因应这一政治需要，通过任命垂，始建王室礼器生产部门。故垂的身份与尧时代的共工是完全不同的：那个共工是一族之君，相对独立，其技艺属于本族群。垂是王室工业部门负责人，负责组织生产王室所需之礼器。

在襄汾陶寺遗址和偃师二里头遗址中均发现相当大规模的工业作坊区，生产陶器、玉器或青铜器。夏商周三代王城内也有大规模王室工业区。相应地，在各诸侯国所在之城邑遗址，考古很少发现此类工业区遗迹。这显示，礼器工业的生产是高度集中的，专属于王室。其实，礼器工业如此集中，是完全合乎政治和经济逻辑。

首先，礼器工业部门的产品是礼器，当然不可任由人随意生产，也不可如普通商品那样随意买卖。礼器用于标识社会、政治身份，不同等级君子服用何种礼器，礼制有明确规范。唯此，才能维持正常社会政治秩序。故礼器生产必由王室控制，由王按政治需要分配给各地、各等君子。舜在嗣位程序上所敛之"五瑞"，尤其是作为诸侯信物之圭、璧，必为王室统一发给。金文显示，周王也常赐给臣下以铜或青铜礼器，这是严肃的政治行为。

其次，从经济角度看，只有王室能组织此类高度复杂的生产活动，承担其高昂成本。加工玉器所需玉料常来自遥远的地方，如三代玉器加工所用玉料，至少其中一部分，来自今新疆和田，距离十分遥远；冶炼青铜器所需多种原料，也来自中原以外，如长江中游地区。原料的开采、运输需花费较大成本，尤其是需借助复杂的政治安排，方能确保运输路线之畅通、安全。没有王权之德威，如此远距离运输是很难进行的。玉器、青铜器生产加工人员也需要高度熟练的专业技巧，只有经过长期严格训练，才能具备。至于加工过程也颇为耗费时日。如此高昂的人力成本，也只有王室能够承担；也只有为维护政治秩序，在生产效率不高的时代，投入如此高昂的成本，才是值得的。

《左传》记君子反复言，"礼者，国之干也"，华夏以礼凝聚，而礼必见于器，故礼器具有重大的政治意义。由此可以理解，舜何以任命垂，组织王室的礼器生产。此后各朝也都建有官营工业部门，以生产维护社会政治秩序所需要之礼器。

公共工程

垂的职责不止礼器加工业。在尧舜时代，伴随着华夏政治演变，交通运输业、工程建筑业也是两个非常重要的产业，《周易·系辞下》说：

> 黄帝、尧舜垂衣裳而天下治，盖取诸乾坤。
> 刳木为舟，剡木为楫，舟楫之利，以济不通，致远以利天下，盖取诸涣。
> 服牛乘马，引重致远，以利天下，盖取诸随。
> 重门击柝，以待暴客，盖取诸豫。
> 断木为杵，掘地为臼，臼杵之利，万民以济，盖取诸小过。
> 弦木为弧，剡木为矢，弧矢之利，以威天下，盖取诸睽。

加工玉器、青铜器的原料恐怕都需以舟船远距离运输，交通运输工具的生产和维护是相当重要的事情。早期主要是舟船，大约从二里头时代开始有车辆。并且逐渐地，车辆生产成为至关重要的工业部门，因为马车也是礼之重器，至少在周代，其产业规模恐怕超过玉器和青铜器加工业。

在尧舜之前，人们就已构筑城堡。尧舜时代，蛮夷戎狄扰乱华夏，为了安全，更多的居民点构筑城垣，建筑业相当发达。臼、杵当为夯土筑墙尤其是城邑之墙之工具，而非一般注疏所说舂米之工具。陶寺遗址就有相当高大的城垣。

王权兴起，诸侯邦国权威强化，乃营造较为高大的宫室。陶寺遗址、二里头遗址中都有规模较大的宫殿遗址。

随着政治秩序成熟，王室和各邦国也建立服装加工部门，以生产高级服装，经下文舜说："予欲观古人之象，日、月、星辰、山、龙、华虫，作会；宗彝、藻、火、粉米、黼、黻，絺绣；以五采彰施于五色，作服。"此类服章也是君子身份之标识，同样需要王室组织生产。

兵器加工业也相当重要，尤其是青铜器出现后，很快用于制作兵器，兵器的生产活动趋于复杂，王室专门建立兵器加工业部门。

凡此种种生产活动的组织，均在"工"的职责范围内。

工之演进

由共工之职能可见，从尧舜时代起，中国的工业可分为两大部门：王室管理之礼器生产部门，面向普通民众生产各种物品的大众工业部门。

在相当程度上，这两大部门是隔绝的。华夏—中国之古典时代，技术水平较高、规模较大的工业集中于礼器生产部门，服务于王政，服务于政治秩序。这个部门中积累的技术似乎很少向外辐射。

大众工业部门的技术演进相当缓慢，尽管考古学家用"青铜时代"一词形容三代文明，但青铜实际上主要用于制作礼器及少量兵器，从未大规模用于日常生产生活。普通民众日常所用之器物仍是木器、石器、骨蚌器，这些从新石器时代就已基本定型的器物，一直用至战国时代。农业等生产活动产出之提高，似乎主要依靠人口增长，开垦更多土地。

不过，两个部门隔绝也意味着，王室从未垄断全部工业。民众所需普通产品如石器、木器、陶器等等物品，基本上由民众自由生产，且自由流通。这构成中国之经济传统。

战国时代，各国官府仍设立工业部门，生产礼器，但在此之外，发育出自由工商业，且其生产规模相当大。《史记·货殖列传》记，战国时代，"邯郸郭纵以铁冶成业，与王者埒富"，至司马迁时代，多有冶铁大企业：

蜀卓氏之先，赵人也，用铁冶富。秦破赵，迁卓氏……乃求远迁。之临邛，大喜，即铁山鼓铸，运筹策，倾滇蜀之民，富至僮千人。

程郑，山东迁虏也，亦冶铸，贾椎髻之民，富埒卓氏，俱居临邛。

宛孔氏之先，梁人也，用铁冶为业。

鲁人俗俭啬，而曹邴氏尤甚，以铁冶起，富至巨万。

似乎主要是因为铁的性质不同于青铜，故冶铁和铁器生产制度完全不同于青铜器：铁不用于制造礼器，从一开始就用于大量制造兵器和一般器具，因而多由私人企业经营。大约正是如此高度发达的私营冶铁与铁器制造业，推动铁器大量进入民众日常生活，生活用具和生产用具开始铁器化，劳动生产效率得以提高。

不过，汉武帝时代为增加财政收入，建立盐铁垄断制度，控制了当时两个比较重要的工业部门。盐铁会议中，儒生对此垄断制度持反对意见。政府官员与儒生围绕着经济政策及相关的国家治理义理，展开持续辩论，记录于《盐铁论》。这次会议上，官方的盐铁垄断制度有所松动，但并未取消，持续两千多年。

不过，政府并未垄断整个工业，而基本维持两个并行的工业生产体系：官营工业，主要生产礼器；民间自由工商业，生产各种大众用品。尤其是，在中国，没有特许权之类制度，古人所说"士农工商"四民，仅为描述当时最为重要的四种职业，而非固定的身份。在中国，自战国以来，大体上，任何人均可从事自己喜欢的职业，可自由转换。故农民可于耕种土地之余，进入工商业领域，也可供应自己的子弟接受教育，成为士大夫。总之，人们以自由地安排人力资源和资产，以求增加收入、改变自己的命运。

这一体制塑造了中国工商业之基本形态：以家庭为基本生产单位，工农融合，城乡一体。工业未集中于城市，反而多散布于乡村。人口、资源在城乡之间双向流动，因而城乡之间有差距，但不大。而在西方，商人、农民始终是身份，两者难以转换，导致其城乡始终分割，工商业在城市，农业在乡村；文明在城市，农村是蛮荒之地。

三十九、生态平衡

帝曰："畴若予上下草木鸟兽？"

佥曰："益哉！"

帝曰："俞。咨，益！汝作朕虞。"

益拜稽首，让於朱、虎、熊、罴。帝曰："俞，往哉，汝谐。"

上下，上谓高平之原，下谓低湿之隰。

朕，我也。

朱、虎、熊、罴，人名，《左传·文公十八年》曰："高辛氏有才子八人，伯奋、仲堪、叔献、季仲，伯虎、仲熊、叔豹、季狸，忠肃共懿，宣慈惠和，天下之民，谓之八元。"

舜说："谁能管理我的高处、低处之草木鸟兽？"

众人同声说："益啊。"

舜说："好。益，你作我的虞人。"

益下拜，头置于手触地，谦让于朱、虎、熊、罴四人。舜说："好，去吧，你来协调此事。"

舜委任益负责草木鸟兽之事，也即，自然资源之占有、使用事务。

"虞"，后世文献称虞人，关于其职责，《周礼·地官司徒》有山虞、泽虞两官：

山虞：掌山林之政令，物为之厉而为之守禁。仲冬斩阳木，仲夏斩阴木。凡服耜，斩季材，以时入之。令万民时斩材，有期日。凡邦工入山林而抡材，不禁。春秋之斩木不入禁。凡窃木者有刑罚，若祭山林，则为主而修除，且跸。若大田猎，则莱山田之野；及弊田，植虞旗于中，致禽而珥焉。

泽虞：掌国泽之政令，为之厉禁。使其地之人守其财物，以时入之于玉府，颁其馀于万民。凡祭祀、宾客，共泽物之莫。丧纪，共其苇蒲之事。若大田猎，则莱泽野；及弊田，植虞旌以属禽。

山泽之虞可解释此经之"上下"：上者，山也；下者，泽也。尧舜禹时代，地旷人稀，人口一般居住于江河之岸较高畅之处，山泽一般无人居住，尤其是无人居于泽之近旁，而当时气候比今日湿润，黄河下游湖泽相当之多。

山泽虽不宜人居，却可带来多种物产：山出林木，有飞禽鸟兽；泽出芦苇，有虫鸟鱼鳖。这些是对人有益之自然资源：包牺氏时代，人以渔猎为生；到尧舜禹时代，人已定居务农，但渔猎之所得对人仍极为重要，如皮毛为服，山林出柴，山中还出各玉、金，可制作礼器。

最重要的是，祭祀之奉献亦出自山泽，如《礼记·礼器》说："礼也者，合于天时，设于地财，顺于鬼神，合于人心，理万物者也。是故，天时有生也，地理有宜也，人官有能也，物曲有利也。故天不生，地不养，君子不以为礼，鬼神弗飨也。居山，以鱼鳖为礼，居泽，以鹿豕为礼，君子谓之不知礼。"

推测起来，山、泽当为相应族群人所共有。若山、泽在某邦内，为其邦内人共有；若跨若干邦，为此数邦人共有。但名义上，山泽属于各邦公侯，公侯设虞人管理，取其中之出产用于祭祀。据文献记载，虞人为公室之官，如《左传·昭公二十年》记：

十二月，齐侯田于沛，招虞人以弓，不进。公使执之，辞曰："昔我先君之田也，旃以招大夫，弓以招士，皮冠以招虞人。臣不见皮冠，故不敢进。"乃舍之。仲尼曰："守道不如守官，君子同之。"

公室有"虞人"，王室当然也有虞人。本章经文，舜用"朕"字，故益为王室之虞人，管理王畿之内山泽，以供王室所需。王室物品多取之山泽，祭祀所需之禽兽不必说，又如《礼记·檀弓》记：天子崩"虞人致百祀之木，可以为棺椁者斩之；不至者，废其祀，刎其人"。

当王田猎之时，虞人负责驱赶禽兽，《周易·屯卦》六三爻辞曰"即鹿无虞，惟入于林中"云云，《诗经·召南·驺虞》曰：

> 彼茁者葭，壹发五豝。于嗟乎驺虞。
> 彼茁者蓬，壹发五豵。于嗟乎驺虞。

山泽名义上属王、公侯，由虞人专门管理，但如《韩诗外传》所说：古者，"山林泽梁，以时入而不禁"，公侯不能禁止民众入其中，取其生活所需。归根到底，山泽为共同体所共有，成员皆可取己之所需，君王不可独占，此为礼制所规定者。

然而，历史上，总有君王突破此礼制，《左传·隐公五年》记载：

> 五年，春，公将如棠观鱼者，臧僖伯谏曰："凡物不足以讲大事，其材不足以备器用，则君不举焉。君将纳民于轨物者也，故讲事以度轨量谓之轨，取材以章物采谓之物。不轨不物，谓之乱政。乱政亟行，所以败也。故春蒐、夏苗、秋狝、冬狩，皆于农隙以讲事也。三年而治兵，入而振旅，归而饮至，以数军实，昭文章，明贵贱，辨等列，顺少长，习威仪也。鸟兽之肉，不登于俎；皮革、齿牙、骨角、毛、羽，不登于器，则公不射，古之制也。若夫山林、川泽之实，器用之资，皂隶之事，官司之守，非君所及也。"

隐公之观鱼，实有意独占泽中之鱼产为私用，臧僖伯乃以古礼劝谏。据此古礼，君取之于山泽者，公用之物也；在此之外，君所不取，而公之于民众。

取之有道

取山泽之物，则有其道。天生万物以及人，《尚书·泰誓》曰："惟天地，万物父母；惟人，万物之灵。"天生人，人最贵，故天要人各遂其生，万物自可为人所用，故禹谓"正德、利用、厚生"[1]，"利用"就是发挥万物对人之用，以厚人之生。

但这绝不意味着，人于万物可肆欲滥用。天生万物，万物各有其性、命。万物与人一体，人在万物生生不已而相互关联的大系统之中。万物相互依赖，互用而共生。唯人有灵性，广知万物之性，故人用物之能力远超他物，所用之物的种类、数量远超他物，故人对他物可能造成的损害也远超他物。不过另一方面，恰恰因为人有灵性，可有道德之自觉，从而有能力对维护万物各正性命、保合太和的生态系统负起特殊责任。

由此，人在生生不已的天地之间扮演着最为重要而复杂之角色：人取物，但唯有人会产生取物之道。其他物——比如动物食用其他动物或植物，只依乎本能，而会做道德选择，发展出取物的伦理。事实上，随着人取物能力的提升，人逐渐有用物之道德自觉，发展出一系列用物之礼。

这其中至关重要的一点是，取山泽之物"以时而入"，只在特定时期内取某物，而非随意取用，《国语·鲁语》记有如此故事：

> 宣公夏滥于泗渊，里革断其罟而弃之，曰："古者大寒降，土蛰发，水虞于是乎讲罛罶，取名鱼，登川禽，而尝之寝庙，行诸国，助宣气也。鸟兽孕，水虫成，水虞于是禁罝罗，猎鱼鳖以为夏犒，助生阜也。鸟兽成，水虫孕，水虞使用禁罝罗，设阱鄂，以实庙庖，畜功用也。且夫山不槎蘖，泽不伐夭，鱼禁鲲鲕，兽长麋麌，鸟翼鷇卵，虫舍蚳蝝，蕃庶物也，古之训也。今鱼方别孕，不教鱼长，又行网罟，贪无艺也。"
>
> 公闻之，曰："吾过而里革匡我，不亦善乎！是良罟也，为我得法。使有司藏之，使吾无忘谂。"师存侍，曰："藏罟不如置里革于侧之不忘也。"

里革在此列举保护生态之礼法，虞人负责执行之。通过其取物之活动，人不仅遂其生，且能助成草木鸟兽各遂其生。如此，则人之利用不竭，而万物生生不已，如孟子所说，"数罟不入洿池，鱼鳖不可胜食也；斧斤以时入山林，材

---

[1] 《尚书·大禹谟》

木不可胜用也。"[1]

益与秦

伯益是秦人之祖先，舜任命伯益为虞人，与秦人千余年后之兴起有直接关系。《史记·秦本纪》记载伯益：

> 与禹平水土。已成，帝锡玄圭，禹受曰："非予能成，亦大费为辅。"舜曰："咨尔费，赞禹功，其赐尔皂游。"乃妻之姚姓之玉女，大费拜受，佐舜调驯鸟兽。鸟兽多驯服，是为柏翳，舜赐姓嬴氏。

《皋陶谟》中禹说："洪水滔天，浩浩怀山襄陵，下民昏垫。予乘四载，随山刊木，暨益奏庶鲜食。"当洪水泛滥之际，耕地被淹，谷物产量减少，伯益掌管山泽，乃辅导民众获取鸟兽鱼鳖，暂时渡过难关。因此功劳，伯益得姓嬴氏。

伯益后人始终长于繁育鸟兽，马也在兽中，故其后人长于养马，也长于御车。入商，其族之君因长于御车而为殷商王室重用，得为诸侯，因此被周武王灭。但其技艺，周人也不能不重用。西周时，其后裔造父以善御幸于周穆王，再其后至周孝王时代，

> 有非子居犬丘，好马及畜，善养息之。犬丘人言之周孝王，孝王召使主马于汧渭之间，马大蕃息……于是孝王曰："昔伯翳为舜主畜，畜多息，故有土，赐姓嬴。今其后世亦为朕息马，朕其分土为附庸。"邑之秦。

秦人至此兴起于西陲，成为王室附庸，后来成为王室大夫。最终在周平王东迁之大动乱中，成为诸侯，并最终取代了周。

秦人从西方兴起，表明马的作用相当大，周代战争形态是车战，无马则车无以行。到战国以后，车战衰落，兴起骑兵，赵武灵王胡服骑射，引入骑兵，

---

[1]《孟子·梁惠王》。

而赵同样出自嬴姓。赵人此举说明，北方匈奴等草原民族率先采用骑兵。骑兵兴起之后，华夏面对北方草原骑马民族，就存在严重劣势：骑兵来去倏忽，便于侵扰掠夺；华夏以步兵回应，运动迟缓，成本高而收效小。华夏乃筑长城，以为防御之策；欲彻底消灭北方戎狄，则不能不想办法养马，但华夏之地悉数开垦种植谷物，无牧马之地。故汉以来，马政始终是难缠的经济与军事问题，骑马的北方戎狄也成为华夏安全之大患。

四十、祭祀之道

帝曰："諮，四岳！有能典朕三禮？"
僉曰："伯夷。"
帝曰："俞。諮，伯！汝作秩宗。夙夜惟寅，直哉惟清。"
伯拜稽首，讓於夔、龍。帝曰："俞，往，欽哉！"

三礼，事奉天神、地祇、人鬼之礼也。
寅，敬惕也。

舜说："四岳，有谁能主管我的三礼？"
众人同声说："伯夷。"
舜说："然也。伯夷，你作秩宗。早晚持敬，正直而洁清。"
伯夷下拜，头置于手触地，谦让于夔和龙，舜说："好，去吧，敬于你的职事。"

到第七个职位，舜策命伯夷为秩宗，管理祭祀事务。祭祀关乎神灵，此处最值得注意者，恰恰是与神灵相关之官，舜居然至此才予以策命。

祭祀之官

伯夷之职责是"典朕三礼"，舜同样用"朕"字，说明伯夷之职责是主管王之祭祀。

《国语·楚语》说，"绝地天通"之前，有巫觋负责通神，同时有宗和祝协助巫觋降神。故"宗"之官，各邦国均有，协助各邦国君子祭祀其神灵。

舜为华夏之王，理当祭祀最为崇高的神灵，故需王室秩宗予以管理，协助王祭祀。此后常有此官：《尚书》之《周官》提到"宗伯"，《顾命》有"太宗"。

关于其职责，《周礼》谓"大宗伯之职：掌建邦之天神、人鬼、地示之礼，以佐王建保邦国"，祭祀天神、地祇、人鬼之礼，即本章经文所说之"三礼"。具体神灵，如《周礼》所说：

以吉礼事邦国之鬼、神、示：
以禋祀祀昊天上帝，以实柴祀日月星辰，以槱燎祀司中、司命、风师、雨师。
以血祭祭社稷、五祀、五岳，以狸沈祭山林川泽，以疈辜祭四方百物。
以肆献祼享先王，以馈食享先王，以祠春享先王，以礿夏享先王，以尝秋享先王，以烝冬享先王。

天神、人鬼、地祇涵括一切神灵。

值得注意的是"人鬼"，即祖先。舜厘正夫妻关系，确定以夫妇为中心的家庭制度，此家庭制度在时间上延伸，自然有祖先崇拜。在此之前难有祖先崇拜。考古发现，陶寺墓地格局早、晚期颇为不同：早期墓地分区，每区内，地位相当者排成横排，且男女各自成排，推测此为氏族公共墓地。到晚期，墓地分成多个群组，组内墓规模相当，群组间相距较远，推测此为"家族茔域"。[1] 此时既有家族，自有祖先崇拜。

故《礼记·祭法》言帝王之祭祖先，恰始于舜，"有虞氏禘黄帝而郊喾，祖颛顼而宗尧"，可见，王祭祀祖先之礼正是从舜开始。不过，需要说明的，是此处所述舜祭祀之祖先，未必是血统意义上，而是政治传承意义上的。

此后，尊重祖先成为政治基本原则，祭祀祖先是最重要的祭祀活动。"祖"，也即宗庙，成为十分重要的神教—政治场所，舜之继嗣仪式就在"文祖"中举行；舜每次巡守返回，均至文祖告庙。到夏代，《尚书·甘誓》记启之誓词："用命，赏于祖；弗用命，戮于社。"王者分封诸侯之仪式，也举行于宗庙之中，《白

---

[1] 高炜《中原龙山文化葬制研究·襄汾陶寺遗址研究》，657~659 页。

虎通义·爵》曰："封诸侯于庙者，示不自专也，明法度，皆祖之制也，举事必告焉。"

"秩宗"的职责是在各种祭祀活动中协助王。"宗"者，尊也，"秩"者，次序也，《史记·五帝本纪》集解引郑玄注曰："注次秩尊卑。"据此，秩宗职责是编制祀典，排列祭祀神灵之次序，安排相关祭仪，并辅助祭祀活动，仅此而已。由此可见，秩宗不是巫师，也非一神教之专业传教士，而是国家祭祀事务之管理者，祭祀礼仪之安排者。简言之，秩宗是政府官员。至于祭祀，各有其主。普通神灵的祭祀主体是各级君子，祀典规定其所当祭者；至于最为崇高之神灵，则由王祭祀，公卿诸侯也经常来助祭。

这大大不同于巫觋时代。巫觋可以通神，宗、祝提供相应协助。经前文记载，舜祭祀各种神灵，然从未降神。尧屈神而敬天，天不言，故已不需要巫觋，尧舜时代恐怕已废除巫觋，文献未见记载，陶寺遗址考古中也很少发现与通神相关的玉器。[1] 尧舜无意降神，而是修身以德，明明德于天下。因而，秩宗服务于王，仅仅负责安排礼仪，完全不同于服务于巫觋之宗祝。

直哉惟清

伯夷作为负责祭祀之官，排位相当在后。在平治水土、播种百谷、教化、刑罚、工业、草木鸟兽之后，到第七位，才委任伯夷为祭祀之官。舜策命官员之次序，必体现其心目中公共事务之本末次第。秩宗的委任次如此靠后，可见，舜以为，对良好秩序之形成而言，神灵不甚重要，因为，德更为重要。

基于这一观念，舜建立功能齐全之政府。巫觋降神，神意支配人间，根本不需要政府。一旦屈神而敬天，则不能不设立政府，因为人的事务，只能靠人自己解决；在巫觋隐退之后，王不能降神，只能以王政纾解万民之疾苦。故发生洪水，尧命鲧治水，未能成功，舜予以惩罚，此即显示，舜认为，鲧之治水不成功，完全是鲧作为人之责任，而与神灵无关。舜复命禹治水，同样表明舜

---

[1] 李伯谦《中国古代文明演进的两种模式——红山、良渚、仰韶大墓随葬玉器观察随想》，《文物》，2009 年第 3 期。

之观念：人的命运可由自己掌握，不必求灵于神，甚至自然也是人可改变、利用的。对禹以下官员之任命，舜表明自己的观念：人的幸福，良好社会秩序，可以通过人自己的努力实现，这包括选贤与能，组成健全的政府。

由此神、人观，而有"夙夜惟寅，直哉惟清"之诫命，用孔子的话说："务民之义，敬鬼神而远之，可谓知矣。"[1]

寅者，敬也。鬼神必有，神不可测，人当敬鬼神。祭祀就是表达人对鬼神之敬，秩宗协助祭祀，当然要保持诚敬。《礼记》关于祭祀之全部论述，均强调"敬"。祭祀，唯敬而已。敬，则祖先"如在"，神灵"如在"，如《中庸》所说，"洋洋乎如在其上，如在其左右"。

人虽敬鬼神，但不依靠鬼神，故舜又命伯夷以"直"和"清"。

"直"者，不曲不邪也，对秩宗来说大约是指妥善地安排各种神灵，既不冷落某个神灵，也不谄媚于某个神灵。列入祀典的神灵，当安排合宜的祭祀；未列入祀典的神灵，则不应祭祀。子曰"非其鬼而祭之，谄也"[2]，此即不直。《礼记·祭义》开篇说"祭不欲数，数则烦，烦则不敬"，数者，烦多也，也即超出祀典规范，频繁祭祀某个神灵，此即不直。

不直，就是不敬鬼神，因为，谄媚鬼神，意在利用鬼神以谋私欲，鬼神乃成为谋取私利之工具，实际上贬低了鬼神，《左传·哀公六年》记载：

是岁也，有云如众赤鸟，夹日以飞三日。楚子使问诸周大史。周大史曰："其当王身乎！若禜之，可移于令尹、司马。"王曰："除腹心之疾，而置诸股肱，何益？不谷不有大过，天其夭诸？有罪受罚，又焉移之？"遂弗禜。

初，昭王有疾，卜曰："河为祟。"王弗祭。大夫请祭诸郊，王曰："三代命祀，祭不越望。江、汉、睢、漳，楚之望也。祸福之至，不是过也。不谷虽不德，河非所获罪也。"遂弗祭。

孔子曰："楚昭王知大道矣，其不失国也，宜哉！《夏书》曰：'惟彼陶唐，帅彼天常，有此冀方。今失其行，乱其纪纲，乃灭而亡。'又曰：'允出兹在兹。'

---

[1]《论语·雍也》。

[2]《论语·为政》。

由己率常，可矣。"

非其鬼神，楚昭王不祭，孔子赞叹其"知大道"。"国之大事，在祀与戎"[1]，事鬼神确实是大事，恰因为此，当严格遵守祀典，也即祭祀之"常"，不曲不枉，则人与鬼神各得其所。

"清"者，清洁、清明也。舜要求伯夷让祭祀过程始终保持在清洁状态，不淫、不滥、不浊。这是反乎巫觋传统的，巫觋降神，即为不清，因其精神陷入迷狂，其所传达者之言也浑浊不清，人们难以辨析其为神灵之言，还是巫觋之言。从根本上说，巫觋所降之神灵，就是不清的，因为他竟然深度参与人间事务。

尧屈神而敬天，而天是清的，天并不介入人间事务；因为天清，故鬼神也清。与之相应，祭祀也应当清。所谓清，意思就是始终保持心智之清明。人没有出神，也没有入神，人始终是人，人始终控制自己的精神。由此，祭祀过程也是清明的。秩宗的职责是妥当安排礼乐，让祭祀在清明肃穆的气氛进行。清不同于直：直是对鬼神的，清是祭祀者之精神状态。

"清"构成华夏祭祀之内在精神底色，周人称文王之庙为"清庙"，《诗经·周颂·清庙》描写周君臣祭祀文王：

> 於穆清庙，肃雍显相。
> 济济多士，秉文之德。
> 对越在天，骏奔走在庙。
> 不显不承，无射于人斯。

郑玄笺曰："天德清明，文王象焉，故祭之而歌此诗也。"《礼记·乐记》曰"清明象天"，《礼记·孔子闲居》曰"清明在躬"。尧舜禹以至于孔子敬天，天是清明的，人的心智也应清明，即便在祭祀过程中，也保持在清明状态。

敬、直、清，构成唐虞以来中国人对待神灵之基本态度与精神。对天，对各种神灵，人当然要敬，因其神妙莫测。但"绝地天通"，天、鬼神与人无以沟

---

[1] 《左传·成公十三年》。

通，神灵不具体干预人间事务，人也不应依靠神灵解决自己的事情。故依祀典妥当地祭祀神灵、充分表达人对神灵之敬意即可；谄媚神灵，反而是对神灵最大的不敬。为此，在祭祀中，始终保持清明、清洁。

归根结底，尧舜以为，人当依凭自己的德行解决自己的问题；谄媚神灵，希冀神灵介入人间具体事务，既降低了人格，也污慢了神灵。敬、直、清，则天、神、人各得其所。

四十一、乐以养德

帝曰："夔，命汝典樂。教胄子：直而溫，寬而栗；剛而無虐，簡而無傲。詩言志，歌永言，聲依永，律和聲。八音克諧，無相奪倫，神人以和。"

夔曰："於！予擊石拊石，百獸率舞。"

典，主也。胄，后也，嗣也。

栗，《礼记·表记》有"宽而有辨"句，栗，有辨，有条理。

志，意也。永，长也。

夔曰"于予击石拊石百兽率舞"，当属《皋陶谟》，误出于此。

舜说："夔，命你主管乐，并教育君子之子弟，正直而温柔，宽大而有条理，刚强而不暴虐，易简而不傲慢。诗言说人之志意，歌咏唱言说之词，宫商角徵羽五声表现于咏唱，十二律协调五声。八种乐器之音能够让整个音乐谐和悦耳，诗、歌、声、律、音没有相互扰乱条理，神人因此而和。"

舜命夔主管音乐和乐教，可见尧舜时代，乐制趋向成熟，并形成乐教，乐教是教育之最早形态，旨在养成君子之德。

乐

音随人而生，乐是其完备形态，《礼记·乐记》开篇即说：

凡音之起，由人心生也。人心之动，物使之然也。感于物而动，故形于声。

声相应，故生变；变成方，谓之音；比音而乐之，及干戚羽旄，谓之乐。

情感发动，则有音，进而有乐，人以之表达情感。又《诗经》之大序曰：

诗者，志之所之也，在心为志，发言为诗。情动于中而形于言，言之不足，故嗟叹之，嗟叹之不足，故永歌之，永歌之不足，不知手之舞之、足之蹈之也。情发于声，声成文谓之音。

此处指出乐之组成部分：

人感于外物，而有心志之发动，由此而有诗。诗者，歌咏之词也，用于表达喜怒哀乐之心志，此即"诗言志"。此心志既有意向，相对于一般言语，也有较强烈之情感。

歌者，人声之歌唱。永者，咏唱也。歌就把诗的字句之发音拉长，故曰永，意为拉长，此即咏唱。咏唱，则声音有抑扬顿挫、高下疾徐之变化。

咏唱时，声音之高低快慢通过宫、商、角、徵、羽五音之组合表达出来，此即"声依永"。

五音之声必有调，十二律就是十二个音调，每首歌皆有其调，定调而咏唱，则五声和谐，此即"律和声"。

八音者，八种伴奏乐器也。仅人声歌唱，或嫌单调；以乐器伴奏，声音更为悦耳和谐，故曰"八音可谐"。如此，则乐感人至深。

乐常用于宗庙祭祀等公共仪式，多伴有舞，《论语·八佾篇》谓"八佾舞于廷"，佾者，舞蹈之队列也，每队八人，"八佾"就是六十四人列队舞于廷中。

舜在此对夔特别指明乐之构成，别有深意。

乐舞之由来久矣，尤其是巫觋降神，必用乐舞，在某种特殊风格的音乐、舞蹈中，巫觋进入迷狂状态，与神沟通；通常，其传达神意之言含混不清。此可称之为"巫乐"，由屈原《楚辞》，可想见其大概。

尧"绝地天通"，屈神而敬天，巫觋退隐于俗文化中。但乐因其感人最深，不可能废弃。但在朝廷中不可能沿用继承巫乐传统，必定别立新乐。舜之策命，就完整描述了新乐之组成部分。

新乐最显著的特点，也许正在于其始于"诗"，舜特别强调"诗言志"，这一点，恐怕完全不同于巫乐。盖舜立乐非为求神，而是为表达君子之心志。歌、声、律、音、舞等必因此而有重大调整。也即以言志之诗为本，从根本上改变了乐之形态、功能乃至于风格。

郑玄《诗谱序》引用这句话并谓"然则诗之道放于此乎"，诚然。在此之前，当然有诗、有歌、有声、有律、有音，也有舞，但主要用于事神，或用于表达私人情感。舜之乐，始于诗，诗言志，此志不是求神之志，也非男女私情，而是修身立德、治国平天下之志。此乐的风格必定是典雅、庄重、古朴的，能收到"和正以广"[1]的效果。故舜策命夔，标志着中国之乐，走出巫乐，而为肃穆清明之雅乐。如《乐记》所说：

> 是故先王本之情性，稽之度数，制之礼义；合生气之和，道五常之行；使之阳而不散，阴而不密；刚气不怒，柔气不慑；四畅交于中而发作于外，皆安其位而不相夺也；然后立之学等，广其节奏，省其文采，以绳德厚；律小大之称，比终始之序，以象事行；使亲疏贵贱、长幼男女之理，皆形见于乐，故曰乐观其深矣。

巫乐旨在悦神，雅乐旨在安民，故见之于乐者，亲疏贵贱、长幼男女之理也。由此才有为政之乐，施教之乐。由此乐，方有乐教，乐方有养成君子、化民成俗之效。巫乐可以降神，绝不可能养成君子、移风易俗。

乐器

关于八种乐器，《白虎通义·礼乐》曰：

> 八音者，何谓也？《乐记》曰："土曰埙，竹曰管，皮曰鼓，匏曰笙，丝曰弦，石曰磬，金曰钟，木曰柷敔。"此谓八音也。

---

[1] 《礼记·乐记》。

一说笙、柷、鼓、箫、瑟、埙、钟、磬也。

襄汾陶寺遗址出土一系列乐器：鼍鼓八件、石磬四件、土鼓六件、陶铃六件、铜铃一件、陶埙一件，合计二十六件。[1] 鼍鼓和特磬是迄今所知同类乐器中最早的，铜铃是目前国内发现最早的金属乐器。鼍即扬子鳄，鼍鼓就是上蒙鳄鱼皮的木鼓。特磬，指单枚使用的大型石质打击乐器。鼍鼓、特磬只见于陶寺早期几座大型墓，每墓多置鼍鼓两件，其旁置石磬一件。另有土鼓，也多与之同在。可见，三样四件乐器已形成固定搭配。

这三种乐器，均为三代重器，文献有所记载：

《诗经·大雅·灵台》有"鼍鼓逢逢，矇瞍奏公"句。

《诗经·商颂·那》有"既和且平，依我磬声"句，《周颂》亦提及。

《礼记·礼运》曰："夫礼之初，始诸饮食，其燔黍捭豚，污尊而抔饮，蒉桴而土鼓，犹若可以致其敬于鬼神。"

陶埙，三代也广泛使用，《诗经·小雅·何人斯》有"伯氏吹埙，仲氏吹篪"句。

其他丝竹管弦乐器，其材质不宜保存，且非重器，故未见出土，但必然存在。《礼记·明堂位》曰："土鼓、蒉桴、苇龠，伊耆氏之乐也。拊搏、玉磬、揩击、大琴、大瑟、中琴、小瑟，四代之乐器也。"郑玄注："龠如笛，三孔。拊搏，以韦为之，充之以糠，形如小鼓。揩击，谓柷、敔，皆所以节乐者也。"伊耆氏者，或以为神农氏，故土鼓、蒉桴、苇龠早就出现。四代之第一代是有虞氏，也即舜，当时已有周代所用各种乐器。

神人以和

乐非自娱自乐，而是塑造良好秩序之重要机制。磬、鼓等乐器出现在陶寺

---

[1] 考古专家指出："在我国，已不止一次史前遗址出土过乐器，但无论就乐器的种类、数量之多以及规格之高来看，陶寺的发现都堪称罕见。"（《陶寺遗址出土的龙山时代乐器》，收入《襄汾陶寺遗址研究》，489 页）

大墓中，说明乐是王权之重要标志，乐在王、诸侯之为政、治理中有重大作用。《史记·乐书》之太史公曰："夫上古明王举乐者，非以娱心自乐，快意恣欲，将欲为治也。"

舜之治不依赖巫术，但舜敬天、敬鬼神，有祭祀天神、人鬼、地祇之礼，祭祀，怎能无乐？舜朝会四方诸侯于王城，或巡守四方，宴饮诸侯，凡此公共场合，怎能无乐？子夏曾论乐于魏文侯：

> 《诗》曰"肃雍和鸣，先祖是听"，夫肃肃，敬也；雍雍，和也。夫敬以和，何事不行？为人君者，谨其所好恶而已矣。君好之则臣为之，上行之则民从之。《诗》曰"诱民孔易"，此之谓也。然后圣人作为鞉、鼓、椌、楬（音竭）、埙、篪，此六者，德音之音也。然后钟、磬、竽、瑟以和之，干、戚、旄、狄以舞之。此所以祭先王之庙也，所以献醻酬酢也，所以官序贵贱，各得其宜也，此所以示后世有尊卑长幼序也。[1]

君子之公共生活无不有乐，乐定公共生活之节奏。乐感人最深，塑造出特定气氛，让置身其中者迅速进入相应的精神状态中，或肃穆，或严整，或愉悦。而在乐之引领下，人们行礼如仪，自然而然，孔子曾描述两君相见之礼与乐：

> 两君相见，揖让而入门，入门而县兴；揖让而升堂，升堂而乐阕。下管《象》《武》，《夏》《龠》序兴。陈其荐俎，序其礼乐，备其百官。如此，而后君子知仁焉。行中规，还中矩，和鸾中采齐，客出以雍，彻以振羽。是故，君子无物而不在礼矣。入门而金作，示情也。升歌《清庙》，示德也。下而管《象》，示事也。是故古之君子，不必亲相与言也，以礼乐相示而已。[2]

就在此礼乐过程之中，所有参与者有共同体之感，父子、君臣、夫妻有相

---

[1] 《礼记·乐记》。

[2] 《礼记·仲尼燕居》。

亲之情，祭祀者恍惚交于神明，此即"神人以和"。乐让人与人和，也让人与神和。故《礼记·乐记》说乐"可以善民心，其感人深，其移风易俗，故先王著其教焉"。

乐之为教，机制在感，人有所感而发为乐，乐又可以感人，塑造不同的精神状态，如《礼记·乐记》说：

> 夫民有血气心知之性，而无哀乐喜怒之常，应感起物而动，然后心术形焉。是故志微噍杀之音作，而民思忧。啴谐慢易、繁文简节之音作，而民康乐。粗厉猛起、奋末广贲之音作，而民刚毅。廉直、劲正、庄诚之音作，而民肃敬。宽裕肉好、顺成和动之音作，而民慈爱。流辟邪散、狄成涤滥之音作，而民淫乱。

为此，王者为政必作乐，

> 反情以和其志，比类以成其行。奸声乱色，不留聪明；淫乐慝礼，不接心术。惰慢邪辟之气不设于身体，使耳目鼻口、心知百体皆由顺正以行其义。然后发以声音，而文以琴瑟，动以干戚，饰以羽旄，从以箫管……乐行而伦清，耳目聪明，血气和平，移风易俗，天下皆宁。

舜确立"王者功成作乐"之礼制，因为，"和顺积中而英华发外，唯乐不可以为伪"[1]。故唯有经过一番努力，天下大定，方可作："缘天下之所新乐而为之文曲，且以和政，且以同德。天下未遍合和，王者不虚作乐。乐者，盈于内而动发于外者也。应其治时，制礼作乐以成之。成者，本末质文皆以具矣。是故作乐者必反天下之所始乐于己以为本。"[2] 民众有欢乐之情，王者才能作乐，所谓乐天下之乐，故作乐是立国过程中标志性时刻。据经典所记，舜之乐为《韶》，孔子曾赞美其"尽美矣又尽善矣"[3]，又子在齐闻《韶》，三月不知肉味，曰："不

---

[1] 《礼记·乐记》。

[2] 《春秋繁露·楚庄王》。

[3] 《论语·八佾》。

图为乐之至于斯也！" [1] 孔子授颜渊以为邦创制之道，"乐则《韶》舞" [2]，在圣人看来，舜之乐，无与伦比。

此后历代，皆有功成而作乐之事，《诗经·周颂·有瞽》正是描述周之乐成而合于祖庙这一历史时刻：

> 有瞽有瞽，在周之庭。
> 设业设虡，崇牙树羽。
> 应田县鼓，鞉磬柷圉。
> 既备乃奏，箫管备举。
> 喤喤厥声，肃雍和鸣，先祖是听。
> 我客戾止，永观厥成。

乐有如此功能，自然纳入礼制。襄汾陶寺遗址中，只在大墓中才有乐器陪葬。《礼记·乐记》记载：

> 昔者，舜作五弦之琴以歌南风，夔始制乐以赏诸侯。故天子之为乐也，以赏诸侯之有德者也。德盛而教尊，五谷时熟，然后赏之以乐。故其治民劳者，其舞行缀远。其治民逸者，其舞行缀短。

后世王者多有赏乐之事。因乐在礼之中，有礼常有乐，故人常以"礼乐"并称。尧舜屈神而敬天，去巫而尊王，则共同体最重大、隆重之公共事件，其见之于人者，不是降神，而是礼乐。可以共同体君子存在于庄严隆重之礼乐中，礼乐就是文。故华夏共同体自起步，就是礼乐文明，此礼乐包含事神之仪节，而远超乎此，归根结底，礼乐本乎人情，以人的自我表达、自我提升为宗旨。

---

[1] 《论语·述而》。
[2] 《论语·卫灵公》。

乐教

乐感人至深，故可以乐为教，正人心，塑造良好秩序。故舜命夔典乐，同时命其教育胄子，胄子者，将继嗣君子之位的青少年也。

"绝地天通"之后，人间治理不依靠神意，而依靠君子之德能。尧舜均有卓越德能，舜所策命之君子也有德能，但如何让未来承担领导责任之君子也有德能？有赖于教育，君子德能之养成教育，而乐教有助于养成君子之德。

自舜以来，三代之教大体就是乐教。施教者为各级君子府中之乐人，称为师，《左传》《论语》等典籍多次提及大师、少师。《周礼》也以大司乐"掌成均之法，以治建国之学政，而合国之子弟焉。凡有道者、有德者，使教焉；死则以为乐祖，祭于瞽宗"。

舜命夔以乐教育君子之子弟具四德：直而温，宽而栗，刚而无虐，简而无傲。此为圣贤对君子德行之第一次描述。在此基础上，德行条目日益丰富，经后文皋陶提出"九德"。

首先值得注意的是，舜之教唯在养德，这些未来的君子不需学习通神能力，也不需专门学习武技。乐教养成其以君子之德。因为，从尧舜开始，即确立德治之道。当然，以周代推测，君子也会学习礼、乐、书、数、射、御，此为君子之必备技能；而舜从维护华夏共同体秩序角度看，君子首当有德。

舜所列之四德是君子必备之德：

直而温：直者，正直不偏。君子享有权威，掌管资源分配，可决定臣民之得失生死，首当正直，故《洪范》赞美王道："无偏无陂，遵王之义；无有作好，遵王之道；无有作恶，尊王之路。无偏无党，王道荡荡；无党无偏，王道平平；无反无侧，王道正直。"但正直者，易失之于待人冷淡，故舜又诫之以温，温者，温柔也，和柔也。

宽而栗：君子居于上位，领导臣民，待人须宽。与宽相对者，苛细也，苛于责人，必定令人厌恶、痛恨。孔子曾谓，"居上不宽……吾何以观之哉？"[1] 君

---

[1]《论语·八佾》。

子之德，以宽为美，因为"宽则得众"[1]，苟细则失众，失众，何以为君子？但宽，易失之于丧失原则，故舜诫之以栗，有所分辨，有条理，讲是非。

刚而无虐：君子承担维护秩序之责，不能不刚强。刚强则精干有力，敢作敢为，则"临大节而不可夺也"[2]。但刚强易失之于虐，也即施虐于他人，尤其是弱者，而这必然失众，故舜诫之以不虐。

简而无傲：简者，易简也，与简相对者，繁琐也。君子为政当易简，不扰民，给民众留出较多自由空间，让民众自主抉择，这可让整个共同体的资源，得以最为充分的利用。但简易易失之于傲慢、怠慢他人，故舜诫之以无傲。孔子曾与弟子论易简之道：

仲弓问子桑伯子，子曰："可也，简。"仲弓曰："居敬而行简，以临其民，不亦可乎？居简而行简，无乃大简乎？"子曰："雍之言然。"[3]

孔子首先肯定，对君子而言，简是可取的。但唯有心中有敬，方可避免无傲之偏失。

上述四德，以直、宽、刚、简为重点，但针对其可能出现的偏差，而予以补救，可见舜之中道。关于这种论德之语式，后文在论皋陶九德时再予讨论。

---

[1] 《论语·阳货》和《尧曰》。

[2] 《论语·泰伯》。

[3] 《论语·雍也》。

四十二、文字之国

帝曰："龍！朕堲讒說殄行，震驚朕師。命汝作納言，夙夜出納朕命，惟允。"

堲，疾恶也。殄，绝也。
允，信也。

舜说："龙，我痛恨谮妄之言、害人之行，惊扰我治下的众人。命你作纳言，早晚发布我的命令，必须信实。"

最后一个官职，舜命龙为"纳言"，其职责是"出纳朕命"。名为"纳言"，实际职责是出言、发布王命，"纳"是虚字。舜对纳言之要求是信实，原原本本地传达王命。政治信息信实、畅通，对于新生的华夏来说至关重要。而最为信实的布命之道，是文字。正是华夏政治运作之需要，推动华夏文字走向成熟。

政令统一

舜设立纳言一职，是政治、治理趋向复杂之必然。

此前，各邦国自有其政令系统。因规模较小，君子群体常在一起，政令可以面对面地传达而不失真。即便君子相互有不同意见，也可面对面协商，"谮说殄行"不易发生；即便发生，也易矫正。

尧舜建立华夏，治理诸多邦国，分布于广阔疆域。王与邦国君子之间、各邦国君子相互之间，面对面沟通机会不多，政治信息之如实传达，就成为大问题。尤其是在此共同体新建之时，难免有一些公卿、诸侯心怀异心，或有意散布虚假信息。还有更多诸侯,对华夏能否形成稳定秩序,尚持观望态度,最易轻信虚假信息。恐怕当时已有一些虚假信息广泛传播,此即"谗说";并造成严重政治混乱,乃至引发冲突,此即"殄行"。

故舜说,他对此类不实信息深恶痛绝。设立纳言,旨在消除谗说,以稳定政治秩序。言就是权力,政治以言为工具展开:通过政令,王驱动整个治理体系运转,创制立法,解决问题。在广布于四方的君子、民众眼里,遥远的王之呈现,就是其政令而已。

舜本人必定是通过言发布政令的,但舜治理着超大规模政治体,履行王命者,常不在言之现场:王在中央,诸侯在四方;王发布政令,诸侯接受并执行政令,存在空间上的间隔和时间上的滞后。

如何确保王命准确如实地传达给相应君子?舜设立"纳言"之职,专司王命发布。这一制度,有助于问责,以防王命之耽搁和扭曲。设立纳言也有助于提高王之言的专业化,比如,纳言可逐渐形成政令发布之固定格式。这既可降低政令发布之成本,也可减少诸侯理解政令之成本,增强王之权威:以庄严词句表达之格式化政令可给臣民以秩序感,让臣民信赖王之权威。

文字的成熟

极有可能,纳言这一官职的设立,推动了华夏文字之成熟。《周易·系辞》描述圣王作、推动华夏文明演进之历程,最后一条是:

上古结绳而治,后世圣人易之以书契,百官以治,万民以察,盖取诸夬。

《系辞》清楚指出,结绳记事与文字书写旨在解决同一问题:社会治理。这涉及两个君子、小人维度:其一,百官得以各尽其职;其二,民众得以知道王之政令礼法。凡此种种,都离不开对当下的记忆,以便在王之言语消失后,人们依然可找到其痕迹。这有助于保持整个共同体上下行为之连续,由此才有秩序可言。

而人的生理记忆力是有限的,且缺乏客观性,因而缺乏权威性。物理性质的符号，可帮助人们记忆，并让记忆为人信赖。结绳记事可部分地解决记忆难题，但效能仅限于事务简单的小群体。随着社会复杂性大幅度提高，较为完备的国家治理体系形成，政务趋向繁琐，政令需要精准地远距离传达，以便大规模政治体得以正常运转，此时需要更为准确、精细、复杂的记忆手段。政令也需较长时间保存，以便保持规则之稳定，并为解决未来可能发生之纠纷提供可靠的依据。这些需求推动零散的刻画符号发展成为复杂的文字体系。

《系辞》已清楚指出，华夏文字之形成，并非为书写、记录人们的日常口头言语。文字或许最初都起源于摹形之刻画符号，随后会沿两条路径演进：表音或者表象。前者形成拼音文字体系，文字的唯一功能是记录语音，如亚里士多德所说："口语是心灵经验的符号，而文字则是口语的符号。"[1] 在中国，文字始终用来表象，为相对独立于日常言语、具有显著治理功用之"文"，如《说文解字·序》曰：

> 黄帝史官仓颉见鸟兽蹏远之迹，知分理之可相别异也，初造书契……仓颉之初作书，盖依类象形，故谓之文。其后，形声相益，即谓之字。文者，物象之本；字者，言孳乳而寖多也。著于竹帛谓之书，书者，如也。

声对于大规模造字、以应对日益复杂的生活需要确实至关重要，但中国文字初现、并构成其基干的字素，则本乎"象"。今日中文多为形声字，见形即可知其大意，尽管未必能读出字音。[2]

就此而言，敬天实为文字成熟之推动力量，这从两个方面分析：

首先，在神意支配社会时代，过去的事情不甚重要，人们没有必要纪录历史，因为，神就在那儿，巫师总可在必要时直接诉诸神灵，获知神意。尧舜屈神而敬天，人不再依赖神意，只能依靠人，依靠人所定之法度，人所订之约、契。人们在宣告、订立它们时，预料到未来会查阅、运用，不能不想办法记录下来。否则，人们无法定分止争，无法维护正常秩序。

---

[1] 亚里士多德《范畴篇·解释篇》，商务印书馆，1959 年，55 页。

[2] 关于这一点，可参看申小龙等著，《汉字思维》，山东教育出版社，2014 年。

其次，敬天也打开造字之机制。天不言，于天，人无以听，只可"观"，所谓观乎天文是也。观而取事物之象，正是最为基础的造字法，这与作历之观乎天文，机理完全相同。尧命羲和"历象日月星辰"，而有人时；循此方法，自可取天地万物之象以作文、造字，形成表象的造字机制。此不同于敬神之族。神言，人由人神而得言语，发明文字，不过是为了记录言语，故走向表音的造字机制。

故在尧舜禹时代，文字必快速趋向成熟。殷墟出土甲骨文已相当成熟，可合理推测，这套文字在此之前已有长时间发展。目前考古发现已可见若干迹象：

河南舞阳贾湖裴李岗文化遗址出土了一批距今八千年左右的龟甲契刻符号。

距今七千年左右的安徽双墩遗址出土陶器底部，也有大量刻画符号，均有文字功能。

再往后，山东大汶口晚期文化莒县陵阳河、大朱村、诸城前寨等遗址出土陶器上，有刻画符号，大体可确认为文字性符号。

在良渚文化范围内，江苏吴县澄湖古井堆遗址出土黑陶罐腹部有文字性符号，上海马桥遗址下层出土黑衣灰陶阔把杯底有文字性符号。

进入龙山文化时代，山东邹平丁公龙山文化遗址陶片上有 11 个陶文；江苏高邮龙虬庄南荡文化遗存发现泥质黑陶盆口沿残片，共有 8 个符号，包括文字性符号。[1]

进一步探究甲骨文字，可见有些字必出现于更早年代。最典型的是"酉"字，其造字必取象于考古发掘之小口尖底瓶，而此瓶是仰韶时代之典型器物，此后即已消失不用，殷人不大可能见到此器。可以推测，此字不可能是殷人见实物而造，必当造于仰韶时代，距今已有五千年，也即远在尧舜之前。在甲骨文中，十余个字由此字滋生而来，这些字当也出现甚早。另外，"丙"字所取象之器形也流行于仰韶文化中晚期，后基本消失；"鬲"字取象之器形在殷墟无所发现，

---

[1]　参看王晖《中国文字起源时代研究》，《陕西师范大学学报（哲学社会科学版）》，2011 年 5 月，第 40 卷第 3 期。

反而见于龙山文化时代。[1]

在襄汾陶寺遗址出土有朱书"文邑"（有人释之为"文尧"）字样陶器残片，此字符相当成熟，与甲骨文几无区别。最重要的是，这两个字符是用笔、墨书写的，而不是刻画的。伴随着这一书写工具，华夏书写体系初步成型。

再往后，在偃师二里头各期遗址中已发现几十个刻画于陶器之符号，有粗细不同的竖线、十字形、交叉形、簇形、树枝形等，有的近似象形文字。可见其中若干符号与甲骨文相当接近。

可以合理推测，上述考古发现的字符，远非当时文字符号之全部，因陶器刻画仅为标记，当有更多用作书契的连贯文字，书写于易腐烂之木、竹、帛等材质上，无从保留至今[2]。实际上，若非殷人好卜，将贞问文字刻于甲、骨等易于保存的材质上，仅凭目前出土的简策，今人根本无法设想当时有那么成熟的文字体系。

凡此种种说明，在尧舜以前，文字已有一定基础；到尧舜时代，超大规模共同体之治理，急需一套符号体系，以稳定地记录、传达王命。这时，族群聚合，各文化体创造出来的刻画符号汇集于一处，由此必定引发一次造字创造力的爆发；同时，观乎天文的心智模式让人有意识地遍观天地万物之象，完全可以造出较多文字。尧舜时代，华夏文字必定趋向成熟。[3]

融汇、制作、发展文字之主体，当为"纳言"之类专业人员。其职责是出纳王命，一定是用于远距离场合，或长时效场合。王若与诸侯相见，就日常事务命令诸侯，不需其传达。但王若策命诸侯某项比较重大的权益，如策命其为诸侯，则需可较长时间可靠保存的载体。王若欲传达某个旨意给远方诸侯，同样需要这种载体，才能准确可靠。王处理两个诸侯的纠纷，王和双方都需要保

---

[1]　参看王晖《从甲骨金文与考古资料的比较看汉字起源时代——并论良渚文化组词类陶文与汉字的起源》，《考古学报》，2013 年第 3 期。

[2]　关于这一点，张光直先生有所讨论，见《古代中国考古学》，346~354 页。

[3]　张光直先生指出："我们已经见到了早在 5000 年前中国新石器时代的陶器上所刻的符号标记，这些符号肯定是古人所运用的文字符号的重要来源。不过，这些新石器时代的符号标记是零星出现的，尚未形成能被书写下来的语言。中国人可能在公元前 2000 年代初期，开始用文字来记载其所作所为。"（张光直《古代中国考古学》，346 页）

存档案。凡此种种必然推动纳言以客观的、稳定的符号，记录、传达、保存王命。最佳方案是以文字书写于简册，文字在此时代成熟，不亦宜乎？

而有此文字之效果正是"百官以治，万民以察"。这套文字主要用于社会治理，必定由纳言之类专业官员垄断，在君子群体中流通。故而未在人们日常生活运用，不见于一般考古遗存也是正常的。

纳言当为最早的史官，也是法度的保存者、文明的保存者。《尚书》所收王者之政典多为王命之记录，《皋陶谟》如此，启、汤、周武王之"誓"如此，《盘庚》如此，周公书也大部分是王所语之言的记录。这样的言由史官记录成文，而有典册，故周公说，"惟殷先人有册有典"[1]，殷代留下不少典册。周初，扮演纳言角色者是"作册"[2]，其出王命是以文字书写于简册，制作策命文书。

史官的工作让法度稳定、可信，并得以积累。这一点对礼法体系之成长和完善至关重要。在绝地天通之前，有巫师专门聆听、转达神灵之言，神灵之言每次都是自足、完备的，不需积累，故巫师不需文字。纳言记录王命，王是人，唯有持续积累，经过时间之肯定，王命才可成为可信赖的、客观的法度，才能达到"郁郁乎文哉"[3]之胜景。故文字成熟乃是礼法有效发挥作用之前提。

言、文格局与文明

文字与王政紧密相关，文字主要用于治理，而生活是丰富的，即便王者、君子群体，其大量私人生活也在文字覆盖范围之外。这一点塑造了相当独特的言、文关系，而支撑了超大规模政治体之成就、维系与扩展。

第一，言繁而文约，有助于文明。

生活丰富，故言语繁多。在表音文字体系中，有此音则有此字，故文字数量繁多。但在中国，文字与日常言语保持距离，主要用于君子群体之德行和治

---

[1] 《尚书·多士》。

[2] 见《尚书》之《洛诰》《顾命》《毕命》等篇。而大量出土金文中也有此角色，王之策命，均呼王室之"作册某"制作策命书。

[3] 《论语·八佾》。

理。故言语固然繁多，但文字却相当简约。只需要识别较少数量的字，比如两三千字，即可诵读绝大多数典籍，这有助于降低社会成员接受书面教育之成本，故中国传统社会的识字率始终是相对较高的，社会各领域之组织、运转，有较高效率。

第二，言常变而文稳定，文明保持连续。

至于普通民众的日常生活，与文书的关系就更为疏远。言有巨大空间，而言天然是多样的，并在快速流变中。而文字由相对专业的人群掌握，并用于狭窄的治理领域，因而很少变动。这样，在华夏—中国，文、言之间出现分离。

在表音文字体系中，言、文是一致的，言变化，文随之变化。由此，同一族群，在不同时代，其文的差异也可能相当大，文明之连续性不能不受到负面影响。相反，在华夏—中国，言、文分立，尽管言变化较大，但文变化不大，而文明主要体现于文字记录的典籍中。文保持连续，文明也就保持连续。如今日中国人，也能看懂两千年前文字中相当部分。由此，历史就活在当下，古人与今人同在。文消弭了时间跨度，让文明有厚度、深度。

第三，言、文分离，有助于政治一统。

政治共同体之维系，与言关系不大，而与文字关系密切，政令、法律都需以文字书写。故文字常常为政治共同体划定边界：政治共同体一定以同一文字作为其政治运作的基本表达工具。不使用同一文字的人，不可能长期共同生活于统一政治共同体中，使用不同文字体系的族群很难走向政治上的一统。据此可以推定，在某种机缘下，文字体系的分隔会引发政治上的分裂。

就此而言，表音文字体制不利于政治一统。不同地域的言语必定是不同的，在表音文字体系下，若允许其造字，必定形成不同的文字体系，这必定通往政治上的分裂。近世欧洲各国摆脱罗马教会，废除基督教世界通用之拉丁文，而依据本地言语制作文字，乃是其建立"民族国家"过程中，至为重要的一步；一旦各国文字成行，则政治上的分立就是永久的了。今日欧人重寻统一，但没有共同文字，谈何政治一统？中国以外各文明体在政治上处于持久的破碎状态，与其表音文字体制，关系极大。

反之，中国之所以长期保持政治统一，并且持续扩展，根本原因就是有一个统一、固定的文字系统，表象文字体制居功至伟。这种文字无关乎言语，故言语的多样，丝毫不影响文字的统一，而统一文字是政治统一之根基所在。

第四，言文分离，形成一套文字、多种言语的奇妙格局，让中国文明在一元与多样间保持平衡。

数千年来，中国文字始终一体，因为王政系乎文字，王权保证颁布王命之文字遍行于天下。三代，王、诸侯之政令、法度主要通过文字及相应的图象发布，《左传》显示春秋各国均有"象魏"，此制恐古已有之。上层社会的器物上，如陶器、青铜器上多有铭文。虽有风格差异，但总属一体。

经过战国短暂的文字散乱，秦再度"书同文"，由此实现政令、法律统一，任何人只要想进入政府，哪怕是地方政府，也不能不习此文字，故有官方颁布之字书，秦汉都颁布有字书，且采取各种措施规范天下人之书写规范。

孔子编订六经，凡受教育者习此文本。入汉以来，五经为政府所推崇，以为取士之制度，五经广泛流通于天下。这个一元文字之文本以共同的心智、共同的话语、共同的义理塑造天下读书人，不论相距如何遥远，方言如何不同，均可通畅交流，且有文化一体之感。

总之，数千年来，一体之文字与文本共同塑造天下一家之君子体系，这个君子群体又支撑着统一的雅文化，此环环相扣之文的力量，构成华夏—中国始终保证政治凝聚力之根基。

另一方面，在中国，言始终是多元的，是所谓"方言"。数千年来，中国范围内的口语语音始终是高度多样的，甚至根本无法交流。而方言支撑多样的神教、民俗和生活方式，多样意味着活力，多样的交融，也能迸发出创造力。

但是，多样的言语体系始终未能构成政治分裂的力量，因为它被一体的文牵制着。大体上，文在上层的雅文化中，言在下层的俗文化中；文在治理中，言在生活中。王政系乎文，风俗存于言。方言是凝聚地方共同体的力量，文字是维系天下一统之力量。

文、言之间，也有复杂的互动。借助于王政，文始终有向言渗透的冲力，这股力量推动言在持续演变。任何人，只要走出方言区，进入更为广大的天地，就不能不习文。这样的力量推动言逐渐地向文靠拢，推动方言文化逐渐融入华夏—中国文明体，方言所支撑的神教、民俗和生活方式不是完全地方性的，而依然是华夏—中国的。文、言之关系，也塑造了超大规模中国内部不同地方、族群、信仰者之神教、风俗和生活方式等各方面之复杂格局，比如，"一个文教、多种神教"等等。

总之，取象以作文，言、文分离，而互动、平衡，这是中国文明的根本特征之一。

四十三、以人治人

帝曰："諮汝二十有二人，欽哉！惟時亮天功。"
三載考績。三考，黜陟幽明。庶績咸熙。

时，是也。亮，相也，辅佐。功，工也。
咸，皆也。熙，兴也。

舜说："你们二十二位，敬啊，一心一意地辅助上天之工。"
三年考察一次业绩。考察三次，贬黜成绩暗淡者，提升成绩明显者。
众多事业都兴盛起来。

至此，舜共委任九位官员：禹作司空，弃为后稷，契作司徒，皋陶作士，垂为共工，伯益为虞，伯夷作秩宗，夔典乐，龙作纳言。

经前文记舜继嗣仪式，有十二牧出席；舜紧接着委任这九个官职，十二牧当仍在场，共有二十一人；舜之所以说"二十二人"，照太史公说法，当另有彭祖在场，《史记·五帝本纪》谓："禹、皋陶、契、后稷、伯夷、夔、龙、倕、益、彭祖自尧时而皆举用，未有分职。"

在十二牧见证下，舜就任王，确立王之权威；以此权威任命九人，处理华夏共同体之重要政务。由此，舜建立华夏历史上第一个完整的政府，此为华夏—中国历史上最为重大的事件之一。

人治与政府

政府是人治之产物。在尧舜之前，已有巫术之治和暴力之治，在此两种治理形态下，均不需要政府。

在巫术统治体系下，巫师获知神意，转而命令人。而神意不可测，故既无稳定规则，也不需官职分工，由巫师随机命人即可。故此时，确有治理，但无政府。

巫术之治的失灵带来黄帝之暴力征服和蚩尤之刑罚之治。两者之暴力均扎根于巫术之治：巫师代神行事，故其权力不受限制；巫师衰败后，巫术统治观念衍生出纯粹的暴力和刑罚之治。相比于巫术之治，此时固已有政府，但高度残缺，它只有一个职能：在族群内部或对其他族群使用暴力。

尧舜创造了真正的政府。

尧"绝地天通"，屈神而敬天，乃终结巫术之治，也就彻底清除了寄生于巫术之治的暴力统治。在天之下，人只能自己治理自己，此即"人治"。尧舜带动华夏从"神治"走入"人治"，由人治人，且只由人治人，人的自我治理。直到今日，世上很多族群仍在神治中打转；有些看起来十分现代的社会，比如基于契约论之政治体，不过是准神治而已。

在天之下，所有人相互平等，故每人都是治理主体。受此约束，人于人际塑造和维护良好秩序，只能依靠人自身所具有之卓越品质也即德行，示范于人，或给人带来看得见的好处，人们因此而认知和肯定其权威。在人治下，借助人之外的任何力量实施治理，都是不恰当也不正当的。

而任何人，作为个体，其德、能都极为有限，故只要略微大一点的共同体，只要其欲解决略微复杂一点的公共事务，就不可能由一个权威治理。即便有一个令众人敬仰的权威如圣王尧舜，其能力也是有限的，也须借助其他人实施治理，而其与其他人的关系，绝不可能如神意传达者与其执行者间之关系，而只能是从事共同事业的伙伴，形成分工、合作关系。故尧在治理过程中，频繁征询四岳意见，并由共工、鲧等人以其专业之德能承担相应治理职能；舜在治理过程中，依赖十二牧，依赖诸侯，更任命九个官职。

此系真正的政府。屈神而敬天，才有人治；有人治，才有德治；有德治，才有政府。政府就是人格上相互平等而有治理之德能的人，依各自德能分工而紧密合作，为同样在人格上相互平等之万民提供公共品、改进其福利之常态化机制；巫权或神权之下无政府，以暴力统治也无完整政府。

故在《吕刑》中可见，当尧确立敬天之后，有舜之制礼立法，即有最初的政府：

乃命三后，恤功于民：伯夷降典，折民惟刑；禹平水土，主名山川；稷降播种，农殖嘉谷。三后成功，惟殷于民。士制百姓于刑之中，以教祗德。穆穆在上，明明在下，灼于四方，罔不惟德之勤。故乃明于刑之中，率乂于民棐彝。

敬天，去巫术，才有人的自我治理，也才有政府。此政府未取消暴力，但暴力只是其维护秩序的一种机制而已。政府职能是为万民提供公共品，暴力仅用于维护安全。在敬天之后，唯有如此有为之政府，方能为人认可，而得以长久存在。政府存在的唯一依据是万民之接受。

共和

经前文记载：鲧之担当治水之职，系尧咨询于四岳，四岳提出，尧虽指出其缺点，四岳坚持，尧不能不接受。尧欲禅位，也是咨询于四岳，四岳提出舜，尧接受，予以考察。舜延续尧用人之制度，任命九官，总体都是征询四岳意见。

"咨四岳，有能奋庸，熙帝之载，使宅百揆，亮采惠畴"之发问，统领下面整个委任过程。首先值得注意的是"熙帝之载"，舜是谦卑的，他明确指出，下面策命各种官员、设立政府，旨在弘大尧开创之各种服务公众之事业。此即历史意识和文明延续意识。唯有在天之下，人才会有这种意识：政治和秩序不是神一次性给予的，而是人缔造和维护的；而人有局限，故良好秩序不是必然的，而是历史的；人的生命又是短暂的，唯有一代一代持续努力，才能勉强保有秩序。舜正由此自觉，故能巩固新生的华夏。

众人推荐禹，舜接受、任命。禹推让于稷、契、皋陶，舜乃分别任命其为后稷、司徒、士。

接下来有三次单独发问：首先，舜发问"畴若予工"，四岳均荐垂，舜予以任命；其次，舜发问"畴若予上下草木鸟兽"，四岳同声荐伯益，舜予以任命；最后，舜发问"咨四岳，有能典朕三礼"，众人共同荐伯夷，舜予以任命。伯夷推让于夔、龙，舜乃任命夔典乐，龙作纳言。

可见，任命官员，绝非王所独断，而由君子群体经审议后，共同做出抉择。王拥有必要权威，但新生的华夏之治理机制，必定是共治，因为王不是神，也不是神的代言人，德能有限，为有效治理天下，不能不与其他君子合作；为确定共同治理者，也不能不借助其知识。

舜也称他所任命之官员之职能，是"时亮天工"。不是服务于他，而是辅佐天之功。关于一点，后文将更详尽阐发。

同样值得注意的是，舜策命之官员来自各族群，在策命过程中，舜从未考虑其族群属性；舜策命之，仅考虑其是否具有承担相应职能之德与能。此即《礼记·礼运》所说之"天下为公，选贤与能"，天下是共有的，任何人，只要其有德、能，即可参与天下之治理。设定种族等等标准，有悖于"天下为公"之大义。

由这些君子组成之政府，当然不是古希腊式的民主制度，理由很简单：华夏为一超大规模政治共同体，由众多族群构成，分布于广阔地域上，不可能建立公民普遍参与之政府。古希腊式民主政制只可能建立于小规模的城邦政治体；超出城邦之政治体的良好政制，必定是华夏式共和。

共和政制相比于民主政制更为优越，因为，组成政府的成员经过遴选程序产生，有德、有能。这里是有选举程序的，尽管不是投票选举。但大众投票选举只是选举的一种，而且不是最好的一种。舜安排的贤者之审议式选举，透过这一过程，发现并选举天下之德能最为卓越者。舜组建的政府之官员是以德能得其位的，这样的政府最有能力达成政府之宗旨：服务公众。

更为重要的是，经此选举过程产生的政府官员，不是某阶层或族群之代表。他们不以某团体之代表身份进入政府，自然不必为其所在团体争取利益之最大化。故此政府不是某个集团或阶级以权力统治其他集团、阶级的机器，而是以其德能积极作为、服务全体民众之政府。这是一个全体政府，而非局部政府。

此政府由新兴华夏各邦最优秀的人士组成，舜并要求其"钦哉"，敬于自己的职责，尽心尽力于追求华夏全体民众福利之最大化，不可有丝毫懈怠。

王室、国家

舜所任命之官员也有王室官员和国家官员之别。

舜共任命九人，对四个岗位的表述不同于其他："畴若予工"，"畴若予上下草木鸟兽"，"有能典朕三礼"，对龙说"夙夜出纳朕命"。我们已经指出，这四个岗位属于王室官职。

至于司空、后稷、司徒、士、典乐五个官职，则是国家官职。故华夏政府从一诞生，就有明确分工的两类部门，两者都服务于王，区别在于：前者是王之近臣，服务王室；后者是大臣，服务天下。

后世政府部门、官职始终有此区别：三代之王皆有其王畿，在此畿内，王类似于天下地位最高之诸侯，有其田邑、山泽，也有其王室，凡此种种，需人管理，故设有王室之官。同时，王为天下共主，负责保卫天下，协调诸侯之间的关系，故设有国家之官。

战国以后，这一区分仍明显存在，以至于现代仍然存在，此乃政制演变之自然趋势。

在政治演变过程中，也始终存在一个明显趋势：王—皇帝之近臣发展为外廷之大臣。汉儒注疏中常以当时的尚书比拟舜任命之纳言，此时尚书确为皇帝近臣，负责草拟诏令，品秩颇低。但东汉以后，尚书地位日益上升，到隋唐乃成为最高行政长官。唐所设之内阁学士，后世也有类似演变趋势，终成文官最高职位。这也是政制演变的自然趋势。

政府职能

舜任命九人为官，系国史上第一次对政府职能作明确分工。由此可见，圣人所立华夏政府之职能相当广泛，可分三大部分：

第一部分，保民部门。承担今人所谓"守夜人"职能，即抵御外患，维护治安，惩罚破坏秩序者，此即士；也有属于行政运转之所需者，如纳言；掌管王室事务者，虞人、共工。

但在此之外，政府还有两项重大职能：养民，教民。事实上，这两者排位在前，可见其更为重要。

第二部分，养民部门。华夏诞生于洪水之灾，华夏国家成立的前提是，各族群为洪水逼迫而聚集。在治水过程中，政府权威不断增加。此政府为人认可，乃因其在聚集起来的众多族群之间避免冲突，又有效地解决洪水灾患。

故从一开始，生产活动就不只是民众的事情，政府主动地为民众生产活动提供便利。禹是如此，后稷同样。这构成中国政府一项重要职能。历代中国政府都积极组织垦殖，推广良种和先进生产技术，以增加产出，改善民众生活。此即养民，禹曾概括王道曰："德惟善政，政在养民。水、火、金、木、土、谷，惟修；正德、利用、厚生、惟和。"王者之德表现于善政，养民之政为善政。故王当正德，政府当利用、厚生，如此才能天下太和。

第三部分，教民。舜所策命的前两位官员负责养民，接下来任命的契负责教化，教化天下所有人；夔同样有教化之责任，只不过主要教育君子之子弟；作为秩宗的伯夷也通过祭祀，展开教化。故舜任命九个官职，其中三个与教化相关，可见，教化是政府之重要职能。

重要的是，不是在政府之外另立教化部门，教化就在政府之内，王者行教化，政府行教化。这是因为，华夏之教，从一开始就不是神教。司徒、秩宗、典乐所掌之教化方式充分表明，圣贤之教化，不叫人崇拜神灵，迷信神意，服从神律，而是教人以伦常，以乐化人。即便秩宗负责祭祀各种神灵，亦非求神，而是安排祭祀神灵之礼乐，以礼乐为教，教人以敬。

由此可见，圣贤之教是文教，文教是开明的，因而是普遍的。构成华夏之各族群本有其神灵崇拜，聚合之后能相安无事，和而不同，"和"之者，文也。华夏政府从一开始就承担以文教化之职能，如《周易·贲卦·彖辞》所说："观乎天文，以察时变；观乎人文，以化成天下。"

值得注意的是，从次序上看，舜先策命承担教民之责的契，其次才是作为士的皋陶。舜把教化置于刑罚之先。这显示圣人之治道：教化是社会治理之基础。而皋陶之用刑，也以教化为目的。这是尧舜与蚩尤之根本区别：尧舜并非排斥刑罚，只是将其置于恰当位置，以教化为本，刑法为辅。至于蚩尤，则迷信刑罚，滥用刑罚，而完全放弃教化，故行之不久。

综上，尧舜所确定之政府职能是，保障安全，维护秩序，长养万民，教化万民，以改进民众生活，提升民众德性。对政府来说，仅仅维护安全是不够的，民众不是被动的物，而是人；人当各遂其生，故政府须为民众的生存和成长创造条件；仅仅让民众生存是不够的，民众不是只求温饱之动物，而是人，还有心，故政府还须为民众德能之自觉、扩充、发用创造条件。

政府之所以承担如此广泛的职能，因为天生人，天要每个人生，且成长为真正的人，此即舜所说之"天工"，天对人所作的事；政府只是代理天工，也就应当依上天待人之意，确定自身职能，安排各种官职，否则，就是政府之失职。政府要让人生存、成长，其职能就不能不全面覆盖人的生活之各个方面。

政府职能如此广泛，但绝不是压迫性的。原因在于，这个政府在每一个领域中都是审慎的、节制的，并且由礼法予以规范。比如，政府承担教化，但此教非神教，因而政府的教化并不对任何神教构成压迫，相反，兼容各种神教，且可为其和平相处创造条件。比如，政府承担养民之责，但并非建立官营的奴隶制生产组织，而是为民众的生产活动创造条件，比如平治水土、鼓励垦殖等等。归根到底，这个政府尊重民众，因为在天之下，政府也是人组成的，而被统治者也是有同等的人之尊严的。

舜组建的华夏政府，由通过君子举荐程序遴选出的天下最有德能者组成，又承担保民、养民、教民之职能。这构成后世中国政府之范本，也是天下治理之唯一可能机制。

考核

经前文记舜巡守或朝会时"敷奏以言，明试以功，车服以庸"，这是针对四方诸侯的。诸侯本有其治理权，王只是予以承认。故王对其固然有考核，却很难惩罚，而以奖赏、以激励为主。

舜任命官员同时也建立考核制度：三载考绩；三考，黜陟幽明。这是针对王所命之官员的，用周代的话说，这些官员为公卿。这些公卿可能未必有邦国之君身份，即便有，也为舜亲自任命承担某项王室或国家职权。无舜之任命，他们就无此权威，舜当然可以考核其是否履行策命书所刻画之职责，并做出奖励或惩罚，现在是可以惩罚的。

舜开创后世长期沿用的考核制度：三年考核一次。三次考核后，予以奖惩。成绩暗淡者，予以贬黜；成绩突出者，予以表彰。

这一制度所覆盖的官员，最初极为有限，后世逐渐扩大，到战国时代王权制建立，考核对象已覆盖王所任命之全部官僚。从法理上说，战国以后，统治权全归国王—皇帝，官员权力来自国王—皇帝之授予，只是国王—皇帝在地方之代理人，国王—皇帝当然有权也有必要考核其是否履行职责。到秦朝，建立了专门的监察制度，负责人是御史大夫，专司纠察官员行为。秦汉以来，针对官僚体系的监察、考核制度日趋完备。

大体可以说，到秦汉，借助于有效的政府，在中国广阔疆域、众多人口中保持着政治之持续统一，与文明之持续扩展，且凝聚力和扩展力日益加强。宋以前，尚杂以割据局面，五代十国至其巅峰。宋太祖革新政制以后，基本就没有割据，相反，更为广阔的地域纳入中国，并保持稳定。

这是极为了不起的政治成就。世界很多高级文明也缺乏建立大规模统一政治体之能力：欧洲的政治统一从来不稳固，更多时间在分裂状态；伊斯兰世界的政治生活也是四分五裂的。至于世界其他地区，更是如此。中国政治的成功，起点正在尧舜所建立之如此完备而合理之政府。

四十四、文德武功

分北三苗。

北，别也。

舜分别三苗各部落而处理之。

三苗再次构成严重外患，舜不能不予以处理，并在对付三苗之征途中驾崩。

三苗之患

从经文可见，当华夏缔造之际，三苗或曰南蛮，始终是华夏面临之最严重威胁。

舜已继位而尧尚在世时，"放驩兜于崇山"，一般认为，崇山在南方，这个族群被强制迁徙南方。这是典籍所记最早到南方者。同时，"窜三苗于三危"，把三苗一部迁徙到西方，故禹与皋陶对话时说："何迁乎有苗？"

但三苗是一个庞大的文化体，故似乎并未完全迁徙：经下文禹汇报平治水土过程中，"苗顽，弗即工"，苗人不愿积极参与禹分配的工作，与其他族群合作治水。大约正因为这一点，才有这次"分北三苗"。

那么，三苗源于何处？楚人乃三苗之后，《史记·楚世家》记载："楚之先祖，出自帝颛顼高阳……高阳生称，称生卷章，卷章生重黎。重黎为帝喾高辛居火正，甚有功，能光融天下，帝喾命曰祝融。"《左传·昭公十七年》曰："卫，颛顼之虚也。"在今日山东、河南、河北交界之处，当时的河曲之地。"郑，祝融之虚也"，在黄河以南。可见，三苗祖先大体在河曲。

当洪水之时，此地水患严重，文明程度严重下降，逐渐落后于新生的华夏，因此而成为蛮，成为"三苗"，"三"大约是形容其有若干支系，规模较为庞大。此地紧邻新生的华夏，三苗乃成肘腋之患。聚合起来的华夏力量日益强大，受此挤压，三苗族群中有些支系向西南方向迁徙，有些支系向西方迁徙，此即经文所说"放驩兜于崇山""窜三苗于三危"。

禹治水，不能不与仍留在此处之三苗发生关系，因其扼守黄河中游，而不愿配合华夏之治水事业，即禹所说"苗顽，弗即工"。这也许是因为治水需承担一定代价而不愿。于是有舜、禹之"分北三苗"。华夏力量持续挤压，聚集在黄河中游的三苗各支系被迫再次向西南方向迁徙。环顾当时，这是唯一出路。而舜大约就驾崩于这次征伐之中。

考古发现于长江中游之石家河文化，或可对应于南迁之三苗，而在河南东部、中部确已发现不少山东大汶口文化元素，这是此文化有向西南迁徙之迹象。尤其是，石家河文化居民多有拔除两侧门齿的习俗，而一般认为这是大汶口文化的典型习俗，此一考古发现或可证明其从东方向西南方向迁徙的路线。

三苗南迁之后，禹打通黄河中下游，得以完成其治水、平土之事业。但三苗就此成为华夏之劲敌，一直持续到春秋中后期。

洪水退去，华夏大幅度向东、南扩张，治理中心也迁至黄河以南，到淮河流域上游地区，于是，华夏再度挤压荆州一带之三苗。三苗毗邻华夏文明中心，其文明水平大体能跟上华夏，但终究逊色一等。故其社会组织化程度较高，有实力抗衡华夏。其结果，在差不多一千五百年中，三苗，尤其是后来的楚人，与华夏处在复杂纠葛中：华夏强，则尊华夏为王；华夏弱，则自立为王，且觊觎华夏，如《史记·楚世家》记载：

周文王时，鬻熊子事文王，蚤卒。熊绎当周成王之时，举文、武勤劳之后嗣，而封熊绎于楚蛮，封以子男之田，姓芈氏，居丹阳。

当周夷王之时，王室微，诸侯或不朝，相伐。熊渠甚得江汉间民和，乃兴兵伐庸、杨蛮，至于鄂，熊渠曰："我蛮夷也，不与中国之号谥。"乃立其长子康为句亶王，中子红为鄂王，少子执疵为越章王，皆在江上楚蛮之地。

及周厉王之时，暴虐，熊渠畏其伐楚，亦去其王。

蚡冒弟熊通弑蚡冒子而代立，是为楚武王……三十五年，楚伐随，随曰："我无罪。"楚曰："我蛮夷也。今诸侯皆为叛相侵，或相杀。我有敝甲，欲以观中国之政，请王室尊吾号。"随人为之周，请尊楚。王室不听，还报楚，三十七年，楚熊通怒曰："吾先鬻熊，文王之师也，蚤终。成王举我先公，乃以子男田令居楚，蛮夷皆率服，而王不加位，我自尊耳。"乃自立为武王。

《史记·周本纪》载："［周］昭王之时，王道微缺，昭王南巡狩不返，卒于江上。"后来齐桓公伐楚，以此问罪，事见《左传·僖公四年》。齐桓公在管仲辅佐下南讨楚人，初步遏制其北上之雄心；后晋文公败楚师于城濮，楚人之华夏化过程反而加快。不过，直到汉代立国，楚人成为统治者，楚文化与华夏文化才完全融合。

华夏与南蛮的关系，在早期中国两三千年间，经历了完整的往复：本来合在一起，后来分离，最后又复合。中国与四边蛮夷戎狄的关系，差不多都经历了这样的往复过程。故《三国演义》开篇谓"天下大势，分久必合，合久必分"，信夫！

修文德

《尚书·大禹谟》略微详尽记载舜时代征讨三苗之事：

帝曰："咨，禹！惟时有苗弗率，汝徂征。"

禹乃会群后，誓于师曰："济济有众，咸听朕命。蠢兹有苗，昏迷不恭。侮慢自贤，反道败德。君子在野，小人在位。民弃不保，天降之咎。肆予以尔众士，奉辞伐罪。尔尚一乃心力，其克有勋。"

三旬，苗民逆命。

三苗不服，舜命禹征伐。然而，华夏遭遇挫折：兵临苗人一月，苗人并不顺服。文献有记载的华夏针对蛮夷得第一场战争，结局竟是华夏失利。这一挫折、失利具有丰富的内涵和象征意义。

相对于文明比较落后的苗人，文明程度较高的华夏之军事力量并不占有优势。未来历史上，中国与戎狄之间似常呈现此种格局：华夏经济、文化确实发达得多，但在战争中未必能够取胜。华夏本非以武力征服立国，在冷兵器时代，单个定居农民之战斗力，常不如山民、草原牧民。

鉴于军事失利，伯益建议禹调整策略：

> 益赞于禹曰："惟德动天，无远弗届。满招损，谦受益，时乃天道。帝［舜］初于历山，往于田，日号泣于旻天。于父母，负罪引慝。祗载见瞽叟，夔夔斋栗，瞽亦允若。至诚感神，矧兹有苗。"

此处之益，当为伯益。他直截了当地提出，应当用德。伯益首先提出基本命题——"惟德动天，无远弗届"，唯德可感动天。接下来，伯益举尧个人经历说明，即便是瞽叟那样顽固的人，也可感动。更进一步，天也是可以感动的。既然天可以感动，三苗怎么就不能感动？

伯益在此论述了待人以仁之道：蛮夷虽非我族类，但也是人。人同此心，心同此理，蛮夷与华夏有相同或相近之善恶、是非意识，故完全可以理解华夏之情感表达方式，也可为华夏所"感"。伯益据此提出华夏待人之道：只要是人，就可对话、沟通，就可相互理解，且有相同、相近、相通的意向。华夏之治以德为本，就也应以德治蛮夷，具体而言，充分发挥文德之力量：

> 禹拜昌言曰："俞！"班师，振旅。
> 帝乃诞敷文德，舞干羽于两阶。七旬，有苗格。

"文德"一词重点在"文"，其含义相当广泛，包括舜所展示之礼乐，礼乐背后之器物，也即文明及其各种物质载体。大布文德，就是充分地发挥自身文明的力量；这其中，贸易也是"文德"之重要形态。大布文德的做法确实收到一定效果。

文德与武功

舜之分北三苗及其策略变化，对于中国文明，具有典范意义。

自成立时起，华夏始终面临四边蛮夷戎狄之威胁。华夏族群大体上定居生活，更为富裕，文明发达，对蛮夷戎狄颇为诱惑。但正常情况下，蛮夷戎狄有不同于华夏之生活方式，两者大体尚可维持和平。一旦其生存环境恶化，比如北方草原气候变干、变冷，无以牧养牲畜，蛮夷戎狄就会冒险骚扰、劫掠华夏之子女玉帛。长期来看，北方草原民族之南下入侵，与气候变化高度相关。

王者须承担多种责任，但首要责任是保卫华夏安全，防御蛮夷戎狄，击退其骚扰、入侵。王者若做不到这一点，必定迅速丧失天命，甚或丧失自己的生命。

为承担这一责任，自古以来，王者通常定都于外患最为严重的方位，且在前线附近。尧舜禹时代，最为严重的威胁主要来自南方的三苗，舜从黄河以北出征，大为不利，这应当是禹、夏迁都于黄河以南的重要原因之一。而最终，禹确实解决了三苗之患。考古发现，可归入夏代的二里头文化大规模辐射于江汉流域，相对独立的石家河文化则逐渐消失，显示华夏文化取得优势地位。

大约从商代开始，中国的外患主要来自西北方向，这可能是殷都不断北迁的原因，也是周在克殷之后仍以镐京为都之基本考量。此后两千多年，中国外患多来自西北，故关中常为都城所在。安史之乱后，中国面临的边患转而主要来自北方、东北方，都城乃以设在北京为常态。

不管怎样，设都之基本原则是，面对最为严重的外患，抵近最有可能的前线。由此，王者集中资源于最危险的邻边地区，屯重兵于最有可能爆发大战之前线附近。这一安排可有效威慑蛮夷戎狄，使之不敢妄动。否则，都城设于内地，边地必定被侵略倾向较为严重的蛮夷戎狄蚕食。

尽管如此，舜、禹共同确立华夏—中国应对边患之基本原则：以武力为后盾，而修文德以来之。华夏不能不有强大的武力，以华夏之经济能力尚可养活一支大军。这是中国所必需的，没有武力，华夏无以自保。但是，圣人自始即清醒认识到，绝不可迷信武力，滥用武力，以武力肆意征服。

华夏主流观念向来反对武力征服，《国语》开篇就提出：

先王耀德不观兵。夫兵戢而时动，动则威；观则玩，玩则无震。是故，周文公之《颂》曰："载戢干戈，载櫜弓矢。我求懿德，肆于时夏，允王保之。"先王之于民也，懋正其德而厚其性，阜其财求而利其器用。明利害之乡，以文修之，使务利而避害，怀德而畏威，故能保世以滋大。

华夏不可无兵，但先王耀德不观兵，先王愿意彰显文德，而不愿炫耀武力。只有迫不得已时才用兵，且在最恰当时机，此即"兵戢而时动"；如此用兵，可有效威慑蛮夷戎狄，以武止武，春秋时代初步华夏化的楚庄王都明了这一智慧："夫文，止戈为武。"[1]轻易用兵，反而没有震慑力。

故华夏自古以来应对蛮夷戎狄之道是养兵，但以文修之。不可不养兵，和平主义是天真的，但迷信武力也是愚蠢的；武力主要用于威慑骚扰者、入侵者。面对非我同类之蛮夷戎狄，当致力于修文德。

当然，华夏在文德方面确有无可比拟之优势，华夏在观念和物质等各方面，也居于优势地位。那就应当充分发挥自己的优势。华夏本系借助文明吸引力凝聚而成，面对蛮夷戎狄，自当发挥文德之优势，比如与蛮夷戎狄开展大规模贸易，吸引其接受华夏文德，融入华夏文明共同体。如此既可解决冲突，又可扩张华夏文明。

此信念是华夏在蛮夷戎狄包围中不仅得以生存且持续扩展之根本原因。此非因为胆怯，而是出于对自身文德之信心。由此，华夏即天下，华夏是动态的、包容的、持续生长和扩展的，始终在通往天下之过程中。而华夏持续扩展之前提是承认生活在自己周围的人也是人，与华夏之人可彼此沟通，有共同心性，最终也完全可以生活在同一共同体。

蛮夷戎狄与中国迭有冲突，但最终，一个接一个进入中国文明与政治共同体。中国因此而持续成长。中国与周边族群的关系，中国历史演进的过程，确实相当独特，但这一独特历史恰恰是通往天下之坦途。

---

[1] 《左传·宣公十二年》。

四十五、舜之大德

舜生三十徵庸，三十在位，五十载，陟方乃死。

庸，用也。
"三十在位"之"三十"，当为二十。
陟，升也。方，道也。

舜生三十年被举荐而任用，二十年后嗣位，在位共五十年，登于远道而驾崩。

舜治国共五十年而驾崩，《史记·五帝本纪》详尽记载：

舜年二十以孝闻，年三十尧举之，年五十摄行天子事，年五十八尧崩，年六十一代尧践帝位。践帝位三十九年，南巡狩，崩于苍梧之野。葬于江南九疑，是为零陵。

二十岁时，舜之大孝闻名天下。尧测试舜二十年。五十岁时，舜被选定，开始执政。八年后，尧去世，舜服孝三年后正式继位为王。满百岁，驾崩。

所谓南巡狩者，当为用兵于三苗。《国语·鲁语》和《礼记·祭法》都说"舜勤众事而野死"。《淮南子·修务训》说："舜作室，筑墙茨屋，辟地树谷，令民皆知去岩穴，各有家室。南征三苗，道死苍梧。"舜驾崩于南征三苗之事中。三苗多次作乱，华夏不能不反复应对，乃至于舜为之而死。

舜之大孝

黄帝、颛顼、尧等人的身份不同，舜本为地位低下之平民，通过禅让机制而登王位。舜以其孝而获举用，大孝之德让舜得以脱颖而出。然则，舜之大孝是何种孝？《孔子家语·六本》记载孔子教曾子以舜之孝道曰：

> 曾子耘瓜，误斩其根。曾晳怒，建大杖以击其背，曾子仆地而不知人久之。有顷乃苏，欣然而起，进于曾晳曰："向也参得罪于大人，大人用力教参，得无疾乎？"退而就房，援琴而歌，欲令曾晳而闻之，知其体康也。
>
> 孔子闻之而怒，告门弟子曰："参来，勿内。"曾参自以为无罪，使人请于孔子。子曰："汝不闻乎？昔瞽瞍有子曰舜，舜之事瞽瞍，欲使之，未尝不在于侧；索而杀之，未尝可得。小棰则待过，大杖则逃走。故瞽瞍不犯不父之罪，而舜不失烝烝之孝。今参事父，委身以待暴怒，殪而不避，既身死而陷父于不义，其不孝孰大焉！汝非天子之民也，杀天子之民，其罪奚若？"
>
> 曾参闻之，曰："参罪大矣！"遂造孔子而谢过。

舜之"父顽"，常责打舜，甚至想杀舜。舜可忍受责打，但孔子指出，舜不会在发现瞽叟有杀他之动机时依然听之任之，而是想办法躲避。这才是大孝，避免陷父亲于不义。故在孔子看来，孝非盲目顺从，而是父子共进于道。舜之孝就表现为"克谐以孝，烝烝乂"，以孝让品质不那么好的家人不陷于大恶。[1]舜最终成就大孝，《中庸》曰：

> 子曰："舜其大孝也与！德为圣人，尊为天子，富有四海之内。宗庙飨之，子孙保之。故大德必得其位，必得其禄，必得其名，必得其寿。故天之生物，

---

[1] 曾子显然接受了孔子之教诲，《礼记·祭义》记：曾子曰："孝有三：大孝尊亲，其次弗辱，其下能养。"公明仪问于曾子曰："夫子可以为孝乎？"曾子曰："是何言与！是何言与！君子之所为孝者：先意承志，谕父母于道。参，直养者也，安能为孝乎？"

必因其材而笃焉。故栽者培之，倾者覆之。《诗》曰：'嘉乐君子，宪宪令德！宜民宜人，受禄于天。保佑命之，自天申之！'故大德者必受命。"

舜为大孝之典范，《孝经》说："立身行道，扬名于后世，以显父母，孝之终也。"这些，舜全部做到。舜也揭示，哪怕底层普通人，只要沿着生命带来的最自然的情感指引之方向提升自己，修身行道，就可感动于天，而成为圣人。

制礼作乐

《白虎通义·崩薨》曰："礼始于黄帝，至舜尧而备。"舜生在华夏奠基之时，制作诸多礼乐。前经文详记舜之协同礼乐，由此形成诸多礼制，构造华夏共同体之骨架。除此之外，《礼记》尚有如下记载：

有虞氏瓦棺。（《檀弓上》）

有虞氏之祭也，尚用气；血腥爓祭，用气也。（《郊特牲》）

凡养老：有虞氏以燕礼，夏后氏以飨礼，殷人以食礼，周人修而兼用之。（《内则》）

昔者，有虞氏贵德而尚齿，夏后氏贵爵而尚齿，殷人贵富而尚齿，周人贵亲而尚齿。虞、夏、殷、周，天下之盛王也，未有遗年者。年之贵乎天下，久矣；次乎事亲也。（《祭义》）

《明堂位》记有多条，并与夏、商、周三代对比，可见礼制之历史变化：

鸾车，有虞氏之路也。钩车，夏后氏之路也。大路，殷路也。乘路，周路也。

有虞氏之旗，夏后氏之绥，殷之大白，周之大赤。

泰，有虞氏之尊也。山罍，夏后氏之尊也。著，殷尊也。牺象，周尊也。

米廪，有虞氏之庠也；序，夏后氏之序也；瞽宗，殷学也；頖宫，周学也。

有虞氏之两敦，夏后氏之四连，殷之六瑚，周之八簋。

俎，有虞氏以梡，夏后氏以嶡，殷以椇，周以房俎。

有虞氏服韨，夏后氏山，殷火，周龙章。

有虞氏祭首，夏后氏祭心，殷祭肝，周祭肺。

有虞氏官五十，夏后氏官百，殷二百，周三百。

有虞氏之绥，夏后氏之绸练，殷之崇牙，周之璧翣。

在孔子及其弟子观念中，有虞氏实为并列于夏商周三代之一代，其礼乐完备而自成体系。可见，孔门以为，华夏礼乐体系之起点实在舜。

关于舜之乐，《礼记·乐记》记载："昔者，舜作五弦之琴以歌南风，夔始制乐以赏诸侯。"《孔子家语·辩乐解》记孔子对子路论乐，其中涉及舜：

夫先王之制音也，奏中声以为节，入于南，不归于北。夫南者、生育之乡，北者、杀伐之域。故君子之音，温柔居中，以养生育之气。忧愁之感，不加于心也；暴厉之动，不在于体也。夫然者，乃所谓治安之风也。小人之音则不然，亢丽微末，以象杀伐之气；中和之感，不载于心；温和之动，不存于体。夫然者，乃所以为乱之风。

昔者，舜弹五弦之琴，造《南风》之诗，其诗曰："南风之薰兮，可以解吾民之愠兮；南风之时兮，可以阜民之财兮。"唯修此化，故其兴也勃焉。德如泉流，至于今，王公大人述而弗忘。殷纣好为北鄙之声，其废也忽焉，至于今，王公大人举以为诫。夫舜起布衣，积德含和，而终以帝。纣为天子，荒淫暴乱，而终以亡。非各所修之致乎？

如经前文所说，舜之乐始于诗，而"诗言志"。《南风》之诗是乐之典范，表达君子最为纯正之志：爱民、养民。正是此志，让舜之乐能化成天下。《礼记·表记》记孔子对舜之礼乐总结如下：

子曰："虞夏之质，殷周之文，至矣。虞夏之文不胜其质；殷周之质不胜其文。"

子曰："虞夏之道，寡怨于民；殷周之道，不胜其敝。"

舜所作之礼乐，总体风格是"质"，朴实、不尚华贵。这不仅因为礼乐方兴因而质，更主要地还是因为，舜有好生仁民之心，不愿铺张太多资源于礼乐。

舜之治道

就治理权的转移而言，舜最为特别：尧通过世袭程序得到王位，禹的王位传给儿子，舜则是经由禅让程序得到王位，又以禅让程序将王位禅让于禹。《论语·泰伯》对此予以盛赞：

> 子曰："巍巍乎！舜、禹之有天下也，而不与焉。"

舜、禹之得到天下治理权，自己完全未费什么力气。舜是禅让的受益者，又让禅让制度继续下去，"天下为公、选贤与能"之大义，在舜身上有最完美体现。

在此王位转移过程中，华夏之道也由舜承上启下。《论语·尧曰》记：

> 尧曰："咨尔舜，天之历数在尔躬，允执其中。四海困穷，天禄永终。"舜亦以命禹。

尧之语是禅位于舜时之诫命，尧命舜"允执其中"，舜又将其传给禹，此即道统传承之开端。

关于舜之治道，《论语》有如下记载：

> 舜有臣五人而天下治。（《泰伯篇》）
> 樊迟问仁，子曰："爱人。"问知，子曰："知人。"樊迟未达，子曰："举直错诸枉，能使枉者直。"樊迟退，见子夏，曰："乡也吾见于夫子而问知，子曰，'举直错诸枉，能使枉者直'，何谓也？"子夏曰："富哉言乎！舜有天下，选于众，举皋陶，不仁者远矣。汤有天下，选于众，举伊尹，不仁者远矣。"（《颜渊篇》）

《孔子家语》中两篇论及舜的为政之道：

曾子曰："不劳不费之谓明王，可得闻乎？"孔子曰："昔者，舜左禹而右皋陶，不下席而天下治。夫如此，何上之劳乎？政之不中，君之患也；令之不行，臣之罪也。"（《王言解》）

孔子谓宓子贱曰："子治单父，众悦，子何施而得之也？子语丘所以为之者。"对曰："不齐之治也，父恤其子，其子恤诸孤而哀丧纪。"孔子曰："善，小节也，小民附矣，犹未足也。"曰："不齐所父事者三人，所兄事者五人，所友事者十一人。"孔子曰："父事三人，可谓教孝矣；兄事五人，可以教悌矣；友事十一人，可以举善矣。中节也，中人附矣；犹未足也。"曰："此地民有贤于不齐者五人，不齐事之而禀度焉，皆教不齐之道。"孔子叹曰："其大者乃于此乎有矣！昔尧、舜听天下，务求贤以自辅。夫贤者，百福之宗也，神明之主也，惜乎不齐之所以治者小也。"（《辩政篇》）

上述记载，大义相同：舜为政治国，以选贤能而信用之为要务，故可谓舜确立君子共和传统。《左传·文公十八年》记鲁大史克曰：

昔高阳氏有才子八人，苍舒、隤敱、梼戭、大临、尨降、庭坚、仲容、叔达，齐圣广渊，明允笃诚，天下之民，谓之"八恺"。高辛氏有才子八人，伯奋、仲堪、叔献、季仲、伯虎、仲熊、叔豹、季狸，忠肃共懿，宣慈惠和，天下之民，谓之"八元"。此十六族也，世济其美，不陨其名。以至于尧，尧不能举。舜臣尧，举八恺，使主后土，以揆百事，莫不时序，地平天成；举八元，使布五教于四方，父义、母慈、兄友、弟共、子孝，内平外成。

舜与尧形成对比，尧不能举八元八恺，舜却举而用之，卒成大治。

也因此，舜确立协商的政治决策机制，如《中庸》所记：

子曰："舜其大知也与！舜好问而好察迩言，隐恶而扬善，执其两端，用其中于民，其斯以为舜乎！"

在公共事务决策过程中，舜广泛听取各方意见，寻找各方意见之共识，据此立法为政。

正因为建立君子共和、协商决策机制，舜有无为而治之为政风格：

子曰："无为而治者，其舜也与？夫何为哉，恭己正南面而已矣。"（《卫灵公》）

舜之无为非老子之无为，实有其为："恭己"即是尧之"允恭"，敬于自己的职事，履行自己治天下之责任；由此，自己保持在"正"的状态，南面者，天子之位也。正南面者，其言行举止完全合乎天子之名也。孔子曰："政者，正也。子帅以正，孰敢不正？"[1] 为政之要，就在于人人得其正，但正人必先正己。子曰："其身正，不令而行。"[2] 故舜之无为者，不强求人也。"恭己而正南面"，则人皆以舜为法则，而各正己身。

对民，舜也是以身作则，《礼记·檀弓》载：

鲁人有周丰也者，哀公执挚请见之，而曰不可，公曰："我其已夫！"使人问焉，曰："有虞氏未施信于民而民信之，夏后氏未施敬于民而民敬之，何施而得斯于民也？"对曰："墟墓之间，未施哀于民而民哀；社稷宗庙之中，未施敬于民而民敬。殷人作誓而民始畔，周人作会而民始疑。苟无礼义忠信诚悫之心以莅之，虽固结之，民其不解乎？"

此即《大学》所说"尧、舜率天下以仁，而民从之"。

又舜有好生爱民之心，《孔子家语·颜回》记颜渊谓："昔者，舜巧于使民，造父巧于使马。舜不穷其民力，造父不穷其马力；是以舜无佚民，造父无佚马。"舜治国，生产公共品，不能不使民。然而，舜使民，不穷民力，故民皆乐而从之。

---

[1] 《论语·颜渊》。

[2] 《论语·子路》。

舜之为圣王

细考《尚书》经文，可见舜之地位十分崇高。

经文叙尧，直接叙述尧之德及其最为重要的贡献，合群，屈神而敬天，于其身世等内容，并无描述。

至于舜，则首记其家世，记众人因舜之大孝而推举；其次记其经受考验、历练，而后为王；此后详记其巡守四方，创制立法，以至于驾崩，完整详备。

故《尧典》虽以尧命题，主角实为舜。向后对比，关于禹之记载同样没有舜完整。同时，舜也是《皋陶谟》之对话主角。从文本结构可见，古代圣王中，舜最为重要。

孔子也最为推崇舜。《孔子家语·好生》记载孔子评舜：

鲁哀公问于孔子曰："昔者舜冠何冠乎？"孔子不对。公曰："寡人有问于子，而子无言，何也？"对曰："以君之问不先其大者，故方思所以为对。"公曰："其大何乎？"孔子曰："舜之为君也，其政好生而恶杀，其任授贤而替不肖，德若天地而静虚，化若四时而变物；是以四海承风，畅于异类，凤翔麟至，鸟兽驯德。无他，好生故也。君舍此道而冠冕是问，是以缓对。"

舜之德，归结于一点，好生。舜好生，故有仁心，故爱人、爱民，故能尽心尽力于创制立法，缔造华夏，以保民、养民、教民。

《礼记·表记》记孔子对舜之评论：

子言之曰："后世虽有作者，虞帝弗可及也已矣。君天下，生无私，死不厚其子；子民如父母，有憯怛之爱，有忠利之教；亲而尊，安而敬，威而爱，富而有礼，惠而能散；其君子尊仁畏义，耻费轻实，忠而不犯，义而顺，文而静，宽而有辨。《甫刑》曰：'德威惟威，德明惟明。'非虞帝其孰能如此乎？"

孔子对舜，可谓推崇备至。故《中庸》说：

仲尼祖述尧舜，宪章文武。

孔子以尧舜为自己精神上的祖先，孔子之道就是承继、弘大尧舜之道，故孔子发明成己成人之道，多以尧舜为典范。《论语》中两次提到"尧舜其犹病诸"，《雍也篇》载：

子贡曰："如有博施于民而能济众，何如？可谓仁乎？"子曰："何事于仁，必也圣乎！尧舜其犹病诸！夫仁者，己欲立而立人，己欲达而达人。能近取譬，可谓仁之方也已。"

《宪问篇》载：

子路问君子，子曰："修己以敬。"曰："如斯而已乎？"曰："修己以安人。"曰："如斯而已乎？"曰："修己以安百姓。修己以安百姓，尧舜其犹病诸！"

两章大义相同：仁者，能近取譬，近者，己也，成己成人之道就是修己以敬。尧舜之道就是仁之道，修己以敬而已。孔子在阐明仁道时，两度使用"尧舜其犹病诸"一语，可见在孔子心目中，最可效法者正是尧舜。当然，孔子也明白指出，尧舜是人，故尧舜也有自己不满意处，这恰可见尧舜至圣之大德。

《大戴礼记·五帝德》记孔子对舜最为综合的论述如下：

蟜牛之孙，瞽叟之子也，曰重华。

好学孝友，闻于四海；陶家事亲，宽裕温良。敦敏而知时，畏天而爱民，恤远而亲亲。

承受大命，依于倪皇；睿明通知，为天下工。使禹敷土，主名山川，以利于民；使后稷播种，务勤嘉谷，以作饮食；羲、和掌历，敬授民时；使益行火，以辟山莱；伯夷主礼，以节天下；夔作乐，以歌籥舞，和以钟鼓；皋陶作士，忠信疏通，知民之情；契作司徒，教民孝友，敬政率经。

其言不惑，其德不愿，举贤而天下平。南抚交址、大、教，鲜支、渠廋、氐、羌，北山戎、发、息慎，东长鸟夷、羽民。

舜之少也，恶悴劳苦，二十以孝闻乎天下，三十在位，嗣帝所，五十乃死，葬于苍梧之野。

舜树立了普通人成长为圣人之道，此与孔子最为接近，孔子对舜再三致意之原因或许在此。而舜、孔子也展示了，在天之下，人皆可以持续提升自己的生命境界，以至于成圣。

四十六、建国事业

帝厘下土，方設居方，別生分類，作《汩作》《九共》九篇、《槀飫》。

> 厘，治也。
> 生，姓也。
> 汩，治水。作，兴也。
> 槀，劳也。飫，赐也。

舜整饬治下之疆域，广泛确定各邦国所居之方位，分别各姓各氏，作《汩作》《九共》《槀飫》。

此为《尚书》已逸之篇的书序，汉人或更早时代已不见其篇章，但此书序仍有重要意义。经前文记舜创立各种法度，主要是王者治理天下之礼制，这些逸篇则记录舜"厘下土"之事，由此可见华夏国家构建过程中至关重要之维度。

方设居方

经前文已有"下民"，王治下之民也；此处有"下土"一词，王治下之土也。《大学》谓：

> 《诗》云："殷之未丧师，克配上帝。仪监于殷，峻命不易。"道得众则得国，失众则失国。是故，君子先慎乎德，有德此有人，有人此有土，有土此有财，有财此有用。

华夏由各族群聚合而成，尧舜有德，得众邦诸侯之认可；众诸侯各有其固有领土，带着各邦之领土加入华夏，形成超大规模的华夏之疆域，此即王者之"下土"。

疆域扩大后，舜乃"厘下土"，厘定处于王治之下的天下疆土。这当然不是划定华夏之边疆，当时华夏与四方之蛮夷戎狄之间实无清晰边疆。而且，华夏本来就是天下，不必也不可能划定固定的边疆。

"厘下土"的具体内容是"方设居方"，第一个"方"，意为旁、溥，广泛，普遍，意即，舜的工作覆盖其治下之所有地方。"居方"者，各族群、各邦国所居处之方位也。"设居方"意谓，确定各邦国所居处之方位，具体地说，舜划定各邦国之四至。

这是舜缔造华夏、创造邦国间和平秩序的关键一步。最早，地旷人稀，各邦互不交涉。随着人口增加，各邦国控制范围扩张，邦国之间接近，发生纠纷乃至冲突的可能增大。由此而有黄帝时代频繁而严重的战争。大洪水又迫使族群大迁徙，邦国密度更大，若不加以管理，邦国间更有可能相互冲突。

尧舜之为圣王，正在于其协调各邦避免战争，又联合各邦成一政治体。但进入同一政治体中的各邦国，也会因田邑之争执而发生冲突。舜乃确定相邻邦国之间的边界，明晰各邦国疆域之四至，划定各邦诸侯控制权的范围，以有效控制其相互冲突之风险。

此举实为尧"平章百姓"事业之继续，两者各有其功能："平章百姓"侧重于人，明晰诸侯之身份，王承认诸侯对其邦国之治理权；"方设居方"侧重于地，划定各诸侯国疆域之界，王以自己的权威推动诸侯相互承认边界。想来，舜也采取某种仪式，让诸侯们发誓不相互侵害，对侵害行为，舜则采取惩罚措施。

这是王者提供给各邦国之至关重要的公共品，系天下和平秩序之基础。由此，各邦国各得其所，不必担心邻邦之侵占，在邦国内拥有安全感；当然也打消侵占他国利益的觊觎之心，各安其分。

后来王者封建诸侯，必划定疆域之四至，《左传·定公四年》记，周公平定东方叛乱后，"选建明德，以藩屏周"，分封周公之子伯禽于鲁，"封于少皞之虚"，这是一个众所周知的地点，无须明列四至。又分封康叔于殷人故地，则明定其四至："封畛土略：自武父以南，及圃田之北竟，取于有阎之土，以共王职；取于相土之东都，以会王之东蒐"，且专门委任"聃季授土"，到现场划定其疆域。又《诗经·大雅·崧高》记申伯有功，周王封申伯于谢，"于邑于谢，南国是式，王命召伯，定申伯之宅"，"王命召伯，彻申伯土田"，周王任命召伯专门前往划定申伯之疆域。诸侯国之疆域本应由王划定，此为王权之最重要行使；以周王权威明定，也可获得其他诸侯承认。

别生分类

舜之"别生分类"，对维护天下安宁，同样十分重要。生者，姓也，经前文记尧"平章百姓"，平章者，辨别也，"平章百姓"即此处之"别生"，舜继续尧平章百姓之事。文献表明，夏、商、周、秦四代王者之姓，均为舜所赐。

《国语·周语下》记载，尧命鲧治水无功，

其后伯禹念前之非度，厘改制量，象物天地，比类百则，仪之于民，而度之于群生。共之从孙四岳佐之，高高下下，疏川导滞，锺水丰物，封崇九山，决汨九川，陂鄣九泽，丰殖九薮，汨越九原，宅居九隩，合通四海。故天无伏阴，地无散阳，水无沈气，火无灾燀，神无间行，民无淫心，时无逆数，物无害生。帅象禹之功，度之于轨仪，莫非嘉绩，克厌帝心。

皇天嘉之，祚以天下，赐姓曰姒，氏曰有夏，谓其能以嘉祉殷富生物也。祚四岳国，命以侯伯，赐姓曰姜，氏曰有吕，谓其能为禹股肱心膂，以养物丰民人也。

禹治水成功，在舜时代，赐姓者当为舜。

舜命殷人始祖契为司徒，《史记·殷本纪》记载，

契长而佐禹治水有功，舜乃命契曰："百姓不亲，五品不训，汝为司徒而敬敷五教，五教在宽。"封于商，赐姓子氏。契兴于唐、虞、大禹之际，功业著于百姓，百姓以平。

舜复命周人始祖弃为后稷,《史记·周本纪》记载:

弃为儿时,屹如巨人之志。其游戏,好种树麻、菽,麻、菽美。及为成人,遂好耕农,相地之宜,宜谷者稼穑焉,民皆法则之。尧闻之,举弃为农师,天下得其利,有功。舜曰:"弃,黎民始饥,尔后稷播时百谷。"封弃于邰,号曰后稷,别姓姬氏。后稷之兴在陶唐、虞、夏之际,皆有令德。

舜又命伯益为虞,《史记·秦本纪》记载:

秦之先,帝颛顼之苗裔孙曰女修。女修织,玄鸟陨卵,女修吞之,生子大业。大业取少典之子,曰女华。女华生大费,与禹平水土。已成,帝锡玄圭,禹受曰:"非予能成,亦大费为辅。"舜曰:"咨尔费,赞禹功,其赐尔皂游。尔后嗣将大出。"乃妻之姚姓之玉女,大费拜受,佐舜调驯鸟兽,鸟兽多驯服,是为柏翳,舜赐姓嬴氏。

此处之柏翳,即经上文之伯益。

还有不少大国,其姓得自舜,《周语》提及姜姓吕氏,《史记·齐太公世家》曰:太公之"先祖尝为四岳,佐禹平水土甚有功,虞夏之际封于吕,或封于申,姓姜氏。"《潜夫论·志氏姓》曰:"祝融之孙分为八姓:己、秃、彭、姜、妘、曹、斯、牟。己姓之嗣飂叔安,其裔子曰董父,实甚好龙,能求其嗜欲以饮食之,龙多归焉。乃学扰龙,以事舜,赐姓曰董,氏曰豢龙,封诸鬷川。"

从以上记载可见,得姓、得氏实为得到治理权。姒、子、姬、嬴等姓古已有之,姓是较大规模的族群的标记,一姓之下有若干小族群,有若干小邦,有其氏。禹、契、弃、伯益等人本为小族群之君,因有卓越德行,造福天下,王者乃命其为所在之姓之大君,治理较大规模之族群,此为"得姓"。由此,其事业逐渐发达,终成王业。

故所谓"别生",就是彰明有德君子之治理权。《皋陶谟》中皋陶将提出德位相应说:"日宣三德,夙夜浚明,有家;日严祗敬六德,亮采,有邦;翕受敷施九德咸事,俊乂在官,百僚师师,百工惟时。"有德者当有其位。舜当然不可能如战国之后之王者那样任命官员，但某人本有小邦，而有大德，舜则可使之在其邦所在之大族群中行使治理权，让其位与其德相应，也让更多人可受其德之惠。华夏治理，就是由此而驯致于道。

九共

关于《汨作》和《槁饫》，典籍无任何信息，无从得知其具体内容，但从其字词，或可寻绎其含义。

《说文解字》："汨，治水也。"《汨作》大约记治水事业之兴起。

《左传·僖公二十六年》"公使展喜犒师"，正义引服虔云："以师枯槁，故馈之饮食，劳苦谓之劳也。"《左传·襄公二十六年》云："将赏，为之加膳，加膳则饫赐。"据此，《槁饫》大约记舜犒劳宴饮诸侯之典。经前文记舜"宾于四门，四门穆穆"，宾迎诸侯，必有宴饮，本篇或为此事之记录。

《九共》九篇，《尚书大传》略有所记："《九共》，以诸侯来朝，各述其土地所生美恶，人民好恶，为之贡赋政教。略能记其语曰：予辩下土，使民平平，使民无敖。"共者，恭也，贡也，《九共》或为《禹贡》之前身。

经前文记舜"宾于四门，四门穆穆"，舜在王城迎接、送行各地诸侯；继位之后，又"觐四岳群牧"；随后，四出巡守，觐四方诸侯。可见，舜与四方诸侯有频繁接触，自然会利用这些机会了解各地风土人情，以熟知天下风土民情，确定各邦对王之贡赋。

对于缔造华夏之舜来说，这是必不可少的工作，标志着王与诸侯间形成稳定的君臣关系：王保障天下秩序，通过"方居设方"，免除各国相互冲突之患，"别生分类"确认各国之君的治理权。这些是单个诸侯通过自己努力无法获得的公共品。享有这些公共品的回报是，诸侯效忠于王，其具体表现就是承担对王之贡赋。所谓贡，就是提供贡品，各地独具特色的物品，王者用以祭祀或赏赐其他诸侯。贡品无多大经济意义，主要用以表达臣服之心；赋是人力义务，主要是军事义务，王者征召，诸侯带领自己全副武装的军队为王出征，协助王维护天下秩序。

显而易见，确定各地贡、赋是一个漫长的工作，大约从尧时开始，舜继续；

禹为治水，更走遍天下，对天下山川大势、各地土地品质，有具体细致了解，与诸侯有更密切接触，最终形成《禹贡》。《禹贡》最为重要的是第一部分，可以豫州为例：

> 荆、河惟豫州。伊、洛、瀍、涧，既入于河，荥波既猪。导菏泽，被孟猪。厥土惟壤，下土坟垆。厥田惟中上，厥赋错上中。厥贡：漆、枲，絺、纻。厥篚：纤、纩。锡贡磬错。浮于洛，达于河。

文字简短，而内容丰富：首先，标明豫州之范围，南到荆山，北到黄河。其次，记其境内重要河流、湖泽。第三，记载其土质。第四，记其可耕种之田地的等级，全国分三等，每等又分三级，共三等九级。第五，记其对王承担之赋的水平，也是全国分为九级。第六，记其贡品之种类。最后，记其如何通过水路进入黄河，以达王城。可见，其记载内容十分丰富，从自然到政治，逐层递进。

这份文献是尧舜禹有效治理天下之明证，是华夏国家有效运转之明证。生活在这块疆域中的人民，经由王的法度，已初步整合成为一统的政治和文明体，此后，此体内各族群、人民之凝聚力不断提升，其范围持续扩展，而为今日之中国。

下部

《尚书·皋陶谟》大义浅说

四十七、圣人皋陶

曰若稽古皋陶曰。

稽考古代皋陶说。

由本章开始为《皋陶谟》，今文《尚书》为一篇，古文《尚书》最后一篇为《益稷篇》。

皋陶是东夷人，"皋"就是太皞、少皞之"皞"，《史记·夏本纪》记载，禹"封皋陶之后于英、六，或在许"，其地在淮河下游，当为洪水退后，皋陶之国南迁所居。

经前文记述，因"蛮夷猾夏，寇贼奸宄"，舜策命皋陶作士，在新兴的华夏执行统一的刑罚，惩罚破坏秩序的各种犯罪活动。皋陶尽心履行这一职责，《尚书·大禹谟》记舜称赞皋陶："皋陶，惟兹臣庶，罔或干予正。汝作士，明于五刑，以弼五教。期于予治，刑期于无刑，民协于中。时乃功，懋哉。"

皋陶之大名为后人传诵，如《诗经·鲁颂·泮水》记载鲁僖公征伐淮夷获胜，在泮宫举行献俘仪式：

> 明明鲁侯，克明其德。
> 既作泮宫，淮夷攸服。
> 矫矫虎臣，在泮献馘。
> 淑问如皋陶，在泮献囚。

不过，皋陶之德远不止此，皋陶还是圣人。

圣人皋陶

《尚书》文本结构表明，皋陶在华夏文明演进过程中之地位相当特殊。古文《尚书》头五篇依次是《尧典》《舜典》《大禹谟》《皋陶谟》《益稷》，皋陶仅次于尧、舜、禹。今文《尚书》第一篇为《唐书》之《尧典》，记尧之为政、尧舜禅位与舜之为政；第二篇为《虞书》之《皋陶谟》，记舜禹禅位，而以皋陶为中心。

《白虎通义·圣人》列举圣人，先是伏羲、神农、黄帝、尧、舜，其次是禹、汤，再次是文王、武王、周公。这些圣人全部是王，周公至少曾摄政。接下来的圣人则是皋陶，皋陶固然为东夷族之君，但并未为王，却列为圣人，此何以故？《白虎通义》给出答案：

> 何以言皋陶圣人也？以自篇曰"若稽古皋陶"。圣人而能为舜陈道，"朕言惠可厎行？"又："旁施象刑，维明"。

列皋陶为圣人，理由有三：第一，本篇开篇"曰若稽古皋陶"，与《尧典》"曰若稽古尧"类似，这显示在《尚书》写定者及编定者孔子看来，皋陶地位相仿于尧、舜、禹。第二，皋陶能为圣人陈道，即本篇经文所陈者。第三，皋陶公正地执行刑律，维护社会秩序。第二点至关重要，而第三点与第二点密切相关。

也即，皋陶之所以为圣人，主要因为其献"谟"，故本篇名为《皋陶谟》。

典与谟

本篇文体为"谟"，不同于上篇之"典"。

《尧典》记事，记尧舜二帝缔造华夏之过程。关于尧，未记如何即位，径直叙述尧之德，接下来叙述以下要事：第一，合群，从而联合诸邦为华夏；第二，敬天而作历法，巩固华夏；第三，洪水肆虐，派人治水。第四，遴选继位人，这部分最为详尽。

由此转而记录舜之行事，在关于遴选过程的记录中，记舜之德；接下来重点记述舜在接受摄政期间之政事，概括言之，制礼，从而树立王权，强化王与诸侯之间政治联系。尧去世后，舜所做主要工作是委任官员，组建华夏第一政府，驾崩于征苗道上，终篇。

总之，《尧典》完整记载尧舜二帝创制立法以缔造华夏的过程，由此，华夏得以建立并初步稳定。华夏非种族概念，而是文明概念：华夏是维系华夏共同体之各种"文"，也即礼乐制度。《尧典》正是以事见礼，通过记载尧舜之创制立法，而呈现华夏之为华夏的大经大法。故为"典"，典者，法也，后世有所谓"政典""法典"之说，《尧典》就是中国最根本之宪章、法典。后世一切治理之观念和制度，均从尧舜之大经大法承续、衍生出来。

《皋陶谟》之文体则是"谟"。谟者，谋也。谋是封建之臣对君的义务之一：臣在朝会于君时，应对君之事务处理，提供知识、智慧和意见。经前文记载，尧说舜"询事考言，乃言砥可绩"，舜曾为尧献谋。舜巡守四方，四方诸侯觐见，"敷奏以言"，四方诸侯向舜献谋。尧、舜任命官员，征询四岳意见，四岳之言也属于谋。在古典时代，臣对君之谋是通过面对面之"言"呈现出来的，谋出现在君臣对话之中。

《皋陶谟》记录的正是一场君臣对话，故其主体为皋陶、舜、禹之言，本篇以言为主。《尧典》虽记尧舜与诸臣之言辞，但系处理具体事务过程中之言辞。《皋陶谟》主体部分记录的是纯粹的对话，对话主角有三人：舜、禹、皋陶，三位圣贤之心志、义理于此可见。

本篇最后又回到记事，从中可见，这场对话发生于舜、禹王权交替之前。在对话中，皋陶对舜，尤其是对即将继任为王之禹，提出治国为政之谋。对话的结果是，确定禹作为王位继嗣人；最后记载舜退位、禹继位为王之仪式。

思想家皋陶

首先应当注意，尽管舜即将禅位于禹，舜、禹政治地位比皋陶高，但这场对话，实由皋陶之话语开始，且皋陶之言辞居于主体地位，故本篇名为《皋陶谟》。按《书序》，"皋陶矢其谋"，皋陶向舜、禹陈言自己之谋。换言之，皋陶通过言辞，向舜、禹阐述自己关于治理社会之思考。由经文可见，皋陶的阐述确实最为抽象，也最为系统。正是这些陈述让皋陶成为圣人。

用现代词汇说，皋陶实为思想之圣人。尧舜缔造了华夏，皋陶参与其事，但皋陶在历史上最为重要的身份，还是华夏第一思想家。为什么皋陶非王者而为圣人？为什么皋陶是华夏第一思想家，而不是其他人？

皋陶独特的身份有助于其深入思考，阐明治道。舜策命皋陶为士，负责规范和实施刑律，以维护新生华夏内外之秩序。这一职责的性质与禹之平水土、后稷之播百谷、契之教化职责等，有较大不同：其他圣贤的工作都是"在场的"，在政治社会过程中行动，处理具体事务。至于舜，更是创制立法者，他当然有自己的筹划，也有完整的义理，但他主要通过自己创立的法度将义理铸入正在成长之华夏之体中。

相对而言，皋陶的工作却有旁观性质，多少身在事外，因为，他的职责是判断他人之行是否恰当、合礼，若不合礼，且对他人造成危害，则予以惩罚。当然，皋陶不是纯然的旁观者，他毕竟是士，他以此身份在场地参与社会治理，在当时，恐怕主要是惩罚那些严重破坏华夏政治秩序的诸侯。事实上，若他根本未参与治理，自无机会深入观察华夏缔造之过程，无从知晓尧舜禹之人、言、事、制，也就无从献"谟"。皋陶再聪敏，也不可能凭空产生伟大的思想。纯粹旁观者不可能产生切于事理之治理、政治思想，枯坐书斋之哲人或许可以构建出优美而自以为完美的思想体系，但这体系未必有助于道德之提升与政治之改进。皋陶身处在场与旁观之间，深度介入华夏缔造过程，又比较超脱，从而能冷静地观察，深入地思考，并以言辞概括尧舜之道，也即华夏治道。

之所以说皋陶是第一个思想家，是因为，其他圣贤之思想呈现于其所创立之法度和处理具体政事之做法中，皋陶则让思想呈现于言辞中。这种言辞已不同于日常语言，也不同于政务语言，而使用较为超出具体事务的抽象语言。故《皋陶谟》主体部分皋陶之言完全不同于尧舜之言。我们只能由行事探知尧舜之治理思想，皋陶的治理思想则以言直接呈现。

由此，皋陶第一个让"思想"独立出来，他是中国第一位思想家。皋陶发明一系列概念，铸造一组命题，以之呈现尧舜之道，由此，尧舜之道可道、可传、可学、可大。在尧舜那里，道在圣人身上，道在圣人行事中，道在圣人所立之制中。在皋陶那里，道在言中。此言之显道，更为直接，于旁人、后人，可减省其接受成本；故皋陶为后世弘扬尧舜之道，拓展了更为宽广的空间。

故求良好秩序，既可深思尧舜之典，更可细观皋陶之言。《孔丛子·论书》记载：

> 子夏问《书》大义，子曰："吾于《帝典》见尧舜之圣焉；于《大禹》《皋陶谟》《益稷》见禹、稷、皋陶之忠勤功勋焉；于《洛诰》见周公之德焉。故《帝典》可以观美，《大禹谟》《禹贡》可以观事，《皋陶谟》《益稷》可以观政，《洪范》可以观度，《秦誓》可以观议，《五诰》可以观仁，《甫刑》可以观诫。通斯亡者，则《书》之大义举矣。"

《帝典》就是《尧典》，孔子指出，诵读《帝典》可以观尧舜之美，尧舜之德行、他们缔造华夏之事业不仅是善的，更是美的，华夏从一诞生就是"郁郁乎文哉"。孔子又说，诵读《皋陶谟》，可以观华夏之政道。正是皋陶，把尧舜之法度抽象为万世可言、可传之道，制度可因时而变，但皋陶以清晰之言所概括的道则不变。皋陶之为圣人，不亦宜乎？

四十八、修身为本

曰若稽古，皋陶曰："允迪厥德，谟明弼谐。"

禹曰："俞，如何？"

皋陶曰："都！慎厥身，修思永。惇叙九族，庶明励翼。迩可，远在兹。"

禹拜昌言曰："俞！"

允，信也。迪，导也，延伸，发育。

谟，谋也。弼，辅佐。

庶，众也。明，高明之人。

励，劝也，劝勉。翼，敬也。

稽考古代皋陶说："认真导育自己的德，谋划高明，辅臣协调。"

禹说："然也。是什么呢？"

皋陶说："啊，当心自身，修饬自己以求长远。笃实地治理九族，众多贤明者勉力而小心翼翼。近处的人认可，远处的人到此。"

禹拜谢皋陶的美言说："好啊。"

尧舜缔造华夏，现在，舜将转移王位给禹，故皋陶总结尧舜之治道，告知禹。皋陶劈头提出华夏治道之大纲，关键是两条：修己之身，任用贤能。此为全篇总纲，统摄以下论述。

慎厥身

《尧典》开头叙述尧之德，尧依凭其德，联合各邦国为华夏。舜依凭其德，让复杂的家达到和谐状态，赢得人们尊重，得以继位为王，并以其德巩固华夏。故皋陶提出华夏治道第一原则，"允迪厥德"。迪者，导也，人人内在固有之明德延伸、扩充、发育，成为待人接物之德行，是为导，此即尧之"克明俊德"。人本有明德，引而导之，发育成长，则可有德行。

如何导之？皋陶说"慎厥身"。身者，自己之身也。慎者，谨也，意为当心、进而控制。当心的前提是自觉，心的自觉。有身，则有心，与身相对者，心也。心在身之中，但并不是每人都能有心之自觉，身也就在浑浑噩噩状态。"慎厥身"，意味着心控制着身。不只是遵守习惯性规则，还用心思考，自觉地控制身，留心自己一言一行，一举一动，让其合礼。

孟子曰："尧舜，性之也；汤武，身之也。"[1] 尧舜生而有德，且以其德合群而缔造华夏。皋陶看到尧舜之德及其效果，进而思考，其他人有没有可能具有此德，哪怕程度不如尧舜？皋陶提出，人人慎己之身，即可进至于德。

人所当慎者，身也。身是整全的，由内而外。"慎厥身"者，以心控制身，尤其是控制外在的行。人是通过行与他人交接的，皋陶关注人伦中的德，此德见之于行，才有意义。

与"慎"相对者，放纵也。常见的放纵是放纵身体对物质之欲望，也包括放纵自己所具有的某种优势，比如经前文所记胤子朱之放纵聪明、知识。放纵就是失控，对己身失去控制，必然伤害他人而不自知，从而引发他人相应的回应，自己遭受伤害。

"慎厥身"是修身概念之滥觞，后世得以发扬光大，如《大学》谓："自天子以至于庶人，壹是皆以修身为本。"人的生命如何达到好的状态？人与人何以形成良好秩序？巫术无效，神无从指望，只能靠人。靠谁人？靠每一个人，每个人都是主体。但人如何成长而担当？每人自修其身，即可自主地提升生命进

---

[1] 《孟子·尽心》。

于优美状态；每人自修其身，即可形成良好的人际秩序。

"厥"字清楚指出，慎、修之主体是自己。不是外在的强制或者引诱，而是自觉、自主、自修。天给人以自主，人不能不自主，天赋之"明德"也让人可以自主。故圣贤以为，社会治理之基础只能是并且完全可以是人人自修其身，即每一个体之自我治理、自我提升、自我约束。

自天子以至于庶人，每一个体都自我治理，由此向外推展，如《中庸》所说：

子曰："好学近乎知，力行近乎仁，知耻近乎勇。知斯三者，则知所以修身；知所以修身，则知所以治人；知所以治人，则知所以治天下国家矣。凡为天下国家有九经，曰：'修身也，尊贤也，亲亲也，敬大臣也，体群臣也，子庶民也，来百工也，柔远人也，怀诸侯也。'"

何以修身？好学，力行，知耻。前提是自觉，自觉，则能修身，才可以治人，由此形成的良好人际秩序，由近及远，由小到大。故治国平天下的大节目，实始于切己之修身，王者修身，人人修身。故《荀子·君道》曰：

请问为国？曰闻修身，未尝闻为国也。君者仪也，民者景也，仪正而景正。君者盘也，民者水也，盘圆而水圆。君者盂也，盂方而水方。君射则臣决。楚庄王好细腰，故朝有饿人。故曰：闻修身，未尝闻为国也。

治国之大本在修身，不修身，无以治国。子曰："政者，正也。子帅以正，孰敢不正？"[1] 所谓治国、平天下，就是让每人保持在正的状态，《周易·乾卦·象辞》所谓"各正性命，保合太和"。身修，才能正，不修则不正。人人自修，以至于正。在上位者首先自正，示范于人，形成良性激励机制，即可塑造良好社会风气。

孔子对修身，有很多讨论，比如《论语·宪问》载：

---

[1] 《论语·颜渊》。

子路问君子。子曰："修己以敬。"曰："如斯而已乎？"曰："修己以安人。"曰："如斯而已乎？"曰："修己以安百姓。修己以安百姓，尧舜其犹病诸！"

修身就是让身心皆在敬的状态，后来宋儒反复讲持敬、主一。这包括身体全幅处在敬的状态，《论语·泰伯》曰：

曾子有疾，孟敬子问之。曾子言曰："鸟之将死，其鸣也哀；人之将死，其言也善。君子所贵乎道者三：动容貌，斯远暴慢矣；正颜色，斯近信矣；出辞气，斯远鄙倍矣。笾豆之事，则有司存。"

修身，当控制自己的容貌、颜色、辞气。为此，当"非礼勿动，非礼勿听，非礼勿言，非礼勿动"[1]。《荀子·修身》曰：

凡用血气、志意、知虑，由礼则治通，不由礼则勃乱提僈；食饮、衣服、居处、动静，由礼则和节，不由礼则触陷生疾；容貌、态度、进退、趋行，由礼则雅，不由礼则夷固、僻违、庸众而野。故人无礼则不生，事无礼则不成，国家无礼则不宁。

修身自当合于礼，不过，修身并非被动地以礼约束自己，从根本上说，修身是生命之内在要求：天生人以明德，此明德自然地要人明己之明德。由修身，生命进于优美状态，这是悦乐的。

修思永

皋陶提出"修思永"，《说文解字》："永，水长也。"修饬自己，以能长久，这既对个体道德生命而言，也对共同体之文化生命而言。

尧舜缔造华夏，皋陶参与其中。禹即将继位，皋陶难免担心，新生华夏能

---

[1] 《论语·颜渊》。

否长久维系？具体而言，尧舜法度能否长久发挥作用？会不会被抛弃？皋陶在此表达自己的期望：希望禹修饬新生的华夏，让其得以长久生存下去。当然，禹很好地完成了这个工作。尽管从他开始，制度上转向家天下，但新生的华夏共同体之内部凝聚力因此而提高，并由此一路成长。

华夏之所以走上长久的成长之路，乃是因为，尧舜为首的君子群体有长远视野。"修思永"，追求"永"，追求长久，而非仅仅追求短暂的目标。比如，面对洪水，面对族群之聚合，他们不仅思考如何解决迫在眉睫的难题，还思考如何形成可久、可大之秩序。据此，他们超越巫术和暴力，而以德合群，君子共同治理，此即尧舜的长久之道。

在历史大变局中，人们未必总能做出如此抉择。缔造华夏是一场大变局，下一场则是周秦之变，而在此时代，君子群体未能"思永"，如《左传·昭公六年》记载，子产作刑书，偏离礼治，以刑治国，晋国贤人叔向写信严厉批评，并预言"终子之世，郑其败乎"。子产复书曰："若吾子之言。侨不才，不能及子孙，吾以救世也。"子产也算当时之贤人智者，却明明白白地说：他提出解决方案，无从顾及子孙后代，只为应付当下难题，至于未来结果怎样，不予考虑。此即目光短浅的功利主义，反乎"修思永"之道，而这种观念几乎支配整个战国、秦。

在此功利主义时代，儒家的"修思永"主张，因此遭到嘲笑，《论语·子路》记载孔子、子路之对话：

> 子路曰："卫君待子而为政，子将奚先？"子曰："必也正名乎！"子路曰："有是哉，子之迂也！奚其正？"

孔子的"正名"是长久之道，然而即便子路也不能理解孔子，讥笑孔子为"迂"。迂者，迂远也，当时人热衷于寻找立刻见效的方案，孔子的方案似乎绕得太远。孟子遭到同样的对待，《史记·孟子荀卿列传》概述孟子生平：

> 道既通，游事齐宣王，宣王不能用。适梁，梁惠王不果所言，则见以为迂远而阔于事情。当是之时，秦用商君，富国强兵；楚、魏用吴起，战胜弱敌；齐

威王、宣王用孙子、田忌之徒，而诸侯东面朝齐。天下方务于合从连衡，以攻伐为贤，而孟轲乃述唐虞、三代之德，是以所如者不合。

孟子述三代之德，人讥之为"迂远"，不切实际。可以说，孔孟与法家之最大区别在于，孔孟追求长远之道，法家追求当下看得见的成功。在短期内，法家确实非常成功，战国、秦、汉初，看起来颇有能力的法家人物一个接一个兴起，建立各种各样的制度。然而，短期内有效者未必能够长久。法家所建立的各种制度，也确实未能让社会归于安定。最终，还是在儒家登场之后，才得以形成稳定的秩序。《论语·子路》：

子夏为莒父宰，问政。子曰："无欲速，无见小利。欲速，则不达；见小利，则大事不成。"

无欲速，无见小利，就是修思永，目光长远，能见大利。秉持这一传统，儒家一直放眼长远，教人以长久之术，比如：

陆生时时前说称诗、书，高帝骂之曰："乃公居马上而得之，安事诗、书！"陆生曰："居马上得之，宁可以马上治之乎？且汤武逆取而以顺守之，文武并用，长久之术也。昔者吴王夫差、智伯极武而亡；秦任刑法不变，卒灭赵氏。乡使秦已并天下，行仁义，法先圣，陛下安得而有之？"高帝不怿而有惭色。[1]

秦人崇尚武力和刑政，结果不二世而亡；陆贾教导汉高祖，行仁义、法先圣，此乃长久之术。此后，汉家逐渐更化，确实保持社会政治秩序之长久稳定。

惇叙九族

就个体而言，"修思永"者，寻求生命之长久也。人的身体必然死亡，即便

---

[1] 《史记·郦生陆贾列传》。

慎厥身，身体也会死亡。那么如何实现生命之长久？《史记·李斯列传》记载：

> ［秦］二世燕居，乃召［赵］高与谋事，谓曰："夫人生居世间也，譬犹骋六骥过决隙也。吾既已临天下矣，欲悉耳目之所好，穷心志之所乐，以安宗庙而乐万姓，长有天下，终吾年寿，其道可乎？"

肉身会很快死亡。秦二世克服死亡恐惧的办法是抓住当下，及时享乐，在给定时间中享受最强烈、最充分的肉体快感。秦二世何以如此？因为他只见己身生命之短暂，而不见人文精神之长远。孤零零的生命当然有其明确期限，而死亡也是此身彻底之终结，故以身体对物质的最大占有，可以塑造时间延缓的虚幻想象。

皋陶则说"惇叙九族"，超出个体之身，把个体生命置于九族之中，置于连续不断、环环相扣的生命之流中。上承祖先、父母，下启子孙，父母的生命通过自己延伸，自己的生命通过子孙向下延伸。在这生生不已的生命之流中，个体生命就是长久的。

慎厥身，修思永，才能惇叙九族。不修身，不思永，无以为人子、为人兄、为人夫、为人父。

庶明励翼

治国之关键是"谟明、弼谐"。洞见事理，则解决问题之方案高明。但"谟"字已表明，此解决方案并非直接出自于王，而是他人所献之谋，他人谋划而得到的方案，如同本篇经文之主体是皋陶献给禹之谋。

故皋陶下面说"庶明励翼"，此为"谟明"之前提。上、下两个"明"是对应的：高明之谋，来自贤明之人。治国平天下的关键正是从众人中遴选贤明之人。回头来看，《尧典》所记内容相当部分是尧舜寻找贤明之人：尧寻找继嗣者，寻找治水者，舜寻找共同治理者。

而贤明之人一定不止一个，故此处说"庶明"，众多贤明之人。王者让众多贤明之人积极参与公共事务审议，让其在社会治理各领域积极发挥作用，由此，贤明之人勤勉用心，此即"励"；也保持在"翼"的状态，即敬。王者不信任，不用其谋，不与之共同审议、决策，则贤明之人也就心灰意冷。

慎厥身，休思永，惇叙九族，谟明弼谐，这是皋陶对尧舜之道的总结：经前文谓尧"克明俊德，以亲九族"；舜"克谐以孝"，与君子共治，皋陶将其条理化。这四条，原点是慎厥身。不论尧、舜，都能自修其身。修身，则能修思永；修思永，则必能惇叙九族；与君子共治，则必能庶明励翼。尧之所以否决朱和共工，皆因其不能自修己身，放纵自己。

由此而可收如下社会治理效果："迩可，远在兹"，近处的人认可权威，服从秩序，远方的人乐意到此处来。此即前文之"柔远能迩"，或孔子所说"近者悦，远者来"[1]。

皋陶特别对禹提出这一点，乃是因为舜禹禅位之际，华夏构建刚刚起步，皋陶不能不思考，华夏构建过程会不会中断，更积极地说，华夏内部凝聚力能否增强，华夏的范围能否进一步扩展，把更多族群包容其中？那么，如何着手？首先做到"迩可"，也即，目前在华夏王权治下之君子、庶民从新生秩序中得到好处，认可华夏，忠于王权。若能如此，目前在华夏之外的族群必会自愿加入。而这效果之原点仍在德，在修身。

---

[1] 《论语·子路》。

四十九、知人安民

皋陶曰："都！在知人，在安民。"

禹曰："吁！咸若時，惟帝其難之。知人則哲，能官人；安民則惠，黎民懷之。能哲而惠，何憂乎驩兜？何遷乎有苗？何畏乎巧言令色孔壬？"

人，君子。民，庶民。

吁，为难之语气词。

时，是也。

官，任以为官。

迁，流迁。

孔，甚也。壬，佞也。

皋陶说："啊，在于了解君子，在于安定庶民。"

禹说："难啊。两者都做到，哪怕是尧也觉得难。了解君子，就是明哲，就能安排其至合适位置。安定民众，就是惠爱，黎民都会感念。能做到明哲而惠民，何以忧虑驩兜？何以迁徙三苗？何以畏惧巧言、令色、大佞？"

经前文"允迪厥德，谟明弼谐"是本篇总纲，前文论述"慎厥身"，对应于"允迪厥德"；那么，如何做到"谟明弼谐"？本章展开论述，概括为知人、安民两项。

知人

王者不可能独治天下，尤其是对华夏这样的超大规模政治体，尤其是在华夏初建之时，王权只及于诸侯，能否做到"迩可，远在兹"，端看直接治理民众之各邦君子是否有德。故治理是否优良，端视王者能否发现贤能，并让其在合适位置上发挥作用。首先是知人，其次是用贤，贤能君子共治，才能安民。

事实上，唯有用贤，治理才是可能的。社会治理面临不可克服的知识难题。塑造和维护良好秩序，解决社会中各种可能出现的问题，均需相关知识，除了各种专业工程技术知识，更为重要的是，关于共同体中资源分布之知识，关于民众需求之信息。总之，治理所需之知识极为庞杂，并且是动态的、在持续变化之中的。王在治理体系之顶端，若全面掌握这些知识，当然很好。问题在于，作为个体，王的智力有限，终究不可能遍知万物。面对纷繁而动态的世界，王始终处在绝对无知的状态。故《周易·蒙卦》谓六五之君为"童蒙"。经前文谓尧之子"朱开明"，也即知识丰富，而尧以为其不足以为王。原因在于，朱的知识再丰富，面对治理超大规模共同体之需要，也是浅薄无知的。而其自恃知识丰富，反而处在更严重的状态：杜绝了克服无知的唯一办法。

如何克服这一绝对无知之困境？唯一办法是任用贤能。不是靠自己一人智力解决难题，而是靠众多人的头脑解决难题。遴选共同体中贤能之人，即可充分地利用共同体中人所有之知识，有可能为解决可能出现的问题找到妥善方案。[1]

皋陶以为，这才是王者之哲。王者不必是科学家，也不必是哲学家，不必是工程师，不必是史官；王者是共同体的领导者，是各种知识和能力的整合者、协调者。王者之哲表现在，在共同体中发现贤能之人，将其安排在最恰当位置，并协调诸多贤能者，各自充分运用其德能。王者之哲不在于自己知识丰富，而

---

[1] 哈耶克指出：合理经济秩序面临难题的这一独特性质，系有如下事实决定：我们必须加以运用之有关环境之知识，从不以集中或整合的形态存在，而完全呈现为所有分立的个体拥有之不完备的且常相冲突的知识之分散的碎片。故社会之经济问题不只是如何配置"给定"资源之难题——若"给定"意为给予某一单个心智，它审慎地解决这些"数据"所设定之难题。所谓难题毋宁是如何确保社会任一成员所知之资源得到最佳运用，至于其目的，只有个体知晓其相对重要性。或者简而言之，此难题是不能完整地给予任何人的只是之利用（参阅哈耶克《个人主义与经济秩序》，三联书店，2003 年）。此论适用于社会治理，良好社会治理秩序面临的根本难题正在于分散于众人中的知识之有效利用。

其知人善任。由此就可以"庶明励翼",也即共同体中每个贤能者均在合适的位置运用自己的德能解决问题。

王者如此"知人",自然可以"安民"。民的数量庞大,王者不可能直接安民。孔子谓,欲博施于民而能济众,"尧舜其犹病诸","修己以安百姓,尧舜其犹病诸"[1],从王者到万民,之间有君子群体,王者通过任用德能卓越之君子,而安定万民。

舜之德正在于此。皋陶之论说立足于对舜的观察,而将其抽象为义理。选贤与能成为中国治道之核心概念。《论语·颜渊》记载孔子教诲其弟子:

> 樊迟问仁,子曰:"爱人。"问知,子曰:"知人。"樊迟未达,子曰:"举直错诸枉,能使枉者直。"
>
> 樊迟退,见子夏曰:"乡也吾见于夫子而问知,子曰:'举直错诸枉,能使枉者直。'何谓也?"子夏曰:"富哉言乎!舜有天下,选于众,举皋陶,不仁者远矣。汤有天下,选于众,举伊尹,不仁者远矣。"

孔子回答爱人为仁,樊迟马上理解,但对孔子所说知人为智,樊迟难以理解。这显示,人们一般不容易理解知人对于优良治理之重要意义,人们可能总倾向于把治国视为工程问题,把知识等同于明智。孔子则指出,王者之智,实在于有集合众人之智的智,或曰德能。

孔子另一段论述是对皋陶此处论说之概括:

> 哀公问曰:"何为则民服?"孔子对曰:"举直错诸枉,则民服;举枉错诸直,则民不服。"[2]

担负领导之责的君子知人,则可遴选贤能之共治者,民众自可信服王权。《荀子·大略》也论述说:

---

[1] 分别见《论语》之《雍也篇》《宪问篇》。
[2] 《论语·为政》。

主道知人，臣道知事。故舜之治天下，不以事诏而万物成。农精于田，而不可以为田师，工贾亦然。

君知人而臣知事，此为政治上的分工原则，但维持这一分工体系正常运作之前提则是君之知人，《说苑·君道》对此予以申论：

当尧之时，舜为司徒，契为司马，禹为司空，后稷为田畴，夔为乐正，倕为工师，伯夷为秩宗，皋陶为大理，益掌驱禽。尧体力便巧不能为一焉，尧为君而九子为臣，其何故也？尧知九职之事，使九子者各受其事，皆胜其任以成九功，尧遂成厥功以王天下。是故，知人者，王道也；知事者，臣道也。王道知人，臣道知事，毋乱旧法而天下治矣。

舜之知人善用，就是知人之哲的典范。因为舜信任贤能，故贤能得以发挥作用，此即君王之哲。

安民

经前文曾描述尧以德合群，"黎民于变时雍"，雍者，和也。"和"描述人际关系之状态。和者，人与人之间不发生冲突，不相互伤害，而相互信任，可展开低成本之合作。王者之治当求"和"。

皋陶更进一步提出，王者之治当求"安"，所谓"安民"是也。和在人际，安属个体。当然，两者密切相关，互为因果：人际和，则个体安；反过来，个体安，则人际和。

安是个体之心处在宁静状态，身也在安宁状态。安意味着生命之至于均衡：他希望得到的有价值的东西，大体得到；他在自己的位置上以自己的能力来衡量，认为自己得到了可以期望且能得到的。故他较为满足，安于其所，没有太多外在的人、物、事可扰动他。人之安，并非在于得到很多，也不在于人人得到同样多，而在于处在特定结构中的个体心理上之内在均衡。在此均衡状态下，他主观上是幸福的。

　　皋陶第一个把"安民"作为治国之基本目标，其预设是：人是人，治理的过程中必须把人当人对待。不能仅把人当成物，相互不伤害即可；也不能仅把人当动物，只要吃饱即可。人有心，有期望，有七情六欲。若制度不公正，分配不合理，即便人的温饱不成问题，也会不安。而这种不安带给人的负面影响，也许大于身体之饥饿。治理者除了让人与人相和之外，更要让每个人精神上安，其前提是"仁"，把万民当成真正的人对待。

　　孔子继承这一思想，《论语·季氏》论治国之道：

　　　　丘也闻：有国有家者，不患贫而患不均，不患寡而患不安。盖均无贫，和无寡，安无倾。

　　治理者不必担心具体财富之贫乏，而应担心财富分配之不公；不必担心人口之寡少，而应担心人心之不安。财富只要分配公平，就无所谓贫乏；人只要和，就无所谓寡；而人心安宁，邦国就不会倾覆。对治理者来说，最重要的是安，而要达到安就应做到均与和：财富分配公平，每个人得到其应得者，道德、伦理、法律等规则又让人之间形成和的状态。

　　那么，王者自身当怎样，方可安民？《论语·宪问》记孔子对子路的教诲：

　　　　子路问君子，子曰："修己以敬。"曰："如斯而已乎？"曰："修己以安人。"曰："如斯而已乎？"曰："修己以安百姓。修己以安百姓，尧舜其犹病诸！"

　　以敬修饬自己，始终保持在敬的状态。修己敬人，则与自己共同治理天下，常与自己交接之君子安宁；修己爱人，则百姓安宁。《礼记》开篇写道：

　　　　《曲礼》曰：毋不敬，俨若思，安定辞，安民哉！

　　这里指出君子修身以安民之道：从无不敬，经过容貌严整，言辞安定，达到安民。

　　安民需要礼，《周易·履卦·大象传》曰：

上天下泽，履；君子以辨上下，安民志。

礼是习惯形成的公道规则，人们习焉不察之规则，每人由此知道自己之本分，其心志即可安定下来，无非分之想。很多时候，人心之不安，乃是因为人不知其本分，礼让每个人知道自己的本分，故能安人心。

知人之难

皋陶已指出，王者之德是知人、安民。王者不可能一人治天下、安万民，故安民之前提是知人，知君子之善恶而用其贤者，则能安民。

针对这一点，禹提出相当强烈的质疑：即便是尧，也未能做到知人。尧所用之人也有不称职者，甚至佞邪者，他举驩兜、三苗之例子，且特别提到"巧言令色孔壬"之人，孔子曾谓"巧言令色，鲜矣仁"[1]，即出自于此。舜后来对其予以惩罚。

在此，禹没有提到同样遭到舜惩罚之鲧，毕竟是自己的父亲；禹也没提到共工，很可能，禹之邦国与共工族有密切关系，因为共工族同样精于治水。

禹的问题是尖锐的，确系社会治理之千古难题。人不是物，人是活的、动态的，有七情六欲，私欲完全可能冲破公心。同时，人高度复杂，可以伪装。另外，人无全人，一个人的长处，换个角度就是短处。故子贡大约闻之于孔子曰："知莫难于知人"[2]，在人的认知活动中，知人最难；孔子也曾表示："不患人之不己知，患不知人也。"[3]

也因此，对此问题，恐怕不存在终极解决方案，但可在两个方向寻找解决办法，第一，发展知人之术。皋陶于下文提出分析人之德能的义理，孔子也曾提出具体办法："不知言，无以知人也。"[4] 子曰："视其所以，观其所由，察其所

---

[1] 《论语·学而》。

[2] 《大戴礼记·卫将军文子》。

[3] 《论语·学而》。

[4] 《论语·尧曰》。

安。人焉廋哉？人焉廋哉？"[1]这是有效的。经前文已记载，对驩兜推荐共工之言，尧断然拒绝，最终，舜也流放了驩兜。

第二，扩大知人者的范围，如后世察举制度及西人实施之民主选举制度。让更多人参与到贤能的发现和举用过程，或可提高发现和举用贤能之效率。不过，民主选举制度面临的难题是，本身非贤能之人有没有可能发现贤能者？事实上，经前文已记，众人推荐鲧治水，尧已知其无力，但舍己从众，结果果然失败。另一方面，众人推荐舜，事实证明完全正确。当然，尧在进行详尽考察与漫长而复杂的测试后，才确定舜为继任人。

这似乎说明，知人而用人，也即选贤与能，需要一套复合机制，综合运用。任何单一机制都有很大风险，既不能知人，也就难以安民。

---

[1] 《论语·为政》。

五十、德行有常

皋陶曰："都！亦行有九德。亦言其人有德，乃言曰载采采。"

禹曰："何？"

皋陶曰："宽而栗，柔而立，愿而恭；乱而敬，扰而毅，直而温；简而廉，刚而塞，强而义。彰厥有常，吉哉。"

载，为也。采，事也。

栗，《礼记·表记》有"宽而有辨"句，栗，有辨，有条理。

立，挺立，坚定。

愿，知人所欲。恭，《夏本纪》作"愿而共"，共者，供也。

乱，治也。

扰，驯也，养也。

廉，敛也，自检敛也。

塞，满也。

常，恒也。

皋陶说："啊，人之行可有九种德。有人说某人有德，那就说说他做过一些什么事情吧。"

禹问："九德是什么？"

皋陶说："宽大而有条理，柔顺而坚定，善解人意而尽职；能理清头绪而谨敬，善养人而果毅，能正人而温和；易简而守规矩，刚强而笃实，强勇而好义。把这些德形之于己身，而坚持不懈，是为吉。"

经上文皋陶提到知人则哲，禹坦陈知人之难，本章皋陶乃列举君子之九德。皋陶以为，据此可观察、判断某人是否有德。德行条目，由此而渐成条理。

德行

皋陶说"行有九德"，展开中国伦理学之根本命题：德是行之特定属性。特定的行才可以德形容，无行，就无德可言。单纯的思，无所谓德，理解德，获得关于德之知识，可为德之起点，但不是德本身。有高尚的想法而无行，无德可言。有高尚的言而无行，同样无德可言。人首先有行，就可言及德：有些行有德，有些行无德，德行者，有德之行也。

《说文解字》："德，外得于人，内得于己也。"《释名》："德，得也，得事宜也。"子曰："志于道，据于德"[1]。天行有道，人生有道，天生人而有仁之性，为仁即是人道；人循道而有所得，即为德。神在人上，则人是否有德，根本不重要。天生人，人可以自主。德才至关重要。人做出正确的选择，合于道，即是德。人之有德，非出于神之命令，而是人之自主选择。德形成于人对自身仁性之自觉，以及此一自觉所促成之行。

德之所以呈现为行才有意义，乃因为，人在人之中，而非在神之下。人在神之下，只要信神，就是全善。天生人，人在天之下，在物之中，在人之中：人在家中，在国中，在各种各样的人伦中。凡此种种人都有人，完整而自主，相互而平等。故任何人都无资格宣称掌握真理，因为世上本无所谓真理；任何人也不可假装自己是神的代言人，因为本无可言说之神。故人根本不必如信神般信其他人，即便信其他人，也不可能至于善。因此，重要的不是内在的信，也不是自我表达的言，而是自己的行。在相互平等的人之中，唯一可以完备呈现自己之善的，就是行。人在行中成己、成人、成物。

那么，如何成己、成人、成物？自己不必等候他人言辞的指引，自觉而行，即可有德。惟有德之行，可成就自己。在行之中，身心形成特定形态，生命渐至于德。这是一个自我塑造的过程，生命自主提升，这种提升唯有通过身之行，

---

[1] 《论语·里仁》。

得以凝定。思想、知识、观念活动都是局部的，行才是整全的：有念头、有言辞，未必有行，但行必立足于念头，借助于言辞。唯有全副身心整体的运作，生命才能提升。

行也可以感他人，改变物。感而有动，有德之行可启发他人，引领他人，推动他人行。但当他人起而行，实际上是自己观察、思考而抉择的。我无言，而他行动。此即有德之行的互动，此即在天之下，不借言辞而成人成物之机制。人与人、物发生关系、并使之变得更好的唯一有效途径是自己之行。德是善的、美的，有德之行才可能增进善与美。

君子正是以自己的行发挥领导作用。子曰："政者，正也。子帅以正，孰敢不正？"[1] 君子旨在让人人各正性命，保合太和，然而从何做起？君子不是靠所谓的真理指引人们，也不是靠神的承诺诱惑人们，或者以神的惩罚吓唬人们。在平等的人的世界，言辞是浮薄无力的。君子唯有以自己的有德之行示范于人们，让人们反思、抉择，自主地进于德，启动其有德之行。君子之为领导者，享有权威，实来自人们的自愿认可，来自德所散发之吸引力。

故君子必重"德行"，经前文谓"克明俊德"，尧以其德行缔造华夏。舜、禹以其大德而为天子。三代君子皆以进德为先：《诗经》之《邶风·雄雉》有句曰："百尔君子，不知德行。不忮不求，何用不臧。"《大雅·抑》："无竞维人，四方其训之。有觉德行，四国顺之。"《周颂·敬之》："佛时仔肩，示我显德行。"

至孔子，开始重视心。仁是内在的精神状态，《大学》八目有"诚意、正心"，孟子讲"人皆有不忍心之心"。尽管如此，行始终至关重要。子曰："君子欲讷于言，而敏于行。"[2] "欲"之意曰，君子尽可能让自己说话时木讷一些，而尽可能勤勉而行。子曰："文，莫吾犹人也。躬行君子，则吾未之有得。"[3] 孔子敬重的是躬行之君子。尤其是下面一章：

子张问仁于孔子，孔子曰："能行五者于天下，为仁矣。"请问之，曰："恭、

---

[1] 《论语·颜渊》。

[2] 《论语·里仁》。

[3] 《论语·述而》。

宽、信、敏、惠。恭则不侮，宽则得众，信则人任焉，敏则有功，惠则足以使人。"[1]

　　孔子告诉子张，唯有践行恭、宽、信、敏、惠五德于天下，才称得上仁。这五德呈现在于与人交接之行为中，能给对方带来好处，为对方所感知。本章最清楚地说明，孔子之仁不是哲学分析概念，不是个体空洞心态，而见之于与他人交接之行。故仁为德行之本，且在德行中。

君子九德

　　如何辨别君子之德行？君子不是玄思的哲学家，也不是寻求神灵拯救的出家人，君子行走于大地，在人之中。君子承担领导社会之责任，故皋陶论述君子之德，大体上是君子领导之德。

　　经前文记舜命皋陶教胄子以四德：直而温，宽而栗，刚而无虐，简而无傲。很明显，君子九德从君子四德发展而来，更趋完整，更有条理。

　　引人注目的是，九德的结构相同，两字相对而言，以"而"为转折。但前后两字意思并非全然相反，很明显地，刚与柔相反，可"九德"中并无刚而柔，而有刚而塞、柔而立。确实，刚而柔不成话，刚而塞完全可以成立。

　　皋陶此处所说前后两字分量不同，前一字为主，后一字为辅。前一字刻画君子应有之德；唯此德必有特定的偏失倾向，后一字乃明确针对这一倾向而预加防备。如待人"柔"，为王者应有之德；但柔顺可能出现偏失，丧失主见，盲目从人，故以"立"扶正之。

　　有人说，前一字指气质，后一字是修养所得。此说不确，前后两个字都意指德。宽大、柔顺等等，确有气质上的基础，但唯有修身，才能成为见之于身的自觉的德。而君子修此德之时又当认识到，此德也可能在行的过程中出现偏失，故需自觉地以栗、立扶正之。

　　可以说，"而"清楚表明，德形成于修身之自觉。这个自觉贯穿于全部：自

---

[1] 《论语·阳货》。

觉地修身，"据于德"。同时，对此德可能的偏失，亦当有所自觉，清醒地加以扶正。修身本身出于生命的自觉，修身过程中同样需要始终保持自觉。

下面皋陶将提出君子若有三德，可以"有家"；若有六德，可以"有邦"。据此，九德似可分为三组，每三个为一组，由后到前有递进关系。

后三德为一组：简而廉，刚而塞，强而义，突出承担具体事务的能力，也即做事的能力。此当为士之德。士者，事也，士在第一线处理具体事务，向民众提供公共品，所谓"临民之官"。此职责要求其有效率，负责任，有决心。

中间三德为一组：乱而敬，扰而毅，直而温，强调组织能力。这是中间层次的君子之德，他们不与民众直接发生关系，其职责主要是合理组织众多的士，令其各尽其职。"乱"，是把有专业才能的人放到合适的位置上，让其各得其所；"扰"，激励每个人充分发挥作用；"直"，及时矫正其可能出现的偏差。

前三德为一组：宽而栗，柔而立，愿而恭，强调宽和、含容、大度之心胸。此为王者之德。"普天之下，莫非王土。率土之滨，莫非王臣。"王者职责是维持共同体的凝聚力，并以德化人。故对所有君子，王者应宽和；处理公共事务，王者应柔顺，也即"稽于众，舍己从人"；对所有民，王者积极地体会、把握其愿望，并积极回应。

君子是治理者，治理必有层级划分，故皋陶针对不同层次的君子，提出三类德目：首先是承事之德，其次是组织之德，最后是协和之德。在下位者，需要干练；位越高，越需要宽柔。用贤、能二字来说，在下位者，能较重要；位越高，贤越重要。当然，两者最终不可分，都是君子应有之德。

君子九德与后人所论之德有一定差距。皋陶所论之君子都是有位者，也即大大小小的共同体之治理者，或曰各个层级、领域之社会领导者。至孔子以学养成"士君子"，则有其德而无其位。士君子之德不再直接为领导者之德，而是可成为领导者之德。德更多关乎一般生命状态，美善之生命状态。不过，儒家始终强调，此士君子之德构成作为社会领导者的君子之德的基础。

有常

皋陶接着指出，"彰厥有常，吉哉"。"彰"谓彰显德于自己身上，身体文而有明。"有常"者，有恒也，有德之行，惟有恒常行之，才能为真正的德。光有一个念头，不是德；仅行一次两次，不是德。只有恒常行之，德塑造自己的心身，以德化成己身，形成常态的行为模式，以此待人接物，才是德行。"彰"字也有放射光明为人所知之意，有德者常作此行，方可为人所知。

换一个角度，就经文讨论的知人难题而言，一个人，惟当其常行诸德，才可谓此人有此德行。者回应经前文所说"亦言其人有德，乃言曰载采采"。"采采"者，事事也，一事又一事也。人之德，不只见于一件事中，而见于众多事中，见于所有事中，才是真正的德。

这是皋陶对禹之质疑的回应。禹感叹知人之难，皋陶说，假如有人举荐某人说，此人有德，那就多听听他以前做过的多个事情；或者长期观察他，看到他怎么处理一个又一个事情。大家举荐尧，因见其在家中克谐以孝；尧又给舜以实习机会，长期观察，确认其德，最终做出正确决定。

后世圣贤不断重申，养德需有恒之义。《周易·恒卦》曰："亨，无咎，利贞，利有攸往。"《彖传》曰：

> 恒，久也。刚上而柔下，雷、风相与，巽而动，刚、柔皆应，恒。"恒亨无咎，利贞"，久于其道也。天地之道，恒久而不已也。"利有攸往"，终则有始也。日月得天而能久照，四时变化而能久成，圣人久于其道而天下化成。观其所恒，而天地万物之情可见矣！

天行不已，恒为天之道。人之道，有始有终，才能有得。圣人久于其道，才能化成天下。那么，君子养德，当然也要恒。《彖传》最后提出：人，不论从事于何种事业，只要持之以恒，就可由此而见天地万物之情实。事父母孝而恒，可见天地万物之情实；夫妻相敬而恒，也可见天地万物之情实。人在天地中，尽己、尽人而事天，恒久而不已，方为尽。

孔子也特别重视有常、恒：

> 子曰："善人，吾不得而见之矣；得见有恒者，斯可矣。亡而为有，虚而为盈，

约而为泰，难乎有恒矣。"[1]

　　曰："南人有言曰：'人而无恒，不可以作巫医。'善夫！"[2]

　　有恒，方可进德。从根本上说，德不可能有终点，子曰"回也，其心三月不违仁，其余则日月至焉而已矣"[3]，即便颜子，也只是其心三月不离于仁，故仁是生命的方向，德为持续不断的过程，故孔子从不轻许仁以仁，曾子曰："士不可以不弘毅，任重而道远。仁以为己任，不亦重乎？死而后已，不亦远乎？"[4]恒，而后可以言人道、天道。

---

[1] 《论语·述而》。

[2] 《论语·子路》。

[3] 《论语·雍也》。

[4] 《论语·泰伯》。

五十一、德位相应

日宣三德，夙夜浚明，有家。
日嚴祗敬六德，亮采，有邦。
翕受敷施，九德咸事。俊乂在官，百僚師師，百工惟時。

夙，早也。浚，深也。明，勉也。家，大夫之家。
严，急也。祗，敬也。亮，相也。邦，诸侯之邦国。
翕，合也。乂，治也。工，官也。时，是也。

日日宣明三种德行，早晚深为勤勉，则可为大夫而有家室。

日日急切、恭恪、诚敬地践履六种德行，协调处理各种事务，则可为诸侯而有邦国。

王应全面接受，普遍施行，九德皆能践履。如此，有德、能干之人都在合适岗位，各部门负责人敬谨履职，具体工作人员各当其事。

经上文，皋陶列举君子之九德。依此九德标准可考察人具有哪些德行，据此分配其以名位。在本章，皋陶阐明"德位相应"之大义，此为政治之究竟义所在。

德与位

权力早就出现，尧舜缔造华夏，更确立王之名位。有家、有邦、有天下者均有名位，在其位，谋其政。但何以此人有位，而他人没有？人们何以当服从其命令？如何确保名位服务于公益，而非用于增进在位者之私利？凡此结为关乎社会政治秩序稳定的根本问题，皋陶试图回答之。

在巫术统治和神权政治中，神灵赋予巫师等人以无上权威。但在天之下，人人自主，那么，一个人拥有强制他人之权威的终极依据何在？只能诉诸其人之身，也即其作为人的卓越品质，德。名位本身不是自足的，无以自我证明，人不能凭其在位、有权的事实，要求人们服从，他必须有德行。

德行是什么？不管德行本身如何定义，以权力谋取私利的活动肯定不是德行，掌权者之德行体现为增进被统治者之公益。皋陶把德行设置为获得和保有权力之前提，让"天下为公"成为政府运作之基本原则。掌握权力者构成政府，居于社会上层，地位显赫，支配各种资源，甚至有生杀之权。但其权力只能服务于一个目标：增进天下人之公共利益。

天下为公，则政府组成人员必须按某种客观标准遴选，由此标准所遴选产生之政府人员，当最有利于增进万民之福利。那么，依据什么标准？只能是德。任何依据德之外的标准分配名位的制度，比如依财富分配名位，依强力分配名位，依家世分配名位，依运气分配名位等等，其达成万民福利增进之目标的可能，必远远低于以德分配名位。因此，良好政治的基本义理是：名位依德分配。

这正是皋陶提出的大义，皋陶之设想相当周全，让德行与名位相当严格地对应起来：

一个人若日日宣明三种德行，则可为大夫而有家室。此三德，当指简而廉、刚而塞、强而义，为处理具体事务之德。一个人若早晚深为勤勉地践履此三德，即可成为基层社会治理者，直接向民众提供公共品。

一个人若日日急切、恭恪、诚敬地践履六德，协调处理各种事务，则可为诸侯而有邦国。此六德是乱而敬，扰而毅，直而温，简而廉，刚而塞，强而义。比前面三德增加乱、扰、直，有组织、协调之用。此人之德已超出处理具体事务的层面，能协调众人，故可承担中层的社会治理者。

至于王，对九德应全面接受、普遍施行，九德皆能切实践履。在前面六德基础上，尤其增加宽而栗，柔而立，愿而恭。王者既非处理具体事务，也非协调若干办事之人。王者有天下，其责任无非有三：其一，把握民情，知晓民意，指引养民、教民之方向；其二，发现、任用贤能，按民意生产公共品；其三，沟通官与民，维护天下之凝聚力。宽、柔，愿三德，正因应于王者之特殊责任。

皋陶提出的原则是：应按德行分配名位，德行越高者，名位越高；王者位最高，也应是德行最高者。唯有如此分配名位，政府中人才能各得其位，《盐铁论·刺复》这样解释"俊乂在官，百僚师师，百工惟时，庶尹允谐"之意："言官得其人，人任其事，故官治而不乱，事起而不废。士守其职，大夫理其位，公卿总要执凡而已。"这里只说到公卿，而未提及王，实际上，皋陶明确指出，王者须有九德，有九德才是合格的王，才能担当对天下所承担之大任。

以德分配名位的政府之最大优势在于开放，名位向天下所有人开放。强力、财富多与偶然因素相关，至于世袭，也是生物的偶然因素所定。只有德行，排除人身意外的所有偶然因素，只关乎个体之自觉与持续努力。于是，即便舜那样地位卑下者，也可在小家中养成和施展自身德行。故以德分配名位的原则，最大限度地确保天下由天下最为贤能的人治理，此贤与能是完全内在于人身的，不假任何外在因素。

对所有人开放的政治是公平的，可得到人们认可。任何其他名位分配制度，难免受各种各样的偶然因素影响，因而必定不公平，也就难以得到人们的普遍认可。人们唯一可以共同认可的制度，一定基于以德分配名位的原则构造。政府若确实凭此原则构造，其权威最大限度地开放，可获得人们最大限度的尊重。

同时，定德行为权力之标准，也设定权力行使之大方向。有其位者掌握权力、行使权力，但不可随心所欲，而须以公益为枢纽，致力于增进万民之福利。对于现在已在权位之人，人们可以其是否有德，审查其是否适合继续保有权力。这就构成不断提撕权力的伦理力量。

尧舜以德行为权威之本，以德行凝定中国，皋陶对此予以理论上的总结，把权力奠基于德行之上，申明中国治道之基本原理：最好的也是最有效的权力，以德行为本；可行的也是最好的政府，以德行为其组织原则。

重要的是，惟有以德行分配名位的政府，方能超出"守夜人"职能，承担更为广泛的职能，包括养民、教民，普遍地提升人民之德行。权力若非以德行为基础，德行自然不可能在国家生活中居于重要地位，国家必定仅仅关注力量和财富。若权力之基础是德行，德行内置于国家之内核，政治自然以普遍提升人民德行为志向。这样的政府把民众当成真正的人对待，自然是更为良善的政府。

有位者有其德

皋陶提出以德分配名位的大义，从历史来看，此义可有两条不同的伸张路线。

第一条，有位者应有其德。这适用于任何世袭制，如三代君主之位不是开放的，而是由其子弟继嗣。战国时代，王位是世袭的。秦汉以后，皇位是世袭的。今天，诸多家族企业，财富也是世袭的。

在此制下，以德分配名位之大义是，有位者应有其德。使之有德的办法是教育，以此养成其德。这在技术上完全可行。在世袭制下，可能的继位者是清楚而有限的，或为一人，或为几人，故完全可以早做安排，对其施以相应教育，培养其德，使之未来可承担自己的责任。

只有如此培养继位者之德，世袭制度才可以存在并为人认可。皋陶之时，尧、舜、禹之王位虽通过禅让传承，但诸侯之位是世袭的，世袭制是当时政治上的主流制度。皋陶清楚这一点，但仍提出名位相应命题，恐怕正在于他已认识到，即便世袭的权力，也需通过超乎血缘、强力等偶然因素之上的要素，确保其权威之公。这个要素只能是德，德让在位者善而美，赢得天下人敬重；德让在位者有治理绩效，赢得天下人认可。

通过世袭方式占有名位者若普遍有德，世袭制也能得到认可。若其普遍无德，必定面临危机，比如春秋后期，结果世袭制从最高权位之下的各个层级退出。

对具体邦国而言，事实的逻辑也是十分清楚的：有德，可保权位；无德，必定失去权位，如《论语·宪问》曰：

南宫适问于孔子曰："羿善射，奡荡舟，俱不得其死然；禹稷躬稼，而有天下。"夫子不答，南宫适出。子曰："君子哉若人！尚德哉若人！"

舜命夔"教胄子"，通过教育，培养未来继嗣君子之位者之德行。此即实现有位者有其德的方案。

三代均有教，教育君子之子弟。从《左传》中可以看到，各国君子普遍娴熟诗、书，相当文雅而有德。

秦汉以来，政治体系中只有皇位世袭，其他职位大体对所有人公开，而皇权显然远远大于三代之王权，故皇子的德行养成成为政治的一大问题。儒家自始以王者师自我期许，汉初儒者在《尚书大传》中系统讨论过皇子教育问题，贾谊在《新书·保傅》中说："昔者，周成王幼在襁褓之中，召公为太保，周公为太傅，太公为太师。保，保其身体；傅，傅之德义；师，道之教训，三公之职也。"儒家始终主张，从多个方面培养可能的皇位继承人，贾谊甚至提出"胎教"设想，这些教育有助于培养合格的继位者。

皇帝即位后，仍实施继续教育，此即宋代成为制度之经筵制：在国中名师辅导下，皇帝定期研读经典。程颐谓："天下重任，唯宰相与经筵：天下治乱系宰相，君德成就责经筵。"经筵旨在养成皇帝之德，使之始终保持德的自觉。经过如此系统养成之皇帝，大体上是有其德的，可胜任为君之职分。

今日以世袭方式继位的家族企业，也需对可能的继位者施以恰当的教育，养成其德，如此才能确保家业不败。

有德者有其位

德位相配的第二条路线是，有德者必有其位。这适用于一切实行非世袭之继位制的时代、领域。

从政治上说，尧舜以来中国政治之最大变化发生在春秋战国，礼崩乐坏，国王、皇帝以下的社会治理者不再世袭，国王、皇帝直接面对广土众民的社会，那么谁来与之共同治理？由国王、皇帝按自己的喜好确定，由财富决定，还是通过某种客观的机制遴选？

另一方面，孔子兴办教育，养成庶民为有德之士君子，但不得其位。《中庸》以舜为典范，表达士君子之心声："故大德必得其位，必得其禄，必得其名，必得其寿。"

经历战国、秦、汉初的反复摸索，最终到汉武帝时代，形成一组相互配套的制度：一方面，在民间私学之外，政府兴办学校，更广泛地培养士君子，这一教育体系对所有民众开放；另一方面，政府建立选举制，遴选士君子之优秀者，进入政府担任官员。由此形成"士大夫"群体，与皇帝共同治理天下。汉晋时代，选举程序是察举制，唐宋以后是科举制，其目的是打开对所有人开放名位的渠道，让有德者有其位。

学校和选举制度有效回应了皋陶问题：学校养成有德者，选举制让有德者有其位。当然，儒家士人对这两种制度始终有所批评：学校不能有效养成有德者，察举制或科举制不能发现真正的有德者，让其得位。故历代对上述制度都有改革。尽管如此，汉武帝确立的体制从结构上说是卓越的，它触及社会治理的两个核心问题：

首先，有德者之养成。德需要养成，这适用于任何人，也适用于任何时代和地域。德若天生，就不足以成为最好的名位分配标准。恰恰需要自觉，需要经由养成，人才能有德。一个社会，若无养人以德之机制，比如德行教育机制，再好的选举制度安排，也无意义。

其次，发现有德者之选举制度。如何从广大人群中发现有德者，并让其达到相应位置，发挥其德能，这是政制之核心问题之一。这种选举机制应足够开放，所有人都可参加，其设定的标准应有助于人们养成德行。任何一种选举制度都可能僵化，也即逐渐地具有某种世袭的性质，故选举制度需不断调整，这正是政制变革的重点。

教育和选举对优良治理同等重要：只有教育，没有选举，政治必然败坏；只有选举，没有教育，政治一定平庸。

五十二、法天而治

撫於五辰，庶績其凝。

抚，循也。五辰，似为三辰之误，日月星也。

循顺于天道，各种事业得以凝定。

经前文言，王者当具有九德，如此则国家治理之诸事都有合适的人担当。而皋陶之言说对象是禹，禹即将成为新王，故由此以下，皋陶进一步申明王者之德。本章首先指出，王者为政，必当法天。

抚于五辰

尧舜已缔造华夏共同体，王君临天下，舜策命公卿，组建国家架构。怎样让此一权力体系有效运作？也即其权威得到人们普遍肯定，其运作得到人们合作，其所兴办的事业得以成功？

上一章，皋陶首先提出，此权力体系中每个担当者都应有与其名位相应之德，王者也应有德。有德，则有运作权力之能力，且赢得尊敬。

但是，德只见于君子之身，就整个政府而言，如何享有权威？政府当然拥有权力，权力有赖于暴力。但仅有暴力，权力或许令人畏惧，不足以让人尊敬。那么，政府的组织及其权力如何令人尊敬？皋陶提出的解决方案是："抚于五辰"。

"五辰"，疑为"三辰"之讹。《左传》多有"三辰"一词，如《昭公三十二年》谓"天有三辰，地有五行"。《国语·鲁语上》曰："帝喾能序三辰以固民。"韦昭注："三辰，日、月、星，谓能次序三辰，以治历明时，教民稼穑以安也。"其他典籍也多言及"三辰"，而无"五辰"之说。

又经前文尧命羲和"历象日月星辰"，实即历象日、月、星三辰。"星"者，二十八宿之星也。通过历象日月星三辰，即可知四时，知一岁三百六十六日，可知闰月，故能"敬授人时"。经文之"抚于三辰"，意即循顺天时，更广泛而言，循顺天行之道。

在绝地天通之前，巫师享有崇高权威，因其可通神，知晓并转达神灵对具体事务之意于众人，据此号令君子、庶民。由此所确立之规则、君子所行使之权力，自然令人敬畏。从红山文化、良渚文化墓葬中均可看出，巫师享有崇高地位，神意对秩序维护有决定意义。

"绝地天通"后，尧屈神而敬天，秩序之终极保障自然在天。但天不言，王不可能以巫术降天，并转达天之言。王所为者，只是取象于天耳，"历象日月星辰"以作历，为其一端。《周易·系辞上》曰："是故，天生神物，圣人则之；天地变化，圣人效之；天垂象，见吉凶，圣人象之。河出图，洛出书，圣人则之。"天之种种变化、呈现，均可为王所取象、效法，以制作人文。故孔子赞尧，首先说："巍巍乎，唯天为大，唯尧则之。"

当时如何法天，今不得其详，但前经文已透露一些信息，如"在璇玑玉衡，以齐七政"，依据天道，确定人事，或已有后世《月令》之雏形；又如重大活动，依历法定于吉利之日——"正月上日"，舜受终于文祖；"既月乃日"，舜觐四岳群牧；"月正元日"，舜格于文祖。这种做法把人事纳入天道，赋予政务活动以神圣意味，但这又不是通过降神而赋予的。

总之，尧屈神而敬天，尧舜开始确立法天而治之基本原则，皋陶将其总结为"抚于五辰"，此为王者为政之大本所在。

这一原则后世得以发展，集大成者是董仲舒，"《春秋》之道，奉天而法古……故圣者法天，贤者法圣，此其大数也"[1]；"三代圣人不则天地，不能至王"[2]。

---

[1] 《春秋繁露·楚庄王》。

[2] 《春秋繁露·奉本》。

董仲舒概述其义理如下：

> 臣谨案《春秋》之文，求王道之端，得之于正。正次王，王次春。春者，天之所为也；正者，王之所为也。其意曰，上承天之所为，而下以正其所为，正王道之端云尔。然则，王者欲有所为，宜求其端于天。

王在天人之际。王者为政，不能不法天；王者欲有所为，当求其法则于天。王者所作之规则由此而有足够约束力，王者之政由此而可有条理，王者权威由此而可为人普遍认可。

庶绩其凝

皋陶指出，抚于三辰，则"庶绩其凝"。庶绩，就是各方面的事业。"凝"字之义，《荀子·议兵》一段议论足以发明之：

> 兼并，易能也，唯坚凝之难焉。齐能并宋，而不能凝也，故魏夺之。燕能并齐，而不能凝也，故田单夺之。韩之上地，方数百里，完全富足而趋赵，赵不能凝也，故秦夺之。故能并之，而不能凝，则必夺；不能并之，又不能凝其有，则必亡。能凝之，则必能并之矣。得之，则凝；兼并，无强。
>
> 古者汤以薄，武王以滈，皆百里之地也，天下为一，诸侯为臣，无他故焉，能凝之也。故凝士以礼，凝民以政；礼修而士服，政平而民安；士服民安，夫是之谓大凝。以守则固，以征则强，令行禁止，王者之事毕矣。

分离散乱者聚合而为一体，且永不分离，是为"凝"。初生的华夏共同体当时所面临之大问题，正是"凝"：众多邦国已初步聚集于一起，但能否持久地凝聚、保持为一体？

华夏之凝聚有赖于国家各项政务之理定。舜已任命若干公卿担当华夏国家之公共职能，平治水土、种植百谷、教化刑罚等等。这些政务初步展开，但能否持续而深入，从而给各国、给君子和庶民带来看得见的收益，把华夏保持团结的好处展示给人们？这是皋陶关心之问题。

通观皋陶之论述，可通过两个努力，达到这一结果：第一，选贤与能，让贤能之人承担政事；第二，顺于天道。《周易·豫卦·彖辞》曰："天地以顺动，故日月不过，而四时不忒；圣人以顺动，则刑罚清而民服。"顺者，顺于天道也。而因为天生万物与人，故顺于天道，自然也就顺于万物之性以及人之性。

故顺于天道，不只是王者之义，也是承担国家职能的诸君子之义。《洪范》序言，箕子谓："我闻在昔：鲧堙洪水，汩陈其五行。帝乃震怒，不畀洪范九畴。彝伦攸斁，鲧则殛死。禹乃嗣兴，天乃锡禹洪范九畴，彝伦攸叙。"禹之所以治水成功，就是因为循顺天道，顺水之性而导之入海。

法天而治，从根本上说是掌握权力之王及君子有所敬畏，如《诗经·大雅·大明》形容"维此文王，小心翼翼"。巫师可以通神，且只有他可通神，故巫师固然畏惧神灵，但对万物、对众人未必有敬畏之心。尧舜屈神而敬天，天生万物以及人，故尧舜的敬畏之心及于一切，由此而有无时不有、无所不在之钦、敬之心。有此敬意，则可以"明"，可以制作人文，以明明德于天下。

而且，可以广泛地制作人文。与巫之心态所不同者，尧舜之敬绝不狭窄封闭。巫的心灵必然拘束封闭，神灵本是一人格化实体，其所知有限，而巫师得之于神者，只是针对具体事务之命令、启示，故神治必定琐碎狭隘。天不是某个人格化实体，王也非倾听天之具体意见，而是取象于天。在这里，王是自主的，王有现实问题需要解决，而取法于天。天又无所不在，故王可以广泛取象，由此，王可以法广大之天而创新制、立大法。王可法天而对人间治理的一切问题，前所未有的重大问题、根本问题，提出解决方案。这是巫师永远不可能具备的能力。

故在尧舜之前，尽管有族群、有强人尝试过构造超越邦国之大型共同体，终究未能成功，根本原因在于，其心智为神灵所拘束。人格化神灵有其内在局限，故任何神教都不可能支持多样的、超大规模政治共同体之构建和维系。惟"绝地天通"之后，敬天之尧舜能缔造华夏，因其不受神灵之拘束，法广大之天而创立前所未有之大法。

至关重要的是，天是公共的，故王者之取象、取法，绝非任意。巫师完全可以垄断神意之传达和阐释，其他人无从判断其传达是否准确，其阐释是否合乎神意。天是敞开的，所有人都可观乎天文，尽管所知有多有少，但对于他人观乎天文之所得是可验证的，比如，历象日月星辰而颁发之历是否准确，人人可见。这一点让王不能不小心翼翼。天让王自主，又把王之取象于天的结果公之于天下。这对王构成强大约束，王之所得若不合于天之运行，其权威就会流失。故在敬天之后，敬成为华夏精神之基底。

因此，各种典籍所见尧、舜、禹等圣王之情性气质，与此前之大能者、圣者，如黄帝、蚩尤、共工等人，均大不相同：后者总有放纵而不加节制的一面，黄帝迷信暴力，纵情于战争；蚩尤、共工等人不能迷信自己的能力。这恐怕因为，其精神有巫师的底色。如此精神，或可建立霸权，终究不能长久。尧舜禹却因为屈神而敬天，身心保持在敬的状态，故经中反复说到"钦""敬"二字，经下文又说"兢兢业业"，敬畏而自我节制；由此，尧舜禹有忧患意识，有长远考虑，故能不惧迁远，以德为本，创制立法，终于缔造华夏并逐渐凝定之。

五十三、慎独无逸

無教逸欲有邦，兢兢業業，一日二日萬幾。

无，毋也。有邦，有邦者。
兢兢，恐也，戒也。业业，危也，在高而惧也。

不要教有邦者放纵欲望，自己戒慎恐惧，应对一天又一天涌来的万事之征兆。

上一章，皋陶指出，王者及君子当循顺天道，如此各项政务方能妥当处理。天行不已，人也应当自强不息。故王者当引导整个君子群体节制欲望，保持忧患意识，以在高度复杂而变动的世界中向上提升。

欲

人延续其生命，有待于外物之养护，欲望者，希图得到外物之情也。《礼记·乐记》曰：

人生而静，天之性也。感于物而动，性之欲也。物至知知，然后好、恶形焉。好、恶无节于内，知诱于外，不能反躬，天理灭矣。夫物之感人无穷，而人之好、恶无节，则是物至而人化物也。人化物也者，灭天理而穷人欲者也。

人不可能没有欲望，人死，才无欲望。天生人，天要人遂其生，生，则不能无欲。故圣贤从不主张禁欲、断欲、绝欲。王者之责任是"厚生"，为此必须

"利用"，厚生、利用的驱动力量正是民之所欲。

追求来世之神教多有轻生而禁欲之教义，如神职人员于现世禁绝男女之情欲，不结婚，以换取来世之永生或永恒喜乐。天上无天堂，圣贤不论来世，幸福就在今世，人生必有欲望，故圣贤不禁欲。《周易·系辞》谓"天地之大德曰生"，故"天地氤氲，万物化醇，男女构精，万物化生"。禁欲，则"生生不已"之大义何从谈起？

然而，不禁欲不等于纵欲，郑玄注《乐记》曰："至，来也。知知，每物来，则又有知也，言见物多则欲益众。"人须节制欲望，否则人必为蜂拥而来的无穷欲望淹没。不加节制的欲望变欲望的追逐者为欲望之对象，而化为物，所谓"人化物也"。《乐记》接着说：

> 于是，有悖逆诈伪之心，有淫泆作乱之事。是故，强者胁弱，众者暴寡，知者诈愚，勇者苦怯，疾病不养，老幼孤独不得其所，此大乱之道也。

人化物，自己不成其为人，必然不把他人当成人对待，为获取满足自己欲望之物，而毫不犹豫地运用自己的优势压制其他人，伤害其他人。

> 是故，先王之制礼乐，人为之节；衰麻哭泣，所以节丧纪也；钟鼓干戚，所以和安乐也；昏姻冠笄，所以别男女也；射乡食飨，所以正交接也。礼节民心，乐和民声，政以行之，刑以防之。礼、乐、刑、政四达而不悖，则王道备矣。

先王制礼，其功用正是节制欲望在恰当的轨道中。"节"系圣贤对待欲望之中道态度：不是禁欲，也不是纵欲，而是节欲。《周易·节卦·象传》曰："天地节而四时成，节以制度，不伤财，不害民。"天行有其节，人情也当有其节。《节卦·卦辞》曰："苦节，不可贞。"《象辞》曰："'苦节不可贞'，其道穷也。"人根本不可能做到禁绝欲望，也完全没有必要这样做，并且依循天道，不应该这样做。适当地满足欲望，但不被欲望支配，既可行，也可取。究其实，人始终保持人的自觉，不堕落成为物，如此，既不伤财，又不害己害人。

故在欲望问题上，圣贤之教是中道的。神教之禁欲是过，世俗主义之纵欲是不及；中也者，无过无不及；如此，则人皆可以做到，又不至于刻薄寡情。事实上，神教的禁欲常导向世俗主义的纵欲，或者反之，两个极端可以迅速相互转换。

逸欲

逸者，过也，纵也，放也。逸欲，就是纵欲。人的欲可指向多个方面，纵欲也有很多形态：黄帝之好战，属于纵欲；蚩尤之刑治，同样是纵欲；经下文舜提到丹朱"惟慢游是好"，更属于纵欲。

古典时代，较严重的纵欲是田猎，《尚书·五子之歌》中说，禹之孙"太康尸位，以逸豫灭厥德，黎民咸贰，乃盘游无度，畋于有洛之表，十旬弗反。"其第二首歌曰："训有之：内作色荒，外作禽荒。甘酒嗜音，峻宇雕墙。有一于此，未或不亡。"禽，就是田猎禽兽。

这里也提到纵酒。《尚书·胤征》记"羲和湎淫，废时乱日，胤往征之"。到殷商，纵酒之风更为严重，这与其尊鬼神之政教特质有直接关系。实际上，淫祀，即过分重视鬼神、崇奉鬼神，驱使鬼神满足自己无尽的欲望，同样是人欲之放纵。

纵欲必然害己害人，尤其是有邦者，也即承担社会治理责任之君子纵欲，必定荒废政事；且纵欲总表现为占有和消耗大量物质，给民众施加日益沉重的负担。

故皋陶提出，"无教逸欲有邦"，王者不可教诲有邦之君子以放纵欲望。《周易·损卦·大象传》曰："山下有泽，损；君子以惩忿窒欲。"在任何时代，君子有位，对人、物享有支配权，有更大条件放纵欲望。故君子之德，首先体现为节制欲望。否则，一切德行无从谈起。

教

教化君子节制欲望是王者之责任。然而，王者如何教化君子？《说文解字》："教，上所施，下所效也。"故皋陶说"无教逸欲有邦"，意为王者不要放纵欲望，引导天下有邦之君子纵欲。

皋陶之语甚为精妙，一语双关，首先对王者提出要求，同时覆盖天下君子。林之奇《尚书全解》解说曰：

> 王氏曰：天子当以勤俭率天下诸侯，不当以逸欲教有邦。盖天子逸欲于上，则诸侯化之，亦将肆其逸欲，以盘乐怠傲于下，使有邦者皆肆其逸欲，则生民之受其祸，可胜计哉！而其源，则自夫上之人以逸乐导之也。诚使为天子者澹然无营，清心寡欲，举天下之声色、货利曾不足以动其心，彼诸侯者，其敢肆其逸欲于下哉？故无教逸欲有邦者，此诚端本清源之道也。

天下节制欲望之关键是君王不逸欲，王节制自己的欲望。若君王放纵欲望，必定造成严重后果，其中之一就是，各级君子效仿，乃至于天下人普遍效仿。人人追逐声色犬马，入门费放纵激情，风气败坏，则天下不可收拾矣。

周公特别重视在这方面教化君王，专门有《无逸篇》，其开篇周公即大声疾呼："呜呼！君子所其无逸！"君子千万不可放逸自己。君子之所以为君子，就因为其有节制欲望之自觉和能力，若放逸欲望，何以为君子？接下来周公曰："呜呼！继自今嗣王，则其无淫于观、于逸、于游、于田。"周公为后王立下法度，不可放纵于物质欲望之征逐。

后世，控制君子之欲望，始终是政治运转过程中的大问题。这既需要唤醒君子德行之自觉，也需要外在礼法之约束。两者缺一不可：由前者，君子自我提升，自我约束；由后者，君子有所敬畏、有所儆诫。

忧患意识

不放逸，则能兢兢业业。《诗经·大雅·云汉》有"兢兢业业"之词：

> 旱既大甚，则不可推。
> 兢兢业业，如霆如雷。
> 周馀黎民，靡有孑遗。
> 昊天上帝，则不我遗。

胡不相畏，先祖于摧。

《毛传》："兢兢，恐也。业业，危也。"孔疏："皆兢兢然而恐怖，业业然而忧危。其危恐也，如有霆之鼓于天，如有雷之发于上，言其恐怖之甚也。"又曰："以恐怖而后戒惧，故为恐也。"《诗经》中又有"战战兢兢"之句，《小雅·小旻》："不敢暴虎，不敢冯河。人知其一，莫知其他。战战兢兢，如临深渊，如履薄冰。"《毛传》："战战，恐也。兢兢，戒也。"《小雅·小宛》："温温恭人，如集于木。惴惴小心，如临于谷。战战兢兢，如履薄冰。"

兢兢业业者，深知环境之不确定，对可能发生的事情有所恐惧，让身心始终保持在高度戒备状态，简言之，即"忧患意识"。此为华夏圣贤精神之底色，其源有三：

首先，自觉世界之不确定。世界不是神造的，没有严格的逻辑，也没有神灵或任何别的力量可居中全面控制，更没有救世主，没有来世可期待。天、地、人交融之立体世界在动态演变中，可能出现出乎所有人预料之情势，人不能不随时保持在警觉状态。

其次，自觉人之自主。神是万能的，人若能降神，神就可帮人解决所有问题。天不能以巫术降临，天是公共的，不可能应任何人的祈求就具体问题上给其以具体帮助。在天之下，人是自主的，因而，人是有重负的：在不确定和充满风险的世界中，人只能自己独自面对，并承担全部后果。认识到这一点，则必有忧患意识。

再次，自信于人的自主。不确定和充满风险的世界不是随机的，若世界是随机的，人必然放纵而不负责任。人是自主的，但天让世界有其条理，人若把上天赋予自己的能力充分发挥出来，就可很好地应对生命中的不确定和风险。让自己的身心始终保持在紧张、戒备的状态，生命的潜力就可得以发挥，就可以明天道，顺人情，而形成妥善的生存和成长策略。

兢兢业业与放逸相对，若放逸精神，沉溺于某种欲望的追求中，身心被此欲望控制，根本不可能察知周围环境之动态变化，也就无所谓恐惧。放逸者的精神一定是松懈的，而紧张是戒备之前提。不放逸，才能兢兢业业。

禹是兢兢业业的，《论语·泰伯》中，孔子这样评价禹：

子曰："禹，吾无间然矣。菲饮食，而致孝乎鬼神；恶衣服，而致美乎黻冕；卑宫室，而尽力乎沟洫。禹，吾无间然矣。"

因为戒慎恐惧而尽心尽力，禹也将兢兢业业之教传给后人，《五子之歌》的第一歌曰：

其一曰："皇祖有训，民可近，不可下，民惟邦本，本固邦宁。予视天下愚夫愚妇一能胜予，一人三失，怨岂在明，不见是图。予临兆民，懔乎若朽索之驭六马，为人上者，奈何不敬？"

"懔乎若朽索之驭六马"就是兢兢业业。君临万民，固然荣耀。然而万民若不认可，王者必失去治理权。此即恐惧之情，王者因此情而提醒自己"敬"，敬于万民，敬于君王之职事。

这一精神在周代君子身上表现突出，周公在《无逸篇》中这样描述周文王：

呜呼！厥亦惟我周太王、王季，克自抑畏。文王卑服，即康功田功。徽柔懿恭，怀保小民，惠鲜鳏寡。自朝至于日中昃，不遑暇食，用咸和万民。文王不敢盘于游田，以庶邦惟正之供。文王受命惟中身，厥享国五十年。

"克自抑畏"就是兢兢业业，而且，"克自"二字说明，这是完全自觉的，与尧之"克明俊德"，遥相呼应。因为兢兢业业，周文王确定了自己生命的方向，那就是尽心尽力于保养万民，由此而保有君位，由此也得以长寿。

周公在前面论述殷代诸王，在兢兢业业与长寿和长期享国之间、在放逸与身体和政治短命之间，建立关联。确实，兢兢业业，生命始终保持在紧张戒备状态，可充分地调动生命的潜在力量，故可得"寿"，《洪范》将此列在五福之首：人的生命状态决定其生命之长度。

周公之教君子以敬，也就因其有兢兢业业之心。儒家确立兢兢业业为君子精神之基底，《孝经》论诸侯之孝曰：

在上不骄，高而不危；制节谨度，满而不溢。高而不危，所以长守贵也。满而不溢，所以长守富也。富贵不离其身，然后能保其社稷，而和其民人。盖诸侯之孝也。《诗》云："战战兢兢，如临深渊，如履薄冰。"

《说苑·敬慎》载：

存亡祸福，其要在身，圣人重诫，敬慎所忽。中庸曰："莫见乎隐，莫显乎微；故君子能慎其独也。"谚曰："诚无垢，思无辱。"夫不诚不思而以存身全国者，亦难矣。《诗》曰"战战兢兢，如临深渊，如履薄冰"，此之谓也。

在高度不确定而充满风险的世界上，避祸得福、存身全国，唯有兢兢业业。

知几

兢兢业业，则可知几而应之，故经文紧接着说，"一日二日万几"。后世有"日理万机"一词，皋陶告诉禹，王者、君子更要面对"万几"。《周易·系辞下》，孔子释《豫》六二爻义：

知几，其神乎？君子上交不谄，下交不渎，其知几乎？几者，动之微，吉之先见者也（《汉书·楚元王传》引为"吉凶之先见者也"）。君子见几而作，不俟终日。《易》曰："介于石，不终日，贞吉。"介如石焉，宁用终日？断可识矣！君子知微知彰，知柔知刚，万夫之望。

君子行道天下，每天上交于人、下交于人，此为"万机"。然而，如何交于人？如朱子所说，"上交，贵于恭逊，恭则便近于谄；下交，贵于和易，和则便近于渎。盖恭与谄相近，和与渎相近。只争些子，便至于流也。"[1] 几是细微之处，王者须对此拿捏精准，方能中正而无失。

----

[1] 《朱子语类·易十二》。

几更在欲发未发之际，所谓动之微者。天行不已，世界变动不居，人在其中，须做出回应。然而，物已动才做出回应，必有时间上的迟滞，而难以恰切妥当。若能见几而作，则可后发而同时至，甚至先至，克服时间上的迟滞。

王者之圣，正表现在见微知著，见隐知彰。若事态已完全清楚，再做反应，显然过晚。唯有见几，才能赢得尊重，树立权威；也唯有见几而作，才能避免国家陷入危难状态，而无以自拔。

然而，如何做到知几而动？始终保持在敬的状态，兢兢业业，则能见几。若身心放逸，必不能见几。《周易·乾卦·文言》曰：

九三曰"君子终日乾乾、夕惕若、厉、无咎"，何谓也？子曰："君子进德修业：忠信，所以进德也；修辞立其诚，所以居业也。知至至之，可与几也；知终终之，可与存义也。是故，居上位而不骄，在下位而不忧。故乾乾因其时而惕，虽危无咎矣。"

身在危境，精神保持在"惕"的状态，则可知所欲至者，勇猛精进；则知其几，最终能至其所欲至者，如此，虽危无咎。

《中庸》更详尽地论述知几之道：

君子戒慎乎其所不睹，恐惧乎其所不闻。莫见乎隐，莫显乎微。故君子慎其独也。

慎独，则能知几。知几，则可以豫：

凡事豫则立，不豫则废。言前定则不跲，事前定则不困，行前定则不疚，道前定则不穷。

至诚，则可以知几：

至诚之道，可以前知。国家将兴，必有祯祥；国家将亡，必有妖孽。见乎菁龟，动乎四体。祸福将至：善，必先知之；不善，必先知之。故至诚如神。

孔子论君子与人相处之道也贵乎知几：

子曰："不逆诈，不亿不信。抑亦先觉者，是贤乎！"[1]

君子善意待人，事先不猜测他人用诈，不猜测他人不守信用。以小人之心猜度他人，自己已成小人。但君子是不是就眼睁睁被人欺诈、背弃？当然不是，君子之可贵处就在于，虽无小人之心，但一旦对方用诈、不信，则能立刻察觉，并做出回应。此即见几之能力。故君子贵乎见几，在复杂而变动不居的人中、世界上，不见己，何以为君子？

---

[1] 《论语·宪问》。

五十四、天工人代

無曠庶官，天工，人其代之。

庶，众也。

工，事也。

不要让众官之位空旷。这是天之事，君子是来代理它们的。

从本章开始，皋陶论述天道治理观，首先阐述政府职能，皋陶称之为"天工"。

皋陶这一观念当出自舜：舜策命九人为官之后对群臣说："咨，汝二十有二人，钦哉！惟时亮天功。"功、工二字相通，天功即天工。

舜已设立政府，有养民、保民、教民之职能；为此设立多个官职，各有其职事和权力。舜并任命若干人，执掌相应部门，行使相应权威。想来，此政府已正常运转，有效地维护新生的华夏之秩序。

现在，将有一次王位转移，禹将继嗣王位。继嗣王位后，禹会不会改变舜所设立之官职，刚刚建立的这个政府还能不能有效运转、发挥作用？这种情况后世经常发生。恐怕正是出于这一考虑，皋陶对舜所确定之政府各项职能提出强有力的论证，指其为"天功"。由此，皋陶也就为进一步设立新的政府职能也设立审查标准。

天工与王政

天工者，天之工也，天之工作、天之事业。那么，天工是什么？尧屈神而敬天，天生人，天要人各遂其生，如《春秋繁露·王道通三》所说：

> 仁之美者在于天。天，仁也。天覆育万物，既化而生之，有养而成之，事功无已，终而复始，凡举归之以奉人。察于天之意，无穷极之仁也。人之受命于天也，取仁于天而仁也。

天欲人生。这个"生"字，意味极为丰富。上天有好生之德，只是天不为人准备什么天堂，不承诺来生。万民永在大地之上，其幸福就在其有生之时间段内。信神，或许可依神在来世得幸福，敬天，在人间遂其生，就是幸福的全部。

为此，天生万物以养民，但仅此，人还不足以遂其生。因为，天不介入人间具体事务，而万民的幸福一定具体而微。天让民顺遂其生，亦即让无数小民各遂其生，谁能够全面覆盖，让万民普遍体会到上天好生之心？

通过人，故经文说"人其代之"，此处之"人"，当指君子。天不强制人，也不具体地命令人，故人间秩序之形成和维系，全赖人之自我治理。自我治理的前提是君子之涌现，故《周易》乾坤二卦之后，为"屯"卦，其《卦辞》曰"利建侯"，其初九曰："磐桓；利居贞，利建侯。"所谓建侯者，就是君子之自我涌现。[1]

君子区别于小人之处在于其对仁有所自觉。君子敬天，因而知天意，以天心为己心。天欲人生，此心在君子，就是仁，故子曰，君子"依于仁"[2]。在仁心驱动下，君子主动地代理"天工"，也即，代天发挥养民、保民、教民之作用，让万民各遂其生。故禹谓，"德惟善政，政在养民"[3]，当然还有保民、教民。政府据此确定自己职能，承担各职能者行使权力的过程应围绕这一基点。王者若如此创制立法，就是"王道"，政府若如此构造和运转，就是"仁政"。

天工君子代，王道通天民，对此，《春秋繁露》有多处论述：

---

[1] 关于这一点，参看《建国之道：周易政治哲学》，《屯卦：政治之诞生》，中央编译出版社，2014 年。

[2] 《论语·述而》。

[3] 《尚书·大禹谟》。

古之造文者，三画而连其中，谓之王。三画者，天、地与人也，而连其中者，通其道也。取天、地与人之中以为贯而参通之，非王者孰能当是？（《王道通三》）

天、地、人，万物之本也。天生之，地养之，人成之。（《立元神》）

传曰：天生之，地载之，圣人教之。（《为人者天》）

天生人，地上的万物可以养人，但唯有当君子承担起责任，繁庶的众人之际才能形成良好秩序，在此秩序中，各人所需之物方可恰当分配，每人得遂其生。《周易·泰卦·大象传》曰："天地交泰，后以财成天地之道，辅相天地之宜，以左右民。"万民之各遂其生，既有赖于天地之道、天地之宜，也有赖于王者之裁成与辅相。若王者，就君子发挥这种功能，天地万物依然难为人所用。如日月星辰常行不已，若无尧命羲和之"历象"，何以有"人时"？百谷乃地所生，然而没有神农之驯化、培植，何以养人？故《论语·颜渊》记载：

齐景公问政于孔子，孔子对曰："君君，臣臣，父父，子子。"公曰："善哉！信如君不君，臣不臣，父不父，子不子，虽有粟，吾得而食诸？"

粟为地所生，然而若无礼制，哪怕是齐景公也不得遂其生。

人区别于动物之处，正在于人可以组织，由此，人可以创造和积累文明。而人组织起来之关键，正在于君子；大规模群体之组织和维系，正在于王政。故孟子反驳"有为神农之言者许行"之无政府主义主张，而提出劳心、劳力之社会分工，与"治于人者食人，治人者食于人"的"天下之通义"，并雄辩地指出：

当尧之时，天下犹未平，洪水横流，泛滥于天下。草木畅茂，禽兽繁殖。五谷不登，禽兽逼人。兽蹄鸟迹之道，交于中国。尧独忧之，举舜而敷治焉。舜使益掌火，益烈山泽而焚之，禽兽逃匿。禹疏九河，瀹济漯，而注诸海；决汝汉，排淮泗，而注之江，然后中国可得而食也。当是时也，禹八年于外，三过其门而不入，虽欲耕，得乎？后稷教民稼穑，树艺五谷，五谷熟而民人育。人之有道也，饱食、暖衣、逸居而无教，则近于禽兽。圣人有忧之，使契为司徒，教以人伦：父子有亲，君臣有义，夫妇有别，长幼有序，朋友有信。放勋曰：'劳之来之，匡之直之，辅之翼之，使自得之，又从而振德之。'圣人之忧民如此，而暇耕乎？

尧以不得舜为己忧，舜以不得禹、皋陶为己忧。夫以百亩之不易为己忧者，农夫也。分人以财谓之惠，教人以善谓之忠，为天下得人者谓之仁。是故，以天下与人易，为天下得人难。孔子曰："大哉尧之为君！惟天为大，惟尧则之，荡荡乎民无能名焉！君哉舜也！巍巍乎有天下而不与焉！"尧舜之治天下，岂无所用其心哉？亦不用于耕耳。[1]

尧舜建立政府，正是承担起天工，故天下人得以有食、有教，而避免死于禽兽或者自相残杀。

故《礼记·哀公问》曰："人道，政为大。"无君子，无王者，无政府，则人无以顺遂其生。人有其仁之性，若无教化，人对仁就没有自觉，也无以尽己之性。《汉书·律历志》曰："人者，继天顺地，序气成物，统八卦，调八风，理八政，正八节，谐八音，舞八佾，监八方，被八荒，以终天地之功。"王政之义大矣哉！关于优良王政之效果，《春秋繁露·王道》有如下论述：

《春秋》何贵乎元而言之？元者，始也，言本正也。道，王道也。王者，人之始也。王正则元气和顺、风雨时、景星见、黄龙下。王不正则上变天，贼气并见。五帝三王之治天下，不敢有君民之心。什一而税。教以爱，使以忠，敬长老，亲亲而尊尊，不夺民时，使民不过岁三日。民家给人足，无怨望忿怒之患，强弱之难，无谗贼妒疾之人。民修德而美好，被发衔哺而游，不慕富贵，耻恶不犯。父不哭子；兄不哭弟。毒虫不螫，猛兽不搏，抵虫不触。故天为之下甘露，朱草生，醴泉出，风雨时，嘉禾兴，凤凰麒麟游于郊。图圄空虚，书衣裳而民不犯。民情到朴而不文。郊天祀地，秩山川，以时到，封于泰山，禅于梁父。立明堂，宗祀先帝。以祖配天，天下诸侯各以其职来祭。贡土地所有，先以入宗庙，端冕盛服而后见先。德恩之报，奉先之应也。

---

[1]《孟子·滕文公》。

天工非神权

尽管关联于天，但代行"天工"之政府，却无所谓"神圣"，其治理也绝非神权之治。因为，天不是神灵。天不可降，无所谓通，故王政不可能依赖于巫术之操纵神灵，也不可能依赖唯一神之启示和命令。归根到底，王政是人治，王权是属人的权威，此为王政之大义所在。由此可有以下几项原则：

神教支撑之政府，必自称神圣不可侵犯，或把自己权威立基于以神意装扮的人间之物，如"人民""民族"。天不是神灵，则在天之下，王不可能造出此种神圣不可侵犯之物。在天之下，政府、权力、国家从来不神圣，它是凡人组成的凡物。在天之下，政府或许是庄严的，而无所谓神圣；王也许是可敬的，却不是神圣的。

王政之权威不可能由神赋予，只能自我赋予。神权统治的正当性必定来自于神灵之赋予，或巫师之授予。王不能靠巫术通神，天也没有设立教会，故在天之下，王只能靠自己作为人的德行，靠自己所行之仁政，赋予自身权力以正当性。

天排斥巫术，政府不可能垄断天。神可被巫术或神职人员垄断，天却不可能。天是公的，人代天之工的唯一证明是代行之人的德行，而人的德行必定是公开的，是任何人可见并可理解、可判断的。故在天之下，由人所组成的政府，随时接受所有人的审查。

神绝对高于人，在神面前，人不可能自主，故神权政治必定取消人的自主。相反，在天之下，人是自主的。面对没有神圣性的政府，民众是自主的。民众并不畏惧权力，民众也不是匍匐在权力之下。相反，人们可评断权力，批评政府，抗衡权力。在天之下，人们总会觉得，官员有这样那样的缺陷，政府有这样那样的不是。从政府内部到普通民众，都可能有人强烈地批评政府。政府必须不断地寻求改进。

但政府终究会败亡。人们坦然接受之，在天之下，这是自然的。或者会发生革命。神不会出错，也不会衰朽，故神权政治下没有革命。会有叛乱，会有颠覆，但不可能有革命。在天之下，却会发生革命。革命的前提是，天下为公，天下不属于一家一姓一集团，而属于天下人。一旦政府严重败坏，又有王者兴，就可带领天下人起而推翻之，重建政治秩序。在天之下，政治革命会周期性发生。神教文明中则没有革命传统。

最终，在天之下，历史不会终结。一切神权政治或者类神权政治，都坚信人可以找到政治的真理，建立完备制度，从而终结历史。在天之下，政治是人的，制度是人造的，故必然存在缺陷，故历史永无终点。因而，在天之下，人们也就无意寻求完备政府，相反，人们始终致力于改进现有的政府；如果改进空间耗尽，那就革命。天行不已，人自强不息，政治呈现为没有尽头的历史过程。

只有在天之下，人才有历史意识，也才有政治的历史。事实上，只有当人有历史意识，才有真正的政治。从根本上说，在神教文明中是没有政治的，或者说，政治始终是幼稚的。

政府职能

"天工"首先从总体上证成政府之必要：共同体为维系其和平的合作、交易秩序，须处理一些涉及多数人的公共性事务，为此须确认和执行某些规则，为此也就须设立政府，以实施和在必要的时候强制执行规则。

舜针对承担着不同职责的二十二个人提出"天工"概念，故天工论更进一步指出，政府的整套职能之终极依据也在天。政府代天养民，不能不平治水土，不能不推广良种和先进种植技术，不能不教化民众，不能不维护治安等等。这些政府职能是由代天养民之理所决定的。欲求养民，欲求善政，欲达到良好社会秩序，或者哪怕只是追求有效地治理，政府就须顺从天意，循乎自然，担当这些职责，设立相应官职或者说政府部门，也即相应的权力。

换言之，由各部门分头担负的政府权力，非君王可随心所欲设立。官职当然由君王策命设立，但君王设立官职，须深思熟虑，深入体察公共治理之理，依理而设立官职，绝不可以自己欲望和意志而设立，或随意变化、兴废。

政府承担之职能当为优良治理所必需者，不可超过，也不可不足。超过，则给政府太多权力，妨碍社会生机；不足，则养民所需之公共品将存在不足，民众福利将受损害。王者当秉以公心，允执其中。

　　天工论还有第三层含义：王在任命相应官员时须做到"德位相应"，在其位者有承担相应职责之德能。政府设立多个部门，承担不同职能，每种职能为优良治理所必需，在其位者当提供相应的、独特的公共服务，与另一岗位所提供者不同，故各部门必定是必不可少的专业部门，在其位者需专业德能。当然不是任何人都有此专业德能，有此德者在此位，有彼德者在彼位，政府各项职能方可最大限度发挥其作用，且形成良好分工合作的政府体系。

　　舜建立君子共治之机制，皋陶之天工论为君子共治提供了有力论证。王是优良治理所必需，政府是优良治理所必需，政府设立的各种职能部门是优良治理所必需，各具德能之君子也是优良治理所必需。他们分别从天得到其终极依据，而共同组成一个分工合作的体系，终归以万民各遂其生为宗旨。

五十五、则天立法

天敍有典，敕我五典五惇哉。天秩有禮，自我五禮有庸哉。同寅、協恭、和衷哉。

天命有德，五服五章哉。天討有罪，五刑五用哉。政事懋哉、懋哉。

叙，顺也。敕，饬也。惇，厚也。

秩，次序。自，由也。庸，用也。

寅，敬也。衷，中也。

章，彰显。

懋，勉也。

天安顿人而有典常，敕赐五伦之教典，敦厚五种人伦。

天次序人而有礼，由我而有五礼，用于五种场合。

所有人敬畏典礼，恭谨相待，而以允当行为相协和。

天赐命有德之人，有五等官服，彰显五等人。

天讨伐有罪之人，有五类刑，用于五种情形。

政事要勉力啊，勉力啊。

治理主要就是实施规则，政府的职能或教化以规则，或强制实施规则。尧舜均制礼作刑，这些规则何以对万民有约束力？万民何以当服从这些规则？如何保证政府所实施的规则是公道的，有助于塑造和维护秩序？皋陶对此问题深入思考而提出"天则论"，或曰"天道规则论"。

总体而言，皋陶之论说把尧确立的敬天之教与舜所作之礼、刑，及其所构建之完整的政府联结起来，天照临于治理规则和架构之上，成为人间合理治理秩序之终极渊源。

前章皋陶已指出，官职之终极渊源在天；在此，皋陶指出，规范一切人际关系之典、礼，终极渊源在天；政府所用之服章、刑律，终极渊源也在天。

典、礼

皋陶首先论说典与礼。

天生众人，生而有次序，如《周易·序卦》所说："有天地然后有万物，有万物然后有男女，有男女然后有夫妇。"天生男女，则有夫妇之相亲相敬；父母生子女，故有父慈子孝之情；兄弟血脉相连，故有兄友弟恭之情谊；人知仁义，故朋友讲信；人生而在组织中，故有君臣之义，

由此天生人之次序而有五典。五典，或以为是"慎徽五典"之五典，也即父义、母慈、兄友、弟恭、子孝。前文已辨析，经舜之正夫妇、明君臣，夫妇、父子、兄弟、朋友、君臣等五伦已完备形成。故皋陶所说之五典，当为五伦之典常，由此伦常，可敦厚五种人伦。

五伦是人所生存之五种基本社会关系，五伦之义是人天然具有的。只是，人有智愚、贤不肖之别，并非每人对此都有明确认知，并能积极践履之。君子的作用，不过是"敦"厚之，也即在其天然之性情基础上，培固、加厚之。具体而言，就是教化，让人对五伦之义有所自觉，并具有践履之能力。由此，可以令五伦趋于敦厚、坚实。

礼之大义在别尊卑，别尊卑之礼本乎天地，而为圣人所作。《礼记·乐记》所说："天尊地卑，君臣定矣。卑高已陈，贵贱位矣。动静有常，小大殊矣。方以类聚，物以群分，则性命不同矣。在天成象，在地成形；如此，则礼者天地之别也。"圣人观乎天文，而制作礼义。

五礼，当为吉、凶、军、宾、嘉五礼，分别用于人类最为重要的五种社会生活形态，可涵括人类公私生活之所有方面。在不同场合，行相应之礼，也就可以达到人之"和"，所谓"礼之用，和为贵"也。

人生与人际关系之塑造，离不开规则。皋陶所说的"五典""五礼"大体可

以概括人所应遵守之几乎所有规则，包括今人所说之伦理规则和法律规则。皋陶明确指出，这些规则之渊源都在天，或由天直接命于人，或由圣人本乎天意而制作。

人为天所生，人敬天，那么，对于渊源于天之典、礼，人自应"同寅、协恭"。同者，所有人共同如此，"同寅"者，所有人都敬于典、礼，无一例外。协者，人与人协调也，"协恭"者，所有人相互恭谨地对待。"寅"指涉心态，"恭"指涉体貌。前者是内在的自我要求，后者为发用之待人接物。故"寅"谓"同"，寅的要求遍及于所有人；"恭"称"协"，所有人两两相待，都应恭谨。没人自己对典、礼保持敬畏心态，相互之间则恭而有礼。

皋陶指出，由此可至"和衷"，也即和于中。衷者，中也，恰到好处，行为允当，无过、无不及也。典、礼等规则旨在告诉人们以"中"，子曰："礼乎礼！夫礼，所以制中也。"典、礼告诉人们，在各种具体场景中，面对具体的人当持何种情感，如何进退周旋。人的行为举止合乎此，则为中。双方的行为举止都合乎典、礼，就可达到"和"，也即，双方乃至于相关各方相互协调，各得其所。也就是有子所说的"礼之用，和为贵"[1]。

圣与王

值得注意的是前两句之两个"我"。《说文解字》说"施身自谓也"，故"我"为皋陶之自称。皋陶正在对禹说话，禹将为王，皋陶却说，天"敕我五典"，天"自我五礼"，意谓明乎典、礼者，不是禹，而是自己。

皋陶以此呈现治道之重要原则：王者统治，圣人制作法度。尧、舜、禹、汤、文、武都是王，又为圣人，是为"圣王"。但两者未必总是合一，王未必是圣人，圣人也未必是王。皋陶是第一个非王之圣人，此后，箕子、周公、孔子均不在王位，仍为圣人，且制作极为重要的法度。那么此时，圣人之用何在？圣人与王者是何种关系？

皋陶之用语揭示出圣人之功能，用《周易·贲卦·象辞》的话说："观乎天

---

[1] 《论语·学而》。

文，以察时变；观乎人文，以化成天下。"天生万物以及人，人不能不法天而生，社会不能不法天而治。然而，天不言，故人群中不需要巫师，也不需要先知，也即没人可以神的名义命令人或者对人颁布律法。不过，天行不已而有文，是为"天文"。因为万物皆为天生，其文皆为"天文"，如"古者包牺氏之王天下也，仰则观象于天，俯则观法于地，观鸟兽之文，与地之宜，近取诸身，远取诸物，于是始作八卦"。可见，文无处不在。

当然，天生人而不同，不是人人都可观乎天文；即便王者，若无专业知识，仍不能观乎天文。观乎天文者，圣人也。圣人有此专业知识，圣人之首要任务就是观乎天文，以制作人文。细观经前文即可注意到，尧并非自己观乎天文，而是"乃命羲和历象日月星辰，以授人时"。可见，尧已打开圣人与王分立之途。

据此传统，皋陶在此明确地说，典礼需要经过自己之手而成形。两个我，凸显了圣人与规则之内在联系。

更进一步，此处之"敕我""自我"，含义又有不同。

"典"关乎人伦之义，是天命于每个人：人人生而爱父母、亲兄弟，男女生而相亲相爱，即便朋友、君臣也有自然相亲相敬之情，此不待于人之有意制作。圣人明五伦，不过点明之，但人人都可自觉而敦厚之。

礼的情形，却与此不同。礼义三百，威仪三千，曲尽各种复杂人际关系之具体名分、职分，进而规范生活各种场景中人身之进退周旋之仪节。这些显然不是上天所授，也不是人人可以自觉而知的，而需要圣人专门制作。故皋陶说"自我"，意谓由圣人出头制作。若无圣人之制作，自然有礼之大义，却难有礼之完备仪节。子曰："恭而无礼则劳，慎而无礼则葸，勇而无礼则乱，直而无礼则绞。"[1]

当然，圣人是人，不是神的代言人，故圣人之作礼，不可能完备，也不可能一蹴而就。如《周易·系辞下》所叙述，礼由历代圣人持续制作，才能大成。当然，这里所记圣人均为王，但这些圣王恐怕都是因其作为圣人之制作造福于万民而得以为王，而非以王为圣人。

皋陶在此伸张了圣人之权威：天次序人以自然之伦常，但也须由我来表达；

---

[1] 《论语·泰伯》。

至于天尊地卑，而有人间之五礼，更须经我之制作。在天之下，人是平等的、自主的，人间治理有赖于人文之约束。而没有圣人，就没有人文。没有人文，即便有王者，人间也无从治理。

皋陶以此阐明治理之两种最基本的权力划分：规则制定权与统治权。人际秩序的维护不能不依靠规则，故需要制定规则之权威；也不能不强制实施规则，故需要强制的力量。对于社会之优良治理而言，两者都是重要的。皋陶揭示，好的制度安排是，规则的制定不在掌握统治权之人手中，因为他必定受到太直接的利益之牵扯。同时，制作规则需专业知识，有能力观乎天文、制作人文，而统治者常无此能力。

经后文，皋陶还将确认自己与禹的身份之别，从而申明道、政之别。皋陶区分圣人与王及对圣人功能的论说，在此刻是必要的，因为，王权已确立并将由禹强化，则在王权之外另外确立某种权威，对于权力之循道而用具有重要意义。

在五帝时代，似乎确有"圣王"，圣人与王合一，但当时，王的权威是很小的，经常只是协调而已。到禹，从尧舜开始，王权趋于强大，尤其是到禹，建立家天下之制，圣人与王通常不一。在孔子，圣人与王之分立，最为明显。可以说，在孔子，圣人与王已彻底两分，再也不可能合一。孔子的意义就在于，为圣王不再的世界树立在王之外的圣人之典范。

至于孔子的典范，恐怕在皋陶。故孔子删定《尚书》，以《皋陶谟》列于《帝典》之后，大义正在于此。

政事

上文皋陶阐明规则源于天，接下来皋陶阐明，为政之权威也由天保障。

五服，当为五种冠服，五等人之服饰。这五等人是什么？经学家说法不一。寻绎此前经文提及之君子，至少已有五等：王，最高；其次，尧之四岳或舜所策命之卿士，舜所咨商之十二牧；第三等，各邦诸侯；第四等，各邦之内"有家"之大夫。第五，应当还有士。

皋陶所说之五服若为标识等级，当指这君子内部之级等。经舜之努力，王的地位已稳固树立，卿士也得到正式任命，并常态化地处理华夏公共事务。王通过朝会、巡守等方式与诸侯相见，并难免与各国大夫相见。

最为重要的是，随着华夏国家之成熟，政治上的尊卑秩序已经确定，有必要以五等冠服彰显五等君子之身份。经下文将论及服色之花样。对于政治运作而言，这种尊卑之别至关重要，有助于君子各司其职，又相互协调，从而有助于维护政治稳定。

五刑当为经前文舜所确定之"象以典刑，流宥五刑，鞭作官刑，扑作教刑，金作赎刑"。这五种刑罚可用于惩罚五类不当活动，以维护秩序。

皋陶把上述两方面概括为"政事"。五服代指五等君子，为治理天下、行使权力之主体。他们为华夏提供公共品、维护秩序，必然用刑。王及各个等级的社会治理者实施，包括强制实施规则，即构成"政事"。君子的职责就是为政，为政的核心是实施规则。

对君子之为政，皋陶的告诫是"勉"，勉力。告诫的对象是禹以及禹所领导的君子群体，因其为政事之承担者。勉者，尽力也。尧之"允恭"，就是勉，尽心尽力地履行自己作为王之职分。舜勤勤恳恳，"陟方乃死"，同样是勉；至于禹，治水而不入家门，更是勉。

何以勉？《周易·乾卦·大象传》曰："天行健，君子以自强不息。"君子法天，不能不勉力。大化流行，世事变动不居，君子也不能不勉力。人以上天赋予自己的全副身心做事，才能有所成，才算有德。尧、舜在委任官员时所说的"钦哉"，既有敬之意，也有勉之意。

五十六、代天养民

天聰明，自我民聰明；天明畏，自我民明威。達於上下，敬哉有土！

> 有土，君也。
> 达，通也。

> 天之耳聪、目明，由我民之耳聪、目明；
> 天之彰明、施威，由我民之所欲彰明、施威。
> 上天、下民相通，敬哉，有土之君。

上章皋陶论述，人间有各种规则，典、礼、服、刑，其源均在天。人人当遵守这些规则，君子当勉力实施这些规则，尤其是强制实施之，以维护社会秩序。由于君子有权力、有政事，故有君子、庶民之别，或曰政府、民众之别，治人者、治于人者之别，或曰统治者与被统治者之别。那么，如何保证君子始终服务于民众，而非滥用权威、残民以逞其私欲？皋陶接下来阐明"天民论"，把民关联于天，构造了社会政治秩序之根基。

君民之别

天生人，天要人各遂其生，为此天允许人间成立政府，其领导者是君子。人群中出现政治结构分化：极少数人是治人者，即君子；另一边是治于人者，即民，构成人口的绝大多数。君子和民众是政治的两个主要群体。此为最为重要的社会分工，《孟子·滕文公上》中，孟子为反对无政府主义而提出如下命题：

然则治天下独可耕且为与？有大人之事，有小人之事。且一人之身，而百工之所为备。如必自为而后用之，是率天下而路也。故曰：或劳心，或劳力；劳心者治人，劳力者治于人；治于人者食人，治人者食于人：天下之通义也。

天下是需要治理的，普通民众劳力，治理者"劳心"，其内涵较广，教化，创制立法，强制实施规则等等，都是劳心。接下来，孟子举尧舜之例说明君子不耕而维护社会秩序之大功用。他们未从事农耕，但没有他们，成千上万的农民就无从耕作，为鱼鳖所食或死于战乱。尧舜为万民提供公共品，维护秩序，万民因此得以安居乐业，从事各自职业，而各遂其生。有秩序，才有生产。君子维护秩序，庶民从事生产，此为人世间最为基础、最为重要的分工，无此分工，经济领域的劳动分工根本无从谈起。

为承担其社会功能，君子不能不拥有权威以领导社会、分配资源，如《洪范》所说："惟辟作福，惟辟作威，惟辟玉食。"辟者，君也，大大小小的共同体之君构成君子群体，故有尊卑之别、等级之差，尤其是君与民之间尊卑差别颇大。他们可以发号施令，他们享有荣华富贵，珍贵的象征性物品比如"玉食"，只有君可享有，尧舜即确定以玉器标识君子之身份。

在此政治结构中，君发号施令，其下之臣和民当服从，对不服从者，君可动用强制力量予以强制和惩罚。对维护社会秩序而言这是必要的，其实，民众也接受此权威。民众知道，无权威则无秩序，无秩序，则难免人们相互伤害，自己根本无法生存，更不要说享受一己之力无法解决的诸多公共品。服从君子是万民之义务，万民也接受这一义务。

但是，君子之行使权威，若非为维护秩序，而是侵害民众权益，以谋取一己之私利，民众还须服从其权威吗？君子也是人，因而完全有可能滥用其权力，此时，民众能够怎样？尤其是，若居于权力体系最高端之王侵害民众，民众又能怎样？

显然，在原有政治体系中找不到解决这一问题的出路。在巫权统治中，权力终极来渊源是神灵，神意不可置疑，巫师通神以传达神意，巫师的号令出自神意，其他人即便不满，因其无从通神，也就难以质疑，遑论反抗。故在神灵支配的社会，对统治的权威不可能有质疑和反抗。这个社会可能会因为外部冲击而崩塌，也可能因为统治者的放纵而自我溃亡，而难有自我更新，更不可能没有革命。因为神权已经锁死了政治结构。在神权政治中，很容易出现绝对权力与绝对奴役。

天、君、民

尧屈神而敬天，带来全新的人与政治义理。基于天生人这一基本事实，周武王于革命之际阐述如下义理：

> 惟天地，万物父母；惟人，万物之灵。亶聪明，作元后，元后作民父母。天佑下民，作之君，作之师。惟其克相上帝，宠绥四方。天矜于民，民之所欲，天必从之。[1]

天地生万物以及人，由此事实，人是天之人。天要其所生之人各遂其生，于是以其中之"聪、明"者为君。君是天所设，为人之生所必需，无君、无政府，人无以"各正性命，保合太和"。故君与政府有其天意的依据。经前文皋陶对此已有论证，所谓"天工"是也。君、民因此而有尊、卑之别，天让民服从君，这对民有好处。但显然，天之设立君，绝非为了君，如荀子所说：

> 天之生民，非为君也；天之立君，以为民也。故古者，列地建国，非以贵诸侯而已；列官职，差爵禄，非以尊大夫而已。[2]

天以君为民之父母，代天养民。天爱民，君法天，自然也应爱民。这是君之"天职"，是其不可推卸的职分。天让君拥有权威，可支配资源，甚至有生杀之权柄，享受荣华富贵，就是为了使之更好地教民、保民、养民。故在政治秩序中，君确在民众之上，民众须服从君，但君绝非只有权力而无责任之至上者。

---

[1] 《尚书·泰誓》。

[2] 《荀子·大略》。

但如何保证君自觉且履行此义天职？显然，单纯的民是难以监督君的，即便其确认君未能履行其天职，而普遍不满，也无可奈何，毕竟，君掌握着天所赋予之权威，这个权威可以压倒在下之民。君甚至常常以天威吓民，比如，殷纣王就相信："呜呼！我生不有命在天？"[1]他相信统治权是上天赋予自己的，任何人无从改变。

解铃还须系铃人。既然君之权威是上天所设，那么，上天就是君之监督者。天并没有在立君之后，就撒手不管，而始终在君之上，监察着人间，尤其是监察着君，监察其是否履行了自己的职分，这不仅是君对民的责任，更是君对天之义务。王养民、保民、教民，就是善政；王滥用权威，忽视民，压迫民，或者残害民，就是恶政。

可是，天如何察知、判断王之善恶？经文提到"聪、明"，耳聪、目明。皋陶以为，天可以听，可以看，故对人间之状况，天完全可以知晓。但天无位格，故不言，这是天与神的最大区别。天不直接命令、谴责、判决，这些均须借助言辞。由此推展，因为天不言，故天不直接听；天不直接看。

从根本上说，天只是生人而已，天把人间治理交给人，只做沉默的最后保证人，同时也依最简单的算术原则，在人间选定自己的肉身：政治社会已有君、民之别，君是一个人，君子是极少数人，而民始终是绝大多数。故天站在民一边，以民为自己在人间呈现之身。

此即经文所说，天以民之聪、明作为自己的聪、明，民所听到的就是天听到的，民所看到的就是天看到的。天以民之判断作为自己的判断，民所赞赏的就是天赞赏的，民所厌恶的就是天厌恶的。民虽然已被置于政治上的治于人者位置上，但仍保有其作为人之本源性身份：天之子，或曰"天民"。每个人都是上天所生，都是天民，在人间有尊卑之别的政治社会中，君固然是天子，民同样也是。

这样，皋陶构建了两个层次的天、君、民关系格局：

在常态政治秩序中，君祭天，天赋予君以权威，同时施加给君以天职；君发号施令，民服从君。由此可维护良好秩序，万民各正性命。

---

[1]《尚书·西伯戡黎》。

一旦君严重偏离自己的天职，伤害万民，民无以聊生，认定君是暴君，则进入非常政治状态：万民诉告于上天，天必定从民之所欲，以万民对暴君之判断作为自己的判断，以万民之反抗作为自己的惩罚。天会施威于暴君。而天之惩罚也通过民之反抗实现，这包括替换王，也即"革命"。皋陶没有提出革命理论，但已隐含此一趋势，后世即被圣王逐渐揭示出来。革命是"致天之罚"[1]，天赋予万民之革命以正当性。

在这两种状态下，天始终站在万民一边，只不过有显、隐之别：天始终监察人间，当君为教民、保民、养民而发号施令，万民认可君，天当然也认可，且容许君自成天子。当君为私欲而发号施令，伤害民众，万民不认可，天也不认可，这时，天子反而不是天之子，天于万民之间的亲密关系则凸显出来。天始终在君之上，因天之照拂，民始终是天民，只是在常态政治结构中，这一点不明显，但其实始终存在。一旦君偏离自己的天职，立刻显露而启动其逻辑。

可见，天之政治意义完全不同于神。神让人顺从其话语，通神需要特殊技能和机缘，故神意可被人垄断，对民是封闭的，神难以倾听民之呼告，民无从以神的名义反抗残害他们的君，也就难有革命。相反，天是开放的，天倾听所有人，民是天之民，天倾听万民之大声呼告，并为其质疑和反抗做最终的保障人。无人可以垄断天，任何人，依凭其德，均可顺乎人而应乎天，成为受命者，而发动革命。在天之下，因为人是缺陷的，政治必定有衰朽，故革命必定周期性发生，以清除政治之腐烂朽坏。此正是政治生生不已之驱动力量，天生生不已，人生生不已，政治也生生不已。

敬哉有土

天始终在君之上，民凭借天而为天民，皋陶乃呼吁："敬哉有土。"

有土者，有土之君也，郑玄注《仪礼·丧服》曰："天子诸侯卿大夫有地者，皆曰君。"有地，则有民。一切治民者，都是君。当然，在尧舜确立王位之后，最为重要的君就是王。皋陶正在对禹说话，故此呼吁主要针对王。

---

[1] 《尚书·泰誓上》。

随着王权建立，政治上的尊卑趋向于明显、森严。尧舜建立一系列制度，确定君子内部以及君子、庶民之间的尊卑之别，以扩张王权，彰显王之尊严。对超大规模的文明和政治共同体之治理而言，此为维护政治秩序所必需，无尊卑，政治秩序必然崩解，社会难免解体。但在此尊卑秩序中，君子可能骄傲，可能目空一切，可能滥用权力。

皋陶发出诫命：敬！按常理，敬是下对上的，民敬君。礼的作用就是别尊卑，让卑者以恰当方式表达对尊者之敬意。但现在，皋陶颠倒这一原则，坚定地要求有土之君，包括王，有敬意。那么，王敬什么？

首先，敬天。尧已敬顺昊天，敬天是一切君，包括王之首要义务。王之治理权来自于天，尧于禅位之际对舜说："咨，尔舜！天之历数在尔躬。允执其中。四海困穷，天禄永终。"舜亦以命禹[1]，故王者当敬天。敬天是此下各种敬之基础。

其次，敬民。天聪明，自我民聪明；天明畏，自我民明威；民是天之民，君代天养民，敬天，即当敬民。民之所欲，天必从之，故民心是治理权之终极决定因素，王者自当努力增进万民之福利，此是政治之要旨所在，失民心者失天下。由此，禹形成民本思想。

再次，敬事。王者高居权威顶端，但绝非只有权力而无职分。王者之敬天、敬民，最终落实于敬自己之职分，即孔子所说"道千乘之国，敬事而信"[2]。万民对王有职分，王对万民同样有职分，养民、教民等等。

这样，君、王首先是责任之承担者，其所拥有之权力只为便于其承担责任。故君、王须始终保持自己于敬的状态，如经前文所说"兢兢业业，一日二日万几"。为更好地履行自己的义务，君、王必须修身，立德、重礼、循道。凡此种种，都在敬之大义中。

民本

经由皋陶以上论述，民本观已呼之欲出。

---

[1] 《论语·尧曰》。

[2] 《论语·学而》。

皋陶思想确实对禹产生很大的影响。夏立国之后，太康经历失国之痛，而有《五子之歌》，其中转述禹之民本思想：

其一曰："皇祖有训：民可近，不可下；民惟邦本，本固邦宁。予视天下愚夫愚妇一能胜予，一人三失，怨岂在明，不见是图。予临兆民，懔乎若朽索之驭六马，为人上者，奈何不敬？"

此处所说"皇祖"自当为禹。禹明确地训诫自家后代：王虽高高在上，但万民才是邦国之本。王者能否获得、保有治理权，取决于万民之认可。万民认可，邦国稳定；万民离心，邦国瓦解。故王绝不可能轻视民，而应敬民。

周人表达同样思想，除上引之语外，《尚书·泰誓中》曰：

惟天惠民，惟辟奉天。
天视自我民视，天听自我民听。

周公更系统阐述这一思想，如《尚书·康诰》：

王若曰："孟侯，朕其弟，小子封。惟乃丕显考文王，克明德慎罚；不敢侮鳏寡，庸庸，祗祗，威威，显民，用肇造我区夏，越我一、二邦，以修我西土。惟时怙冒，闻于上帝，帝休，天乃大命文王。"
王曰："呜呼！小子封，恫瘝乃身，敬哉！天畏棐忱；民情大可见，小人难保。往尽乃心，无康好逸豫，乃其乂民。"
王曰："呜呼！肆汝小子封。惟命不于常，汝念哉！无我殄享，明乃服命，高乃听，用康乂民。"

这里反复出现"敬"之告诫，及保民之要求。周人政治思想之核心是敬天、保民。

经由孔子，这些观念发扬光大，影响及于后世政治，如西汉文帝曾有诏书曰：

朕闻之：天生蒸民，为之置君以养治之。人主不德，布政不均，则天示之以灾，以诫不治。[1]

民为天所生，故为天民。人君代天养民，为其天职。天始终监察人君，人君履行此天职不力，天就会对人君发出警告。西汉儒家士大夫谷永曾上书成帝曰：

臣闻：天生蒸民，不能相治，为立王者以统理之，方制海内非为天子，列土封疆非为诸侯，皆以为民也。垂三统，列三正，去无道，开有德，不私一姓，明天下乃天下之天下，非一人之天下也。

王者躬行道德，承顺天地，博爱仁恕，恩及行苇，籍税取民不过常法，宫室车服不逾制度，事节财足，黎庶和睦，则卦气理效，五徵时序，百姓寿考，庶中蕃滋，符瑞并降，以昭保右。

失道妄行，逆天暴物，穷奢极欲，湛湎荒淫，妇言是从，诛逐仁贤，离逖骨肉，群小用事，峻刑重赋，百姓愁怨，则卦气悖乱，咎徵著邮，上天震怒，灾异娄降，日月薄食，五星失行，山崩川溃，水泉踊出，妖孽并见，荜星耀光，饥馑荐臻，百姓短折，万物夭伤。终不改寤，恶洽变备，不复谴告，更命有德。《诗》云："乃眷西顾，此惟予宅。"[2]

民之所以为邦本，因为天生民，天佑民，民者，天之子也，天民也。王只是天用于养民、教民之工具。民是根本，王反而是功能性。王须认清这一点，敬天、保民，且将此体现于政治的全过程。西人之所谓民主制，可为行民本义之一种制度，并可成为引导、约束、改进民主制度之价值规范。

---

[1] 《史记·文帝本纪》。

[2] 《汉书·谷永杜邺传》。

五十七、学为政本

皋陶曰："朕言惠，可厎行？"

禹曰："俞，乃言厎可績。"

皋陶曰："予未有知，思曰贊贊襄哉！"

朕，我也。秦始皇始定其为皇帝专用之词。

厎，致也。

曰，语气词。贊，佐也。襄，除去。

皋陶说："我的话还算好，可用于施行吗？"

禹说："然也，你的话确实可以施行。"

皋陶说："我也没有知识，只是在思考有所赞助于除去问题。"

皋陶是中国第一位思想家，治道之第一位自觉表达者。这段对话如实记录此一思想之自觉、起步时刻，此后数千年中国治理思想大体在皋陶思想之范围内。

皋陶是士，故参与了华夏之缔造，只不过其岗位让他有机会较为超脱。司法之大德是"明"，皋陶以司法者之明全面观察尧舜禹等圣贤之事业，并有严密思考。同时，在司法活动中，他洞察破坏秩序之人、事，对人性之复杂深邃有所把握，对新建各种制度之优劣得失有所认知。总之，纵观当时天下，没有谁比皋陶更有观察之优势，深邃的观察促使深刻的思考。

知识的谦卑

本段对话十分生动。经上文，皋陶以言辞阐述了一整套义理，不是做事，不是立制，而是阐明义理，故皋陶自谓"言"。巫师是以言传达神意的，不过，巫师之言，未必是人所能理解之常言。尧舜屈神而敬天，以其德行缔造华夏。皋陶的司法活动与志不同，以言为主。似乎正是这一职业习惯，让皋陶以言阐明义理。义理是可以用言语表达的。

义理是新事物，故皋陶在阐述这些义理之后，内心颇为忐忑，乃询问禹，自己所阐述之义理，是否可行。由此又可见，虽然皋陶以言辞阐明义理，但义理之言是指向行的，唯有当其见之于行，令人际关系、社会秩序变好一些，方为有意义之言。这样，皋陶仍然在尧舜重行之传统中。

信神，必然重言，因为神的存在就是其言，人以言显示神，以言传达神之言，言自然构成神人间、人际的根本纽带，人乃以言明神，而倾向于发展系统的义理之言，故中国以西各信神族群均有围绕着神的繁琐义理言说。又，神造万物，故人们相信，经由神而获得的知识，可知万物万事之理。相比之下，行反而并不重要。行毕竟是人的，要低劣一等，故在神教文明中，言支配行，知识或曰真理高于践履。

尧舜屈神而敬天，则天人之际、人际联结之纽带，终究是行。义理不能不以言阐明，但此言本身不是来自于神，不是"自明的（self-evident）"，没有真理[1]。相反，言必须由行予以验证，才可成立。故禹对皋陶之言，似乎只给予礼节性的肯定。皋陶乃再度表示，"予未有知"。皋陶此说不全是自谦。皋陶在此突出了"知"，当指关于天人之际的优良治理之知。如孟子所说，尧舜是"性之"者[2]，有天赋聪明，又注重前圣积累之智慧，故在实践中面对各种问题自然而然地形成解决方案。他们当然有充沛之知，但无意于形成条理化之"知识"，这样

---

[1]　美国独立宣言说：我们认为下述真理是不言而喻的："人人生而平等，造物主赋予他们若干不可让与的权利。"

[2]　《孟子·尽心》。

的知识来自于外在的观察和反思。皋陶则观察和反思，从而形成知识。但对于这样的知识是否真正揭示尧舜治理之道，皋陶也无十足把握。

皋陶由此确立知识之谦卑。知识是必要的，但知识终究是人的，因而，知识是不完备的。这一方面是因为，天行不已，万事万物各有其理，且变动不已，在任何一个时间点上，人都不可能完全把握；另一方面是因为，人自身是有限而易错的，永远无力把握全体。总之，信神者容易相信人可有完备知识，敬天者更为谦卑地看待自己的知识。

故子曰："由，诲女知之乎？知之为知之，不知为不知，是知也。"[1] 真正的智慧乃在于明白，自己在很多时候是不知的。孔子也多次坦率承认自己的"无知"[2]，孔子并相信，有些领域是人很难知的，比如谓子路："未知生，焉知死？"[3]孔子"敬鬼神而远之"，不言死后之世界。

至道家，甚至否定知识之可能和意义，而以无知为尚，这则属于过。儒家以为，知识可以获得，也十分重要，但人们不可相信自己获得知识的能力，也不应迷信知识。

道

尽管确立了知识的谦卑，但毕竟，皋陶以其特殊身份，观察尧舜之缔造华夏之过程，形成关于治理之知识系统。由此，尧舜之道可道、可传、可学。

首先，皋陶创造了一组字词，以表达尧舜禹所行之道，先以言辞表达，最终写定为文字。经前文记载尧舜之治，有行动，也即有其"实"，而尚无"名"，也即以言辞表达之相应概念[4]。比如，"允迪厥德，谟明弼谐"，就为尧舜之多种行定名，迪、德、谟、弼，是抽象之名；天工、典、礼、刑、政，也是抽象之名。

---

[1] 《论语·为政》。

[2] 比如，《论语·子罕》：子曰："吾有知乎哉？无知也。有鄙夫问于我，空空如也，我叩其两端而竭焉。"

[3] 《论语·先进》。

[4] 参考《荀子·正名》。

这些名可脱离尧舜之个别的行，有相对固定的、明确的一般含义。

有了这些名，人们即可以之描述社会治理，也可在具体政事之外抽象地思考社会治理。有了这些名，不同地方和世代的人们，也可就社会治理进行远距离的、跨世代的交流。正是皋陶第一个提出了记录、思考、交流社会治理的基本词汇体系，尽管尧舜已成历史，但借助这些名，人们可以描述和思考尧舜之德及其治，进而学习之，将其见之于行。

其次，皋陶用这些名提出若干命题，将分散的、个别的社会治理行为，编组为内在融贯的义理体系。所有这些命题之理均见之于尧、舜之祭祀、修身、创制、治理实践中，对此，皋陶或者抽象，比如，从尧舜自明其德的道德实践中抽象出"慎厥身"也即修身概念；或者概括，比如，将尧舜等圣贤之卓越行为模式概括出"九德"，又概括出德、位相应论；或者贯通，比如，确认天与典、礼与政府职权之间的内在联系，形成天工论、天则论命题；或者创造，比如，断言"天聪明，自我民聪明"，形成天民论命题。

总之，皋陶提出如下系统命题：好的政府当遴选贤能为政，目的是安民；贤能可有若干客观标准，也即九德；应当依德行分配权力，而不能依据任何其他标准；政府可拥有足够职权，但其终极渊源在天；政府以规则治理民众，但其终极渊源在天，不可随心所欲制定；政府必须尽力于增进民众的福利，否则，天就会通过民众惩罚政府。

所有这些命题之义理，均在尧舜之行事中，皋陶将其以名显现；而尧舜之行事各有其时，各有其宜，前后也未必有明晰次序，皋陶将其组合为整体，有先后之次第，有内在之机理，如《周易·系辞下》所谓"微显阐幽，开而当名，辨物正言，断辞则备矣；其称名也小，其取类也大，其旨远，其辞文"。尧舜之圣，因此而得以更为清晰地浮现，且易于为人理解。

由此，尧舜之行事，成为道。道者，正大之路也，此路是可行的，必定是有条理的。恰在皋陶概括之后，尧舜之道得以成形，可道、可传、可学。华夏之道，尤其是社会治理之道，是创制立法之尧舜禹与慎思明辨之皋陶共同熔铸的：尧舜禹之行，构造道之体；皋陶之言说，形成道之名。名因道体而成立，道体因名而可道。经由皋陶之言说，尧舜之道体得以摆脱尧舜之身的拘束，而超越时空，有其永在之形态，从而公共化、经典化，而成为人们可体认之道，可持续发挥作用、指引社会治理之道。故曰：皋陶创造道学。而且，因为道学，尧舜禹之道方构成常在常新的华夏之道。

道与政

尧、舜、禹者，圣王也：得道于天，圣人也；有天子之位，故能行道于天下。其言、其行，其所创制、其所立法，无不是道。如《中庸》所说"动而世为天下道，行而世为天下法，言而世为天下则"。皋陶体认尧舜禹之道，以明晰确定之名和融贯的命题呈现此道，由此而有道之学。

朱子《中庸章句》序谓："盖自上古圣神继天立极，而道统之传有自来矣。"此道统，始于尧舜禹，"自是以来，圣圣相承：若成汤、文、武之为君，皋陶、伊、傅、周、召之为臣，既皆以此而接夫道统之传。"朱子笔锋一转："若吾夫子，则虽不得其位，而所以继往圣、开来学，其功反有贤于尧舜者。"孔子不得其位，以学传道。朱子似乎以为，由孔子而有道学。但也许可以说，皋陶已创道学，皋陶已构造中国治道之概念表达体系，且提出其核心命题。自皋陶以来，此道学代代相传，自成传统，由孔子而集大成。

三代均有"圣者"——有别于今日所说之圣人，所谓博学而无所不通者，贤而且智。其人或为乐师，或为史官，或为巫祝，或为好古之公卿大夫。如夏殷之际的伊尹、殷高宗时之祖己等；在殷周之际，有箕子作《洪范》，为殷周之际治理思想之集大成者；周代，则有甫侯之为周穆王作《吕刑》。

到春秋时代，这类圣者更多，如齐之晏子论和而不同、晋之叔向论礼与刑，乃至于楚之观射父论绝地天通，吴之公子季札论乐。《春秋左传》和《国语》有丰富而精彩之记载。这些圣者好学而善思，传承圣王之道，反思现实政治，持续发展道学：或者细化概念，或者扩展思考范围，或者提出新的概念。

当圣人为王而行道之时代，道学也许并不重要。然而，圣王终究不常在，在常态政治下，圣王之法度固然可能继续发挥作用，道学也有反思功能、批判功能与引领功能。借助道学的这些作用，社会治理虽存在各种各样的问题，终究不至于完全脱离大道。

当社会大转型之际，道学作用尤其重大。皋陶其实就在华夏缔造由天下为公转为天下为家的转型时代，以道学彰显尧舜之道，从而将其灌注于家天下之制中。皋陶之后，另有一人未为王者而为圣人，孔子是也。皋陶、孔子在中国两个最为重要的转折时刻缔造了伟大的道学体系。皋陶始创道学，让尧舜禹之道得以永续传承；孔子"祖述尧舜、宪章文武"[1]，为道学之集大成者。最为重要的是，经由孔子，道学对所有人开放，人皆可以学道学而为君子。

自孔子以后，圣王不再，王政自成一统，毫无例外，以诈、力得天下，以政、刑治天下。在这种局面下，道学之意义更为重大：儒家传承道学，以之驯化、引领王政。中国政治演变之关键正在于道、学关系，或者说学术与政治之关系，对此，近人钱穆先生多有论述。道统与政统之间的复杂关系正呈现为道学与权力，大凡学术繁兴，而政治清明；学术衰败，则政治败坏。

至于道学发挥作用之渠道，在上为教育帝王，致君行道；最为重要的还是儒家以道学养成士君子，进入社会治理各个领域，包括政府。至于民间、政府兴办之学，还普遍教化民众。故道学渗透于各个领域，且内嵌于政制之中。但这并未妨碍学术自由和神教宽容，因为，传承此道者不是神教而是学、文教。

正是道学及其文化、政治承载者，让中国社会不致迷失，而始终有前行之方向和力量，中国文明之生机正在于道学。

---

[1] 《中庸》。

五十八、不言而治

帝曰："来，禹！汝亦昌言。"
禹拜曰："都，帝，予何言？予思日孜孜。"

昌，当也。
日，当为曰，语气词。

尧舜说："来吧，禹，你也说说你的高见。"
禹行拜礼说："谢谢，帝，但我说什么？我想的是赶紧做事。"

皋陶就如何实现优良治理提出一系列义理。接下来，舜让禹也发表看法，禹则回答，自己没什么看法需要发表，因为从未想过。这不是说禹不思考，只是，禹所思考的不是观念，而是如何更好地做事。

由此可见禹之气质。皋陶的官职是士，职责是判断他人行为之是非曲直，不能不观察、思考，也必定善以言辞表达相对抽象的观念。禹的官职是司空，职责是平治水土。洪水漫漶，人民痛苦，大禹心痛；父亲治水失败，遭到惩罚，也不能不更为审慎、更为用心。故禹全副身心投入平治水土工作中，如《史记·夏本纪》所说："禹伤先人父鲧功之不成受诛，乃劳身焦思，居外十三年，过家门不敢入。"禹是笃行者，第一次阐明圣人之言、行观：行比言重要。

天何言哉

何以重行？不能不诉诸敬天，对此孔子有过明确论述，《论语·阳货》：

子曰："予欲无言。"

子贡曰："子如不言，则小子何述焉？"

子曰："天何言哉？四时行焉，百物生焉，天何言哉？"

天不言，圣人法天，故不欲言。孔子更指出，天何必言？天根本不必言，天已由行四时、生百物呈现了自己。至于圣人，以其行兴天下之利，而呈现自己。圣人是人，从不假神之权威要求人、规范人、命令人、惩罚人。由圣人之行，天下大得其利。圣人之创制不是通过言，而是通过行，何必多言？

这一传统，创自尧舜禹。

在绝地天通之前，巫师降神，传达神灵之言。故巫师必为善言之人，不言，神意不能清楚呈现，人间事务不能得到妥善处理。

一神教承接这一传统，唯一真神以先知为中介，以言对人颁布律法，故耶教《约翰福音》开篇说："太初有言，言与神同在，言就是神。"[1] 神不言，不足以见神。故其经文多记神之言。神言，故有传上帝之言者，是为先知；又有讲道者，就是以言布道。故言始终构成神教之枢机。

自苏格拉底以来，西方哲学也是透过言接近"一"。苏格拉底以言引导人接近真理，柏拉图写作诸多对话，无非是言。柏拉图以后之西方哲学家们发明各种概念，竞相构造复杂之言说体系，以图接近、揭示"一"，构造"真理"。所谓真理，就是关于"一"之言辞。不言，则无以见真理。

由此可见，在神教、在哲学中，人所做的工作是认识，认识不变的、永恒的、静态的"一"，以获得知识，或曰真理。知识当然依靠言、名及逻辑。借助知识，可接近上帝或存在，进而居于"一"之位，支配世界。认知之所以重要，根源在于神、人两分，"一"、人分立，人在"一"之外。而"光"的隐喻又表明，西人相信，神、"一"可以对人全副敞开，上帝或自然赋予人以获得知识之能力，故人可获得完备知识。凭此知识，人可以支配他人和世界。故曰，知识就是力量或曰权力。人是以知识、真理创造、塑造、改造世界的，而知识、真理从根本上是言。

---

[1] 太初有道，道与神同在，道就是神。

天不是神，天不言，对人来说，言不是最重要的，人对人言说的能力也不是最重要的。天也不是静止的"一"，天是生生不已的万物之大全，在持续生成过程中。故关于天，人无以获得完备的知识，无所谓恒定的真理。至关重要的是，天人不二，人不在天之外，天不在人对面，人可以从容认知。人就在天之中，人在其中生，并与其他人、万物互动，此即是天。

故人之知天，不可能通过言，唯有以行深入天之精微处，才能体认天。孟子曰："尽其心者，知其性也。知其性，则知天矣。存其心，养其性，所以事天也。"[1] 心之发用，不只是知，更重要的是行之主宰。以心可以知天，终必归于以行事天。《中庸》曰："唯天下至诚，为能尽其性；能尽其性，则能尽人之性；能尽人之性，则能尽物之性；能尽物之性，则可以赞天地之化育；可以赞天地之化育，则可以与天地参矣。"人以行赞天地之化育，由此可见，人不在天外，人不是通过外在的观察获得知识而支配天，人就在天中成己、成人、成物，以至于成天。

故对人而言，重要的不是认识，不是以言传达知识或者真理，而是行。在天之中，人之生必见之于人之行，人以自己的抉择和行动生成自己，并与他人、万物互动、共生，故禹说自己致力于"孜孜"而已。天不言，故人言而不已是无效的。

当然，知天，也可通过"观乎天文"，这同样不借助于言，而借助于文，如八卦之象，如文字，此文字不是言之记录，而是径直取象于天地万物而为文。相比而言，文同样是谦卑的：凡能听神言者通常相信自己已得真理，因为神言是神之自道，可见神之全体。相反，文是天所显现而为人可见者，乃是人之所见，即便言，也是人言，圣人也是人。圣人当然深知这一点，故不以言命令天下，而以行示范天下而已。

不言而治

禹之为圣王而治天下，也是通过"孜孜"。《周易·系辞》历数圣王之事迹曰：

---

[1]《孟子·尽心》。

古者包牺氏之王天下也，仰则观象于天，俯则观法于地，观鸟兽之文，与地之宜，近取诸身，远取诸物，于是始作八卦，以通神明之德，以类万物之情。

作结绳而为网罟，以佃以渔，盖取诸离。

包牺氏没，神农氏作。斫木为耜，揉木为耒，耒耨之利，以教天下，盖取诸益。

日中为市，致天下之民，聚天下之货，交易而退，各得其所，盖取诸噬嗑。

神农氏没，黄帝、尧、舜氏作，通其变，使民不倦，神而化之，使民宜之。易穷则变，变则通，通则久。是以自天佑之，吉无不利。

黄帝、尧、舜垂衣裳而天下治，盖取诸乾坤。

刳木为舟，剡木为楫，舟楫之利，以济不通，致远以利天下，盖取诸涣。

服牛乘马，引重致远，以利天下，盖取诸随。

断木为杵，掘地为臼，臼杵之利，万民以济，盖取诸小过。

弦木为弧，剡木为矢，弧矢之利，以威天下，盖取诸睽。

上古穴居而野处，后世圣人易之以宫室，上栋下宇，以待风雨，盖取诸大壮。

古之葬者，厚衣之以薪，葬之中野，不封不树，丧期无数。后世圣人易之以棺椁，盖取诸大过。

上古结绳而治，后世圣人易之以书契，百官以治，万民以察，盖取诸夬。

这里只讲到尧舜，完全可以接上一句：禹平治水土，以利天下。

显然，没有一个圣王因言而成圣。神有其意志，巫师可以言转达神意，并命令人间；神以言颁布完备的律法，先知以言转达之，人间即可有律法，从而有秩序；或者，人通过言认知一，而获得知识，以此可形成良好秩序。

在古希腊以来的西方政治中，言始终居于关键地位：在城邦政治中，演讲术、修辞学是法律人和政客最重要的技能。在现代政治中，政客通过言宣传自己所掌握的政治真理。政治是有真理的，完全可以事先构想出拯救国家的完备方案，大众投票就是选择一个以言表达之政治真理，权力是以言而创造秩序之工具。

天不言，无真理，圣王不是以天意或真理的言说者身份确立自己的世俗权威。天不颁布律法，没有静态的规律，圣王不是依靠颁布绝对的律法治人。圣王是自主的创制者，或创制立法，或制礼作乐，或兴作器物，或作八卦、作书契。凡此种种创制，皆见之于行。惟行可以创制，惟行可以教化，惟行可以治理社会。圣王之塑造人间良好秩序是通过行，而不是通过言。

行则有道。人的世界没有真理，只有道。道是平直坦荡之大路，此路是人走出来的。言不能走路，走路只能通过行。秩序生成于圣王之行的过程中，圣王行走之迹就是道。道不是完备的真理，道只是大路。沿着此道，后人可以继续走。但路永远在自己脚下，路必须自己走。故每个圣王都只是局部的创制立法。具体每一个圣王都是历史的存在者，其法度不可能完备。每一代圣王制作自己的法度，圣圣相承，法度才逐渐趋于完备。但最终，仍然不可能有完备的法度体系，因而人的历史永不终结，故《论语》中孔子两度感叹"尧舜其犹病诸"。历史永远是开放的过程。

行必定是个体之行。故圣人修其在己，有所创制，首先见之于亲近之人，能得其利，然后向外推展。"王者，往也，天下所归往。"[1]圣人兴利除害，为人所归往。天下得利而归往，何必多言？圣人以身作则，天下影从，何必多言？《中庸》最后有一段充满诗意的论述：

《诗》曰："衣锦尚絅"，恶其文之著也。故君子之道，暗然而日章；小人之道，的然而日亡。君子之道：淡而不厌，简而文，温而理，知远之近，知风之自，知微之显，可与入德矣。

《诗》云："潜虽伏矣，亦孔之昭！"故君子内省不疚，无恶于志。君子所不可及者，其唯人之所不见乎！

《诗》云："相在尔室，尚不愧于屋漏。"故君子不动而敬，不言而信。

《诗》曰："奏假无言，时靡有争。"是故君子不赏而民劝，不怒而民威于铁钺。

《诗》曰："不显惟德！百辟其刑之。"是故君子笃恭而天下平。

《诗》曰："予怀明德，不大声以色。"子曰："声色之于以化民，末也。"《诗》曰："德輶如毛"，毛犹有伦；"上天之载，无声无臭"，至矣！

---

[1] 《白虎通义·号》。

社会治理的最高境界是"化"民，不言而教，不言而治。这个治从自治开始，君子欲治天下，必先自我治理。归根到底，不是君子借助外在的力量治理天下，君子只能完全依凭自己治天下，以其德行，为天下人示范，见此示范，天下人有所自觉，而自我治理。有效的治理一定是自我治理，良好秩序一定形成于自我治理，只是人有先知先觉、后知后觉，君子的功能是先行自治，而后由近及远，化成天下。故无行，则无治，而此所谓行，一切人之行也。

故孔子在《论语》中反复论述言、行关系，而以君子之行，为良好秩序形成与维护之关键。《为政》载：

子贡问君子，子曰："先行其言，而后从之。"

君子为政，欲要求于庶民者，自己先行，则庶民自然跟从。《里仁》载：

子曰："古者言之不出，耻躬之不逮也。"
子曰："君子欲讷于言，而敏于行。"

古代圣贤有其言必有其行，故讷于言，而勉于行。这里重要的是"欲"，表明了君子对于言之功能的有限有清醒认识，《宪问》载：

子曰："有德者，必有言。有言者，不必有德。"
子曰："其言之不怍，则为之也难。"
子曰："君子耻其言而过其行。"

君子并非不言，但以言过其行为可耻，故君子慎言、不多言，而尽心于行。《学而》载：

子曰："巧言令色，鲜矣仁！"

巧饰言辞，必有诈伪，当然不仁，不仁则不足以治人。故君子观人，尤重于行，《公冶长篇》载：

子曰："始吾于人也，听其言而信其行；今吾于人也，听其言而观其行。于予与改是。"

了解一个人，不看其言辞如何花巧，而看其行为。天行不已，人行不已，人唯由其行可知天而合于天。

五十九、文明大地

皋陶曰："吁！如何？"

禹曰："洪水滔天，浩浩怀山襄陵，下民昏垫。予乘四载，随山刊木。暨益奏庶鲜食。予决九川，距四海；浚畎浍，距川。暨稷播奏庶艰食；鲜食，懋迁有无，化居。烝民乃粒，万邦作乂。"

皋陶曰："俞，师汝昌言。"

吁，惊怪之词。

垫，伏也，为水所淹没。

四载，四种乘载工具：陆行乘车，水行乘船，泥行乘橇，山行乘樏。

刊木，立木以为标志。

益，舜命为虞人，掌管上下草木鸟兽。奏，进也。鲜食，鱼鳖生鲜之食。

决，行流也。距，至也。浚，浚也，深挖。畎浍，田间沟渠。

艰，根也。艰食，根生之百谷。鲜，少也。

懋，贸也，易徙也。迁，徙也。

化，更也。

粒，当为立。

师，当为斯。

皋陶说："哦？是什么呢？"

禹说："洪水漫天，浩浩无涯，包围了高山，漫过了丘陵。天下之民为洪水所困、所淹。我乘坐四种交通工具，随着山的走向行走，立木以为通行标记。与掌管草木鸟兽的益供应万民以鱼鳖生鲜之食以应急。我决开天下大江大河导到大海，疏浚田间沟渠，导到江河。与后稷播种、供应各种根生之谷物；粮食太少，就在多余的地方与匮乏的地方之间转移，并迁徙某些人的住处。这样，万民就从洪水围困中挺立起来，天下万邦就开始走向良好秩序。"

皋陶说："然也，这是你的高见。"

禹在此描述自己平治水土之过程。正是在应对自然灾害的过程中，禹用自己的双脚丈量华夏大地，获得关于华夏大地之重要知识，并通过向天下提供公共品，强固华夏治理体系，增强华夏凝聚力。

认识华夏大地

洪水漫溻，天下万民备受痛苦，分散的各邦无力解决这一天下困局。如经我前文所记，只是在华夏成立后，尧舜才主动承担起治水之重任。首先是鲧，鲧失败后，担子落在禹身上，禹乃孜孜勤勉以治水。

禹描述自己使用四种交通工具：陆行乘车，水行乘船，泥行乘橇，山行乘檋。在中国境内，舟早就出现，目前考古发现最早的舟，出土于距今七千年的河姆渡文化。至于橇和檋，似不需特别构想，即可发明。争议较大的是车，《左传》等典籍谓，禹时代的奚仲作车。在河南偃师二里头遗址三期发现双轮车辙，时间正在夏，但不能确定，这是牛车还是马车。目前出土最早的马车属于商代晚期，但这不等于说，此前无车。

不管怎样，禹为平治水土，走遍燕山到长江之间广大地区，这是史无前例之大事。此前，相对独立的文化区之间已有相当多交往，但此交往必定是相互分割的、片断的，也是不均匀的，未能贯通成为一体互通之大网络。禹以一人之力走遍神州大地，联结各邦为华夏一体，在禹的脚下，华夏大形趋于完整。

禹在行走过程中"随山刊木"。各邦国和文化区之相互独立，多因为山川之阻隔。禹一路行过，随处留下标记，由此勘定各地区之间的通道。这些治水的通道，既是政治通道，当然也是贸易通道，更可成为人口迁徙通道。

当时的洪水，当为黄河、淮河下游大水漫溻。禹治水之策是，以江河水道导水入海；为此，需先疏导漫溻之水入江河；为此，不能不在田野挖掘沟渠以聚水，此即经文所说"浚畎浍"，《考工记》记载古代沟洫之法：

> 匠人为沟洫，耜广五寸，二耜为耦。一耦之伐，广尺、深尺谓之畎。田首倍之，广二尺、深二尺谓之遂。九夫为井，井间广四尺、深四尺谓之沟。方十里为成，成间广八尺、深八尺谓之洫。方百里为同，同间广二寻、深二仞谓之浍。

畎是最细小的水沟，深宽各一尺；畎间之水汇入田头之遂，深宽各二尺；再汇入沟，再汇入洫，再汇入浍，由浍流入大江大河，最后入于海。各地沟洫尺寸未必如此整齐，但结构必定如此，由小到大，纵横交错。由此沟洫系统，漫溢之水排出。而且，一劳永逸，此后整个三代，几乎没有水患之害。

新生的华夏地处季风性气候支配下，一年中降雨量分布严重不均，夏秋多雨，冬春少雨。夏季多雨时，毛细血管似的沟洫可暂时蓄水，不至于全部涌入江河，引发洪水泛滥。少雨时，所蓄之水又可以救急。

这些沟洫还了发挥另外两个作用：第一，较大的沟洫之边沿成为道路，可谓四通八达。第二，较大的沟洫成为不同族群，包括诸侯国之间天然的分界线，尤其是在广大平原地区，所谓阡陌封疆是也，这构成三代各国或家之边界。至秦孝公商鞅变法，其中一项重要措施是"为田开阡陌封疆"，填平这些古老的沟洫。此举打破各邦国之间的分离，田地成片相连，耕地面积增加。不过其负面后果是，水再度为害，多雨季节积水成患。

禹行走于华夏大地之后，有了《禹贡》，其篇首曰"禹敷土，随山刊木，奠高山大川"，与禹此处所说近似。

提供公共品

当洪水漫溢之时，禹与掌管草木鸟兽的益合作，以鸟兽鱼鳖等水产之品临时解决食品供应问题。当然，这毕竟只是应急的办法，华夏各邦早就习惯于谷物食品，故洪水退去后，禹立刻与后稷合作播种各种谷物，恢复农业生产。那么，播种了哪些谷物？

在此之前，黄河流域主要种植粟、黍，这是中国疆域内族群驯化之谷物，粟即稷，今人所称谷子、小米，种植最广，是最重要的粮食来源，故舜策命契为"后稷"，以稷指代各种谷物。湖南道县玉蟾岩的考古发现表明，长江流域文化区早在万年前就种植水稻。国人也食用麻和菽，菽即大豆，在东北最早种植。

洪水必然改变各地地理条件，尤其是黄河下游地区。且洪水为时甚长，也许有两三代人时间。当人们重新进入洪水退去后地区，面临诸多困难：缺乏种子、农具，甚至忘记种植技术。后稷乃随着禹行走各地，指导恢复农业生产。

恢复生产的难度相当大，典籍留下非常珍贵的记载：位于东河水与济水之间的兖州灾情当最严重，故《禹贡》说兖州"降丘宅土"，意谓：人们为躲避洪水，迁徙到地势较高的丘陵地带；洪水退去后，人们从丘陵搬下来，重新居住到可耕种之平原。"作十有三载，乃同"，作者，起也，从人们重新进入平原至农业生产恢复正常，用了整整十三年时间，才跟其他地方一样。

但也许，这次洪水也带来一次机会，一种重要新作物借此得以推广，即麦子。麦子非中国人最早栽培。考古学家已证明，公元前七千年，高加索山麓和土耳其一带即栽培小麦和大麦，然后通过北方草原通道传入中国，很自然地，中国的麦子种植区由西到东扩展。目前考古发现中国境内最早的碳化小麦标本，出土于甘肃民乐东灰山遗址，综合各种因素测定，距今 4500~5000 年。[1] 在陶寺遗址，在陕西武功赵家来龙山文化遗址中都发现麦子存在的痕迹。可见，渭河、黄河中游地区首先种麦，而后稷所在之周人正在此地。推测起来，当洪水退去后，后稷可能将麦推广到黄河下游地区[2]。《诗经·周颂·思文》描述麦传入中国并推广之过程：

> 思文后稷，克配彼天。
>
> 立我烝民，莫匪尔极。
>
> 贻我来牟，帝命率育。
>
> 无此疆尔界，陈常于时夏。

---

[1] 莫多闻、李水城《东灰山遗址炭化小麦年代考》，《考古与文物》，2004 年第 6 期。

[2] 王晖、何淑琴《从〈诗经·周颂·臣工〉看周先祖后稷弃在中国农史上的重要贡献——兼论大小麦在中原种植的最早时代》，《人文杂志》，2009 年 5 期。

"来"者，小麦也；牟者，大麦也。但为什么用"来"这个字符表示麦？《说文解字》说："周所受瑞麦、来麰。一来二缝，象芒束之形。天所来也，故为行来之来。《诗》曰：'贻我来麰。'"天所来也、贻我来麰等说法清楚说明，麦非中国本土培育，而从外部传入。因从西方传入，故先在西部种植，而后稷之国就在渭河流域，最早接触到麦，掌握其品性。洪水退后，与禹合作，将其向东推广，"无此疆尔界"意谓，不要分你我的疆界，大家都普遍种植；"陈常于时夏"，陈者，布也；常者，常见也；时者，是也。全句谓，后稷推广麦子这种常见的、主要农作物分布于这诸夏。

这是禹为天下提供之重要公共品。而后稷在此过程中，进而在禹获得治理权威建立夏王朝过程中有关键作用，故周人后来一直以夏人自居，在圣王中，对禹情有独钟，《诗经》中多次提到禹。

禹还提供另一重要公共品：让天下互通有无。水退之后，人们逐渐进入荒地，恢复生产不易，而未遭洪水之害的地区状态相对较好，故当时天下，有、无不均：有些地区粮食尚有多余，有的地方供应不足。禹乃动员这两类地区互通有无，帮助洪灾地区渡过难关。

这恐怕是以前未有之事，故禹在此专门提及。此前各地，虽有往来，但难有相互救济之事，甚至可能希望邻近族群灭亡，而占有其资源。禹的出现改变了这种局面。禹不是从任一族群立场行动，而从整个天下恢复生机和秩序着眼。

因为治水，他赢得各族群信赖，拥有足够权威，也能动员富裕地区提供资源。恐怕正是这一努力，确立了华夏中央政府一项重大社会职能：从未受灾地区调集资源救济受灾地区。此职能是中央政府权威之重要源泉，而唯有中央政府享有权威，才能避免某些地区因为严重的灾害而有灭顶之患。中央政府不仅维护和平，也提供救济。

此后，相互救助邻国成为诸侯之义务。在礼乐征伐自天子出时代，诸侯都能执行。春秋时代，法度废弛，有些诸侯以邻为壑，以至于第一个称霸的齐桓公不得不重申之，《春秋公羊传》记，僖公三年，齐桓公会诸侯于阳谷，与诸侯立盟："无障谷，无贮粟，无易树子，无以妾为妻。""无障谷"，当为禹治水时代形成之习惯性礼制：不得堵塞排水系统；"无贮粟"，同样是禹建立之礼制：得知邻国发生饥荒，诸侯须发仓予以慷慨救济。

《左传》记载，僖公十三年，晋发生饥荒，向秦求助，本来秦晋关系正处在紧张状态，秦国大臣意见不一：

> 冬，晋荐饥，使乞籴于秦。秦伯谓子桑："与诸乎？"对曰："重施而报，君将何求？重施而不报，其民必携，携而讨焉，无众必败。"谓百里："与诸乎？"对曰："天灾流行，国家代有，救灾恤邻，道也，行道有福。"平郑之子豹在秦，请伐晋，秦伯曰："其君是恶，其民何罪？"秦于是乎输粟于晋，自雍及绛相继，命之曰泛舟之役。

"荐饥"就是谷物接连歉收；乞籴，向邻国请求救急。秦国有大夫欲借机兴兵于晋，百里奚则坚守道义，主张救急。秦伯并阐述其观念：君、民有别，其君之罪可讨，其民无罪，理应救急。

颇为戏剧性的是，隔了一年，僖公十五年，秦国出现饥荒，向晋请求救急，"晋闭之籴"。秦伯大怒，发兵伐晋，大败之，俘晋侯。

族群重组

禹又指出自己从事"化居"之事。虽只二字，却描述了华夏诞生前后一场惊心动魄之人口重组。由于洪水，华夏有两次大规模的人口迁徙、族群重组。

首先，洪水泛滥，导致第一次人口大迁徙。

洪水之前，东部文明程度最高，然而，此地恰在河道下游，为洪水肆虐最为严重。因河流改道、泛滥，曾高度发达的山东龙山文化遭毁灭性破坏。除一些地势较高的丘陵地带，整个兖州已不适合人居。为了生存，这一文化区内各族群不能不向外迁徙，大方向是向西进入内陆，从东部平原低洼地区迁徙到豫西，甚至到晋南，此处在黄土高原边缘，地势较高，几乎不受洪水影响。

由此，东部沿海地区出现一次明显的文明衰退。相反，原来不甚起眼的晋南，则有一次文明的跃迁。尧舜之都在晋南，本来属于东方的各族群领袖如契、皋陶、伯夷、益等人，都成为尧舜之臣。孟子说，舜也是东夷之人，被迫迁徙至晋南。这次聚合催生华夏。若无洪水所致之族群聚合，不会有华夏共同体之诞生。当然，尧舜的卓越之德与合群能力，让聚合为一体的华夏得以解决诸多制度难题。

洪水退后，则有第二次人口大迁徙。

洪水退去，人们再度分散，向适宜人居之地迁徙。由于河流改道，湖泊变形，大地格局与洪水之前肯定不同：洪水前适宜人居的地方，有些得以恢复，有些则没有。洪水前不适宜人居的地方，有些现在反而适合居住。故各族群未必迁回自己原居地，完全有可能迁徙到全新之地，由此有一次大范围、大规模的族群重组。

变化最大的当属东夷。东夷集团本集中于今日山东中、东部地区，属于考古学上的山东龙山文化，洪水退后，其中不少族群未回原居地。皋陶出自少昊，其国在偃，也即今日曲阜，故得姓偃，也即嬴。洪水之后，其族大约沿着淮河上游河道南迁，而有六、英等国，在今江苏安徽江北之地，三代之徐夷、淮夷为其后人。

《史记·齐太公世家》记载："太公望吕尚者，东海上人。其先祖尝为四岳，佐禹平水土甚有功。虞夏之际封于吕，或封于申，姓姜氏。"姜姓最初也是东夷之人，洪水时西迁，甚至有一些族群深入渭河流域。洪水退后，姜姓未回东方，而是南迁，其封国吕、申均在今河南南阳附近。

苗民最初大约也属于东夷，与颛顼关系密切，后来恐怕也是因为洪水而西迁，进而南迁，到达荆州。

总的说来，洪水退后，人口多从晋南、豫西向南或东南方向迁徙，尤其是淮河流域人口陡增。

由第一次人口迁徙，诸多族群文化交汇、融合，华夏文化由此诞生。由第二次人口迁徙，新生的华夏文化又向四方辐射，把更多区域包入华夏文明与政治共同体中。新生的华夏疆域大幅度扩展。

适应这一扩大了的疆域，华夏统治中心从黄河以北迁到黄河以南。尧舜之都在晋南，即考古发现的襄汾陶寺遗址；夏都最初或许也在晋南，后迁徙到伊洛地区，一般认为，嵩山以南、河南登封王城岗大城遗址，当为古迹所说禹都阳城之所在。

王城南迁，因应情势变化。当黄河下游、淮河流域遭受洪水时，晋南为最好避难地，伊洛地区也不安全，考古发现洛阳盆地内龙山时代遗址有洪水冲毁之痕迹。洪水退去后，东方恢复生机，且自然条件优越，有大片可耕种土地，交通便利，经济必然迅速繁荣，人口必然迅速增长。事实上，整个三代、秦汉，今日河南、河北、山东都是经济文化最为发达的地区。

在人口大量向南、东南迁徙后，华夏的重心向南移动，疆域扩大。相对于这一疆域，晋南显得过于偏僻，从晋南统治，格局狭小，华夏只能局限于黄河中游地区，由于地理条件约束，扩展空间十分有限。迁到嵩阳，则居于华夏中心，沿黄河可西进渭河流域，东下黄河下游地区，往南可到长江中游地区，往西南可达汉水流域，往东南可达淮河流域、长江下游地区。既可兼顾西方渭河流域和黄河以北晋南地区，又可向东、向南实施有效治理。由此，华夏获得巨大成长空间。

夏立都洛阳盆地，奠定此后两千年中国政治地理大格局：一直到唐代，洛阳周围都是王朝治理东方之都城所在地。只有到此，王城所在才是"中国"，因为，此地正在天下之中，故嵩山成五岳之中岳。

六十、知天知命

禹曰："都，帝！慎乃在位。"

帝曰："俞。"

禹曰："安汝止，惟幾惟康。其弼直，惟動丕應。徯志，以昭受上帝，天其申命用休。"

乃，汝也，你。

幾，动之微也。康，安也。

弼，辅也。丕，大也。应，当也。

徯，待也。昭，明也。

申，重复。休，美也。

禹说："好啊。帝啊，谨慎于你下属之在位者。"

舜说："然也。"

禹说："安于你所当止者，尤其在几微之时，尤其在安康之时。人的辅弼如果正直，有所动，则至为允当。有志意，则等待，坦然明白地承受上帝，天应该会反复地给予你以美好结果。"

皋陶阐述自己新有之观念后，请禹论说。禹首先说，自己致力于行，而未思言。故禹首先描述自己之行，接下来，基于平治水土之经验，禹论说自己的思考。在此，禹概括舜知天命之大德，可见禹对舜之生命状态有十分深切的把握。

慎乃在位

"乃在位"当为古典成语，也见于《尚书·盘庚》，其意为，你的在位之人，你的臣。从这句话可见，经过尧舜努力，王与其卿士间君臣关系已牢固树立起来，此为政治秩序之基础。

"慎"者，谨也，认真地对待，小心地处理。"慎乃在位"意为，认真对待下属之臣的问题，首先是认真地遴选，选出德、能卓越者，然后让其充分发挥作用，但又予以一定监督。

禹本人是舜之臣，他也看到，舜所任命的臣德能出众，与自己密切配合。故在上段述己功业时，禹之重点毋宁是掌管上下鸟兽虫鱼的益和负责播种百谷的稷，故禹两度说到"暨"，与自己配合。正因其尽心和专业，禹才得以平治水土，尤其是在平治水土过程中暂时解决民众的生存问题：

益以关于鸟兽虫鱼的专业知识，在洪水泛滥时让民众暂时以鸟兽虫鱼充饥；若无益之努力，各邦国或许无耐心做出努力，参与禹的治水事业。

当洪水退去后，稷积极辅导民众播种适宜的谷物，尽快恢复农业生产。若无稷之工作，华夏生机之恢复没有这么快，新生的华夏很可能解体。

禹即将继嗣王位，凡此在位之臣皆为舜所命。禹表示，自己将谨慎对待舜所命之臣。禹以此让舜放心，自己不会随意地排除这些贤能之臣。舜表示欣悦。

止

《周易·艮卦·彖辞》曰："艮，止也。时止则止，时行则行。动静不失其时，其道光明。艮其止，止其所也。"艮者，止也。但是，止不一定是静止不动，重要的是"时"，行为切合于时机。以走路为例，该停下来之时停下来，该行走之时走起来，动和静都不失其恰当时机，是为止。"安汝止"，即艮其止，止其所当止之处。

那么，何为所当止之处？《大学》开篇说：

459

大学之道，在明明德，在亲民，在止于至善。知止而后有定，定而后能静，静而后能安，安而后能虑，虑而后能得。

对人来说，至关重要的就是"知止"，知道自己所当止之处。知所当止，则必能有所得。人所当止者，何也？笼统地说，止于至善，人当以至善为其所当止之处，也即作为生命成长之方向。《大学》又有较为具体的论述：

《诗》云："邦畿千里，惟民所止。"《诗》云："缗蛮黄鸟，止于丘隅。"子曰："於止，知其所止，可以人而不如鸟乎？"《诗》云："穆穆文王，于缉熙敬止！"为人君，止于仁；为人臣，止于敬；为人子，止于孝；为人父，止于慈；与国人交，止于信。

鸟知止其所当止，人怎能反不如鸟？黄鸟止于丘隅，此处最为安全、妥帖。人当止于何处？为人父者止于慈，为人子者止于孝，如此等等。故人所当止者即人之本分，人所应为者、不应为者，即人在具体场景中之义。此系人所当努力之目标，若达到这里，人心则得安宁，从而能静止。

当然，这静止只是暂时的。更准确地说，这静止永远都达不到，比如，父慈子孝，人永远都没有机会说自己完全做到，故孔子从不轻许人以仁，此为持续践履、没有终点之过程。重要的是确定生命向上提升的方向，自觉地前行，这也就是止。止就是前行的目标、方向。在行动之中有所止，生命就不是盲目的，即便在现实中经历各种造次、颠沛，也依然不改初衷，不离大道，是为止。

舜乃是生而知之者，而虽然"父顽、母嚚、象傲"而知孝，此所谓为人子，止于孝；当舜为尧之臣，则止于敬；又能正夫妇之义，为人夫，止于义；当其为君，则止于仁，发现贤能，并与之共治。

禹说"安汝止"，表示自己将安于舜之所止。舜示范了生命成长的方向，指明了人生与社会治理之大道，后世若能安之，止于舜之所止，自可达到良善状态。

然而，世事变动不居，如何做到"安汝止"？禹说，"惟几惟康"，当几、康之时，保持定力，方能安于自己所当止者。

几者，动之微也，所谓已发、未发之际。就外物而言，此时有各种可能；就人心而言，见此最易浮动。若把持不定，则差之毫厘，谬以千里。当此之际，当不动心，安于舜所指示的所当止之处，始终坚守生命成长的正确方向。

康者，安也。人在艰难困苦之中，自能凝神定志；身处安乐状态，却难免懈怠，反而忘记生命成长之目标，故孟子谓，"生于忧患而死于安乐也"[1]。禹指出，当安康之时，更应安于人所当止者。

禹之此语或有感而发，当时，洪水已退，天下初平，正所谓安康之时。禹提醒自己，也提醒大家，应当没有任何懈怠，止于舜之所止，继续致力于华夏构造之大业而不放松。

心如此之正，则可有行之直。

对于君、对于王而言，其行必定通过其臣作用于民，也即"弼"，辅弼者，共同治理者也。禹观察舜所委任之贤人君子，指出其有直之德。直者，不弯不曲也，是之为是之，不是为不是。对臣来说，直之德是难得的，因为君有权威，臣若有私心，很容易不直，如谄媚，投君之所好，枉道以事君。

禹总结舜之功说，如果君之辅弼正直，君若有所行，必定允当，也即合乎事理，不偏不曲。原因在于，做事所涉及之知识，单靠君本人，无从全面获知，做事的方案，单靠君本人，也无从妥善形成。若辅弼正直，君可得到较完备的知识，制定较妥善的方案，即可允当。否则，不用辅弼，难免闭门造车；辅弼不直，甚至误入歧途。

舜之大德正在于任用贤能，与己共治天下。禹在此突出辅弼对于行事之重要意义。心思只关乎己身，行事必定靠人，君子为政，辅弼最为重要。对于君子的成长而言，同理。《论语·季氏》：

孔子曰："益者三友，损者三友。友直，友谅，友多闻，益矣。友便辟，友善柔，友便佞，损矣。"

---

[1] 《孟子·告子》。

知命

心思如何，行事如何，最终取决于是否知天命。

志者，心志也，志意也。人必有其志意，有其所求者，有其意欲，"安汝止"是一种志，"动"也必有其志。修道、成仁是志，修身、齐家是志，治国、平天下也是志。缔造华夏是志，安顿三苗也是志。

然而，有其志，便能成事，必有其结果吗？未必。志在于我，成事在人之中。我可有这样那样的志，但志之实现却赖我之外的众多因素，各种各样的人、物、事。志只是一刹那的念头，志的实现却延绵于时间中，其中充满不确定和风险，完全可能不得其志。然则，人如之何？

禹概括舜之心态："徯志，以昭受上帝。"徯，待也，等待。此处之等待，不是无所作为，静候神迹出现，而主要形容心态，不强求之心态。《论语·子罕》谓"子绝四：毋意，毋必，毋固，毋我"，描述的就是此种心态。舜有志，则尽心地行，尽各种努力以求伸展其志。但另一方面，舜并不抱定自己之志必定实现之幻想，对各种不确定和风险有充分估计。最后，若目标达到，当然值得欣悦。若目标未能达到，自己已尽心尽力，也就无所怨，无所悔。因为，此乃上帝所定。

故此句意思概括而言曰：尽其在己，听天由命。自己欲求什么，做了什么，明明白白，无所遮掩，上帝看在眼里，自有判断。后来，《中庸》对这一思想有所发挥：

> 君子素其位而行，不愿乎其外：素富贵，行乎富贵；素贫贱，行乎贫贱；素夷狄，行乎夷狄；素患难，行乎患难：君子无入而不自得焉。在上位不陵下，在下位不援上，正己而不求于人，则无怨。上不怨天，下不尤人。故君子居易以俟命，小人行险以徼幸。

君子之所以能"无入而不自得焉"，因为君子"徯志"，君子"毋意、毋必"。故即便未达目标，比如，未能得位以治国，也上不怨天，下不尤人。《中庸》接下来所说：子曰："射有似乎君子，失诸正鹄，反求诸其身。"君子不得其志，乃反身求诸己，自我反省，以求改过。

唯有如此心态，才能得到上天宠眷，故禹接下来说"天其申命用休"。

首先值得注意的是，禹交替使用"上帝"和"天"。经前文尧命羲和氏"钦若昊天"，而舜"肆类于上帝"。从禹之语可体会上帝与天之别：上帝有一定人格属性：我有什么志，我为此做了什么，上帝看在眼里，且有所判断。至于天，则无此属性。天不言，也很难说天会看具体的人之个别的志和行。

"天其申命用休"，值得注意的是"其"字，含有推测之意的语气词，此句意谓，天大概会给予你以美好结果吧，天应该会给你以美好结果吧。很有可能，但不必然，这样的语气准确表达天人关系之性质，《礼记·表记》曰：

子曰："下之事上也，虽有庇民之大德，不敢有君民之心，仁之厚也。是故君子恭俭以求役仁，信让以求役礼，不自尚其事，不自尊其身，俭于位而寡于欲，让于贤，卑己而尊人，小心而畏义，求以事君，得之自是，不得自是，以听天命。"

天生人，要人各遂其生。若人努力，天必定成就人。但是，天生众人，人在众人之中，生命又在时间中，在变化不已的动态过程中。故人的努力与其结果之间没有直线的因果链条，而相当曲折复杂。如孔子德为圣人，却不得其位以行道；颜渊为仁者，却不得其寿。当此情形，人可能怨天，可能尤人。修身、立德之意义正在于戒除怨天、尤人之心，由此或可进于知命、知天。只有修其在己，不怨天不尤人，才有可能知天命，如《孟子·尽心上》：

孟子曰："尽其心者，知其性也。知其性，则知天矣。存其心，养其性，所以事天也。夭寿不贰，修身以俟之，所以立命也。"

此即本于禹之论述，而有所深化。《论语》关于君子养成，亦以知命为根本。《论语》首章谓：

子曰："学而时习之，不亦说乎？有朋自远方来，不亦乐乎？人不知而不愠，不亦君子乎？"

养成为君子，目的当然在于行道天下。然而，有行道之志而人不知，如之何？子曰"不愠"，然而，如何做到"不愠"？《论语》末章给出答案，子曰："不知命，无以为君子也。"

舜就是知天命之典范，当其身在侧陋之时，尽心于孝；得尧之二女，而厘降其于妫汭；当其身在烈风雷雨，而不迷；当其为君，则任用贤能。孟子曰："舜之饭糗茹草也，若将终身焉；及其为天子也，被袗衣，鼓琴，二女果，若固有之。"[1]大舜者，盖知天命者也。孔子之"用之则行，舍之则藏"[2]，"无可无不可"[3]，亦为知天命者也。

[1] 《孟子·尽心》。

[2] 《论语·述而》。

[3] 《论语·微子》。

六十一、君臣一体

帝曰："吁！臣哉鄰哉！鄰哉臣哉！"

禹曰："俞。"

帝曰："臣作朕股肱耳目：予欲左右有民，汝翼。予欲宣力四方，汝為。予欲觀古人之象，日、月、星辰、山、龍、華蟲，作會；宗彝、藻、火，粉米、黼、黻，絺繡；以五采彰施於五色，作服，汝明。予欲聞六律、五聲、八音，在治忽，以出納五言，汝聽。

邻，亲也。

股，大腿。肱，手臂。

左右，即佐佑，助也。有，语助词，无义。翼，辅翼。

宣，布。力，功也。为，助力也。

观，观示，示人也。象，图像。华虫，有花纹之虫，雉也。会，绘也。作会，绘画。

宗彝，宗庙之郁鬯樽也，其上有虎、蜼（音位，兽似猕猴而大）之纹，此处取其纹象。虎藻，水藻。火，火焰。粉米，白米也。黼，斧之形，色为白黑相间。黻，两弓相背之形，色为黑青相间。絺（音吃），刺也。絺绣，刺绣。礼，上衣绘、下裳绣。

彰，通章，明也。

六律，律有十二调，六律六吕。五声，宫、商、角、徵、羽五音。八音，八种乐器。在，察也。忽，乱也。出纳，纳也。

舜说："未必然。臣呐亲近啊，亲近呐臣啊。"

禹说:"然也。"

舜说:"臣作我的股肱耳目:我想扶助万民,你来协助。我想做事于四方,你来助力。我想展示古人衣、裳上的图像,日、月、星辰,山、龙、华虫之图像,绘于上衣;宗彝、藻、火,粉米、黼、黻之图像,刺绣于下裳;用五色颜料鲜明地呈现出各种色彩,作为君子之服,你来明定。我想闻听六律、五声、八音,以察治乱,以收集各地之言,你来听。

上章禹论君心,似乎特意地强调,君应拿定主意,不受干扰,追求自己设定的目标。对此,舜不以为然,故应之以"吁",这是表达不同意之强烈语气词。从中可见,舜、禹虽同为圣王,但由于经历不同,两人思想倾向、治理之道略有区别:禹在平治水土过程中看到君的重要意义,更为重视君之主导作用,且最终通过家天下强化王权,维护华夏共同体之凝聚力。舜更为重视君臣共治,并针对禹之倾向,对禹阐述此道。

君臣相亲之情

首先,舜申明,君当亲近臣。

君臣本为陌生人,一旦建立关系,则有尊卑之别,两者的联系纽带主要是礼制,明定两者之义。在此尊卑关系中,两者亦失之于疏远。尤其是君若尊己而不敬臣,高高在上,臣必敬而远之。两者相互疏远之结果是,君臣无法同心同德,尤其是臣,很可能对于君之事缺乏热情,不愿尽心尽力。故舜要即将为王之禹尽可能亲近于臣,两者好像两块土地相邻,没有一点间隙。

亲不同于敬。敬让人分别,亲让人亲近。对于良好人际关系而言,两者都是必要的。作为陌生人之间以义而合的公共关系,君臣之间自然以敬为主,但舜指出,君臣也不可无相亲之情。盖无亲,敬意难免流失。在所有的人际关系中,敬都需要相亲之情的支撑。反过来,亲则需敬之厘定,否则会生出亲极而分之悲剧,如子游曰:"事君数,斯辱矣,朋友数,斯疏矣。"[1]

---

[1]《论语·里仁》。

在君臣关系中，由于礼制之约束，臣是不敢亲近君的。君拥有资源支配权，臣主动地亲近君，常有谄媚嫌疑，后世常有此类佞臣。但是，居于尊位之君最容易出现的偏失是慢待臣，故恰好需要有亲臣之情。而在政治之尊卑秩序中，君居于主导地位。基于这两个原因，君臣之亲，只能由君发动。《诗经》中多有描述周王以宴饮、赏赐亲近公卿诸侯之诗。

君臣有此亲近之情，则可融为一体，故舜又做另一比喻：臣是君之股肱耳目。舜比喻国家为身体，不同的臣相当于此身体之腿、臂、耳、目等器官。身体不是机械，而是血气相连，贯通各器官为一体。若君臣之间只有敬，那就是机械的关系；亲近之情，则让君臣间关系有机化，成为一个血气贯通、一心动而全身动的有机体。在政治上这意味着，君子同心同德，相互信任，沟通成本较小。

舜之告诫揭明圣贤之政治观：政治不可能排除人情。在神教文明中，人们相信，人为神所造，个别地造，人所需要的只是绝对地爱神，相互的亲爱则是从属的。政治秩序依靠神的命令维系。尧舜屈神而敬天，人不是通过外在的力量相互联结，而是彼此自主地联结。尧舜以其德联合人，此德本乎仁，分而为敬人之情，亲人爱人之情。由此而塑造相敬而有相亲之君臣关系，如同一体。

故在天之下，人不是机械，不是仅有理智计算其利益，故可由客观规则予以规制之机械，人是立体的、有情的。故人际联系之基础是情，相敬之情，相亲互爱之情。此情本乎天赋之仁，扩充、发用，则让人有合作并共同生活之强烈意愿，即便在最为公共且有严格尊卑之别的君臣关系中，此情也依然有；舜以为，让此情发挥作用，君臣之间天然的疏远才会缩小，政治体才会趋于稳定而高效。

王之欲

舜希望臣作自己的股肱耳目，未明说而隐含其中者，君是心。接下来，舜循此比喻，详尽说明自己与臣之关系，其句式是，上句舜"欲"如何，下句"汝"如何。有所欲者，心也，王是华夏身体之心。

舜所说四个"欲"字，相当重要。天生万民，立王者以扶助万民各遂其生，此为王者之天职。而天不言，天并不要求、命令王者承担这一天职，王者是自主的。故承担这一天职的意识只能是王者内生的，此即"欲"。王者自己要扶助万民，此为王者之自主决断。

舜所说之"欲"，类似于孔子所说之欲："仁远乎哉？我欲仁，斯仁至矣。"[1] "欲"的主体是我自己，生命之成长起步于仁之自觉，非由神要求、强迫或者引诱，而完全是自主决断。人之成仁有赖于自主决断，在王位上者之成为王有赖于自主决断，此即道德之大义所在。

行动启动于欲望，欲望促人作为。王者有扶助万民之欲，才会有扶助万民之行。王者无此欲，则不可能有扶助万民之行。故圣贤绝不排斥欲，生命不可能由外在的律法所提领，而由人内在的欲望驱动。问题仅在于，人所欲者为何。此在几微之间，人必须持续不断地选择、决断，才能确保自己之所欲，可提升生命终在向上之道上，故舜连言几个"欲"。

欲之义大矣哉！《论语·颜渊》接连有两章论及君子之欲：

> 季康子患盗，问于孔子，孔子对曰："苟子之不欲，虽赏之不窃。"
>
> 季康子问政于孔子曰："如杀无道，以就有道，何如？"孔子对曰："子为政，焉用杀？子欲善，而民善矣。君子之德，风；小人之德，草。草上之风，必偃。"

孔子所说第一个"欲"是对物质之贪欲，借权力占有更多财富以及扩张权力之欲望。君子节制自己占有财富之欲望，民众也会节制其财富欲望。第二个"欲"指向善，君子若有至于善之欲望，民众也会有此欲望。欲望决定行动，君子风化民众，故君子对自身欲望之抉择、决断，是社会秩序变好或者变坏之决定因素。孔子又盛赞蘧伯玉：

> 蘧伯玉使人于孔子，孔子与之坐而问焉，曰："夫子何为？"对曰："夫子欲寡其过而未能也。"使者出。子曰："使乎！使乎！"[2]

---

[1] 《论语·述而》。

[2] 《论语·宪问》。

蘧伯玉所"欲"者，寡其过也。蘧伯玉有此欲，何患乎有过？

股肱耳目

接下来，舜从多个角度阐明，臣如何有助于君，君臣如何共治。

舜有心左右万民，即扶助万民。"左右"一词，含义颇深。天立君，旨在扶助万民。也只是扶助而已，从根本上说，天所生之人，皆有自我生存、治理之潜力，只是，有些人未曾意识到、不能做到，故需王之扶助。扶助不是全盘安排，而是顺其性而启发之，为其提供便利。万民甚多，王一人显然不可能全部扶助、有效扶助，故需借助于臣。舜请禹等众臣伸手，扶助万民，需要手臂。这里的汝，指禹，也遍指众臣。

舜有心宣力四方，也即在四方兴起民众所需之事业，比如，兴兵而保卫华夏安全，兴建公共工程以防治水患、便利交通等。此时，舜需众臣为自己的腿，行走于四方。无臣之腿，王本人显然无从分身，走遍疆域广阔的华夏四方。

舜有心作君子之服，以完善礼仪，需臣辨别各种图像、色彩。此时，众臣是舜之目。

关于第四点，《汉书·律历志》有如下解释：

《书》曰："予欲闻六律、五声、八音、七始咏，以出内五言，女听。"予者，舜也，言以律吕和五声，施之八音，合之成乐。七者，天、地、四时，人之始也。顺以歌咏五常之言，听之则顺乎天地，序乎四时，应人伦，本阴阳，原情性，风之以德，感之以乐，莫不同乎一。唯圣人为能同天下之意，故舜欲闻之也。

舜有心聆听各地之乐，以考察各地之治乱。诗言志，故由乐可以观治乱。舜又有心倾听民众之心声，因为疆域广阔，人民众多，故需众臣来闻听。此处之"言"，当为四方万民之所歌，其中有民众之喜怒哀乐。这些需要臣来采集，此即后世之"采风"耳。

以上舜所论四条，有其先后次第：

首先，舜"欲左右民"，此乃天立君之大义所在。君臣一体，首先需要王者有心，有扶助万民而维护秩序之"欲"。心为主宰，若王无养民、保民、教民之心，整个治理体系也就没有方向。

其次，王有此左右民之心，则不能不兴办各项事业，透过这些具体事业养民、保民、教民。当然，王应当兴办何种事业，也当以"左右民"为标准。凡不能左右民，而仅满足王或君子之私欲者，即不可兴办。

第三，为兴办各项事业，王立臣，设立政府。因为万民众多，华夏地域广阔，唯有借助于臣，王之仁心才能达于万民，王才能履行自己养民、教民之职分。为此，尧舜作五服，以树立君子之尊严，也在君子去群体内部别其尊卑。舜要求禹这样那样，也就阐明，臣应服从于王，积极承担自己对王之职分。

第四，王借助君子群体"左右民"，由此自然产生委托—代理难题：这些获得治理权的君子是否真的"左右民"，尽心于养民、保民、教民？舜乃通过各地之乐，察其治乱，以判断君子是否尽其天职。

可见，在舜的论说中，让万民各遂其生的优良治理，王之欲是启动的力量，臣之心力是运转的力量，两者缺一不可。如此君臣一体，政府发挥自己正当而必要之功能，天下可致安宁。

六十二、华夏服章

予欲觀古人之象，日、月、星辰，山、龍、華蟲，作會；宗彝、藻、火，粉米、黼、黻，絺繡；以五采彰施於五色，作服。

我想展示古人衣裳上的图像，日、月、星辰，山、龙、华虫之图象，绘于上衣。宗彝、藻、火，粉米、黼、黻之图像，刺绣于下裳。用五种颜色鲜明地呈现出各种色彩，作为君子之服。

经上文皋陶说，"天命有德，五服五章哉"，本章舜具体描述五服所绘或绣之图像。据此可见，尧舜时代，随着华夏国家之缔造，服章之制已初步形成。

纺织业

渔猎、游牧民族自然以毛、革为服装。定居农业居民狩猎活动较少，必另寻服装材料。

考古发现至晚在七千年前，中国境内居民就服用麻布纺织品，原料主要来自于葛、麻 [1]。总体而言，所纺织之布料较为粗糙，但曾长期广泛服用，如《诗

---

[1] 关于今日山东地区远古居民使用植物纤维纺织品的情况，有学者这样总结：从已有的考古资料看，东夷人的纺织业产生于距今七千年前的北辛文化时期。到大汶口文化时期，纺织业已发展到相当高的水平了。布纹密度一般达到每平方厘米 7~8 根，而 8~11 根则是个别现象。到距今约四千年前的山东龙山文化时期，纺织业不仅发展到使用金属工具，而且纺织品布纹的密度已普遍达到每平方厘米 9~11 根的水平。这个纺织品经纬线的密度水平同现代农家妇女采用腰机织的粗布纹密度水平基本相同。（逄振镐《东夷史前纺织业简论》《齐鲁学刊》，1989 年第 4 期）

经·周南·葛覃》诗云：

> 葛之覃兮，施于中谷。
> 维叶萋萋，黄鸟于飞。
> 集于灌木，其鸣喈喈。
> 葛之覃兮，施于中谷。
> 维叶莫莫，是刈是濩。
> 为絺为绤，服之无斁。
> 言告师氏，言告言归。
> 薄污我私，薄浣我衣。
> 害浣害否，归宁父母。

中国是世界上最早发现、发明并利用绢丝织物的国家。传说黄帝之妻嫘祖首创养蚕缫丝之法，考古发现证明，距今五千年前，确有养蚕取丝纺织之技术。[1]《禹贡》记兖州"桑土既蚕"云云，说明兖州广泛种植桑树养蚕。《山海经》不厌其烦地记录各地多桑或者宜桑，可见桑之重要意义。《诗经》中关于桑的诗句甚多。而孟子设想的王道之政，内有"五亩之宅，树之以桑，五十者可以衣帛矣"[2]。

秦汉以来，柔软、高贵的丝织品始终是中国最为重要的贸易产品，故有"丝绸之路"和"海上丝绸之路"之说。华夏王朝与周边游牧、渔猎民族之交易，丝绸品也是大宗交易。不过，唐宋之际，棉传入中国，并迅速大规模种植，取代了葛、麻，丝绸也仍然是高级纺织品，直到今日。

---

[1] 关于丝织品在中国境内的使用，有学者这样总结："河姆渡遗址的有关文物说明：养蚕取丝上下贯串七千年，是中华民族先人们的伟大创造，已为世人所公认。浙江钱山漾、江苏梅堰、河南荥阳、河北正定等多处与蚕事相关陶蛹、炭化丝织品等文物的出土，说明五千年前黄帝时代中原乃至长江下游对茧丝利用的功能已有认识。"（周匡明《我国早期蚕业史研究的几个问题》，《农国农史》，2011年第3期）

[2]《孟子·梁惠王》。

服章

人必有冠服，人与人相交接，首先眼见者，正是冠服，人之貌，主要由冠服塑造。人之贫富、贵贱也最为鲜明地体现于冠服之别上，尧舜时代政治之复杂化，催生系统的服章制度，《周易·系辞》说：

> 黄帝、尧舜垂衣裳而天下治，盖取诸乾坤。

黄帝已有缔造华夏之尝试，必有服章制度之雏形，主要用于规范王与诸侯之关系。尧舜已缔造华夏，经前文记载，已有政治上明显的等级之制，尤其是稳定了王与诸侯之别；尧舜已在公共生活的诸多方面制礼，则作服章之礼再自然不过。

上衣、下裳之制，必定早已有之，尧舜建立王室纺织工场，生产出更为精细的布料。但服章之制的关键，还在衣、裳之色彩、图案。《考古记》未记纺织，而有画缋、染色之事，道理很简单：色彩、图案最便于辨识。

舜在此列举四组图案：其中，日、月、星辰，山、龙、华虫，这两组图案绘制于上衣。宗彝、藻、火，粉米、黼、黻，这两组图案刺绣于下裳。一共十二种图案，是为"十二章"；十二章以五种最为重要的颜料表达，即青、赤、黄、白、黑，是为"五彩"。

舜说"欲观古人之象"，可见"十二章"前已有之。推测起来，各文化区、各邦国曾分别用不同图案表示其君子的尊卑之别。尧舜缔造华夏，乃综合各地图案，予以系统化。大约因此原因，图案才如此繁复。

比如这里提到龙，目前考古所知龙形象最早出现于燕辽地区，先有距今七千年左右的赵宝沟文化，后有距今五千多年的红山文化。中原地区出现反而较晚，但在襄汾陶寺大墓中出土彩绘龙盘，唯有地位显赫者才可使用。据此可推测，龙的形象本是文化远距离传播之结果。

服章旨在分别君子之尊卑，尧舜能作服章之制，恰因为此时，王权确立，政治秩序初步建成。配合政治上等级制之建立，以规范的服章别上下之尊卑。用多种颜色绘制或刺绣不同图像，能有效地区分君子之等级，从而维护政治秩序。

更重要的是，服章制建立后，各邦君子远道相见，哪怕此前互不认识，也知人、己之尊卑，而有相应礼仪。对超大规模的华夏文明和政治共同体来说，服章之制可有效地塑造君子之身份意识，在君子群体中塑造和维护共同体感，而华夏就是靠着这个君子共同体而维持其团结的。

服章之制也可让君子面对万民有足够威仪。君子临民，不能无威仪，《诗经·大雅·抑》云"敬慎威仪，惟民之则"，君子有威仪，可为万民之法则。而服章可有效地塑造威仪，《论语·卫灵公》谓"不庄以涖之，则民不敬"，无服章，君子无以庄。庄而有威仪，则君子可为民众所敬畏、所信赖，这对于维护社会秩序极有裨益。

服章如此重要，故为华夏文明之象征。《左传·定公十年》"裔不谋夏，夷不乱华"。孔颖达疏曰："夏，大也。中国有礼仪之大，故称夏；有服章之美，谓之华。华、夏，一也。"无华夏之服章，即无华夏。故弟子以为管仲不仁，孔子则说："微管仲，吾其被发左衽矣。"[1] 左衽者，戎狄之服制也，华夏向来为右衽，孔子正以服制为华夏文明之象征。

故自尧舜以来，王者无不重视服章，服章之制日益完善。周代威仪三千，冠服制度最为完备，《诗经》大量诗句描述君子之服章。出土金文则多记载周王赐命服章之事，一般来说，赐命某个职位，必定锡以相应服饰器用。由此而有"命服"之说，王命必有其服，而服必出自王命，不可僭越。《左传·桓公二年》记臧哀伯之语：

> 君人者，将昭德塞违，以临照百官，犹惧或失之，故昭令德以示子孙，是以清庙茅屋，大路越席，大羹不致，粢食不凿，昭其俭也；衮、冕、黻、珽，带、裳、幅、舄，衡、紞、纮、綖，昭其度也；藻、率、鞞、鞛，鞶、厉、游、缨，昭其数也；火、龙、黼、黻，昭其文也；五色比象，昭其物也；锡、鸾、和、铃，昭其声也；三辰旂旗，昭其明也。夫德，俭而有度，登降有数，文物以纪之，声明以发之，以临照百官。百官于是乎戒惧，而不敢易纪律。

此处所论者，均为君子之服器。服章之制旨在昭明礼数，以维护秩序。

---

[1] 《论语·宪问》。

孔子时代，礼崩乐坏，君子用物，乱起度数。孔子以反本守礼，故《论语·乡党》详记孔子之衣冠：

君子不以绀緅饰，红紫不以为亵服。

当暑，袗絺绤，必表而出之。

缁衣羔裘，素衣麑裘，黄衣狐裘。亵裘长，短右袂。

必有寝衣，长一身有半。狐貉之厚以居。

去丧，无所不佩。

非帷裳，必杀之。

羔裘、玄冠不以吊。吉月，必朝服而朝。

齐，必有明衣，布。

此何以故？《礼记·表记》曰：

是故君子服其服，则文以君子之容；有其容，则文以君子之辞；遂其辞，则实以君子之德。是故，君子耻服其服而无其容，耻有其容而无其辞，耻有其辞而无其德，耻有其德而无其行。

君子必有其德，然亦必有其文，"文质彬彬，然后君子"[1]。《论语·颜渊》载：

棘子成曰："君子质而已矣，何以文为？"子贡曰："惜乎夫子之说君子也，驷不及舌。文犹质也，质犹文也，虎豹之鞟犹犬羊之鞟。"

去毛之虎豹之皮无别于去毛的犬羊之皮，君子无文，不足以为君子。服章乱，则文去其太半矣。

自满清入关以来，服章之制坏乱。二十世纪以来，西风强劲，华夏服章传统则荡然无存矣，文明之堕坏，莫此为甚。

---

[1] 《论语·雍也》。

六十三、君亦有过

予违，汝弼。汝無面從，退有後言。

弼，矫正。从，随也。

我有悖谬之处，你来矫正。你不要当面顺从我意，退下在背后另说话。

经前文舜说明，君应以臣为自己之股肱耳目，信赖臣，依靠臣治理天下。这固然是因为王力有不逮，同时也是因为，王可能犯错误。故舜在此请求禹矫正自己的错误，舜坦然承认自己可能"违"，也即，居于万万人之上的王也会有过，此为中国政治之一大原则。据此而有矫正王之过错的各种制度安排。

王会犯错

大多数类型的政制都不承认其最高统治可能出错，因为其均为神权政治——

在巫术之治中，拥有最高权威的巫师必定宣布并且所有人确实相信：巫师不可能出错，因为他传达神意，而神意绝不可能有错；

在神教政制中，神职人员及借神权之力的世俗统治者必定宣告，并且所有人确实相信：其不可能出错——如罗马教皇格列高利七世1075年颁布《敕令》，其第22条称：罗马教会从未犯过错误，并且由《圣经》证明，将永无谬误。

现代政制也有如此原则，霍布斯主张，主权者不可能出错。在"人民主权"理论中，作为一的"人民"，当然更不可能出错，因为人民就是神，比任何神更像神。

凡此种种政制之立法、为政，都以神意或类神意为基础，而神不可出错。故此种政治之根基是狂热和迷信，其整个制度设计难免存在巨大的疏漏。

华夏政制从起步起就假定，王会有过、犯错。

尧舜屈神而敬天，在天之下，所有治理者都是人，始终是人，且仅仅是人，与治于人者一样的人。是人，则必有过、必出错。

治理者可从维度上看：或者是不世出之圣人，观乎天文，制作人文，以化成天下。然而，圣人也是人，圣人是运用自己作为人的能力而观而作的，圣人也不能从天那里得到任何特殊而直接的照拂。因此，任一圣人所作之文都是不完备的，圣人始终在历史中。

王及其共同治理者行使权威以治民。天命王以治理权，王祭天，祭祀最为崇高的神灵，但王无以通天、通神。天不言，王不是巫师，不可能降天，传达天之言。天也从未告诉真理于王，因为天本无真理。天也没有颁发律法由王转达于民，因为天有其道而无所谓律法。故王不可能借助任何特殊手段通天，获得天之特别保护。

有些王本身是圣人。然而，即便圣王为政，也可能出错，经文已经明白地记载，尧任命鲧治水，明显有过，尽管根源不在尧，但尧作为王，负有责任。尧有过，并不奇怪，因为圣王尽管德能最为卓越，毕竟是人。圣王不是凭借神意决策，而以自己作为人的理智和情感决策，当然可能有过。

舜更明确地承认自己"有违"，此违的对象十分广泛，违于天，违于道，违于礼，违于人情等等，总之，舜承认自己可能偏离正道，可能出现过失，可能做出错误的决策。

若圣王可能有过，那么，平凡的王更不用说，绝大多数王正是平凡的人，无圣人之德能，即便受过较好的教化，也仍然是平凡的，则其在为政治人的过程中，必定有过、出错。

这构成华夏政治自诞生初而有之重要预设：居于国家最高位置、拥有最大权力之王是可能有过出错的，王之下的君子自然也会有过出错。那么，他们所构成的政府，就完全可能有过出错，比如疏忽应尽的职责，制定不当的法律，做出不善的决策。

因此，权力或许令人敬畏，但在中国人心目中，并不神圣。因为，所有人都知道，王和君子都是人且只是人。只要是人，其从事任何事情，包括政治，必有疏漏、必犯错误。身在此传统、只要有一点点常识的王和君子本人，也坦然承认这一点。

故人世间永无完美的政治，不论是制度和为政，都不可能进入完美状态，人的历史永不终结时，而是持续不断的过程。在此过程中，人或许变得更有智慧，但不可能成为神，也不可能有神圣因而完美的法律和政治主体。更何况，人未必越来越有智慧。有智慧的前提是自觉，对人可能有过之事实的自觉，对于仁之自觉。有此自觉，而后有道德意识，致力于矫正过，则可避免更多的过，但人未必有此自觉。

不论是否由此自觉，都须借助外在的力量，矫正人为政者必然会有之过，即便是王。

弼

舜承认自己作为王可能"有违"，难免有过出错，故要禹辅"弼"自己，矫正自己。

上一章舜已论述，治天下，自己力所不逮，故需臣作股肱耳目，以为辅佐。本章舜更进一步指出，自己还可能偏离正道。这是更为严重的问题，王有过而不改，必定造成巨大政治混乱，民众广受其害。故舜诚挚地要求禹矫正自己之过；而且，舜特意要求禹，对于王之偏离正道之行为，要坦率地批评，不要有任何隐瞒。

由此，舜同时树立君、臣之政治伦理：

一方面，敞开接受臣下之批评、矫正，此为君、王之义。对此义之自觉，有赖于两大前提：第一，认识到自己养民之天职；第二，认识到自己是人，履行天职之事高度复杂，自己难免有过出错。两者缺一不可，比如，若无天职作为权衡，何以确定过与不过？若假设自己不会出错，当然也就不必他人矫正。

另一方面，坦率地批评、矫正君、王之过错，是臣之大义所在。臣的职分不只是完成君王所分配的任务，还要对君王之法度、命令予以反思，审查其是否合乎正道，有助于目的之达成，此即孔子所说之"以道事君"[1]。

君王对臣下之矫正敞开，臣下坦诚矫正君王，在政治上都不易。在政治结构中，君王尊而臣下卑；君王难免骄傲，臣下难免气虚；君矫正臣是自然的，顺乎尊卑之理，臣矫正君是艰难的。故对君王之过错，臣下通常倾向于背后议论，当面不说。故舜此处之语气较为强硬、坚定，让禹等群臣当面批评指正。舜以为，唯有君臣共同践履自己的大义，才能避免王者出现大错，而成就王业。

由此可见君臣之平等义。维护政治秩序，不能不维护君臣之尊卑关系，毕竟，在政治结构中，要有人承担更大责任，拥有更大权威，否则，政府无从正常运转。但此尊卑不是绝对的，应限定于政府组织所必需之程度。从根本上说，君王与臣是从事共同事业之伙伴，此事业就是养民、保民、教民，让万民各遂其生。君臣共同对天负责，对万民负责。面对这一共同天职，君臣在礼仪上尊卑有别，但在伦理上，甚至在政治上，实际上是平等的。

事实上，只要肯定王是人，那就必定肯定君臣之平等义。不平等通常由神意支撑，而在天之下，所有人都是不可通神之人，仅依凭自己德能获得和拥有权威，而人的德能或有巨大差异，但终究只是人与人的差异。尤其是王，也会有过错，故并无神圣属性，其权威之拥有和正确行使，同样凭借其德行，而不能不借助于他人之扶助。由此而有君臣平等之义。

故历代圣贤反复强调君虚心纳谏，臣尽心进谏之大义。《左传·襄公十四年》记卫人驱逐其国君后晋侯与师旷之对话：

> 师旷侍于晋侯，晋侯曰："卫人出其君，不亦甚乎？"
>
> 对曰："或者其君实甚。良君将赏善而刑淫，养民如子，盖之如天，容之如地。民奉其君，爱之如父母，仰之如日月，敬之如神明，畏之如雷霆。其可出乎？夫君，神之主也，民之望也。若困民之主，匮神乏祀，百姓绝望，社稷无主，将安用之？弗去何为？
>
> "天生民而立之君，使司牧之，勿使失性。有君而为之贰，使师保之，勿使过度。是故，天子有公，诸侯有卿，卿置侧室，大夫有贰，宗士有朋友，庶人

---

[1] 《论语·先进》。

工商皂隶牧圉，皆有亲昵，以相辅佐也。善则赏之，过则匡之，患则救之，失则革之。自王以下，各有父兄子弟，以补察其政，史为书，瞽为诗，工诵箴谏，大夫规诲，士传言，庶人谤，商旅于市，百工献艺。故夏书曰：'道人以木铎徇于路，官师相规，工执艺事以谏'，正月孟春，于是乎有之，谏失常也。天之爱民甚矣，岂其使一人肆于民上，以从其淫，而弃天地之性？必不然矣。

师旷明确指出，卫君为国人所逐，乃因其未能履行天施加给君之养民天职。天立君，在养民。但人人都会有过，君王亦然，故为使君能够尽心履行自己的天职，在政治上，天也给所有的君安排有其"贰"，也即辅弼、伙伴，其责任正是"善则赏之，过则匡之，患则救之，失则革之"。此乃天道，此种制度安排的目的在于从外部引领君、约束君、匡正君。君王是人，缺乏这种引领、约束、匡正，会有大过。若君王之过错给民众造成严重伤害，这个贰甚至可能惩罚、革除君王。

从根本上说，君王是功能性的，"天工"的担当者，故完全有可能丧失治理权。《论语·子路》论述另一种"违"：

> 定公问："一言而可以兴邦，有诸？"孔子对曰："言不可以若是其几也。人之言曰：'为君难，为臣不易。'如知为君之难也，不几乎一言而兴邦乎？"
> 曰："一言而丧邦，有诸？"孔子对曰："言不可以若是其几也。人之言曰：'予无乐乎为君，唯其言而莫予违也。'如其善而莫之违也，不亦善乎？如不善而莫之违也，不几乎一言而丧邦乎？"

若君王以人不违于己为乐，此君王恐会丧邦，因他犯大错而无人矫正，必将为天所革。孔子在此要君王做出抉择：人人不违于己，还是丧邦？在孔子看来，君王要保有邦国治理权，就必须承认自己的无知，承认自己德能之有限，承认自己可能有过出错，因而对他人敞开，接受他人之引领、批评、矫正。唯有当他人有违于君王，君王才不会有违于道，保有治理权。

如果君王必定有过出错，那么，从制度上，也就不应将全部权威交给君王，而应设计权力制衡机制。事实上，舜就是典范，正是他确立了君子共治架构。

改过

圣人可能有过，君王可能有过、出错，君王以下之人更是如此，故孔子论君子养成，以改过为要务，《论语》对此多有论述：

子曰："君子不重则不威，学则不固。主忠信。无友不如己者，过则勿惮改。"（《学而篇》）

子曰："已矣乎！吾未见能见其过而内自讼者也。"（《公冶长篇》）

哀公问："弟子孰为好学？"孔子对曰："有颜回者好学，不迁怒，不贰过。不幸短命死矣！今也则亡，未闻好学者也。"（《雍也篇》）

子曰："加我数年，五十以学易，可以无大过矣。"（《述而篇》）

蘧伯玉使人于孔子。孔子与之坐而问焉，曰："夫子何为？"对曰："夫子欲寡其过而未能也。"使者出。子曰："使乎！使乎！"（《宪问篇》）

子曰："过而不改，是谓过矣。"（《卫灵公篇》）

子夏曰："小人之过也必文。"（《子张篇》）

子贡曰："君子之过也，如日月之食焉：过也，人皆见之；更也，人皆仰之。"（《子张篇》）

人非神，世间也无神之代言人，孰能无过？万物生生不已，世界变动不居，而人的能力有限，孰能无过？君子、小人之别恰恰在于，君子承认，人必有过，并能见其过，改其过，从而尽量避免同样的过出现两次。通过改过，君子增进智慧，生命向上提升，从而避免大过。至于小人，则有过而文饰之，在孔子看来，这是最可怕的过。

六十四、养臣诚勉

[帝曰]钦四鄰，庶頑讒說，若不在時。侯以明之，撻以記之。書用識哉，欲併生哉。工以納言，時而揚之；格，則承之，庸之；否，則威之。

钦，敬。四邻，四辅臣。

庶，众也。顽，愚也。谗，说，媚也。若，语气词。时，是也。

侯，射则张布谓之侯，其上画以虎豹或鹿豕之象以为射的。明，勉也。

撻，答击。

识，志也，记录。生，进也。

工，官也。时，是也。飏，宣扬。

格，至也，正也。承，受也。庸，用也。

[舜说]敬四类大臣，则众愚顽谗佞媚悦者，不列于这群臣之中。张侯布以行射礼，用以劝勉众臣。有过失者，施以教刑，予以记录。书写下来以标识各人表现，目的是让所有人都有进步。官员们提出建言，予以肯定而表彰之。建言允当的就接受、采用；不允当的，则予以告诫。

经上文舜对禹阐明亲近、信用大臣之道，但朝中如何多德能出众之大臣？王应创造条件，激励、鞭策大臣们成长。接下来，舜告诉禹以提撕、激励、鞭策臣下之术。

举直错诸枉

舜首先告诫禹以"钦四邻"。上文舜说:"臣哉邻哉!邻哉臣哉。"故邻者,臣也,舜直接把大臣称为王之"邻"。舜又列举过四种臣:左右有民之臣,宣力四方之臣,观古人之象之臣,闻六律五声八音之臣,此即"四邻",四类最重要之臣。既然十分重要,君王自当钦之,也即,敬之。舜本人敬大臣,并建立共治体制,现在也要求禹继位之后同样敬大臣。

敬者,尊敬也,把对象当成与自己相同的人对待,心有敬意,而表现为相交接之恰当礼仪。按政治秩序构造原理,君臣有尊卑之别,臣当敬君,众臣当敬王。舜却指出,君当敬臣,王当敬众臣。臣敬君是礼之要求,旨在维护秩序;君敬臣是君之大义,为政治秩序奠定伦理基础。无此基础,别尊卑之政治秩序难以稳定。从根本上说,敬是相互的,单方面的敬无以维系,臣敬君,君自当回之以敬。《论语·八佾》载:

> 定公问:"君使臣,臣事君,如之何?"孔子对曰:"君使臣以礼,臣事君以忠。"

君之敬臣体现为以礼待臣,此处之礼不仅指礼仪,《中庸》谓,"凡为天下国家有九经,曰:修身也,尊贤也,亲亲也,敬大臣也,体群臣也,子庶民也,来百工也,柔远人也,怀诸侯也……敬大臣则不眩,体群臣则士之报礼重……官盛任使,所以劝大臣也;忠信重禄,所以劝士也"。君之敬臣更重要的表现是,信任之,尊重其处理公共问题之权威,尊重其所提出之谋划。由此,王可做到"不眩",孔颖达正义曰:"眩,亦惑也,以恭敬大臣,任使分明,故于事不惑。"那么,敬大臣如何体现?"官盛任使",郑玄注:"大臣皆有属官所任使,不亲小事也",尊重大臣之位,赋予其以相应的尊严。

经上文舜要求亲大臣,现在又要求钦敬大臣。由此,舜阐明君王对待臣下的完整之道:既亲又敬。待人之积极情感,无非亲与敬,情感上亲近,亲也;身份上尊重,敬也,故《大学》谓,"为人君,止于仁;为人臣,止于敬"。臣之义在于敬，敬其君，尽心以履行自己职责。君之义则在于仁，亲之、敬之是为仁。

舜对禹指出，君王若能钦四邻，则可使愚顽谄媚之人远遁。此即《论语·颜渊》所记：

> 樊迟问仁，子曰："爱人。"问知，子曰："知人。"樊迟未达，子曰："举直错诸枉，能使枉者直。"
>
> 樊迟退，见子夏曰："乡也吾见于夫子而问知，子曰，'举直错诸枉，能使枉者直'，何谓也？"子夏曰："富哉言乎！舜有天下，选于众，举皋陶，不仁者远矣。汤有天下，选于众，举伊尹，不仁者远矣。"

王者亲、敬左右有民之臣，宣力四方之臣，观古人之象之臣，闻六律五声八音之臣，也即，亲、敬尽心公益之大臣，愚顽谄媚之辈自然远遁。故治国用人之重点，不在于惩罚谗佞者、无能者，而在于亲近、钦敬德能卓越者，充分地信任他们，与他们共治天下。由此即可塑造积极向上之良好政治风气，自然可以得人，国政自可处理妥当。

射侯

大约正是舜创立射礼，君臣于此习礼乐、立德行，故经谓"侯以明之"，即舜以射礼劝勉众臣。

弓箭发明很早，渔猎时代已有，至少在万年之上。红山文化出土不少石镞，襄汾陶寺遗址也有出土。青铜器出现后，很快用以制作铜镞，在夏家店下层文化中就有铜镞，偃师二里头遗址中，铜镞已相当常见。《周易·系辞下》说黄尧舜时代"弦木为弧，剡木为矢，弧矢之利，以威天下"，这段经文不是说，到了这个时代才有弓箭，而是说，此时，人们开始以金属制作矢镞，其杀伤人大幅度增强。

弓矢为战争利器，用以杀人，舜却将其转换成为化人之具。推测起来，射礼当起源于此。黄帝时代，战争不断；尧舜缔造华夏，建立司法权，有效地遏制各邦之间的暴力。但武士仍享有崇高地位，三代封建时代的君子、士，都习射御之术。舜乃化用之，发明射礼，把战争技术纳入礼仪之中，转换成为塑造君子威仪、德行之术。

事实上，后世也有类似转变：《礼记·乐记》记孔子谓，周武王克殷之后，"散军而郊射，左射《狸首》，右射《驺虞》，而贯革之射息也"；《论语·八佾》："子曰：'射不主皮，为力不同科，古之道也。'"周武王这一做法也许渊源于舜，本来用来杀人之利器，成为习礼乐之用具。

那么，射何以可劝勉众臣？《礼记·射义》记周代射礼之大义曰：

> 故射者，进退周还必中礼，内志正，外体直，然后持弓矢审固；持弓矢审固，然后可以言中。此可以观德行矣。

射者心正、身正，方能射中；心不正，身不正，则无以射中，故射可观射者之德，故王者可以射礼观众臣之德。

且射之为礼，不仅仅射箭，还伴以礼、乐：

> 其节：天子以《驺虞》为节，诸侯以《狸首》为节，卿大夫以《采苹》为节，士以《采蘩》为节。
>
> 是故，古者天子以射选诸侯、卿、大夫、士。射者，男子之事也，因而饰之以礼乐也。故事之尽礼乐，而可数为，以立德行者，莫若射，故圣王务焉。

在乐伴奏下，射者依礼进退周旋而后射。射礼的过程就是习礼乐之过程：

> 是故，古者天子之制，诸侯岁献贡士于天子，天子试之于射宫。
>
> 其容体比于礼，其节比于乐，而中多者，得与于祭。其容体不比于礼，其节不比于乐，而中少者，不得与于祭。数与于祭，而君有庆；数不与于祭，而君有让。数有庆，而益地；数有让，而削地。故曰：射者，射为诸侯也。

射礼同时考察两个方面：一为形貌动作合于礼乐，其次才是射中之数。两方面都表现优秀，则可见其德、能俱为优秀，可堪重用。若只是一个方面表现优秀，则不可用。若出现严重错失者，应受到惩罚。《仪礼·乡射礼》谓"射者有过，则挞之"，前经文谓舜作五刑，其中有"扑作教刑"。

如此射礼，可有激励作用，劝人向上，自修其德，自成其艺，从而成为健全的君子。事实上，到后世，不仅王者行射礼，诸侯、大夫也都有射礼，《春秋》时代之"乡校"，就是都邑行射礼之公共场所；成年人也借此聚会，议论公共事务，故子产尊重之[1]。

接下来舜说，"书用识哉，欲并生哉"。众臣所受之奖励、惩罚，均书写于简册之上，记录在案，以备查考，综合考察，目的是让所有属臣共同成长。并者，不仅优秀者成长，低劣者、有过者、出错者也得以改过而成长。

"并生"之义大矣哉！按前经文，王者之德，以"宽"为首。人无完人，王者不可求备于一人。人一时有过，不等于时时有过。人在这方面有过，不等于在其他方面有过。人各不同，君子、王者之德就在于兼收并蓄，安排每人于恰当位置，各自充分发挥作用。并且，恰恰是人之性情不同，才能各异，才可形成"和而不同"的合作分工关系，政事效率才会较高。若每人一样，反难成大事。故舜要求禹创造条件，让所有人共同成长。这样的政治，才合天道。

归根到底，王者为政，不是为了惩罚人，而是为了让人各遂其生，每人都充分发挥其天赋，尽其性，成其德。对万民如此，对臣同样如此。因此，政治不只是用臣，也是大臣养成的过程，在政府中的人们在为政过程中学习、成长，不仅生命向上提升，更可担当重任。天生生不已，政治自然也生生不已，王就有责任创造条件，让身在政治中的人，尤其是担当治理责任的人，持续成长。

---

[1]《左传·襄公三十一年》：郑人游于乡校，以论执政，然明谓子产曰："毁乡校，何如？"子产曰："何为？夫人朝夕退而游焉，以议执政之善否。其所善者，吾则行之；其所恶者，吾则改之，是吾师也。若之何毁之？我闻忠善以损怨，不闻作威以防怨。岂不遽止，然犹防川，大决所犯，伤人必多，吾不克救也；不如小决，使道不如，吾闻而药之也。"然明曰："蔑也今而后知吾子之信可事也，小人实不才，若果行此，其郑国实赖之，岂唯二三臣？""仲尼闻是语也，曰："以是观之，人谓子产不仁，吾不信也。"

纳言

接下来，舜告诫禹以纳谏之道。

首先，"工以纳言，时而飏之"，对百官提出建言之做法本身应予肯定、表彰。王者平治天下，须尽可能调用天下人之知识，运用天下人之智慧，故当鼓励天下人提出建言。飏，意谓公开表彰，布告天下，给予积极建言者以荣誉，因为，这种人士有公心、有情怀，有主体意识，天下秩序之维系，都赖于这种人士。他们主动贡献自己的知识于王，即可解决王所面临的知识难题。《说苑·君道》曰：

汤曰："药食先尝于卑，然后至于贵；药言先献于贵，然后闻于卑。"故药尝乎卑，然后至乎贵，教也；药言献于贵，然后闻于卑，道也。故使人味食然后食者，其得味也多；使人味言然后闻言者，其得言也少。是以明王之言，必自他听之，必自他闻之，必自他择之，必自他取之，必自他聚之，必自他藏之，必自他行之。故道以数取之为明，以数行之为章，以数施之万物为藏。是故，求道者不以目而以心，取道者不以手而以耳。

当然，不可能所有建言都提供有效知识，都能对相关难题提出恰当解决方案。王者对此予以考察，作出判断。建言允当者，自当接受、采纳，纳入决策。建言不允当者，尤其是有意误导者，或仅出于自身利益而建言者，则予以告诫。这里的"威"不是严厉的惩罚，而是诫勉。

从根本上说，本章舜教禹以养臣之道。有一种政制认定，官员是社会特定集团之利益代言人，再则其在政府中当然不能变，变就可能背叛。但在中国，尧舜屈神而敬天，政治必以"天下为公"为根本，则官员之遴选，必定遵循"选贤与能"原则。而人生而不完备，故德能出众的臣需要养成。既可以在前政治的环节中养成，比如兴办教育，养成士君子；也需要在政治过程中养成，如舜告诫于禹者。这样，对政府官员来说，政府也是一所学校，当然，君王在其中发挥重要作用。由此所塑造的政治，自然是动态的、成长的过程。

六十五、天地生人

禹曰："俞哉帝！光天之下，至於海隅蒼生。"

光，广也。

禹说："然也帝！普天之下，以至于天涯海角苍天生人之处。"

禹在平治水土过程中走遍大地，对万物与人的生长及其相互关系有深切理解，也即，对天人、天物关系有深切理解，在这句不经意话语中阐明天生万物以及人之华夏基本信念。

苍天

关于天，经文有多种说法，经前文已有"钦若昊天"之说。《诗经》多有"苍天"一词，如《王风·黍离》载：

> 彼黍离离，彼稷之苗。
> 行迈靡靡，中心摇摇。
> 知我者谓我心忧，不知我者谓我何求。
> 悠悠苍天，此何人哉。

毛传云："苍天，以体言之。尊而君之，则称皇天；元气广大，则称昊天；仁覆闵下，则称旻天；自上降监，则称上天；据远视之苍苍然，则称苍天。"据毛氏以为，在五种称号中，"苍天"言天之体。

对"苍天"尚有另一种解释，《说文解字》："苍，草色也。"《尔雅·释天》："春为苍天，夏为昊天，秋为旻天，冬为上天。"《释名》进一步解释曰：

春曰苍天，阳气始发，色苍苍也。夏曰昊天，其气布散皓皓也。秋曰旻天。旻，闵也，物就枯落，可闵伤也。冬曰上天，其气上腾，与地绝也。

故《月令》曰："天气上腾，地气下降。"《易》谓之乾，乾，健也，健行不息也。又谓之元，元，悬也，如悬物在上也。

据此，春日之天称"苍天"，阳气始发，万物生长，其色苍然，故曰"苍天"。

郑玄《五经异议》认可《尚书》欧阳说之"春曰昊天，夏曰苍天，秋曰旻天，冬曰上天"之说，并解释说：

春气博施，故以广大言之；夏气高明，故以达人言之；秋气或生或杀，故以闵下言之；冬气闭藏而清察，故以监下言之；皇天者，至尊之号也。

郑氏以为，"苍天"言天之高明也。郑氏下面说法试图调和各家：

六艺之中，诸称天者，以情所求之耳，非必于其时称之。"浩浩昊天"，求天之博施。"苍天苍天"，求天之高明。"旻天不吊"，求天之生杀当得其宜。"上天同云"，求天之所为当顺其时也。此之求天，犹人之说事，各从其主耳。若察于是，则"尧命羲和，钦若昊天"，"孔丘卒，旻天不吊"，无可怪耳。

人于不同情境中求天，称其不同名号，与四时无关。此说可取。

禹说"光天之下"，万物皆在天之下，人在天之下。故不管处在何种情境中，人们的终极诉求对象始终是天。这些纷繁的称号恰好说明，天在人的心目中享有崇高地位，人把最后希望寄托于天。这是因为，从本源上说，人为天所生。

生

禹说"至于海隅苍生"，大地上的一切，万物以及人，均为天所生。生之义大矣哉！

神教，包括一神教，咸谓人由神造。造人者是神，神是唯一的，是否造人，完全取决于此绝对主体之意志；如何造人，完全取决于此绝对主体之偏好。如犹太教《创世纪》所记："神说，我要照着我的形象，按着我的样式造人。"此绝对的单一主体按自己的规划造人，被造者是造人者之翻版——当然是拙劣翻版。在此造人过程中，不会有任何惊异、惊喜，一切皆可预料，其拙劣甚至也始终如一。

然而，人不是神造的，而是生出来的。从本源上说，天生人；就实相言，人生人，而生人之人本来就在天之中，每人都为人所生，也可谓为天所生。生者，何谓也？生是不同者之合而有所得，《周易·系辞上》曰："乾道成男，坤道成女。乾知大始，坤作成物。"必得男、女和合而后有生的事件，《系辞下》曰："天地絪缊，万物化醇。男女构精，万物化生。"不同而合，则有生。《周易》上经始于乾、坤二卦，乾、坤和合而生万物；下经始于咸、恒二卦，人之生始于男女之和合。《序卦》解释咸卦之大义曰：

> 有天地然后有万物，有万物然后有男女，有男女然后有夫妇，有夫妇然后有父子，有父子然后有君臣，有君臣然后有上下，有上下然后礼义有所错。

《礼记·郊特牲》曰：

> 天地合而后万物兴焉。夫昏礼，万世之始也。取于异姓，所以附远、厚别也。

万物之生因天地之合，人之生因男女之合。故生之主体不是一，而是二：有一男，有一女。两者是不同的。也不是两者分立而不相干之二，而是二之交合，也即，两个主体共同参与且深度相契，才有生之事件。由此可见，生的结构完全不同于造：单一主体或许可以造，但绝不可能生，生必定是双主体最为深刻的结合、身心的全部融合，生在双主体相交之际。

更进一步，相亲才有生。这两个主体本来是"异姓"，相"远"而有"别"。人世间有无数男人、女人，其中有两位，本来疏远而不相及，相互之间没有任何关系，双方也从未想见彼此，从未料到相遇且结合。将要生的两个主体之结合是极小概率事件，看似充满偶然，其结合是令人惊异的。但相见之后，自然产生相亲之情，相交合而生，故《周易》下经始于"咸"卦：

咸：亨，利贞，取女吉。

《彖传》：咸，感也。柔上而刚下，二气感应以相与，止而说，男下女，是以"亨利贞取女吉"也。天地感而万物化生，圣人感人心而天下和平，观其所感，而天地万物之情可见矣。

本卦所论者，感也。如程传所说，用"咸"为卦名旨在说明，男女互感而应，才能相与、结合。生有赖于男、女双方共同完成，且男、女同时积极地行动，方能完成。在时间上，双方会有先后：由于天性，男子首先展示自己之美好，以感女子；女子心动，做出回应。恰因为男女有别，双方得以相互感应而相合。生起源于双方之动情，以及情之相互感应。

但对于生而言，瞬间的情绪感应是不够的，故咸卦之后是恒卦：

恒：亨，无咎，利贞，利有攸往。

《彖传》：恒，久也。刚上而柔下，雷风相与，巽而动，刚柔皆应，恒。"恒亨无咎，利贞"，久于其道也。天地之道，恒久而不已也。"利有攸往"，终则有始也。日月得天，而能久照，四时变化，而能久成，圣人久于其道，而天下化成；观其所恒，而天地万物之情可见矣！

恒者，久也。生是一个漫长的过程，在生物学上有受孕、怀孕及养育等环节，需要男女双方在相当长的时间中相与、相应；新生儿的养育也需男女双方各自发挥作用、承担责任。故生需男女双方建立持久关系，否则，生无以发生，或即便发生也会中断而毫无意义。

《诗经》开篇第一首《关雎》完整刻画前生之过程：

> 关关雎鸠，在河之洲。
> 窈窕淑女，君子好逑。

"关关雎鸠，在河之洲"者，兴也。诗中水之象反复出现，盖生物之生长发育，不能无水。然而，光有水而无土，则生物无以生；水土不同而相合，生物方能生长发育。在河之洲上雎鸠关关而鸣，相互唱和，所谓相感而应。此为生物之本，故男女亦相感而应。

> 参差荇菜，左右流之。
> 窈窕淑女，寤寐求之。

"参差荇菜，左右流之"，兴也。水中之菜茂盛而参差不齐，作为生之主体，男女的结合充满了偶然性。男子、女子如同参差荇菜，何以这位君子与那位淑女相遇、感应而结合？无人能事先控制。这结合充满惊异，但最终结合却是必然的。一旦这位君子与那位淑女相感，偶然性暂告终结。与之结合的意志催生了对对方之欲望，求。这种欲望彻心彻骨，这是天命。

> 求之不得，寤寐思服。
> 悠哉悠哉，辗转反侧。

结合的欲望一旦产生，异常强烈。然而，女子是完整的他者，她有自己的命，完全自主，男子之感未必能触动她。只有当那最微妙的相与发生，她才会应之。男女之结合是偶然的，克服这种偶然性，需有巨大付出，精神的投入，承担甜蜜的痛苦。这巨大的精神成本构成两人未来关系持久之锚。

> 参差荇菜，左右采之。

窈窕淑女，琴瑟友之。

从根本上说，感应而准备结合的男女是友之关系，他们将共同从事一项事业，作为伙伴。在结合之前，君子和淑女是自主而完整之人，互为他者。相亲而相合后，两者只能是友的关系，而不可能是主人与奴隶之关系。夫妻关系之基底是朋友，但更有深刻的精神联系。主人与奴隶是不可能有生机的，他们难以有最为深刻的情感相应，而这是生之前提。

参差荇菜，左右芼之。
窈窕淑女，钟鼓乐之。

男女终于结合而为夫妻，而得乐，只有当男女关系达到夫妻关系，才有真正的乐。乐是双方分享的，当两人尚不能完全结合且相互信赖而合作，或可有个人之乐，而难有分享之乐。这种乐有肉体上的，也即性之乐，但绝不同于未结合之前的性之乐，夫妻之乐更多是精神之相契。

这种乐打开了生之门，正是在这分享的乐之中，生的过程启动了。从源头上说，生不是苦的，不是悲的，也不是无意义的，而是乐的。乐是生之内在属性，这乐来自亲密的情感，这情感是通过求的相互激发而生成的，且需借助情之相与、相应，才得以保持。

从完全不相知的男女，到相结合为夫妇而生，中间有漫长过程。因此，生的事件展开持续不断的时间过程中。神造人，是不需要时间的；人生人，必有前生的时间过程，在此，有别而相远之男女有相亲之情而结合。而受孕、怀孕、分娩，同样展开于漫长时间过程中。这漫长时间让男女深度了解，相互关切，相互扶持，而有夫妻之义。

神造人，人生而为成年任，具有成熟的身、心、脑，可以独立生存，故人无任何亏欠，人独立于大地上，与任何人无关，只爱敬神。人生人，生而稚弱，无以独立生存，必赖父母家人之养育。故在天之下，人生而在父母之怀、在家中，此即人的生存之基本事实，由此自然而有家内人伦，也就有"孝"之情的自然发动，也就有家之稳固关系。

神造人而成之世界是可以预料的，它是静态的，没有历史。生的世界，因为其起点是偶然的，故不可思议：无从预料结合的主体是谁，故生的结果始终是事先无法预料的。生的主体不同，故所生之人必定是高度多样的，而非一个模子塑出来的同质的机器。生发生于每人生命中，人一个一个分散地进入人世间，故人世间始终变动不居，人世就在历史中。

天和生是理解华夏思想与制度之枢机。正因为从本源上说，天生人，故所有人都是"天子"，都是天之民。这一大义贯穿始终，即便在人间形成政治秩序后，王固然以祭天而确立其权威，但天也规定了王之天职，让万民各遂其生；至于民，同样可以吁天，而"民之所欲，天必从之"。正是天，让政治结构上有尊卑之别的人，从根本上处于平等地位，而以"各正性命、保合太和"为志。此乃华夏政治之究竟义。中国人之生命观、生死观也都以天与生为本，比如，唯有由生，方可理解孝之大义。

六十六、民之仪表

萬邦黎獻，共惟帝臣，惟帝時舉。敷納以言，明庶以功，車服以庸。誰敢不讓，敢不敬應？帝不時敷，同，日奏，罔功。

隅，陬也，角也。

黎，黎民。獻，仪也，贤也。

共，俱也。時，是也。

庶，試也。

敢，進取也。应，膺也。

万国黎民之足为仪表者，都是帝之臣，就靠帝来举用。广泛地接受其建言，公开地察看其实效，对卓越者表彰以车、服。谁不积极地谦让呢，谁不积极而诚敬地履行自己的职责？帝不这样做，而不加区别地对待所有人，那么即便天天进用，也没有收益。

前面大段经文，舜告禹以敬臣、养臣之道，对象都是臣，已在朝中。本章，禹提出举用、表彰普天之下、民众之中贤能者之道。

民之仪表

黎者，黎民也，众民也，指天下之庶民。《说文解字》："献，宗庙犬名羹献，犬肥者以献之。"可献给神之牲品自为最优秀者，就人而言，"献"是一群人中优秀出众、值得推选出来者。经文所谓黎献者，黎民中足为天下仪表者，也即天下庶民之优异者。

经前文已说，尧缔造华夏之后，"黎民于变是雍"。虽然，当华夏初建，甚至在整个三代封建制下，王之权威只及于邦国诸侯，但王之礼乐毕竟通过各种方式向诸侯以下社会各层渗透，新生的华夏秩序也改进了人们增进自己福利之制度环境，故即便底层民众，也有所变化，其间关系趋向于协和。由此，也就有"黎献"涌现，黎民中涌现出足为人世表率者，禹请求舜予以举用。

由此可见，政治平等是华夏与生俱来之基本原理。

在绝地天通之前，各文化体、各邦国有自己的神灵，不同神灵把人们相互隔离。极少数人可以通神，巫师又借某些人执行神意，这些人享有崇高的权威，与其他人形成截然分离的阶层。红山、良渚文化墓葬高等级人群通常是巫师，其陪葬品极为珍贵而丰富，包括须耗费大量人工方能制造之精美玉器。这显示，此社会之等级差别极大。即便一神教社会，也仍然如此，神权必造成严酷的社会政治等级制，因为，神已经树立了典范：神与人就是主—奴关系。

尧屈神而敬天。天生人，天是普遍的，人固然仍在邦国中，但也在普天之下。人人皆为上天所生，故相互平等。当然，君子、庶民之间以及君子内部，有政治的尊卑之别，但这毕竟只是人与人之别，而非截然两分的神的代言人之与凡人之别。襄汾陶寺墓葬也有大墓、小墓之别，但考古发现，此处大墓没有良渚大墓那么奢华[1]。且在这里，大墓、小墓同在，尽管有所分区。这显示，在当事人心目中，哪怕是王也是人，也在人之中。

地上没有神的代言人，这是人们获得平等的最关键一步，尧屈神而敬天即迈出了这一步。由此确定之中国治道始终立足于人人平等之基本原则。据此，禹指出，即便是政治地位卑下的底层民众，也可具有德行，足为天下仪表。舜本人就是这样的底层民众，至少曾在底层长期生活，而因为其孝，而为天下所知，得以成为王位候选人。舜的经历、禹的言说，从华夏诞生之初就设定华夏治道之根本：人人平等，政治开放。

---

[1] 关于不同文化体等级制之森严程度，可参看李伯谦《中国古代文明演进的两种模式——红山、良渚、仰韶大墓随葬玉器观察随想》，《文物》，2009 年第 3 期。

在封建时代，不容易找到这种开放的制度安排；封建制之后，基于人人平等的开放的社会治理机制得以建立，此即立足于开放教育之选举制度。经由这两项制度，普通民众可接受教育，塑造自己成为士君子，再经由选举程序进入政府，成为社会治理者。由此支撑的中国政治始终是开放而平等的。

王者无外

禹所说"光天之下，至于海隅苍生，万邦黎献，共惟帝臣"，可用春秋公羊学"王者无外"之大义概括之[1]。

《前汉纪·孝宣皇帝纪四》中荀悦曰："《春秋》之义，王者无外，欲一于天下也……王者必则天地，天无不覆，地无不载，故盛德之主则亦如之。"王者临天下，一如天之遍覆天下，天下所有人都是王者之臣。当然，天下有蛮夷戎狄，不来归顺，王者听其自然。但凡在王者之治的臣民，王者都应视之为臣民，而公平对待之，不可有任何歧视。

这正是禹所说之大义。王者无外意谓，不论亲疏、远近，只要进入华夏，在王者礼乐法度之下生活，即应一视同仁。获得名位、荣誉的机会当对天下所有人开放，不可对任何人设置不公平的歧视政策。唯有如此，才能最大限度地做到"近者悦"。

故《诗经·小雅·北山》作者首先说"普天之下，莫非王土。率土之滨，莫非王臣"，此正为先王之大法；而后责备以"大夫不均，我从事独贤"，周王未能公平对待所有人，唯独对我施加以沉重负担。

王者无外，还体现在城邑之礼制上。考察目前考古发掘夏商周三代王所在之都邑遗址可发现，王城基本无城垣，"大都无城"当为三代城制之基本特征。[2]王者立于天下之中，为万民所归往，何须设城垣以防范？防范臣民，很难说是王者。

---

[1] 《隐公元年》公羊传曰："冬，十有二月，祭伯来。祭伯者何？天子之大夫也。何以不称使？奔也。奔则曷为不言奔？王者无外，言奔，则有外之辞也。"

[2] 许宏《大都无城——论中国古代都城的早期形态》，《文物》，2013年第10期。

王者何以无外？有仁心，施仁政，以礼治天下，如《礼记·礼运》曰：

故圣人耐以天下为一家，以中国为一人者，非意之也，必知其情，辟于其义，明于其利，达于其患，然后能为之。何谓人情？喜、怒、哀、惧、爱、恶、欲，七者弗学而能。何谓人义？父慈、子孝，兄良、弟弟，夫义、妇听，长惠、幼顺，君仁、臣忠，十者谓之人义。讲信修睦，谓之人利。争夺相杀，谓之人患。故圣人所以治人七情，修十义，讲信修睦，尚辞让，去争夺，舍礼，何以治之？

表彰贤达

天下之人皆为王者之臣，则王者所可给予之名位、荣誉，当对天下所有人开放，故禹提出"惟帝是举"，其含义是，天下总有卓越者，就看帝是不是举而用之。从何处举？万邦黎献，"万邦"说明，范围是普天之下。

至于"举"，可有多种形态，或为举用，即授以名位，使之掌握权力。在三代君子世袭制度下，庶民中之优秀者固难以担负高级岗位，但完全可在君子之家中承担较为低级的工作。此处之举，也可为另一种：授以荣誉，予以表彰，使之为民表率，这似乎更合乎"献"之本义。《尚书大传》曰："古之帝王必有命民：民能敬长矜孤，取舍好让，举事力者，命于其君。得命，然后得乘饰车骈马，衣文锦。未有命者，不得衣、不得乘，乘、衣者，有罚。"

禹之提出这一点，意义重大。尧舜缔造华夏，王权只及于各邦诸侯。不过，禹为平治水土，而行走大地，必与诸侯之下各社会等级有所接触，包括庶民，工程最终由普通庶民承担。他看到，有些庶民表现优秀，理当予以表彰。这一设想让王权开始向下延伸，有助于华夏政治之成熟。

至于表彰之法，禹提到"敷纳以言，明庶以功，车服以庸"。类似文句已见前经文舜所创巡守之礼中，两处文字相同，惟所用对象不同：巡守面对各邦诸侯，考察其治理绩效，以车、服表彰之；此处针对民众之卓越者，同样考察其德行，以车、服予以表彰。

三代此类制度之详情不得而知，但典籍中提到"三老"，如《礼记·乐记》

曰："食三老、五更于大学，天子袒而割牲，执酱而馈，执爵而酳，冕而总干，所以教诸侯之弟也。"三老正是黎民中之长而贤者，王者予以表彰，他们即可发挥教化民众之作用。

此后历代，也都有表彰庶民优秀者之制度：秦设二十等爵制，民众从军杀敌有功，可无官而有爵。汉承秦制，民亦有爵。

汉有表彰民众"孝悌、力田"之制，汉惠帝五年，"举民孝弟、力田者，复其身"[1]，民众中有孝悌之德、尽心农耕者，免除其徭役。汉文帝十二年诏曰：

孝悌，天下之大顺也。力田，为生之本也。三老，众民之师也。廉吏，民之表也。朕甚嘉此二三大夫之行。今万家之县，云无应令，岂实人情？是吏举贤之道未备也。其遣谒者劳赐三老、孝者帛人五匹，悌者、力田二匹，廉吏二百石以上率百石者三匹。及问民所不便安，而以户口率置三老、孝悌、力田常员，令各率其意以道民焉。

孝悌、力田、三老均非国家官员，而由国家授予名号，予以表彰，是为民间贤达。他们享受税赋优惠，皇帝于国家大庆之时也赏赐有差。地方官员处理公务时，以其为民众代表，与之协商。有时，他们也主动代表民众上书官员甚至皇帝，以表达民众诉求。庶民中的贤达是官府与民众之间沟通的中介，对于沟通官民、保持社会治理的弹性和活力具有重要意义。

当儒家教育体系建立之后，担当此类民间贤达角色者多为未能进入政府之儒家士人，在明清时代，这些留在民间社会而发挥社会治理功能的人，或称为绅士。学界对于此类绅士在基层治理中发挥的广泛而重要的作用，已有大量研究。

历代朝廷也设立表彰庶民、授予荣誉之制度，比如立庙、立表表彰名儒、义士、节妇、烈女等，因功追赠祖先等。凡此种种，均有助于美化风俗，塑造良好社会风俗。

此风俗就是教化民众之最重要机制。《说文解字》："敔，进取也。"此字隶

---

[1]《汉书·惠帝纪》。

变作"敢"。敢的意思是积极进取。禹提出，王者若能对这些贤达予以表彰，可收如下效果："谁敢不让，敢不敬应"。民众人人相互礼让，人人积极履行自己之职责。相反，如果王者不对这些优秀者予以表彰，那就难以成就各种功业。

将此与上一章对比，可见对臣、对民，治法不同：对臣，既有奖励，也有惩罚；对民，以奖励为主。通过授予民众中卓越者以名誉激励普通民众积极向上，由此可让社会风气淳美，秩序趋于良好，天下安宁。

六十七、舜禹之变

帝曰："無若丹朱傲，惟慢游是好，傲虐是作。罔晝夜頟頟，罔水行舟。朋淫於家，用殄厥世。予創若時。"

若，如也。丹朱，尧之子。

慢，惰也。游，嬉游。

頟頟，不息貌。

罔，无也。淫，过分。

殄，绝也。用，由也。世，父死子继为世。创，惩创也，遇伤而惩。时，是也。

舜说："没有比丹朱更傲慢不逊的人了，唯有怠惰嬉游是其所好，傲慢而恣虐是其所作，无分昼夜而不止息。洪水已退后，仍行舟嬉戏，召集朋友放肆于家中。由于这些原因而未能继嗣尧之位。我惩于丹朱之祸而予以防范的，就是这事情。"

经上文，舜、禹君臣讨论君臣相亲相敬、任用贤能之道。然后，舜转而讨论王之自我约束问题，尤其是如何处理家、国关系。

丹朱之傲

舜以丹朱为前车之鉴，经前文记载：帝曰："畴咨若时登庸？"放齐曰："胤子朱启明。"帝曰:"吁! 嚚讼,可乎?"丹朱是尧之子,放齐向尧推荐丹朱继嗣王位,理由是丹朱"启明",也即,开明,见多识广,知识丰富。而尧深知,丹朱恰因知识丰富而"嚚讼",自以为是,傲慢自负,好与人争胜,故难当王者之任。

舜对丹朱的评价也是"傲"。《说文解字》:"傲,倨也;""倨,不逊也。"丹朱自负,待人不逊。丹朱何以傲?《说苑·建本》曰:"生而尊者骄,生而富者傲。"尧是华夏第一王者,为天下尊仰,丹朱生于此家。丹朱又得以接触天下诸侯,广获各种知识,故而"启明"。但是,因尧是第一位王者,未及建立相应教育制度,故丹朱缺乏必要教养,结果是傲。

舜指出丹朱之傲的后果:自以为聪敏而知识丰富,故不能修身,也不够勤勉,而是怠惰浪荡。值得注意的是"傲虐",因傲而虐,"嚚讼"即"傲虐"之表现:放肆地与人争论,且总想压倒别人,让别人无话可说,陷入尴尬境地,此即"虐"。

舜说这些话有一定告诫意味,舜自己讲来尤其亲切。当初,尧拒绝丹朱为继嗣者,舜才有机会成为尧继嗣者。现在,禹是舜之继嗣者,舜希望禹避免丹朱之覆辙。禹也确有傲之可能,因其成就极大功业,若不加节制,可能失之傲慢,故舜坦白提出告诫。

舜还指出,丹朱在洪水退去之后,仍行舟嬉戏。洪水泛滥之时,舟是交通之必要工具。洪水退去后,仍行舟不已,则为嬉戏。不过,这句话似另有深意,尤其是与"朋淫于家"合观。

朋淫于家

"罔水行舟,朋淫于家"两句,舜似乎告诫禹不应有"家天下"之志。丹朱何以在洪水退去后继续行舟?令人费解。即便嬉戏,也不必如此。也许,在舜,这只是一个比喻,用以告诫禹。

洪水泛滥,禹受命治水,被赋予一定权威。在治水过程中,禹必定积累巨大权威。在舜看来,这权威可用于应付非常事态,不能在常态下常规性地使用[1]。但舜似已看出，禹正在将此非常事态下的权威发展成为常态的制度性权威，永久性地行使前所未有之治理权。舜对此忧惧，故以丹朱"罔水行舟"批评之。

至于"朋淫于家"，说得更为清楚。这固然可理解为批评丹朱，但恐怕也是暗喻禹。朋，同类并立为朋，故有朋友、朋比、朋党等词。淫原作婬，《说文解字》："婬，私逸也。"《尔雅·释言》："逸，过也。"淫，放纵，不加节制，过分。淫包括情欲放纵之淫，但这只是一端，其一般含义是过分，如关系异乎寻常地紧密。

"朋淫于家"意谓，一群伙伴紧密地聚会于家中，从事某些异乎寻常的共同事业。从经文中确可看出，禹是爱家之人，尤其是爱子之人，经后文禹提到自己娶妻、生子之事。舜君臣恐已看出，禹有强烈的"家意识"，有可能改变禅位制度，将王位传于儿子。

事实果然如此。孔子将中国历史分为两大阶段，如《礼记·礼运》所描述，第一阶段，

大道之行也，天下为公，选贤与能，讲信修睦。故人不独亲其亲，不独子其子。使老有所终，壮有所用，幼有所长。矜、寡、孤、独、废、疾者，皆有所养。男有分，女有归。货，恶其弃于地也，不必藏于己；力，恶其不出于身也，不必为己。是故，谋闭而不兴，盗窃乱贼而不作。故外户而不闭，是谓大同。

郑玄注："大道，谓五帝时也。公犹共也，禅位授圣，不家之。"大道之行时代之根本特征是天下为公，也即，王位为天下人所共有，而不归于一家一姓，不归于某个小集团、小群体。

---

[1] 关于立宪、立法者应当根据这两种事态中哪一种立宪、立法，英格兰法律家马修·黑尔爵士有一段非常精彩的论说："关于治理之方式和政府之形态的法律，应当适应于大多数事物常见的和正常的状态，因为人类最经常地面对的正是最常发生的事态。认为法律或政府的形态依照罕为发生的事态而构造，乃是疯狂的。这就好像一个人仅仅因为伞菌和大黄对治疗他七年才得一次的疾病有用，而将其作为自己日常的食物一样。"（《黑尔首席大法官对霍布斯〈法律对话〉的回应》，见［英］托马斯·霍布斯著，哲学与英格兰法律家的对话附录》，姚中秋译，上海三联书店，2006年，217页）

今大道既隐，天下为家。各亲其亲，各子其子。货力为己。大人世及，以为礼。城郭、沟池，以为固。礼义以为纪，以正君臣，以笃父子，以睦兄弟，以和夫妇。以设制度，以立田里。以贤勇知，以功为己。故，谋用是作，而兵由此起。

禹、汤、文、武、成王、周公，由此其选也。此六君子者，未有不谨于礼者也。以著其义，以考其信。著有过，刑仁，讲让，示民有常。如有不由此者，在势者去，众以为殃，是谓小康。

郑玄注天下为家曰："传位于子。"王位公于天下与传于子孙，这是两个时代之最大差别。孔子把禹视为创建小康之制第一人，舜禅位于禹，还依循天下为公原则；禹传位于子，则为家天下。此后，家天下之制成为常态，一直延续到清帝逊位。

家天下

从尧舜之禅让到禹之家天下是否意味着政制之败坏？孟子曾讨论过这个问题：

万章问曰："人有言'至于禹而德衰，不传于贤而传于子'，有诸？"

孟子曰："否，不然也。天与贤，则与贤；天与子，则与子。昔者舜荐禹于天，十有七年，舜崩。三年之丧毕，禹避舜之子于阳城。天下之民从之，若尧崩之后，不从尧之子而从舜也。禹荐益于天，七年，禹崩。三年之丧毕，益避禹之子于箕山之阴。朝觐讼狱者不之益而之启，曰'吾君之子也'；讴歌者不讴歌益而讴歌启，曰'吾君之子也'。丹朱之不肖，舜之子亦不肖。舜之相尧，禹之相舜也，历年多，施泽于民久。启贤，能敬承继禹之道。益之相禹也，历年少，施泽于民未久。舜、禹、益相去久远，其子之贤不肖，皆天也，非人之所能为也。

"莫之为而为者，天也；莫之致而至者，命也。匹夫而有天下者，德必若舜、禹，而又有天子荐之者，故仲尼不有天下。继世以有天下，天之所废，必若桀纣者也，故益、伊尹、周公不有天下。伊尹相汤以王于天下。汤崩，太丁未立，外丙二年，仲壬四年。太甲颠覆汤之典刑，伊尹放之于桐。三年，太甲悔过，自怨自艾，于桐处仁迁义；三年，以听伊尹之训己也，复归于亳。周公之不有天下，犹益之于夏，伊尹之于殷也。孔子曰：'唐虞禅，夏后、殷、周继，其义一也。'"

孟子在此主要说明何以禹之子启继嗣为王，从而造成家天下格局。这需要从禹何以继嗣为王说起。

尧舜时代主要面临的根本问题是治水。禹治水，采取导水入海策略，即"决九川，距四海"。这要求疏浚河道，引水入海。实施此策略存在巨大难题。先民一般临水而居，禹的策略要求疏浚河谷，或重开河道。这必然对相关各国生存造成巨大影响，这一策略的实施意味着，现有各"国"的控制范围要进行一定的调整，有些国甚至需要整体迁徙。同时，治水也要求禹在很多时候深入各国内部，将漫漶之水引入河川，再由河川疏导入海。

凡此种种要求各国相互协调，故需较大权威之协调者。恐怕正是这一难题让禹的父亲鲧失败了。鲧采用"埋"的策略，他不得不这样，那时万国之间关系并不紧密，相互之间缺乏信任。尤其是王的权威较弱，万国对其缺乏信任。在此制度环境下，鲧无力协调各国进行合作和利益交换，只好采取下策，实施就地堵塞策略。这说明华夏共同体面临集体合作困境。一代人以后，情况发生了相当大的变化。随着尧舜二帝合和之道的运用，万国的共同体意识逐渐强化，也从共同体的存在中得到收益，集体合作意向逐渐增强。故禹可导水入海。

禹在治水时，也向各国提供好处。他一直与益和稷紧密合作，向各国提供种植知识，供应优良品种。这方面的示范效应必大大强化各国的合作意向。同时，禹也深沉而富有远谋，有能力说服相关邦国协调利益，愿意合作。

这样的治水经历一定让禹有进一步强化华夏共同体凝聚力的想法。事实上，为有效展开工作，在平治水土过程中，禹不能不实施此构想。经上文禹陈说自己功业："惟荒度土功。弼成五服，至于五千。州十有二师，外薄四海，咸建五长。各迪有功。"禹在治水过程中即建立"州"制、"服"制，这是就在为建立更为强大的王权奠定基础。

由此，禹在未继嗣王位之前，权威就已相当大，诸侯与禹关系之紧密，远远超出其与尧舜。在此情况下，禹必定继嗣为王，舜实际上别无选择。这与尧舜禅让之际完全不同。权威急剧增长了的禹，自然把王位传给了儿子，并形成"家天下"制度。

这一制度何以持续数千年？《吕氏春秋·恃君》有这样的论述：

凡人之性，爪牙不足以自守卫，肌肤不足以捍寒暑，筋骨不足以从利辟害，勇敢不足以却猛禁悍，然且犹裁万物，制禽兽，服狡虫，寒暑燥湿弗能害，不唯先有其备，而以群聚邪。群之可聚也，相与利之也。利之出于群也，君道立也。故君道立，则利出于群，而人备可完矣。

昔太古尝无君矣，其民聚生群处，知母不知父，无亲戚、兄弟、夫妻、男女之别，无上下、长幼之道，无进退、揖让之礼，无衣服、履带、宫室、畜积之便，无器械、舟车、城郭、险阻之备，此无君之患。故君臣之义，不可不明也。自上世以来，天下亡国多矣，而君道不废者，天下之利也。故废其非君，而立其行君道者。君道何如？利而物利章。

文明形成于人之合群，合群关键在君。无君，人无以组织。华夏之凝定有赖于圣王之涌现，至禹，王的权威有大幅度提高。尧舜更多的是万邦诸侯之协调者，禹成为领导者，与诸侯之间有了严格的君臣之义。

中国要维持共同体之存续，即须保持此一王权力量不坠。唯有王权有足够力量，方能动员必要资源，用于保证共同体的安全环境，生产和分配内部交换、合作所需之公共品。最简单的事实是：没有足够王权，文明华夏将无法捍御蛮夷戎狄之侵扰。那么，如何保障王权有一定力量？禅让和家天下中，哪一种制度更为有利？显然是家天下。

关键是规模问题。由于平治水土，禹所领导的中国之人口规模和控制疆域当大大超过尧舜。在当时技术条件下，共同体规模较小，确可选举王。但当规模大幅度扩张后，选举的难度同比例，甚至以更大比例提升：尧舜时代的规模使全体民众选举成为不可能，不能不走向君子共和选举；禹时代的规模使得君子选举也不大可能，促使王位传承原则从"天下为公"转为"天下为家"。

此后，中国规模持续扩大，选举产生王或皇帝就更不可能。不能选举，则王位继嗣就只能采用世袭制。世袭制，尤其是逐渐确立的嫡长子继承制，是保证王位平稳继嗣之较好制度。它以最简明的生物原则作为王位继嗣之原则，相关生物事实显而易见，赋予王位继嗣以最大确定性，而这有助于政治秩序的稳定。实际上，它最大限度地降低了元首更换可能对政治秩序产生的风险，故古今中外，政治共同体只要规模较大，当其趋于成熟，必建立世袭的王权制。

当然，世袭制的大问题是践踏天下是天下人之天下的原则，且无法确保元首之贤能。就此而言，家天下不是最好的制度，但可有补救之策，约略有二：第一，教育君王，使之有德；第二，通过制度设计，王权掌握在一群贤能君子手中，王仅为王权之象征，或者说，把王权框定为政府权力中一部分，而非全部。

此即家天下制确立后，中国政治努力之方向所在。也正是在此意义上，尧舜与夏之间，实有制度上的断裂，也即"损益"；但也有连续，也即"因"。尧舜所确立的天下为公之治道，经过转型，仍适用于家天下。家天下之制的确立绝不意味着天下为公原则之中绝，相反，此原则融入"君道"。

在舜禹禅让之际进行的这场对话，舜、皋陶等人，即旨在以天下为公精神塑造君道。他们看到，王权在强化，家天下不可避免，因而致力于通过总结尧舜治理之义理，展示于禹，以将其灌注于正在形成的家天下之制中。

六十八、声闻之教

［禹曰］"娶於涂山，辛壬、癸甲。啟呱呱而泣，予弗子，惟荒度土功。弼成五服，至於五千。州十有二師，外薄四海。咸建五長，各迪有功。苗頑，弗即工。帝其念哉。"

子，子爱，父之抚养子也。
荒，通芒，忙也。度，就也。
迪，导也。即，就也。

［禹说］"我娶涂山氏之女，属于辛壬、癸甲之配。我儿子启诞生，呱呱而泣，我未能慈爱照顾，只是忙着成就平土之功。协助成就五服之制，天下幅员达五千里。按州分为十二支队伍，已迫近于蛮夷戎狄。各州都树立首长，各自完成分配的工作。只有苗人顽固，不承担自己的工作。请帝您关注这一点！"

上一章，舜以丹朱为喻告诫禹不要傲，不要太重视家。禹接下来发言，谈论自己公而忘私、成就平土之功、扩大华夏之事功。《尚书》所传各本脱"禹曰"二字，今补。

辛壬癸甲

禹首先说明，自己娶涂山氏之女。涂山在今安徽省怀远县东南、淮河之畔的当涂山。夏都后来在黄河以南，在汝河、颍河上游及河、洛一带。沿颍水而下，即可到涂山。

令人疑惑的是，禹居晋南或者伊洛地区，何以娶东南方向相当遥远的涂山之女？事实上，种种典籍记载表明，禹与东南族群关系密切。《左传·哀公七年》谓："禹合诸侯于涂山，执玉帛者万国。"《国语·鲁语下》记孔子谓："丘闻之：昔禹致群神于会稽之山。"《史记·越王勾践世家》谓："越王勾践，其先禹之苗裔，而夏后帝少康之庶子也。封于会稽，以奉守禹之祀。"

会稽之山在良渚文化范围内。考古学发现，良渚文化曾经北上，深刻地影响涂山所在的淮河下游地区。故有学者认为，夏之文化源头当在东南良渚文化 [1]，由于洪水侵扰 [2]，而被迫北迁，过江后，沿淮河及其支流颍水向西北迁徙，有些留在涂山，有些继续进入伊洛地区和晋南。故禹娶妻，仍回自己的祖邦。当洪水退去后，夏人自然沿此路向东南方向发展。

辛、壬、癸、甲，像无令人信服的解释。辛、壬、癸、甲是天干四数，听起来比较合理的解释是，禹为治水，公而忘私，辛日娶妇，壬、癸两日在家，妇怀孕，甲日离开。张光直先生别出心裁，依据对商代诸王庙号的研究提出，商代王族以天干分为若干家族，可编为两组，互为外婚单位。据此推论，禹的意思大约是，自己娶于涂山之女，属于辛娶壬、癸娶甲，是"名门正户，适当的配偶"。[3] 如果这一解释成立，则再次证明，禹与淮河流域之族群有密切关系。

禹接下来说自己公而忘私，根本顾不上自己的儿子。不过，妻子、儿子出现在关于自己历史的描述中，本身就是前所未有的事情。尧明确地称自己的儿子"嚚讼"，不配继嗣君位；舜的儿子寂寂无闻，禹则念念不忘家人，谈及儿子，口吻有所期待。

随后，禹再次列举自己的功劳。这本身也是很醒目的。此前，他已讲过自己治水之功，现在再度讲述自己做过的事情。其他圣贤从未这样做过：此一圣贤可能赞美彼一圣贤，禹也赞美过舜，舜、禹赞美过皋陶，但他们从未自我夸

---

[1] 陈剩勇《东南地区：夏文化的萌生与崛起——从中国新石器时代晚期主要文化圈的比较研究探寻夏文化》，《东南文化》，1991 年第 1 期。另可参见《追寻五帝：揭幕中国历史纪元的开篇》，51~66 页。

[2] 可参看徐国昌，《气候变化对良渚文化发展和消失的影响》《干旱气象》，2008 年 3 月第 26 卷第 1 期。

[3] 中国青铜时代，第 231 页。

耀功劳。禹却两次列举自己的功劳，且在表白自己功劳时，谈及自己妻、子。其意曰，儿子也为水土之平治、为天下的安定付出代价，言外之意是自己有理由把天下传给儿子。

这段对话是中国历史上"天下为公"向"天下为家"转换之关节点。凭借着无可争议的功劳，禹继嗣君位已经确定，在此情况下，禹又在有条不紊地扶持自己的儿子。"家天下"格局已经隐然成形。

度土功

禹虽两次描述自己工作，重点却大不相同，先看经前文之自述：

> 洪水滔天，浩浩怀山襄陵，下民昏垫。予乘四载，随山刊木，暨益奏庶鲜食。予决九川，距四海，浚畎浍距川；暨稷播，奏庶艰食鲜食。懋迁有无，化居。

描述禹工作之第一阶段，治水。治水接近完成之时，禹展开本章经文描述的工作，已在第二阶段：度土功。两者性质、任务实际上大不相同：治水是治理自然，治土却是治理人。水是自然的，无所归属。土却不同，必有其所有者、占有者。禹也是在治土的过程中娶妻生子的，而非在治水过程中。也正是在谁退去后，禹才可以回到淮河下游娶妻生子。

治土的结果是形成五服之制，而五服是治水组织之制度化，故禹专门解释治水之组织结构。

首先是"州十有二师"，十二师恰与经前文"十有二州"说相对应。"师"为众人之意，具体是多少人，很难确定。洪水泛滥时，天下为十二个州。十二州是纯粹地理概念，而洪水也是地理现象。禹意谓，治水过程中，天下十二州均出人力。

禹治水，须就地动员人力，也须协调同一河流上下游、两岸各国关系。那么，禹可采取之最合理办法是，将同一自然地理区域内的各国邦君、贤人，定期召集于一处，共同协商合作方案、补偿办法。同时，在治理河川的工程实施阶段，也须对多个邦国的人力、工程进度进行协调。此即"咸建五长"。这是管理、协调治水工程所必需的。当时天下高度分散，一各自然区域内有诸多邦国，统一协调的难度较大，故须分层管理。一个邦国自然地有其四邻，五个邦国组成合作共同体，是最自然不过的。由其推举出的代表参与禹所召集的州一级的共同决策，也是合乎逻辑的。

这样的协商性共同决策过程大大地强化各国邦间之联系。尤其重要的是，它让各国在共同治水过程中产生了区域性共同体意识。这样，"州"就逐渐具有文化和治理意义，这种意识对华夏共同体意识之成熟是重要的。遥远的王对各国来说可能没有意义，但与邻居的合作却能让各国卷入看得见其效果的共同事业中。

各国组织起来，"各迪有功"，分头承担禹分配他们的工作。面对洪水，单个邦国无能为力。这些被孤立的邦国有与外部合作、交易的意向，但陷入"集体行动的困境"。禹的出现，以中立的权威，克服了此一困境，让原来互不信任的邦国坐到一起协商、合作。故禹给天下各邦国生产了其普遍受益的公共品，即组织。在禹的组织下，他们得以形成可信赖的合作机制，可以集体行动，且此行动最终产生功效。若无禹的协调，他们越努力，灾难可能越大。

通过禹的协调、组织，天下各邦终于疏导洪水入海。由此，华夏范围扩展，故禹说"至于五千"。禹是相当自豪的，《诗经·商颂·长发》云：

> 洪水芒芒，禹敷下土方。外大国是疆，幅陨既长。

郑玄笺云："长，犹久也。乃用洪水，禹敷下土，正四方，定诸夏，广大其竟界之时，始有王天下之萌兆，历虞、夏之世，故为久也。""敷土"意谓，拓展有效治理的华夏共同体之范围。洪水漫漶，妨碍各国交通，有些邦国被封闭在与世隔绝的自然环境中，相对孤立地生存着。禹平治洪水，消除自然隔阂，这些邦国可加入华夏共同体。尤其是，禹的协调、组织改善了各邦国境遇，他们从合作中受益，自然认同华夏共同体这一共同事业，加入华夏，华夏疆域因此而扩展。

华夏扩展，乃借由"文德"：禹向各国提供公共品，以"文德"来之，他们受此吸引，自愿而主动地进入华夏共同体，禹也因此走上"王天下"之路。

服制

更多邦国加入华夏，而因其参与禹之治水事业的程度形成五服，故禹说"弼成五服"。

"服"意为臣服，服从王之权威，尊重王之政教。王是中心，王维护天下秩序，礼乐文明系于王。因王提供公共品，故天下归往于王。但天下之归往于王，必定先后有别，王者权威必定由近及远。故在每一时间点，天下呈现为臣服程度不等、文明化程度不等的多个层级，接近于圆圈，由内到外，由近及远，由亲及疏，此即"五服"之制的基本模型。

禹治水、平土的成果完整记录于《禹贡》，《禹贡》最后描述五服之制（后面所引为孔安国传）曰：

五百里甸服。规方千里之内谓之甸服。为天子服治田，去王城面五百里。
五百里侯服。甸服外之五百里。侯，候也。斥候而服事。
五百里绥服。侯服外之五百里，绥，安也。安服王者之政教。
五百里要服。绥服外之五百里，要束以文教。
五百里荒服。王肃云："政教荒忽，因其故俗而治之。"

这一服制当初步形成于尧舜时代，而成熟于禹。

甸服即王畿，王直接治理的地区，对王的臣服程度最高，王所需之资源主要来自于此地区。

王畿之外是侯服，对王最为忠诚之诸侯国，为王斥候者，乃保卫王也。

再往外是绥服，同为华夏，其诸侯臣服于王，但与王相对疏远。

要服，本身是蛮夷戎狄，但与华夏文明之间还有关系，有的时候会接受王之策命。

至于荒服，远在四裔，基本不接受王者政教，华夏之王听之任之，几乎不与之发生关系。

禹在此提出"苗顽，弗即工"，"顽"意为闭塞、顽固，愚昧而固执。大约在治水过程中，苗人族群不愿接受禹的协调、领导，不与各邦配合，不愿出力。在五服制中，三苗大约就属于"要服"，后来楚人延续三苗传统，用《史记·楚世家》的话说，"或在中国，或在蛮夷"，飘忽不定。华夏强，则附于华夏为楚子；华夏弱，则自立为王，觊觎华夏。

到周代，五服制趋于完备，《国语·周语》记祭公谋父论周之服制：

> 夫先王之制：邦内，甸服；邦外，侯服；侯、卫，宾服；蛮、夷，要服；戎、狄，荒服。甸服者祭，侯服者祀，宾服者享，要服者贡，荒服者王。日祭、月祀、时享、岁贡、终王，先王之训也。
>
> 有不祭，则修意；有不祀，则修言；有不享，则修文；有不贡，则修名；有不王，则修德。序成而有不至，则修刑。于是乎有刑不祭，伐不祀，征不享，让不贡，告不王。于是乎有刑罚之辟，有攻伐之兵，有征讨之备，有威让之令，有文告之辞。布令陈辞而又不至，则增修于德，而无勤民于远。是以近无不听，远无不服。

天下诸侯依其臣服于王的程度划分为多个层次。越近、越亲者，臣服程度越高，对王之职分也越大，所能享受的公共品越多。越远、越疏者，臣服程度越低，对王之职分越小，所能享受的公共品越少。

此即天下之结构。天下是以王为中心的广域的动态秩序。天下秩序必以王为中心，没有王，即没有政教，也就不可能有秩序。但是，王不是霸者，也不是神，王不谋求天下之"同"，不要求所有人对自己的权威保持同样程度的臣服。"近者悦，远者来"，王者努力施行政教，其效果由近及远。故天下秩序中，不同族群、地域接受王者政教之程度，必定大不相同。此为天下秩序之常态。王者，天下所归往也。王者所努力者乃是政教之良善，至于各族群、邦国是否加入此一秩序，以何种形态加入，由各族群对政教是否有利于自己而自行决断。《禹贡》最后说：

> 东渐于海，西被于流沙，朔、南暨声教，讫于四海。

　　"声教"者,声闻之教也,此即王道。王者之教,自有其声,闻于四海;然而,是否受此教,由闻者自己决定。受之者,在天下秩序中,不愿受之者,听其自便。

　　这样的天下秩序是开放的,天下是人类所能结成的最大的共同体,因为天是遍覆的。但天生生不已,故天下人、事始终在变,远处可变成近处,或者相反。故天下是无体之体,任一时间点上的天下都不完备。由此,天下始终在成长中,中国就是这样在过去几千年间持续成长的。

六十九、华夏巩固

[帝曰]"迪朕德，时乃功，惟敘。"
皋陶方祇厥敘，方施象刑，惟明。

迪，导也。
时，是也。乃，你也。
方，旁也，溥也，广也。祇，敬也。
施，延也，行也。

[舜说]"推广我的德，此系你的功绩，这就是次序。"
皋陶敬服这个次序，普遍地实施象刑，十分明允。

禹报告自己工作之后，舜肯定禹之功并明确，因此功绩，禹将获得继嗣权。皋陶则以自己所执掌之刑罚维护这一决策，新生的华夏实现王权的又一次转移，和平而稳定。由此转移，华夏共同体得以巩固。

另一种禅让

禹报告自己平土之功后，舜说："迪朕德，时乃功，惟叙。"关键词是"叙"。或说，此系社会井然有序，但未见主语。参照上下文可确定，此"叙"顺"时乃功"而来，当指定王位继嗣之次序。也即舜此语确定，王位将由禹继嗣。

当时的王位继嗣，禹和皋陶之间有一定竞争。皋陶是东夷各族群之领袖，而东夷力量强大。皋陶负责刑，也积累相当大的权威。同时如前所见，皋陶也

515

极有智慧，对社会治理有深刻见解。故《皋陶谟》所记这场治道讨论，启动者和主角正是皋陶，可见其历史地位之高。且从皋陶之表述看，他似乎更为充分地理解舜思想，坚持君子共治。

禹的功劳同样很大。舜不能不进行艰难选择，最终选择禹为继位者。不过，皋陶似乎被定为禹之后的继位人，《史记·夏本纪》记载："帝禹立而举皋陶荐之，且授政焉，而皋陶卒。"这应当是"叙"的含义所在：继位有一个次序安排，先是禹，而后是皋陶，由此顺利完成又一次权力转移。

这也是一次禅让，但对比尧舜之禅让，有很大不同：

第一，相比于尧舜禅让，这一次似无众人推荐程序。《尧典》用相当篇幅记载四岳推荐继嗣候选人的过程，又相当全面地记载了舜接受考验、实习之过程。而这一次，这两个程序都省略了。这并不奇怪：禹的功绩赫赫然，所有人都看到了，不必实习，似乎也不需要另外推选他人。

第二，相比于尧舜禅让，这一次似乎功绩更为重要。舜被提名时，无伟大事功可言，他只是在协调复杂家庭关系的小事上，显示了治国者所需之德行和技艺。对王位继嗣者来说，这才是最为重要的条件。若论功而选，舜不可能有任何机会。

事实上，在舜之前，有人提议朱，理由是知识丰富，但被尧否决。有人提议共工，功勋卓著，也被尧否决。尧的否决传达了这样的政治观念：一个人处理具体事务中的能力、功劳，并不证明其有为君之德，治理国家和从事具体事业是性质不同的事情。

舜在此特意表彰禹之"功"。当然，禹完全具有君之德。与舜不同的是，禹在伟大事业中证明自己之德。在平治水土过程中，他同时展示了为君之德与能。他协调天下本来相互猜疑的万邦共同投入治水工作，并将治水中形成的合作机制予以常态化，从而大大加深华夏各邦的政治联结纽带，推动华夏国家组织化程度之提升。这是尧舜事业之继续。

因为禹之德能过于突出，故这次遴选过程缺乏竞争性，自然而然地确定了禹。舜的决定是完全正确的。华夏国家组织化程度大幅度提高之进程正处在关键时刻，禹继嗣王位，可将其制度化，稳定下来；否则，这一进程可能出现倒退。舜做出明智决策，皋陶完全认可这一决策，此即圣人之公心。

不过，因这次继位人遴选没有竞争，因禹之获得继嗣权过于轻易，舜、皋陶等圣人也担心尧舜之道被轻易放弃，故有这次御前会议，由皋陶主导，总结尧舜之道，以便禹将其融入自己治理实践中，让尧舜之道传承下去。

政治巩固

经文接下来一句话，当非舜所说，而是史官之客观记载。"皋陶方祗厥叙"表明，皋陶完全接受大家共同确定的禹继嗣之次序，此可见皋陶的圣人之德。

接下来的记述颇为费解——"方施象刑，惟明"。经前文已记载皋陶之职责是用刑，此处何以重复？《史记·夏本纪》转写这句话为："皋陶于是敬禹之德，令民皆则禹。不如言，刑从之。舜德大明。"太史公记载表明：当时，天下对禹之继嗣，或质疑。这并不奇怪，因为华夏政治正在经历一次大转折。

迄今为止，华夏之缔造已历三个阶段：

第一阶段，黄帝时代。各族群相互接近，乃发生剧烈冲突。黄帝以更为强大的武力解决冲突，虽未能建立稳定王权，但初步塑造华夏意识。从黄帝之后，生活在燕山、长江之间的人们注定将生活在同一个政治体中。

第二阶段，颛顼、帝喾。与黄帝完全不同，他们没有武功，其努力多在神教方面，如《五帝本纪》记载：

帝颛顼高阳者，黄帝之孙而昌意之子也。静渊以有谋，疏通而知事；养材以任地，载时以象天，依鬼神以制义，治气以教化，洁诚以祭祀。北至于幽陵，南至于交址，西至于流沙，东至于蟠木。动静之物，大小之神，日月所照，莫不砥属。

帝喾高辛者，黄帝之曾孙也。高辛生而神灵，自言其名。普施利物，不于其身。聪以知远，明以察微。顺天之义，知民之急。仁而威，惠而信，修身而天下服。取地之财而节用之，抚教万民而利诲之，历日月而迎送之，明鬼神而敬事之。其色郁郁，其德嶷嶷。其动也时，其服也士。帝喾溉执中而遍天下，日月所照，风雨所至，莫不从服。

颛顼、帝喾探索华夏神教生活之新形态，颛顼已作"绝地天通"、敬天之第一次努力，这为华夏在政治上的成立确立了心之基础。

第三阶段，尧舜。借洪水所带来之各族群聚合机会，尧舜制礼作乐，终于联合各族群为华夏政治共同体，在王与诸侯之间建立君臣关系。王权稳定，其力量让华夏各族群得以集体行动，完成治水。治水成功，反过来又提升了王权之权威。

现在，进入第四阶段，禹巩固初生的华夏王权。显然，禹最有资格，也最有能力巩固王权，故舜、皋陶等圣人确定禹继嗣王位。

但各邦国对于华夏之巩固，未必持积极态度。各邦国已有漫长历史，有自己独特的信仰、习俗、利益；各邦国精英在邦国内也享有不容挑战的权威。洪水泛滥肆虐，王权当然是必要的，禹的权威带来了看得见的利益。即便如此，三苗仍拒绝合作。长期以来独立、自主的邦国加入华夏政治体，臣服于王，需要一次精神上的超越，未必每个邦国都能做到。

故随着禹之继嗣，华夏政治共同体进入巩固期，而此时期恰恰是危险的。任何政治体制的巩固期都会危险丛生，若能有效地解决这些挑战，新体制可以巩固；无法应对挑战，新体制可能崩溃，甚至更糟糕，整个社会陷入空前混乱中。

恐怕正是基于这一考虑，禹决心实行"家天下"之制，此制能最有效地保证政治措施之连续。同时，皋陶也保持高度警惕，随时注意那些挑战禹的权威从而威胁华夏政治稳定的人，对其给予毫不留情的惩罚。

至此，象刑显然不敷使用，此时最常出现的犯罪不是一般的刑事犯罪，而带有强烈政治性质，也即经常出现挑战禹之权威的叛乱。刑制乃不能不变。《左传·昭公六年》记载，子产作刑书，晋国贤人叔向致书子产，其中云："夏有乱政而作禹刑。"班固在《汉书·刑法志》最后也说："禹承尧舜之后，自以德衰，而制肉刑。汤武顺而行之者，以俗薄于唐、虞故也。"同篇所记汉文帝诏书则指出："盖闻有虞氏之时，画衣冠、异章服以为戮，而民弗犯，何治之至也！"可见，从舜到禹，华夏之刑罚确实经历了一次根本变化：从舜之轻刑，到禹之重刑。

后来禹之子启继位，果然发生大规模叛乱，见于《尚书·甘誓》，书序曰："启与有扈战于甘之野，作《甘誓》。"其文曰：

大战于甘，乃召六卿。王曰："嗟！六事之人，予誓告汝：有扈氏威侮五行，怠弃三正，天用剿绝其命，今予惟恭行天之罚。左不攻于左，汝不恭命；右不攻于右，汝不恭命；御非其马之正，汝不恭命。用命，赏于祖；弗用命，戮于社，予则孥戮汝。"

《史记·夏本纪》记载，启即位，"有扈氏不服，启伐之，大战于甘"，太史公明确指出，有扈氏不服启之王权。太史公引用此文，然后说"遂灭有扈氏，天下咸朝"，有扈氏叛乱被镇压后，诸侯才来朝会，承认启之王权。

不过，启去世后，儿子太康继位，仍有失国之事，见《尚书·五子之歌》："太康尸位，以逸豫灭厥德，黎民咸贰，乃盘游无度，畋于有洛之表，十旬弗反。有穷后羿因民弗忍，距于河，厥弟五人御其母以从，徯于洛之汭。"这次失国，为时在两三代人之久，《左传·襄公四年》有详尽记载：

昔有夏之方衰也，后羿自鉏迁于穷石，因夏民以代夏政。恃其射也，不修民事，而淫于原兽，弃武罗、伯困、熊髡、龙圉，而用寒浞。寒浞，伯明氏之谗子弟也。伯明后寒弃之，夷羿收之，信而使之，以为己相。浞行媚于内，而施赂于外，愚弄其民，而虞羿于田。树之诈慝，以取其国家，外内咸服。羿犹不悛，将归自田。家众杀而亨之，以食其子。其子不忍食诸，死于穷门。靡奔有鬲氏。浞因羿室，生浇及豷。恃其谗慝诈伪，而不德于民，使浇用师，灭斟灌及斟寻氏。处浇于过，处豷于戈。靡自有鬲氏收二国之烬以灭浞，而立少康。少康灭浇于过，后杼灭豷于戈。有穷由是遂亡。

可见，华夏政治体巩固过程相当曲折、艰难。但最终，华夏还是得以巩固。

七十、诚敬祖先

夔曰戛擊鳴球、搏拊、琴瑟，以詠，祖考來格。

曰，于也，于是。戛，轻击。鸣球，乐器玉磬。搏拊，乐器，以皮革缝制，内装谷糠，形如鼓，拍打出声。

咏，歌唱。

格，至也。

于是，夔或轻或重击打玉磬、搏拊、琴瑟，同时歌唱。祖先来至。

到舜禹交接王位之时，夔安排起乐。乐声中，祖先之灵降临。

祖先

王位交接仪式在宗庙中进行，后世均如此。《礼记·祭义》曰："建国之神位：右社稷，而左宗庙。"作为祭祀祖先之场所的宗庙，更为重要。[1]

此制当自尧舜禹时代确立。"绝地天通"之前，支配人间的神灵主要是族群、邦国之保护神，及有大能之各种神灵。巫师可降神，以巫术调动神灵实现邦国某些愿望。由此可推测，此时未有夫妇一伦，也无清晰的父子一伦，难有祖先崇拜。

尧屈神而敬天，王者祭天，至少对王来说，以前的神灵失灵了，不再支配

---

[1]　关于宗庙、社的功用，可参看《华夏治理秩序史》，第二卷，封建，下册，441~474 页。

人。重要的是人际关系凸显，故舜确立夫妇一伦，由此自然有父子一伦。前经文禹描述娶涂山氏之女，是为夫妇一伦；禹又深情提到自己的儿子，此为父子之伦已确立的明证。由此可见，禹之家完全不同于瞽叟之家，以夫妇、父子为双中心的家制已稳定确立。由此，自然有祖先崇拜，而有父子相继的"家天下"之政制。

宗庙当随之而有。"绝地天通"之前当然有庙，且庙是至关重要的公共场所，但其为神庙，以供祭祀氏族、邦国之保护神灵，且以巫师降神为中心功能。现在的庙则是宗庙，其功能主要是祭祀祖先。在此庙中不需巫师，而需"秩宗"，舜已任命此官，其职责是为王祭祀安排礼仪。神庙降神之主角是巫师，宗庙祭祀之主角是王本人。巫师要了解神意，王的祭祀只为表达对祖先之敬意。

禹以后宗庙祭祀自己血缘意义上的祖先，容易理解。现在的问题是，舜禹在宗庙中祭祀的祖先是谁？前已指出，尧舜禹时代的宗庙被称为"文祖"。《礼记·祭法》曰："有虞氏禘黄帝而郊喾，祖颛顼而宗尧。"黄帝、帝喾、颛顼未必与舜有血缘关系，而是华夏文明与政治共同体缔造过程之先圣。此处经文所说之祖考，必非舜或禹血缘意义上的祖先，而是政治意义上的祖先。上一任王是下一任王的祖先，不论其是否有血缘关系。

这一原则也通行于禹以后家天下时代，此为宗法制之根本用以所在。宗者，尊也，"宗法"意为尊法，突出尊尊之义，尤其对臣来说，血缘的亲亲之义服从于君臣尊卑之大义[1]。只有先王可入宗庙，先王无嗣，后王入继，其生父不得入宗庙，且与之切断父子关系，只可在宗庙中祭祀先王。血缘上的兄弟先后为王，一入宗庙，则为先王、后王。

这一礼制旨在维护王之权威，此权威寄存于宗庙，通过先王、后王之统续传承。不过，此礼制旨在抑制血缘亲情扰乱公共政治秩序，但人情常抗拒这一礼制，故在历史上会引发相当严重之争执，如明代"大礼议"。由此争执恰可见圣贤所立礼制之公心：宗法制旨在确保王位之公共性，把私情摒除于政治过程之外，以使权力始终服务于公众而非家人。

---

[1] 关于宗法制的这一辨析，可参看《华夏治理秩序史》，第二卷，封建，上册，87~107 页。

祭如在

尧确立敬天，塑造新的生命观，从而塑造新的鬼神观，进而塑造新的祭祀观。

神教以为，生命与神有关，比如神造人，神赋予人以生命，生命最终也归于神，进入神为人所造的来世。只要信神，死亡就是不死的开始。尧屈神而敬天。天生人，具体的呈现是，人生人，父母生人。人的生命是如何构成的？尤其是，死亡是什么？《礼记·祭义》曰：

> 宰我曰："吾闻鬼神之名，而不知其所谓。"
>
> 子曰："气也者，神之盛也；魄也者，鬼之盛也；合鬼与神，教之至也。众生必死，死必归土：此之谓鬼。骨肉毙于下，阴为野土；其气发扬于上，为昭明，焄蒿，凄怆，此百物之精也，神之著也。因物之精，制为之极，明命鬼神，以为黔首则。百众以畏，万民以服。"

生命由气与骨肉构成，气为根本。此气贯通宇宙，天地之间无非是气。《黄帝内经·素问·生气通天论》："夫自古通天者生之本，本于阴阳天地之间，六合之内，其气九州九窍五藏十二节，皆通乎天气。"人有气则生，维系生命者，气也；人又以气与万物一体，古人的生，当协于阴阳、四时、二十四节气等。气离则死，人必有死，死则骨肉归于地而腐朽，气则发扬于上。

气者，无形无臭、无色无体。对气，无所谓来生，天堂、地狱也无意义。然则，祖先之气存于何处？在天地之间也。孔子曰："务民之义，敬鬼神而远之，可谓知矣。"[1]敬鬼神，但不亲昵，而保持一定距离。"远"有一层重要含义：不深究神灵的存在形态。

那么，当祭祀之时，祖先以何种形态降临？《论语·八佾》载：

---

[1] 《论语·雍也》。

祭如在，祭神如神在。

子曰："吾不与祭，如不祭。"

"如"字非常传神。对祭祀者来说，重要的是祭祀过程本身，人足够诚敬，则鬼神仿佛在自己之上，在自己左右，如同生时。故孔子说，若自己不参与祭祀，则等于不祭祀。就祭祀而言，重要的不是给神灵奉上祭品，而是自己以诚敬之心面对鬼神。《礼记·祭义》对此有更为详尽的论述：

祭不欲数，数则烦，烦则不敬。祭不欲疏，疏则怠，怠则忘。是故君子合诸天道：春禘秋尝。霜露既降，君子履之，必有凄怆之心，非其寒之谓也。春，雨露既濡，君子履之，必有怵惕之心，如将见之。乐以迎来，哀以送往，故禘有乐而尝无乐。

君子心动则祭祀祖先，此所谓"事死如事生"。

致齐于内，散齐于外。齐之日：思其居处，思其笑语，思其志意，思其所乐，思其所嗜。齐三日，乃见其所为齐者。

祭之日：入室，僾然必有见乎其位，周还出户，肃然必有闻乎其容声，出户而听，忾然必有闻乎其叹息之声。

祭祀之前是斋，斋时收敛身心，思念先人，则祭祀之时，先人仿佛就在身边，仿佛可见其人，仿佛耳闻其声，活灵活现。

唯圣人为能飨帝，孝子为能飨亲。飨者，乡也。乡之，然后能飨焉。

乡者，向也，希望、希冀，希冀神鬼前来，则鬼神就会前来。

文王之祭也：事死者如事生，思死者如不欲生，忌日必哀，称讳如见亲。祀之忠也，如见亲之所爱，如欲色然；其文王与？《诗》云："明发不寐，有怀二人。"文王之诗也。祭之明日，明发不寐，飨而致之，又从而思之。祭之日，乐与哀半；飨之必乐，已至必哀。

重要的是生者对死者之思，据此，事死者如事生，以最大的诚敬安排祭祀：

孝子将祭，虑事不可以不豫；比时具物，不可以不备；虚中以治之。宫室既修，墙屋既设，百物既备，夫妇齐戒沐浴，盛服奉承而进之，洞洞乎，属属乎，如弗胜，如将失之，其孝敬之心至也与！荐其荐俎，序其礼乐，备其百官，奉承而进之。于是谕其志意，以其恍惚以与神明交，庶或飨之。"庶或飨之"，孝子之志也。

人心诚敬，则恍惚与神明相交，《中庸》说：

子曰："鬼神之为德，其盛矣乎！视之而弗见，听之而弗闻，体物而不可遗。使天下之人齐明盛服，以承祭祀，洋洋乎如在其上，如在其左右。《诗》曰：'神之格思，不可度思！矧可射思！'夫微之显，诚之不可掩如此夫。"

关键是诚敬祭祀，则鬼神如在其上，如在其左右。舜禹君臣之祭祀，祖考来格者，也正是"如在其上，如在其左右"。

故在圣人看来，鬼神在，人必敬之。而真正的敬就是不去以人想象鬼神，因而不去猜想鬼神存在之形态，鬼神对人如何。生人当以我为主，故重要的是，人充分表达对鬼神之敬，这种敬意当贯穿于祭祀全过程，《礼记·祭统》曰：

夫祭者，非物自外至者也，自中出生于心也；心怵而奉之以礼。是故，唯贤者能尽祭之义。

贤者之祭也：致其诚信与其忠敬，奉之以物，道之以礼，安之以乐，参之以时。明荐之而已矣，不求其为。此孝子之心也。

祭之义大矣哉。人当敬鬼神，但不猜度鬼神；诚敬地祭祀，而不亲昵，不迷信。只有贤者能做到这一点，故对祭祀，须以礼节之，既不多，也不少。只祭祀应当自己之鬼神，子曰："非其鬼而祭之，谄也。"[1] 依礼祭祀鬼神，就是"敬鬼神而远之"，也就是"知"。人对鬼神始终是敬的，又是理智的，既不失于人，又不失于鬼神。

人神两全，始自尧舜。

乐

夔先奏乐，而后祖考来格。祭祀不可无乐，乐通神人，乐是神人可以沟通之最佳语言。至于降神之乐，也有其特点，《尚书大传》曰：

> 古者，帝王升歌清庙，大瑟练弦达越，大琴朱弦达越。以韦为鼓，谓之搏拊。何以也？君子有大人声，不以钟鼓竽瑟之声乱人声。清庙升歌者，歌先人之功烈德泽也，故欲其清也。其歌之呼也，曰："于穆清庙，肃雍显相。"于者，叹之也。穆者，敬之也。清者，欲其在位者遍闻之也。故周公升歌文王之功烈德泽，苟在庙中尝见文王者，愀然如复见文王，故《书》曰"搏拊琴瑟以咏，祖考来假"，此之谓也。

经前文舜策命伯夷作秩宗，"夙夜惟寅，直哉惟清"，故宗庙就是清庙，因为，宗庙一定是肃穆清净的。宗庙祭祀最初也是最为重要的环节，正是升歌，其乐的风格正是清，最为简单、朴素的乐器，伴奏人声之歌唱，歌唱祖先之功烈德泽。祖先听闻而降临，如在子孙之上，如在其左右。然后才有后面一系列献享等程序。

祭祀之清完全不同于巫师降神：巫师降神，总伴随风格较为强烈的乐舞，巫师由此进入精神迷狂，以与神灵沟通，得神旨，指导人间事务。祖先祭祀不在于从祖先那里获得任何命令，只为表达后人之敬意，在此至为重要的只是后人的诚敬之心。

---

[1] 《论语·为政》。

七十一、让位为宾

虞賓在位，群後德讓。

虞，舜为虞氏。宾，为宾客。
后，君也。

舜作为宾在自己的位，众诸侯有德而相谦让。

舜君臣已确定禹继嗣王位。天无二王，自确定之日起，禹就是王。在王位交接仪式上，禹以新王身份为主人，舜则退而为宾客。

虞宾在位

"虞宾"意谓，有虞氏之王舜此时之身份已为宾，《尚书大传》曰：

维十有四祀，钟石笙管变声乐，未罢，疾风发屋，天大雷雨。帝沉首而笑曰："明哉！非一人之天下也，乃见于钟石。"帝乃雍而歌者重篇。《招》为宾客，而《雍》为主人，始奏《肆夏》，纳以《孝成》。还归二年，而庙中苟有歌大化、大训、六府、九原，而夏道兴。维十有五祀，祀者贰尸。舜为宾客，而禹为主人。乐正进赞曰："尚考太室之义，唐为虞宾，至今衍于四海，成禹之变，垂于万世之后。"

郑玄注："舜既使禹摄天子之事，于祭祀避之，居宾客之位，献酒则为亚献也。尚考,犹言往时也。太室,名堂中央室也。义,当为仪。仪,礼仪也,谓祭太室之礼,尧为舜宾也。"

这些记载表明,在"大道之行、天下为公",即王位禅让时代,并不是一任王去世后,新王才上任;也不是王已衰老无法处理国政时,才紧急遴选继嗣人。若如此仓促操作,是无法遴选出合适的继嗣之王的,禅让制也就无优势可言。

尧舜、舜禹禅让之基本过程都是王治理国家,只要取得一定成就,就开始遴选自己的继嗣人选。一旦遴选出合适人选,王即退位为宾。当初,舜继嗣尧,尧即退居为宾,《史记·五帝本纪》记载:"尧立七十年得舜,二十年而老,令舜摄行天子之政,荐之于天,尧辟位凡二十八年而崩。"据《史记·夏本纪》记载:"舜荐禹于天,为嗣。十七年而舜崩。"则在这十七年中,舜于禹或者说于夏王朝是宾客,不问政事,而受到礼遇。

虽然有的文献称此时新王"摄天子位",但其实新王已拥有全部权威。尧避位时间长达二十八年,舜的创制立法活动,包括巡守四方,就在此期间完成。可见,退位为宾之王不再干预政务。用今天的话来说,退休元首享受崇高的礼遇,但不得干政。也正因其不干政,才能避免两者发生冲突。

在前王去世之后,其后人也能享受荣耀。《史记·五帝本纪》谓:"尧子丹朱,舜子商均,皆有疆土,以奉先祀。服其服,礼乐如之。以客见天子,天子弗臣,示不敢专也。"

由此,尧舜禹三圣确立尊崇先王之礼,后世发展为存二王之后、通三统之礼。

通三统

《史记·周本纪》记载:周武王克殷之后,"封商纣子禄父殷之馀民";又"追思先圣王,乃褒封神农之后于焦,黄帝之后于祝,尧之后于蓟,舜之后于陈,大禹之后于杞"。后发生三监之乱,周公东征,诛杀禄父,殷人仍得保其宗祀。《史记·宋微子世家》曰:"周公既承成王命诛武庚,杀管叔,放蔡叔,乃命微子开代殷后,奉其先祀,作微子之命以申之,国于宋。"周人分封夏、商二王之后,尤其是对殷商之后相当尊崇,其爵位为"公",而即便周公封于鲁,也只是

"侯"之爵。

周王待二王之后如宾。《尚书·微子之命》记周王策封纣之子微子为宋公之辞曰:"惟稽古,崇德象贤。统承先王,修其礼物。作宾于王家,与国咸休,永世无穷。"周公确定微子为周王室之宾,而"不纯臣"。

《诗经》等文献也清楚显示,先王之后为客于周王,《周颂·有客》曰:

有客有客,亦白其马。
有萋有且,敦琢其旅。
有客宿宿,有客信信。
言授之絷,以絷其马。

诗序曰"《有客》,微子来见祖庙也",此"客"是宋公,前来助祭于周王。《周颂·振鹭》描述夏、商二王之后于宗周助祭周王之情形:

振鹭于飞,于彼西雍。
我客戾止,亦有斯容。
在彼无恶,在此无斁。
庶几夙夜,以永终誉。

孔颖达正义曰:"天子之祭,诸侯皆助,独美二王之后来助祭者,以先代之后,一旦事人,自非圣德服之,则彼情未适。今二王之后助祭得宜,是其敬服时王,故能尽礼。客主之美,光益王室,所以特歌颂之。"周王尊重宋公,宋公也尊重周王,两相得宜。

《周颂·有瞽》中也有"我客戾止,永观厥成"之句,郑玄笺云:"我客,二王之后也。长多其成功,谓深感于和乐,遂入善道,终无愆过。"

《左传》两条记载可证实二王至少是殷商之后于周为客的制度性事实:

宋及楚平。宋成公如楚,还入于郑。郑伯将享之,问礼于皇武子。对曰:"宋,先代之后也,于周为客。天子有事,膰焉;有丧,拜焉。丰厚可也。"郑伯从之,享宋公有加，礼也。[1]

夏，会于黄父，谋王室也。赵简子令诸侯之大夫输王粟……宋乐大心曰："我不输粟。我于周为客，若之何使客？"[2]

前一则记载说明，宋公于周为客，系天下人人皆知之事实。后一则记载说明，宋人以周王之客自居，不认为自己跟其他诸侯一样是周王之"纯臣"。

先王之后于当今王者是"客"，而非一般的臣，故王者待之以"不纯臣"之礼仪，《白虎通义·王者不臣》指出：

王者所以不臣三，何也？谓天王之后，妻之父母，夷狄也。不臣二王之后者，尊先王、通天下之三统也。《诗》云"有客有客，亦白其马"，谓微子朝周也。《尚书》曰"虞宾在位"，不臣丹朱也。

这里提到"虞宾在位"句，"宾"就是"不纯臣"。不纯臣意谓，周王不将二王之后视同自己的家臣。君臣之间当然有尊卑之别，但程度较低。二王之后对周王以宾客，周王尊重之，当然，他们也尊重周王。

上面论述中提到"通三统"，今王、前二王构成"三统"，王者当尊重二王之后，以贯通三统。《白虎通义·三正》解释说：

王者所以存二王之后何也？所以尊先王、通天下之三统也。明天下非一家之有，谨敬谦让之至也。故封之百里，使得服其正色，用其礼乐，永事先祖。《论语》曰："夏礼，吾能言之，杞不足征也；殷礼，吾能言之，宋不足征也。"《春秋传》曰："王者存二王之后，使服其正色，行其礼乐。"《诗》曰"厥作祼将，常服黼冔"，言微子服殷之冠，助祭于周也。《周颂》曰"有客有客，亦白其马"，此微子朝周也。

[1] 《左传·僖公二十四年》。

[2] 《左传·昭公二十五年》。

　　"通三统"是古典治理架构中非常重要的制度安排，清楚显示天下治理权之非垄断性质，"明天下非一家之有"，也即天下为公，如西汉士大夫谷永所说，"垂三统，列三正，去无道，开有德，不私一姓，明天下乃天下之天下，非一人之天下也"[1]。

　　天下既为天下人共有，则王者之职能唯在于增进天下之公益。为此，有尧舜之禅让，尧认为自己德能不足以服务天下，乃积极寻找德能更为出众者。一旦发现舜，即将权位交付，继位之舜对尧礼遇之以宾。舜也在自己精力不济而发现合适继嗣者后及时交出王位，禹对舜也礼遇之以宾。

　　圣人之公心于此可见。个体生命是有限的，天下却是无限的，需一代又一代王努力创制立法、维护秩序。对天下之安宁和公共利益之持续增进来说，和平交接权力，并把权力交给德能出众者手中，至关重要。这就需要君子群体之普遍的公心，以及公天下之制度安排。

　　通三统，还可见对未来负责之公心。

　　"三统"是三个政统，三个礼乐之统。二王之后享受"不纯臣"待遇之最重要表现是，可沿用自家先王之礼乐制度，如杞沿用夏之礼乐，宋沿用殷商之礼乐，此即"一国三制"。五六百年后，孔子说："我欲观夏道，是故之杞，而不足征也；吾得夏时焉。我欲观殷道，是故之宋，而不足征也；吾得坤乾焉。坤乾之义，夏时之等，吾以是观之。"[2]生活在周的礼乐天下，与周王室和其他诸侯国长期交流，杞宋两国之礼乐制度逐渐失去特色。即便如此，孔子仍在此找到夏之时与殷之易，其不同于周之时，不同于周人之易。

　　因有此制度对比便利，孔子发展出礼乐制度演进之理论：

　　子张问："十世可知也？"子曰："殷因于夏礼，所损、益，可知也；周因于殷礼，所损、益，可知也。其或继周者，虽百世，可知也。"[3]

[1]《汉书·谷永杜邺传》。

[2]《礼记·礼运》。

[3]《论语·为政》。

　　孔子说，通过研究文献，对比杞、宋、鲁之礼乐，殷人对夏代礼乐之延续、删削和增加，是可以大体探知的；周人对殷代礼乐之延续、删削和增加，同样是可以探知的，由此可见礼乐演进之一般模式，据此模式可预测未来之礼乐制度。

　　《礼记》中大量记载孔门对夏商两代礼乐之讨论，其中不少资料恐怕来自杞、宋两国。若非通三统，孔子之创制立法，将面临很多知识难题。

　　由此可见"通三统"之重要意义：多种制度同时存在，且人人都看得见，自有制度间之对比、竞争。而一旦有圣贤生，也可透过多样的活的制度，思考人类治理之新可能，此思考又可有深厚历史根基支撑，而非纯粹思辨的狂想，比如：

　　颜渊问为邦，子曰："行夏之时，乘殷之辂，服周之冕，乐则韶舞。放郑声，远佞人。郑声淫，佞人殆。"[1]

　　此所谓"为邦"即造邦，通过创制立法缔造邦国。孔子告诉颜子以创制立法之智慧：对比历史上行之有效的良好制度，予以创造性组合。由此形成的制度体系可行而又稳妥，由此构造之邦国全新而又古老。

---

[1] 《论语·卫灵公》。

七十二、神人以和

下管鼗鼓，合止柷敔，笙鏞以間，鳥獸蹌蹌。簫《韶》九成，鳳皇來儀。夔曰："於！予擊石拊石，百獸率舞，庶尹允諧。"

下，堂下。管，乐器，竹制，细小，有六孔，常两支并在一起吹。鼗，小鼓，长柄，旁有耳，摇之使自击，类似今之拨浪鼓。

合，联合。止，节止。柷，乐器，形如上宽下窄之方木箱，以椎撞其内壁发声。敔，乐器，木制，形如伏虎，背有锯齿形薄木板，用一支一端劈成数根细茎的竹筒逆刮锯齿而出声。

笙，乐器。鏞，大钟。间，相间而作。

蹌，舞蹈之进退有节之貌。

簫，同肃。《韶》，舜之乐名。成，竟也，终也。

凤皇，灵鸟也，雄曰凤，雌曰皇。仪，匹也，交配。

率，循也。

尹，官也。

堂下吹管、摇鼗、击鼓，以柷、敔控制节奏，笙相间而作，鸟兽步调整齐起舞。肃敬之《韶》乐演奏九节，雄凤与雌凰飞来，筑巢交配。

夔说："啊，我击玉磬、抚玉磬，各种兽类循着乐声起舞，各位官员关系确实和谐。"

经前文舜策命夔典乐，"诗言志，歌永言，声依永，律和声。八音克谐，无相夺伦，神人以和"，本章描述宗庙祭祀、王位转移仪式中起乐而神人以和之景象。

乐

经上文首先记录"戛击鸣球、搏拊、琴瑟，以咏"，此为乐之开始。咏者，咏唱诗句也，歌诗，以赞颂祖先之功烈德泽。《白虎通义·礼乐》曰："乐所以必歌者何？夫歌者，口言之也。中心喜乐，口欲歌之，手欲舞之，足欲蹈之，故《尚书》曰'前歌后舞，假于上下'。"

下管鼗鼓，下者，堂下也。《白虎通义·礼乐》曰："歌者在堂上，舞在堂下何？歌者象德，舞者象功，君子上德而下功。《郊特牲》曰'歌者在上'，《论语》曰'季氏八佾舞于庭'，《书》曰'下管鼗鼓''笙镛以间'。"故下管云云，堂下已起舞。

合止柷敔，柷、敔是两种木乐器，功能是"合止"，在乐句停顿时奏响，既是截止一句，也是连接上下两句，起控制节奏的作用。

笙镛以间，郑玄注《尚书》曰："东方之乐谓之笙，西方之乐谓之镛。"以笙、镛代指堂下东侧、西侧之乐器。舞之后，布置于堂下的乐器演奏音乐。

《仪礼·乡饮酒礼》记周代乡饮酒之礼，有助于理解古典时代乐之全貌。

首先，乐工进入：工四人，二瑟，瑟先。相者二人，皆左何瑟，后首，挎越，内弦，右手相。乐正先升，立于西阶东。工入，升自西阶。北面坐。相者东面坐，遂授瑟，乃降。乐工就是瞽（盲人），故有"相者"以引导之。

其次是人声歌咏：工歌《鹿鸣》《四牡》《皇皇者华》。

再次是乐器演奏：笙入堂下，磬南，北面立，乐《南陔》《白华》《华黍》。

然而是间歌：乃间歌《鱼丽》，笙《由庚》；歌《南有嘉鱼》，笙《崇丘》；歌《南山有台》，笙《由仪》。郑玄注："间，代也，谓一歌则一吹。"谓堂上歌《鱼丽》终，堂下笙吹《由庚》续之。以下皆然。

最后是合乐——乃合乐。《周南》：《关雎》《葛覃》《卷耳》；《召南》：《鹊巢》《采蘩》《采蘋》。郑玄注："合乐，谓歌乐与众声俱作。"人歌唱之声与乐器伴奏之声俱起，进入高潮，戛然而止。

这里有单纯的人声歌唱、单纯的乐器演奏，也有乐器伴奏人声歌唱，丰富多彩，节奏分明。歌以歌颂神明，人也随乐声而动，与祖先神灵相交。在此乐中，神人以和。

《韶》

此次演奏舜之乐：《韶》。圣王皆有其乐，《白虎通义·礼乐》曰：

《礼记》曰："黄帝乐曰《咸池》，颛顼乐曰《六茎》，帝喾乐曰《五英》，尧乐曰《大章》，舜乐曰《箫韶》，禹乐曰《大夏》，汤乐曰《大护》。周乐曰《大武象》，周公之乐曰《酌》，合曰《大武》。"

黄帝曰《咸池》者，言大施天下之道而行之，天之所生，地之所载，咸蒙德施也；

颛顼曰《六茎》者，言和律历以调阴阳，茎者著万物也；

帝喾曰《五英》者，言能调和五声以养万物，调其英华也；

尧曰《大章》，大明天地人之道也；

舜曰《箫韶》者，舜能继尧之道也；

禹曰《大夏》者，言禹能顺二圣之道而行之，故曰《大夏》也；

汤曰《大护》者，言汤承衰，能护民之急也；

周公曰《酌》者，言周公辅成王，能斟酌文武之道而成之也；武王曰《象》者，像太平而作乐，示已太平也；合曰《大武》者，天下始乐周之征伐行武，故诗人歌之："王赫斯怒，爰整其旅。"当此之时，天下乐文王之怒，以定天下，故乐其武也。

何以历代各有乐？《春秋繁露·楚庄王》曰：

制为应天改之，乐为应人作之。彼之所受命者，必民之所同乐也。是故大改制于初，所以明天命也。更作乐于终，所以见天功也。缘天下之所新乐而为之文曲，且以和政，且以兴德。天下未遍合和，王者不虚作乐。乐者，盈于内而动发于外者也。应其治时，制礼作乐以成之。成者，本末、质文皆以具矣。是故，作乐者必反天下之所始乐于己以为本。

舜时，民乐其昭尧之业也，故《韶》。"韶"者，昭也。

禹之时，民乐其三圣相继，故《夏》。"夏"者，大也。

汤之时，民乐其救之于患害也，故《濩》。"濩"者，救也。

文王之时，民乐其同师徵伐也，故《武》。"武"者，伐也。

四者，天下同乐之，一也，其所同乐之端，不可一也。作乐之法，必反本之所乐。所乐不同事，乐安得不世异？是故舜作《韶》而禹作《夏》，汤作《濩》而文王作《武》。四乐殊名，则各顺其民始乐于己也，见其效矣。

这其中，舜之《韶》最为尽善尽美，《左传·襄公二十九年》记吴公子季札至鲁，鲁乐师表演各种乐舞：

见舞大武，曰："美哉，周之盛也其若此乎？"

见舞韶护者，曰："圣人之弘也，犹有惭德，圣人之难也！"

见舞大夏，曰："美哉，勤而不德！非禹其谁能及之？"

见舞招箾，曰："德至矣哉，大矣，如天之无不帱也，如地之无不载也，虽甚盛德，无以加矣。观止矣，若有他乐，吾不敢观。"

"招箾"即本章经文之"箾韶"。韶者，绍也，继也，宋均注《乐说》曰："箾之言肃。舜时民乐其肃敬，共绍尧道，故谓之《箾韶》。"《释名》："箫，肃也，其声肃肃而清也。"舜之乐之所以谓韶，因为舜不改尧之道，巩固华夏。

孔子对舜之《韶》乐评价最高，《论语》中三次涉及《韶》乐，首先《八佾篇》载：

子谓《韶》，"尽美矣，又尽善也"；谓《武》，"尽美矣，未尽善也"。

舜以德受禅于尧，又禅位于禹，舜之德最为盛美，不论《韶》乐是舜所作，还是歌颂舜之德，其乐有舜之德，故孔子评论《韶》乐"尽善"。至于《武》，乐舞之美与《韶》是相同的，其德则略有区别：《周易·革卦·彖辞》曰，"汤武革命，顺乎天而应乎人"，此为善。然而，武王克殷不久即驾崩，而未能致天下于太平，故为"未尽善"。由本章可见，在孔子心灵中，美、善是同等重要的，同时具备方为最佳。

其次，《述而篇》载：

> 子在齐闻《韶》，三月不知肉味。曰："不图为乐之至于斯也！"

孔子至齐闻《韶》之前，对《韶》已有了解，很可能没有完整欣赏过包括音乐、舞蹈在内的《韶》乐的完整形态。齐则保留其完整形态：《韶》为舜之乐，陈国之君为舜之后人，《汉书·礼乐志》记载："至春秋时，陈公子完奔齐。陈，舜之后，《招》（即《韶》）乐存焉。故孔子适齐，闻《招》。"

班固又说："乐本情性，浃肌肤而臧骨髓。"孔子闻《韶》，舜之乐立刻深入心灵最深处，拨动生命的琴弦，产生刻骨铭心的感受，以至于完全忘记肉味。"三月不知肉味"形容孔子之心完全被乐舞之美妙所充盈，以至于感官已不再接受外界他物刺激。这是一种出神状态，此刻，孔子生命是纯粹、澄明的。

这是一种准神教体验，综合了道德与艺术。在孔子之心中，美和道德是同等重要的，两者最完美的融汇，令孔子进入出神状态。由此乐，孔子神游历史地存在过的完美的治理秩序，这秩序不仅是道德的，更是美的。这秩序曾出现过，并以道德化艺术的形式存留着。这是一种历史地存在过的理想，由此，孔子对于优良秩序的可能性充满信心。孔子经历的是一种道德性、历史化的准神教体验。这是一种深刻的生命体验。

在宪制设计中，孔子十分重视乐，曾如此授颜子以为邦之道：

> 颜渊问为邦，子曰："行夏之时，乘殷之辂，服周之冕，乐则韶舞。放郑声，远佞人。郑声淫，佞人殆。"[1]

---

[1]《论语·卫灵公》。

"为邦"就是为邦国创制立法,孔子要颜子综合圣王之礼法。于乐,则选择《韶》,因其尽善尽美,最有助于良好秩序之塑造和维护。孔子也特别要颜子"放郑声",因为"郑声淫",也即过分放纵情绪,不加节制,这样的乐是不能用于祭祀神灵的,也无助于塑造君子之德,如子夏所说:

> 郑音好滥淫志,宋音燕女溺志,卫音趋数烦志,齐音敖辟乔志,此四者皆淫于色而害于德,是以祭祀弗用也。《诗》云:"肃雍和鸣,先祖是听。"夫肃肃,敬也;雍雍,和也。夫敬以和,何事不行? [1]

凤凰来仪

凤为四灵物之一,《礼记·礼运》谓:

> 何谓四灵?麟、凤、龟、龙,谓之四灵。

凤的形象如何?《说文解字》谓:

> 凤,神鸟也。天老曰:"凤之象也,鸿前麐后,蛇颈鱼尾,鹳颡鸳思,龙文虎背,燕颔鸡喙,五色备举。出于东方君子之国,翱翔四海之外,过崑崙,饮砥柱,濯羽弱水,莫宿风穴。见则天下大安宁。"

灵物通天人,不会随意出现。唯有圣王降临,天下安宁,凤凰才会现身,《礼记·礼乐》说:

> 故圣王所以顺,山者不使居川,不使渚者居中原,而弗敝也。用水火金木,饮食必时。合男女,颁爵位,必当年德。用民必顺。故无水旱昆虫之灾,民无凶饥妖孽之疾。故天不爱其道,地不爱其宝,人不爱其情。故天降膏露,地出

---

[1] 《礼记·乐记》。

醴泉，山出器车，河出马图，凤凰、麒麟皆在郊棷，龟、龙在宫沼，其余鸟兽之卵胎，皆可俯而窥也。则是无故，先王能修礼以达义，体信以达顺，故此顺之实也。

天下万物各正性命，保合太和，是为"大顺"，也即泰顺。泰顺之时，必有祥瑞降临，包括凤凰飞翔。舜禹禅位之时天下太平，故有凤凰飞至。

天下不太平，则凤凰不至，故《论语·子罕》记孔子之感叹：

子曰："凤鸟不至，河不出图，吾已矣夫！"

百兽率舞，庶尹允谐

《韶》乐起，鸟兽跄跄，百兽起舞，百官信谐，此可见乐之功效。乐能贯通神、人、物，惟乐能如此。即便好异议古人之王充，也承认这一点。《论衡·感虚》曰：

《传书》言："瓠芭鼓瑟，渊鱼出听；师旷鼓琴，六马仰秣。"或言："师旷鼓《清角》，一奏之，有玄鹤二八，自南方来，集于廊门之危；再奏之而列；三奏之，延颈而鸣，舒翼而舞，音中宫商之声，声吁于天。平公大悦，坐者皆喜。"《尚书》曰："击石拊石，百兽率舞。"

此虽奇怪，然尚可信，何则？鸟兽好悲声，耳与人耳同也。禽兽见人欲食，亦欲食之。闻人之乐，何为不乐？

《孔丛子》记孔子与鲁哀公对话：

鲁哀公问："《书》称夔曰：'於！予击石拊石，百兽率舞，庶尹允谐。'何谓也？"

孔子对曰："此言善政之化乎物也。古之帝王功成作乐，其功善者其乐和，乐和，则天地且犹应之，况百兽乎？夔为舜乐正，实能以乐尽治理之情。"

公曰："然则政之大本，莫尚夔乎？"

孔子曰："夫乐，所以歌其成功，非政之本也。众官之长，既成熙熙，然后乐乃和焉。"

政之大本在君子之德，王者之德。君子有德，则政通人和，万民喜乐。万民乐，而后作乐。此乐作，而后神人和。与其说乐善化物，不如说政善化物。贯通天地人者，王政也。

七十三、惟时惟几

帝庸作歌曰："勑天之命，惟時惟幾。"

庸，用也。
勑，敕也，正也。

舜因此起而歌唱道："正天之命，时最重要，几最重要。"

　　一场关键而紧张的对话结束，王位交替仪式也接近结束，舜感慨万千，如《毛诗大序》所说，"情动于中，而形于言；言之不足，故嗟叹之；嗟叹之不足，故永歌之"，舜兴起歌唱，推测起来，应当是没有乐器伴奏的吟唱。

勑天之命

　　正天之命，正天所命于己者也。

　　《周易·说卦》曰："昔者圣人之作《易》也，幽赞于神明而生蓍，参天两地而倚数，观变于阴阳而立卦，发挥于刚柔而生爻，和顺于道德而理于义，穷理、尽性以至于命。"《中庸》："天命之谓性。"性、命之别在于，人类有性，故孔子说，"性相近也，习相远也"[1]；人各有命，如各人之夭寿、穷通、贫富，所谓"死生有命，富贵在天"[2]。

---

[1] 《论语·阳货》。

[2] 《论语·颜渊》。

《周易·乾卦·彖传》曰："大哉乾元，万物资始，乃统天。云行雨施，品物流形。大明始终，六位时成，时乘六龙以御天。乾道变化，各正性命，保合太和，乃利贞。首出庶物，万国咸宁。"各正性命者，就个体而言，每人正己之性与命；保合太和者，就人际而言，人与人之间形成最高程度的和。

何为正命？孟子曰："莫非命也，顺受其正。是故，知命者，不立乎岩墙之下。尽其道而死者，正命也。桎梏死者，非正命也。"[1]朱子注谓："人物之生，吉凶祸福，皆天所命。然惟莫之致而至者，乃为正命，故君子修身以俟之，所以顺受乎此也。岩墙，墙之将覆者。知正命，则不处危地以取覆压之祸。尽其道，则所值之吉凶，皆莫之致而至者矣。桎梏，所以拘罪人者。言犯罪而死，与立岩墙之下者同，皆人所取，非天所为也。"

各人之夭寿、穷通、贫富，乃上天所命，是为"天命"。有此命，则有生之道。尽其道而生者，正命也。正命者，让自己的命保持在正的状态，也即自己的人生始终循天所命于己之道而行。比如，人生而聪明好学，可为学者，则当尽力于学，以为学者者；若因财富诱惑，偏离此道，则非正命。至于悖逆人伦，违法犯罪，更是逆命。

故正命之关键在"知命"，《论语》末章曰"不知命，无以为君子也"[2]。知命，则可以正命。不知命，无以正命。当然，知命不易，孔子自谓"五十而知天命"[3]，遑论常人？圣人可以知天命，于常人，知命实为一持续不断的过程，如孔子所说，学而不厌、立于礼、而不惑，而后或可知命。知命，则可以正命。

以上所谓命乃个体之命。华夏天下之治理权也是"天命"，舜所言者，当为此意义上的天命。尧屈神而敬天，华夏天下治理权的归属，不再由神决定，而由天所定，故为"天命"。天者，大公无私也，故天命可以转移。所谓"皇天无亲，唯德是辅"[4]，天命有德者有天下。

舜在此指出，自己转移治理权给禹，乃是天命。这意味着，尧舜禅让绝不

---

[1]《孟子·尽心》。

[2]《论语·尧曰》。

[3]《论语·为政》。

[4]《尚书·蔡仲之命》。

是尧本人将王位转移给舜,这就是家天下之制了。孟子特别强调,尧舜禅让不是尧将王位交给舜,而是尧将天命交还给天,天命以舜,尧确认并完成这一转移。[1]《论语·尧曰》载:

> 尧曰:"咨,尔舜,天之历数在尔躬。允执其中。四海困穷,天禄永终。"舜亦以命禹。

天下治理权由天交给舜,尧完成天的这一命令,在转交仪式中,尧希望舜正己之天命,也即尽心尽力地承担上天施加给王者之责任,尽其道而死。舜也希望禹同样如此。

在治理权转移之后,对禹来说,治理天下就是其天命所系,天施加以重大职分。知此天命,以德膺承天命,尽心尽力地养民、保民、教民,此即正命。身在王位而不能正己之命,就会失去治天下之天命。

惟时

正己之天命,关键在于时和几。

时之义大矣哉!神造时间,神超时间,神的出现旨在终结时间,一神教给人的承诺就是,生命可永生超于时间。天是生生不已的万物之大全,天行不已,行则有时,天行于时中。故在天之下,时为根本义,无时则无天,天正体现在"四时行焉"[2]。故孔子作《周易·卦·象传》,反复申明"时"之大义:

> 乾:大明始终,六位时成,时乘六龙以御天。
> 坤:坤道其顺乎,承天而时行。
> 蒙:蒙亨,以亨行时中也。

---

[1]《孟子·万章》。

[2]《论语·阳货》:子曰:"予欲无言。"子贡曰:"子如不言,则小子何述焉?"子曰:"天何言哉?四时行焉,百物生焉,天何言哉?"

大有：其德刚健而文明，应乎天而时行，是以元亨。

豫：天地以顺动，故日月不过，而四时不忒；圣人以顺动，则刑罚清而民服。豫之时义大矣哉！

随：大亨贞，无咎，而天下随时，随时之义大矣哉！

观：观天之神道，而四时不忒，圣人以神道设教，而天下服矣。

贲：观乎天文，以察时变；观乎人文，以化成天下。

颐：天地养万物，圣人养贤，以及万民；颐之时大矣哉！

大过：刚过而中，巽而说行，利有攸往，乃亨。大过之时大矣哉！

坎：天险不可升也，地险山川丘陵也，王公设险以守其国，坎之时用大矣哉！

恒：日月得天，而能久照；四时变化，而能久成。

遁：刚当位而应，与时行也。小利贞，浸而长也。遁之时义大矣哉！

睽：天地睽，而其事同也；男女睽，而其志通也；万物睽，而其事类也；睽之时用大矣哉！

蹇：蹇之时用大矣哉！

解：天地解，而雷雨作，雷雨作，而百果草木皆甲坼，解之时大矣哉！

损：损刚益柔有时，损益盈虚，与时偕行。

益：天施地生，其益无方。凡益之道，与时偕行。

姤：天地相遇，品物咸章也。刚遇中正，天下大行也。姤之时义大矣哉！

升：柔以时升，巽而顺，刚中而应，是以大亨。

革：天地革而四时成，汤武革命，顺乎天而应乎人，革之时大矣哉！

艮：时止则止，时行则行，动静不失其时，其道光明。

丰：日中则昃，月盈则食，天地盈虚，与时消息，而况人于人乎？况于鬼神乎？

旅：旅之时义大矣哉！

小过：过以利贞，与时行也。

天行不已，有四时之节。四时变化，而能久长。人法天而生，人间法天而治，历象日月星辰而有人时，人顺天而行，与时偕行，则上合天道。

同时，人间本身变化不已，凡举措行为，必有最为恰当之时机，是为"时"。于此时机采取最合于事理之行为，则为"时中"。中者，中于人、事、物之理也。《中庸》记孔子之言曰：

> 仲尼曰："君子中庸，小人反中庸。君子之中庸也，君子而时中；小人之中庸也，小人而无忌惮也。"

中必为时中，离开时，无所谓中。君子与时偕行，才能得中。孟子对比几位圣贤：

> 伯夷，目不视恶色，耳不听恶声。非其君不事，非其民不使。治则进，乱则退。
> 伊尹曰："何事非君？何使非民？"治亦进，乱亦进。
> 柳下惠，不羞污君，不辞小官。
> 孔子之去齐，接淅而行；去鲁，曰"迟迟吾行也"，去父母国之道也。可以速而速，可以久而久，可以处而处，可以仕而仕，孔子也。"
> 孟子曰："伯夷，圣之清者也；伊尹，圣之任者也；柳下惠，圣之和者也；孔子，圣之时者也，孔子之谓集大成。"[1]

孔子有其行道于天下之大志，一方面，"知其不可而为之"[2]，勉于行道；另一方面，"我则异于是，无可无不可"[3]。此即圣人"时中"之道：与时偕行，可以行则行，可以止则止；可以为政则为政，可以兴学则兴学；可以删定诗书则删定诗书，可以作《春秋》则作《春秋》。孔子动静、进退，皆不失其时，故为"集大成者"。

此"时中"之道，源头在尧舜，《论语·尧曰》说尧命于舜、舜命于禹者曰

---

[1]《孟子·万章》。

[2]《论语·宪问》。

[3]《论语·微子》。

"天之历数在尔躬，允执其中"。天之历数者，时也。以舜而言，青年时期，于父母兄弟"克谐以孝，烝烝乂，不格奸"，成就孝道；尧嫁以儿女，则厘降二女于妫汭，嫔于虞，成就夫妇之义；继嗣为王，则创制立法，行道天下；确认禹之盛德，则禅让王位于禹。人生每一重大时刻，舜无不得其中，从而成为一代大圣，真"时中"之典范也。

舜在王位交接之际，诫命禹以"时中"之道。舜要禹认清自己所处之时，即华夏秩序之巩固；此为华夏成长之关键时刻，应对得当，则华夏巩固；应对不当，则华夏解体。此刻，当行则行，当止则止，行止皆得其时，才能上膺天命。

惟几

与时偕行，关键又在于"知几"。《周易·系辞》说：

知几，其神乎？君子上交不谄，下交不渎，其知几乎。几者，动之微，吉之先见者也（《汉书·楚元王传》引作"吉凶之先见者也"）。君子见几而作，不俟终日。

孔颖达正义曰："动，谓心动、事动。初动之时，其理未著，唯纤微而已；已著之后，则心事显露；若未动之先，又寂然顿无。几是离无入有，在有、无之际，故云动之微也。"故几者，欲动、未动之际也。

事、物必有其几，君子之德能正体现为可察乎几动之微，见几而作，然后动静不失其时。时必稍纵即逝，若不能见几，何以随时而行？《汉书·楚元王传》记，楚元王刘交少时尝与鲁穆生、白生、申公俱受诗于浮丘伯：

初，元王敬礼申公等，穆生不耆酒，元王每置酒，常为穆生设醴。及王戊即位，常设。后忘设焉，穆生退曰："可以逝矣！醴酒不设，王之意怠。不去，楚人将钳我于市。"称疾卧。申公、白生强起之曰："独不念先王之德与？今王一旦失小礼，何足至此！"穆生曰："《易》称'知几其神乎！几者动之微，吉凶之先见者也。君子见几而作，不俟终日。'先王之所以礼吾三人者，为道之存故也；今而忽之，是忘道也。忘道之人，胡可与久处！岂为区区之礼哉？"遂谢病去，申公、白生独留。

王戊稍淫暴，二十年，为薄太后服私奸，削东海、薛郡，乃与吴通谋。二人谏，不听，胥靡之，衣之赭衣，使杵臼雅舂于市。

穆生可谓见微而知著，故得以免灾。

人心亦有其几，《周易·系辞下》所论者正是人心之几，如朱子解释：

上交贵于恭逊，恭则便近于谄；下交贵于和易，和则便近于渎。盖恭与谄相近，和与渎相近。只争些子，便至于流也。

"几者动之微"，是欲动、未动之间便有善、恶，便须就这处理会。若到发出处，便怎生奈何得。所以圣贤说慎独，便都是要就几微处理会。[1]

人心感于物，必动。于心动之初，几微之处，反思、检束、抉择，择善而固执之，喜怒哀乐之发皆中节，即为时中。

舜于王位交接之时，告诫禹、皋陶等即将担负天下治理之圣贤重视人事之几。华夏还在巩固过程中，必定遭遇诸多艰难、危机，若不知几，见几而作，则难以恰当应对，以致前功尽弃。

舜之告诫，深邃微妙，此为舜兢兢忧患之情的自然流露。

---

[1] 《朱子语类·易十二》。

七十四、为政之道

乃歌曰："股肱喜哉，元首起哉，百工熙哉。"

皋陶拜手稽首，颺言曰："念哉！率作兴事，慎乃宪，钦哉！屡省乃成，钦哉！"

乃赓载歌曰："元首明哉，股肱良哉，庶事康哉！"

又歌曰："元首丛脞哉，股肱惰哉，万事堕哉！"

元，首也。熙，兴也。

颺，续也。

率，先导也。兴，为也。

宪，法也。

成，成例也，政事之先例。

赓，续也。载，为也，作也。

丛，聚也。脞，小也。丛脞，细碎无大略。

舜于是歌唱道："辅佐欣悦啊，元首振作啊，承担具体事务者有干劲啊。"

皋陶低头至手又以手触地，继续说："请记住啊，领导筹划兴办事业，要恭谨对待你的法度，敬啊！要不断反省你所带来之成例，敬啊！"

于是接着作歌说："元首明察啊，辅佐良善啊，各种事业安然不紊啊。"

又歌唱道："元首关注细碎琐事啊，辅佐懈怠不用力啊，各种事业将崩塌倾倒啊！"

到对话最后，舜与皋陶二人通过歌唱，阐明为政之道。其中涉及规则问题，下篇专门讨论，此处首先讨论圣人所阐明的君臣分工协作之道。

君臣一体

经前文舜已提出"臣作朕股肱耳目"，此处，舜、皋陶进一步明确君臣一体之义："元""首"之意均为头。君臣同属一身体：君是头，大臣是腿、胳臂。这里还提到"百工"，当为地位比大臣低一些、承担具体事务之臣工。

元首、股肱之喻首先意味着，君臣之间无截然的尊卑之别。对一身之正常运转而言，元首与股肱同等重要，两者是共同维持身体健康运转之伙伴。在政治上，君臣是从事一项共同的社会治理事业之伙伴，元首确实至关重要，无君道，则无秩序；但是，没有股肱耳目之器官，元首也无以存在。没有臣发挥作用，君道无以树立。

这一伙伴之义后世得以发展，三代之君均视诸侯、公卿为"友"。《尚书》之《泰誓》《牧誓》诸篇，周武王以"我友邦冢君"称呼诸侯。《大诰》中周公也说："肆予告我友邦君。"《诗·大雅·假乐》这样赞美周成王：

> 不愆不忘，率由旧章。
> 威仪抑抑，德音秩秩。
> 无怨无恶，率由群匹。
> 受福无疆，四方之纲。
> 之纲之纪，燕及朋友。
> 百辟卿士，媚于天子。
> 不解于位，民之攸塈。

毛传："朋友，群臣也。"其中又有"群匹"二字，匹者，偶也。周成王把自己的臣，不管是诸侯，还是公卿，视为自己的"匹偶"，也即与自己同等的人，也即"朋友"。成王又常与诸侯、公卿宴饮，视其为宾客。《大雅·既醉》有句云："朋友攸摄，摄以威仪。"毛传："言相摄佐者，以威仪也。"这里描写作为朋友的臣戒君保持自己的威仪。

既然同属一身体，当然血气相连，不可相互妨碍、伤害，而应相互信赖，密切合作，《汉书·魏相丙吉传》赞曰："古之制名，必繇象类，远取诸物，近取诸身。故经谓君为元首，臣为股肱，明其一体，相待而成也。是故，君臣相配，古今常道，自然之势也。"

另一方面，君为元首，臣为股肱，分在身体不同部位，于身体之正常运转有各不相同之官能。那么，君臣之间也应形成合理的分工关系，各尽其职，不可越俎代庖。这就需要建立君臣分权之制度。

简而言之，君臣间健全关系，当为"各正性命，保合太和"，舜、皋陶之讨论即以此展开。

君臣关系之三维

舜、皋陶以歌的形式，讨论了君臣关系之三个维度。

第一种，股肱喜哉，元首起哉，百工熙哉。

此歌给人感受是喜悦。此即君臣会议之实景描述，作为王者之伙伴的公卿是喜悦的，元首的精神是振奋的，见此情形，中下级官员们也就干劲十足。

舜以此表明，君臣共治，首先需要上下皆有积极向上之良好气氛，这就需要君臣皆有大公之心。由此，君臣皆可敞开胸怀，以诚相待，即便出现不同意见，也不会心存芥蒂。若私欲牵扯，相待必有心机，难免相互猜忌，也就不可能有喜乐气氛。子曰："君子坦荡荡，小人长戚戚。"[1]

这种相互信赖、坦诚相待、积极向上的气氛，对政务处理、对国家治理至关重要。若无此气氛，君臣间相互猜疑，不信任持续发酵，政治空气走向激化，不同意见可能演变成不可调和的冲突，则政事殆矣。

故王者为政，当致力于塑造良好的政治气氛，比如，宴饮就是塑造良好气氛的很好机制。《诗经·大雅》第一首就描述宴饮之政治功能，其末章曰：

呦呦鹿鸣，食野之芩。

---

[1] 《论语·述而》。

我有嘉宾，鼓瑟鼓琴。

鼓瑟鼓琴，和乐且湛。

我有旨酒，以嘉乐嘉宾之心。

整首诗洋溢着和乐的气氛，在此气氛中，君臣自可同心。

君臣关系的第二种情形，元首明哉，股肱良哉，庶事康哉！

《尧典》开篇记尧之德，"钦"之后即是"明"，明之重要含义是知人之明，经前文所说之"知人则哲，能官人"，也即任用贤能。股肱之"良"也即贤良，德能出众。《中论·审大臣》解释这段经文如下：

帝者昧旦而视朝廷，南面而听天下，将与谁为之？岂非群公卿士歟！故大臣不可以不得其人也。大臣者，君之股肱、耳目也，所以视听也，所以行事也。先王知其如是也，故博求聪明睿哲君子，措诸上位，执邦之政令焉。执政，则其事举；其事举，则百僚任其职；百僚任其职，则庶事莫不致其治；庶事致其治，则九牧之民莫不得其所，故《书》曰："元首明哉，股肱良哉，庶事康哉。"

政治之核心问题在选贤与能，有德者有其位。元首之明在更深层次上表现为，创立或改进相应的制度，有效地培养有德者，让其可以涌现，得以任用，并不受羁绊地发挥作用。由此可有君子共治之政治架构，而这是最好的社会治理机制。元首不明，选贤与能的机制不畅通，必定股肱不良，政治难上轨道。

尧之大德正在于明：他否决丹朱，否决共工，以舜为继嗣人，让华夏缔造大业得以持续展开。舜之大德同样在于明：他广泛任用贤能，圣贤各司其职，因而平治水土，缔造华夏。皋陶此歌既是对舜的赞美，也表达对禹之期待。

君臣关系之第三种情形，元首丛脞哉，股肱惰哉，万事堕哉！

皋陶此歌指出君、臣可能犯的最严重错误，从反面突出君臣分工之重要性。林之奇《尚书全解》解释说：

丛脞者，破碎而无大略也。君丛脞于上，则臣懈怠于下。故股肱惰，则事所以堕，废而不成也。范内翰［即范祖禹］尝论此言以谓，君以知人为明，臣以任职为良。君知人，则贤者得行其所学；臣任职，则不贤者不得苟容于朝。此庶事所以康哉。若夫君行臣职，则丛脞矣；臣不任君之事，则惰矣。此万事所以堕也。当舜之时，禹平水土，稷播百谷。土谷之事，舜不亲也。契敷五教，皋陶明五刑。教刑之事，舜不治也。伯夷典礼，后夔典乐。礼乐之事，舜不治也。益为虞，垂作共工。虞工之事，舜不知也。禹为相，总百官，自稷而下，分职以听焉。君人者，如天运乎上，而四时寒暑各司其序，则不劳而万物生也。君不可不逸也，所治者大，所司者要也。臣不可以不劳也，所治者寡，所职者详也。此说尽之矣，夫有虞之治所以能冠百王之上者，惟其君臣各任其职而已。孔子曰："无为而治者，其舜也与？夫何为哉，恭己正南面而已。"又曰："舜有五臣而天下治。"盖君无为而执其要于上，臣有为而致其详于下，其治历万代而不可及，原其所以致此者，亦无出于赓歌之数语耳。

君居于政治结构之顶端，职责是掌握大局，确定方向，故当有宽广的视野、长远的眼光，发现重大问题，并确定解决问题之基本方向。至于问题之具体解决，有赖于臣，此时，君应当放手让臣发挥作用，自己的责任是协调，确保各部门合作无间，以及控制大方向。此或可谓之积极的"无为而治"。

皋陶强调，君臣当形成合理分工，各司其职。然而，君最容易犯且对政治产生重大负面作用的错误是"丛脞"，关心细碎问题。此举侵入大臣职权范围，必定使之无从适从。当初尧之所以否定丹朱、共工，恐怕就是因，这两人都有可能迷信自己理智和德性，而缺乏君德。君的作用是见大势而协调，丹朱迷信自己的知识，故"嚚讼"、"傲虐"，无以担当君之大任；相对于君道之广大，工程师的眼光是"丛脞"的，仅关注具体事务，故共工氏不足以担负王者之责。

皋陶最后歌此，或许针对禹之气质，有为而发。因为，禹不同于尧舜，其长处在做事，平治水土有大功。那么，为天下之王，是否有"丛脞"之可能，皋陶或有所担心。

至于臣最易犯之错误，则是"惰"，在家天下制度下，尤其如此，而此刻即将进入家天下时代。在此制度下，君臣尊卑之别强化，臣缺乏足够的政治责任心，很可能尸位素餐，而这将致政治之梗阻，治理失灵。

皋陶此歌揭示为政之核心问题：君臣维持合理分工，各尽其职，《荀子·君道》曰：

愿悫拘录，计数纤啬，而无敢遗丧，是官人使吏之材也。

修饬端正，尊法敬分，而无倾侧之心，守职修业，不敢损益，可传世也，而不可使侵夺，是士大夫官师之材也。

知隆礼义之为尊君也，知好士之为美名也，知爱民之为安国也，知有常法之为一俗也，知尚贤使能之为长功也，知务本禁末之为多材也，知无与下争小利之为便于事也，知明制度，权物称用之为不泥也，是卿相辅佐之材也，未及君道也。

能论官此三材者，而无失其次，是谓人主之道也。若是，则身佚而国治，功大而名美，上可以王，下可以霸，是人主之要守也。

人主不能论此三材者，不知道此道，安值将卑埶出劳，并耳目之乐，而亲自贯日而治详，一日而曲辨之，虑与臣下争小察而慕偏能，自古及今，未有如此而不乱者也。是所谓"视乎不可见，听乎不可闻，为乎不可成"，此之谓也。

以上三歌，加上皋陶之论规则，逐层递进：首先，舜指出，君臣之间应当努力保持相敬而又亲的和乐气氛，由此可见舜之宽仁之心。皋陶接续舜则指出，王者为政，当尊重规则。此即皋陶所说之"宽而栗"。接下来皋陶连作二歌，从正反两个方面论述君臣之间分工合作之重要意义：元首尽己之职分，发现和任用贤能，则政事顺遂；反之，元首不明白自己的职责，君臣不能合理分工，政事必定陷入混乱。君臣和乐，遵守规则，合理分工，王政之道尽矣。

另外，在舜和皋陶之歌中，元首与股肱之次序不同，而与其身份相称：舜为元首，故其歌先言股肱后言元首；皋陶为股肱，故其歌先言元首后言股肱。舜以为，政事之成败，取决于股肱，股肱喜而后政事善；然而，股肱何以喜？元首选贤与能，以为股肱，任用得当，各得其所，则股肱喜。皋陶为臣，则肯定元首于政事之决定作用：元首明则庶事康，元首丛脞则万事堕。由此可见圣人之谦让敬人。君臣互敬，为政事之本。

七十五、敬慎法度

皋陶拜手稽首，扬言曰："念哉！率作兴事，慎乃宪，钦哉！屡省乃成，钦哉！"

皋陶低头至手又以手触地，继续说："请记住啊，领导筹划兴办事业，要恭谨对待你的法度，敬啊！要不断反省你所带来之成例，敬啊！"

舜、皋陶君臣以歌论君臣关系，皋陶插入一断关于法度的念白，凸显了法度对于政事之重要意义。

慎乃宪

皋陶这段话之前是舜之歌："股肱喜哉！元首起哉！百工熙哉！"君臣有融洽和谐、积极向上的精神风貌，可成就大事。于是，皋陶提醒：筹划兴办各种事业，还要遵守法度。

人因法度而合群，《尧典》所记者，无非尧舜所作之礼而已，尧舜为新生的华夏制定各种法度，社会各等级之伦理规范，生活各方面之礼制，还有刑律等等，全面覆盖各个领域。这些法度，或者旧已有之，由尧舜予以聚合、融贯；或者此前所无，尧舜新创。这些法度就是"文"，新生的华夏政治共同体，无非就是这些法度而已，华夏因这些"文"而"明"，自明而明于天下。由这些法度，华夏共同体内逐渐形成良好秩序，社会安定，人们各得其所。

当王权交接之际，皋陶呼吁"慎乃宪"。

《说文解字》："慎，谨也。"段玉裁注曰："未有不诚而能谨者，故其字从真。

《小雅》'慎而优游''予慎无罪',传皆曰'诚也'。"慎者,认真对待之意。

乃者,你也,尧舜已制定相当完备的华夏法度,而皋陶正对舜言,故称之为"你的法度"。

宪者,法也。《康熙字典》:"悬法示人曰宪。从害省,从心从目。观于法象,使人晓然知不善之害,接于目,怵于心,凛乎不可犯也。"宪指一切法度,不论是积极地引导人者,还是消极地惩罚人者。

"慎乃宪"意为,认真地对待你的法度。此时正在王位交接之际,从上下文看,皋陶对舜言;但禹与大臣都在现场,故皋陶之语说给所有人,尤其是说给禹,事实上,他要求禹认真对待尧舜所创、所留之法度。也可以说,他代表禹对舜表达遵循舜之法度的政治意愿。总之,皋陶此话表达了治理天下当尊重法度之大义。

经前文,皋陶专门对禹阐明其"天则"论:"天叙有典,勒我五典五敦哉。天秩有礼,自我五礼有庸哉。同寅、协恭、和衷哉。天命有德,五服五章哉。天讨有罪,五刑五用哉。政事懋哉、懋哉。"人间治理之礼、典,皆本源于天,应人人敬畏,普遍遵行。章服、刑律同样源出于天,构成政事之根本。离开法度,无所谓政事,也不可能有良好社会秩序。

在这场关于治理之道的伟大对话最后,皋陶再度阐明自己所理解的治国之基本原则"慎乃宪",认真对待法度,服从之、遵守之。对王者来说,其根本职能正是认真地实施这些法度。

对即将继嗣王位的禹来说,"慎乃宪"之含义更为丰富而重要:从禹的角度,尧舜的法度是先在的。在华夏缔造过程中,尧肇造华夏,以其德创制。舜继位为王,尧之法度已然存在。舜大量地创制立法,故到禹,法度已经相当完备。此时完全可以说,法度在王之先。禹之为王,本身就是法度运作之结果;禹的权威,在很大程度上也来自于法度。故尊重先在之法度,认真对待法度,就是禹所应担负之基本伦理和政治责任。

对于后世王者来说,更是如此。先王已死,其所存留者,只是法度。正是历代先王的法度在复杂多变的历史过程中不断积累,才有王道。王道就是先王之法度所划定的,无法度,则无王道。这样的法度体系,既确立了王权,也规范王权,并约束王权。后世重视"祖宗之法",也正是以先在之法度规范和约束今王。王是有权订立法度的，故只有先在的先王之法度，才有规范和约束王权之效果。

当然，皋陶预料到，面对华夏巩固之大业，禹必然筹划、兴起很多新事业，王也确实有为政之自由裁量权。但皋陶提醒，在此过程中，当以诚敬之心对待先在之法度。王者当然不必为法度所完全拘束，在天之下，法不是神的律法，而是人因时而立。而世界在变化之中，故王者不能不随时立法。但在立法过程中，王者不可天马行空，当认真对待既有之法度体系。其在时间上是先在的，有先人之智慧，值得认真对待。有此心态，方可摒除私心，由此才能于立法中得"时中"。

"慎乃宪"是皋陶为后人所立之最重要法度。制定法度固然重要，更为重要的是人有"慎乃宪"之心，尤其是拥有权威、担当社会治理之责的君子有"慎乃宪"之心。也即认识到，在自己的权威之先、之上已有法度，自己当在此法度框架中安排政事。这是至关重要的伦理与治理规范，无此规范，再多法度也无用。

屡省乃成

从文脉看，"慎乃宪"与"屡省乃成"是平行句式，"成"有法之意。《周礼·天官·大宰》记述大宰以"八法"治官府，"五曰官成，以经邦治"，郑玄注："官成，谓官府之成事品式也。"《周礼·天官·小宰职》对"官成"有更详尽说明：

[小宰] 以官府之八成经邦治：一曰听政役以比居，二曰听师田以简稽，三曰听闾里以版图，四曰听称责以傅别，五曰听禄位以礼命，六曰听取予以书契，七曰听卖买以质剂，八曰听出入以要会。

贾公彦释曰："以官府之中有八事，皆是旧法成事品式，依时而行之。将此八者经纪国之治政，故云经邦治也。"故成者，成例、惯例也。王、大臣在处理政务中，面对新事态，而有新做法。一旦有效而正当，则不断重复，此即"成"。经过较长时间的运用，"成"可成为"宪"。

省，《说文解字》："视也。从眉省，从屮。"段玉裁注："省者，察也。察者，核也。汉禁中谓之省中，师古曰：'言入此中者，皆当察视，不可妄也。'《释诂》曰'省，善也'，此引伸之义。《大传》曰'大夫有大事省于其君'，谓君察之而得其大善也。屮音彻，木初生也，财见也。从眉者，未形于目也。从屮者，察之于微也。凡省必于微。"

"屡省乃成"意曰：反复地省察你的成例。"慎乃宪"意谓，敬慎于先前既有之法度；"屡省乃成"意谓，省察自己之所作所为即将成就之先例。前者是对已有之先王法度，后者针对将有之新法度。

皋陶通过对舜言说，间接地告诫禹，当有长远眼光，考虑自己当下行为之可能后果。对王来说，这一点尤其重要。王享有崇高权威，为天下所瞻仰，其一举一动都有可能为人示范，成为法度。《礼记·玉藻》又记，天子置左史、右史之官，"动则左史书之，言则右史书之"，王的举动被记录在案，而以王者之权威，对臣下来说，这些言行君有法度意义。《史记·晋世家》记载：

武王崩，成王立，唐有乱，周公诛灭唐。成王与叔虞戏，削桐叶为圭以与叔虞，曰："以此封若。"史佚因请择日立叔虞，成王曰："吾与之戏耳。"史佚曰："天子无戏言。言则史书之，礼成之，乐歌之。"于是遂封叔虞于唐。

史佚说"天子无戏言"，自当"屡省乃成"。为此，王在处理政务时当节制激情，与股肱协商，深思熟虑。至关重要的是，虑及自己当下作为会成为法度，产生长远后果。为此，王在决策时，当有长远眼光。一个方案，不能只考虑其当下有效，可解决问题，更应考虑其是否正当，是否顺乎天道人情。由此形成之解决方案，可成为未来解决类似问题之先例。否则，目光短浅，为当下收效而不做长远考虑，政事必将陷入日益严重之内在冲突中，臣民无所措其手足。如曹刿劝谏鲁庄公所说："君举必书，书而不法，后嗣何观？"[1]

经前文，皋陶对禹提出"慎厥身，修思永"，有长远视野，循长久之道而修身、治国、平天下。"屡省乃成"就是"修思永"之术。当王为政决策立法之时，必

---

[1] 《左传·庄公二十三年》。

须尽最大可能寻找长久之术，以为后世铺就平坦之大道。为此，王就不能不"明"。

钦

皋陶对规则之重视恳切至极，他首先说，"念哉"，希望舜，尤其是禹作为王者，在筹划兴办事业之时，在两个维度上重视法度，其间两度呼吁"钦哉"：

首先，敬慎既有法度。王者高居万人之上，拥有崇高权威，无人可以约束，最容易犯的错误是无视既有法度，随心所欲，故皋陶呼吁"钦哉"，呼吁王、呼吁君子当认真对待法度。普通民众可能违犯法度，但只是以私人之身，违反一条两条法度，对秩序的损害也是一点一毫；王随心所谓，却可倾倒整个法律体系，摧毁秩序的整座大厦，而且会给天下树立极为恶劣的榜样，如《诗经·小雅·节南山》所谓"节彼南山，维石岩岩。赫赫师尹，民具尔瞻"。故规则之治，根基在于王者之慎于宪。《大学》谓：

> 一家仁，一国兴仁；一家让，一国兴让；一人贪戾，一国作乱。其机如此。此谓一言偾事，一人定国。尧、舜率天下以仁，而民从之；桀、纣率天下以暴，而民从之。

其次，省察将成之例。王者为所欲为，不仅为害一时，更立下不良法度，败坏纲纪。故皋陶再度呼吁"钦哉"，呼吁王者有长远眼光，为此而严格自我约束。如此，则可如《诗经·曹风·鸤鸠》所谓"其仪不忒，正是四国"。尧舜是这方面的典范，如《中庸》所说，"动而世为天下道，行而世为天下法，言而世为天下则"。

治理在连绵的时间之流中，故皋陶呼吁君子们的眼光超越当下，伸展至先、后两个维度：认真对待先在之法度，小心当下行为，以确保未来法度之恰当。在此，皋陶阐明了政治的孝道原则：在天之下，每个人都只是自家连绵不绝的生命之流中的一个环节，其视野不能仅限于自己，而应超越自己，上对先人负责，下对后人负责。政教上同样如此。

每个王是连绵不绝的华夏共同体之生命流中的一个环节，其肉身必死，但可以其法度而不朽。已嵌入共同体身体之法度可突破时间的约束，但法度能否不朽，取决于后王是否孝于先王，是否尊重先王之法度。子曰："父在，观其志；父没，观其行；三年无改于父之道，可谓孝矣。"[1] 政治上的孝就表现为继嗣之君节制自己的欲望和激情，遵循先王之法度。当君王具有这一政治美德，共同体的生命才不至于因为君王之更换而遭到严重扰动。这样的君王服务于共同体之繁荣成长，其法度也会为后王所遵循，随着共同体生命之不朽而不朽。

---

[1] 《论语·学而》。

七十六、敬天敬德

帝拜曰：“俞，往，钦哉！”

大禹曰：“然也。去吧，敬啊。”

《尧典》记尧之德，以“钦”为首；《皋陶谟》又以舜之“钦哉”终篇。首尾呼应，含义深长；由此可见，尧舜之德，钦敬而已。

钦及其近义词于经中反复出现，两篇中用“钦”字之句如下：

日若稽古尧，曰放勋，钦、明、文、思、安安，

乃命羲和，钦若昊天。

众人推举鲧治水，帝曰：“往，钦哉！”

厘降二女于妫汭，嫔于虞，帝曰：“钦哉！”

钦哉，钦哉，惟刑之恤哉！

伯拜稽首，让于夔、龙，帝曰：“俞，往，钦哉！”

帝曰：“咨！汝二十有二人，钦哉！惟时亮天功。”

钦四邻！

皋陶拜手稽首扬言曰：“念哉，率作兴事，慎乃宪，钦哉！屡省乃成，钦哉！”

帝拜曰：“俞，往，钦哉！”

“敬”意略同于“钦”，两篇中用“敬”字之句如下：

平秩南讹，敬致。

帝曰："契，百姓不亲，五品不逊。汝作司徒，敬敷五教，在宽。"

曰严祗敬六德，亮采，有邦。

天聪明，自我民聪明；天明畏，自我民明威。达于上下，敬哉有土！"

谁敢不让，敢不敬应？

又有"寅"，意略同于敬，两篇中用"寅"字之句如下：

寅宾出日，平秩东作。

帝曰："俞，咨！伯，汝作秩宗。夙夜惟寅，直哉惟清。"

同寅、协恭、和衷哉！

仔细分辨，钦、敬二字之义，有些微区别。《说文解字》："钦，欠貌。从欠，金声。"段玉裁注曰：

凡气不足而后欠。钦者，倦而张口之貌也。引伸之，乃欲然如不足，谓之钦。《诗·晨风》"忧心钦钦"，传曰："思望之心中钦钦然。"《小雅》"鼓钟钦钦"，传曰："钦钦，言使人乐进也"，皆言冲虚之意。《尚书》"钦哉"，皆令其惟恐失之也。

《释诂》曰："钦，敬也"。考虞、夏、商《书》言"钦"，《周书》则言"敬"，虞、夏、商《书》皆钦、敬错见。上曰"钦若昊天"，下曰"敬授民时"。又"钦哉"不曰"敬哉"，盖钦与敬意略同而词有别也。《周书》言"敬哉"，不言"钦哉"。惟《多方》曰："有夏之民，叨懫日钦，剿割夏邑"；《立政》"帝钦罚之"，"钦"字两见，某氏传皆训为敬，未知合书意否。

去音切，七部。钦欪歆歉，皆双声叠韵字，皆谓虚而能受也。

《说文解字》："敬，肃也，从攴苟。"段玉裁注曰：

聿部曰：肃者，持事振敬也。与此为转注。心部曰：忠，敬也。憼，敬也。憼，敬也，恭肃也，憜不敬也。义皆相足。后儒或云主一无适为敬，夫主一与敬义无涉。且《文子》曰："一也者，无适之道。"《淮南·诠言》曰："一者，万物之本也，无敌之道也。""适"即敌字，非他往之谓。攴犹迫也，迫而苟也。

所谓迫而苟者，《说文解字》："苟，自急敕也"。段玉裁注："敕者，诫也"。

据此，钦之本意是，仿佛总觉得不足，故对已有者紧紧把持，不令失去，进而积极寻求获得。故经文之"钦"多见于"钦哉"句中，系对获策命者而言，要求其尽心承担职责、努力进取，不可懈怠。本章正是舜对继嗣之禹所言。

敬之本意是恭肃，做事时认真、尽心、积极。钦、敬意思大体相同，敬偏于静态，尽心守住不失，钦更有勉力进取之意。

至于寅，于敬中有畏之意。

如上列文句所示，尧舜禹时代，钦、敬二字同时使用，且钦字使用较多。段玉裁已指出，至周人，用法有所变化，较少用"钦"，而广泛用"敬"，《周书》中所在多有，见下文。《周书》也偶然用"寅"，如《无逸》谓"昔在殷王中宗，严恭寅畏天命，自度治民祇惧，不敢荒宁"。

虽有细微差别，但钦、敬、寅三字大体可归于敬。经文中，此三字反复出现，可见圣贤之精神，圣贤为华夏确定精神之基本趋向。

敬天、敬德

《尚书》开篇，尧即展示其"钦"之德；舜退场时呼吁"往，钦哉"。圣王之教诲，自始至终就是钦、敬。而由此以往的圣人、贤哲，亦以敬为根本。

周公特别重视敬，《康诰》中，周公再三告诫康叔以敬：

王曰："呜呼！小子封，恫瘝乃身，敬哉！"

王曰："呜呼！封，敬明乃罚。"

"汝亦罔不克敬典，乃由裕民，惟文王之敬忌。"

王曰："呜呼！封，敬哉！"

王若曰："往哉！封，勿替敬，典听朕告，汝乃以殷民世享。"

君子无所不敬：敬天，敬鬼神；敬先王之典，敬法律，敬习俗；敬自己之岗位，敬自己在各种伦理、法律关系中之义；敬天下一切人，自己的父母、君、配偶、兄弟、朋友，以及陌生人。总之，君子以敬之精神对待一切。

此敬的本源在敬天。孔子总结三代精神趋向："夏道尊命，事鬼敬神而远之……殷人尊神，率民以事神……周人尊礼尚施，事鬼敬神而远之"[1]。夏人、周人敬天，《尚书》之《周书》《诗经》言天甚多。

天不言，天不对人间具体事务发出指示。人间事务只能人自己处理，人欲生命优美、人际形成良好秩序，只能靠人，发挥人自己身体之全部潜力。敬的本质就是人对自己全身有所自觉，全面塑造、控制之，以爆发出生命之最大力量。

由敬所塑造之身体是有德的。周人敬天，所以重德、敬德，《召诰》中，周公告诫周成王曰：

王其疾敬德！
王敬作所，不可不敬德。

敬为诸德之本，身心保持在敬的状态，方能有德。何以达到敬的状态？"敬德"，对德有所自觉，以增进自己的德作为生命之方向，这是前提。周公在敬、敬德之间的反复论说显示敬与德之互动关系：敬本身是一种德，又是诸德之本。

孔子论敬

《中庸》曰："仲尼祖述尧舜，宪章文武"，故孔子特别重视敬，《论语·宪问》：

子路问君子。子曰："修己以敬。"曰："如斯而已乎？"曰："修己以安人。"曰："如斯而已乎？"曰："修己以安百姓。修己以安百姓，尧舜其犹病诸！"

---

[1]《礼记·表记》。

生命如何进至于健全状态、成为君子而发挥领导作用？无非是修饬身心进于敬，则可成己而安人。

在孔子看来，敬是诸德之本，《论语》中反复论及：

君子治理邦国，首当"敬事而信"（《学而篇》）；

孝以敬为本："今之孝者，是谓能养。至于犬马，皆能有养；不敬，何以别乎"（《为政篇》）；

对鬼神当敬："务民之义，敬鬼神而远之，可谓知矣"（《雍也篇》）；

君子敬待上级："事君，敬其事而后其食"（《卫灵公篇》）；

君子处理一切事务均保持敬的状态："君子敬而无失，与人恭而有礼，四海之内，皆兄弟也"（《颜渊篇》）；

行当敬："言忠信，行笃敬，虽蛮貊之邦行矣；言不忠信，行不笃敬，虽州里行乎哉"（《卫灵公篇》）；

祭祀当敬："祭思敬"（《子张篇》）。

不敬，何以为君子？《礼记》开篇即说"毋不敬，俨若思，安定辞，安民哉！"永远不要不敬，这是安民之前提。君子以己身安民，唯有当自己的身心始终保持在敬的状态，才能安民。

礼仪是以身体之仪节表达对鬼神、他人之敬意，"君子恭敬、撙节、退让以明礼"（《曲礼上》）。"故作事不以礼，弗之敬矣"。具体而言，"太庙之内敬矣"；"祀帝于郊，敬之至也"（《礼器》）。对父母，则是孝敬，曾子曰："身也者，父母之遗体也。行父母之遗体，敢不敬乎？"（《祭义》）。夫妻、父子之间，也以敬为本，"妻也者，亲之主也，敢不敬与？子也者，亲之后也，敢不敬与？"（《哀公问》）。故《孝经》总结说："礼者，敬而已矣"。

宋明儒之义理，以敬为本。程朱功夫论之大纲是"涵养须用敬，进学则在致知"（《近思录·为学》），敬为君子修身之根基，《存养》卷中多有论述：

敬而无失，便是"喜怒哀乐未发谓之中"。敬不可谓中，但敬而无失，即所以中也。

伊川先生曰：学者须敬守此心，不可急迫。当栽培深厚，涵泳于其间，然后可以自得。

明道先生曰：某写字时甚敬，非是要字好，只此是学。

伊川先生曰：入道莫如敬，未有能致知而不在敬者。今人主心不定，识心如寇贼而不可制，不是事累心，乃是心累事。当知天下无一物是合少得者，不可恶也。

明道先生曰："天地设位，而易行乎其中"，只是敬也。敬则无间断。

"毋不敬"，可以"对越上帝"。

敬胜百邪。

涵养吾一。

敬则自虚静，不可把虚静唤做敬。

存养、涵养就是让身心进入敬的状态，提撕警觉，无所懈怠，则一旦对人、遇事，可以最恰当状态回应。朱子指示弟子以下手工夫：

倪求下手工夫。曰："只是要收敛此心，莫要走作，走作便是不敬，须要持敬。尧是古今第一个人，书说尧，劈头便云'钦明文思'，钦，便是敬。"

问："敬如何持？"曰："只是要莫走作。若看见外面风吹草动，去看觑他，那得许多心去应他？便也不是收敛。"

问："莫是'主一之谓敬'？"曰："主一是敬表德，只是要收敛。处宗庙只是敬，处朝廷只是严，处闺门只是和，便是持敬。"[1]

---

[1] 《朱子语类·训门人六》。